AF551916

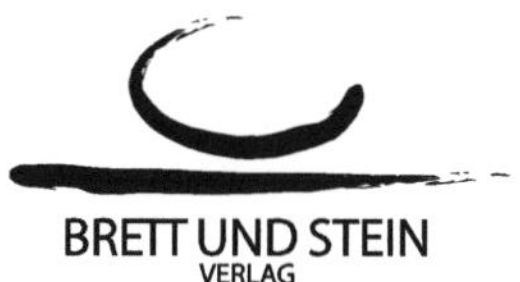
BRETT UND STEIN
VERLAG

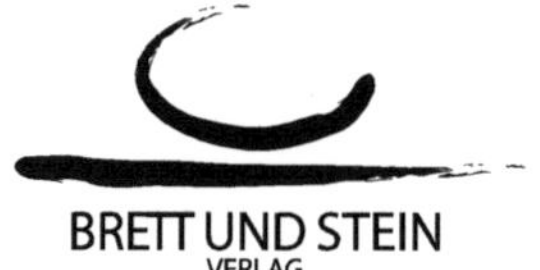

LEHRBÜCHER 05
DES GO

JAMES DAVIES

TESUJI

Titel der englischen Originalausgabe:
Tesuji
© 1995 James Davies

In der Reihe „Lehrbücher des Go“ bisher erschienen:

- Elementare Techniken
- Leben und Tod
- Freiheiten und Wettläufe
- Strategie
- Angriff und Verteidigung

Bibliografische Information der Deutschen Nationalbibliothek
Die Deutsche Nationalbibliothek verzeichnet diese Publikation in der Deutschen Nationalbibliografie; detaillierte bibliografische Daten sind im Internet über http://dnb.d-nb.de abrufbar.

ISBN 978-3-940563-45-3

Übersetzung: Felix Heisel
Umschlaggestaltung: HAMMERGEIGEROT
Druck: Books on Demand GmbH, Norderstedt

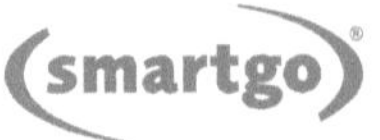

Die Diagramme in diesem Buch wurden erstellt mit SmartGo™: https://www.smartgo.com/de

Printed in Germany

Inhalt

Vorwort des Übersetzers

Wer Tesuji kennt, spielt deutlich stärker. Ob beim Fangen von Steinen, beim Verbinden zweier Gruppen oder dem Ausbrechen aus einer Umzingelung: Immer wieder kommen ähnliche Positionen vor, in denen „etwas geht"... wenn nur der richtige Zug erkannt wird, das Tesuji. Es ist der eine Zug, der den Besonderheiten der Stellung gerecht wird und alles aus der vorliegenden Form herausholt.

James Davies zeigt, wie man Tesuji erlernt. Sein klar gegliedertes Buch ist voller Beispiele, die den Fokus bei den Grundlagen halten. Spielerisch erklimmt der Leser die nächste Schwierigkeitsstufe und entwickelt ein Gefühl für den „leuchtenden" Punkt, auf den der nächste Stein gesetzt werden muss.

Jedes einzelne Kapitel bespricht ein taktisches Motiv: Im zweiten etwa geht es um das Fangen von Schnittsteinen, um eigene Gruppen zu verbinden. Aber welcher Zug das gewünschte Ziel erreicht, hängt von der Situation ab: Mal ist es ein Geta oder seine Variante, das Keima-Tesuji, mal eine „lose Treppe" oder auch das „Ohrfeigen-Tesuji", mit dem der vierte Punkt einer unvollständigen Bambusverbindung besetzt wird. Die drei Zugtypen werden nun in drei verschiedenen Abschnitten anhand von Beispielen vorgestellt. So bekommt der Leser auf einfache Weise ein Gefühl dafür, wann ein bestimmter Zug zu erwägen ist. Und wie man einen Zug erwägt, ist der Inhalt des ersten Kapitels „Lesen" – ein kurzer Kriminalroman über die Suche nach dem richtigen Punkt.

Jeder Abschnitt endet mit ein oder zwei Problemen, die das Gelernte festigen. Aber auch jedes Kapitel endet mit einer Problemseite, die das ganze Thema des Kapitels abdeckt – und hier müssen Sie selbst herausfinden, mit welcher Art von Zug Sie Ihr Ziel erreichen.

Nach den „Lehrstunden" von Kageyama erscheint nun also auch der „gelbe" Klassiker der „Elementary Go Series" im Brett und Stein Verlag auf Deutsch. Und auch diesmal stellt sich eine Frage: Mit welchen Begriffen wollen wir im Deutschen über Go sprechen? Während wir (dank solchen Autoren wie James Davies) seit den 1970er Jahren mit englischsprachiger Literatur verwöhnt werden, sah es in deutscher Sprache verständlicherweise recht traurig aus. Natürlich wurden schon deutsche Begriffe geprägt wie die „Mausefalle", der „Anleger" oder das „leere Dreieck". Aber der „squeeze" heißt im Deutschen (bisher noch) genau so, weil es keine erfolgreichen Versuche gab, die Anglizismen adäquat zu ersetzen. Auch wird an deutschen Brettern ausdauernd „gepincert", weil sich mangels Verschriftlichung weder der „Klemmzug" noch der „Zangenzug" so richtig durchsetzen konnten.

Nun sind ja Anglizismen nicht von vornherein schlimm, und wir streben es auch nicht an, sie aus der deutschen Go-Sprache zu verbannen. Aber der „two stone edge squeeze" etwa hat schon den Versuch einer deutschen Namensgebung verdient: „Seki-tō shibori" bedeutet etwa „Auswringen mit dem Steinturm", und so will ich es mit dem „Steinturm-Tesuji" versuchen.

Und nun wünsche ich Ihnen viel Spaß und Erfolg!

Tübingen, November 2018
Felix Heisel

Die Namen der Tesuji

In der kurzen Übersicht werden die hier verwendeten (und teils neu geprägten) deutschen Begriffe ihren etablierten englischen (aus Davies' Original) und japanischen Namen (aus dem „Lexikon japanischer Fachbegriffe" von Thomas Hillebrand) gegenübergestellt. In der japanischen Literatur kommen auch andere Schreibweisen vor, da komplexere Kanji aus Gründen der Lesbarkeit oft durch Katakana ersetzt werden.

Anleger	付け	tsuke	attachment
Augenschützendes T.			eye-protecting tesuji
Augenstehlendes T.	欠目の筋	kakeme no suji	eye-stealing tesuji
Ausbruch-Tesuji	割いて出る	saitederu	driving tesuji
Auswring-Tesuji	絞り	shibori	squeeze
Bauch-Tesuji	腹付け	haratsuke	belly attachment
Einklemm-Tesuji	挟み付け	hasamitsuke	clamp
Einwurf	放り込み	hōrikomi	throw-in
Fallschirm-Tesuji	置き	oki	placement
Freiheitsnot	駄目詰まり	damezumari	shortage of liberties
Gegen-Atari	当て返し	atekaeshi	counter-atari
Gegen-Hane	ハネ返し	hanekaeshi	counter-hane
Steinturm-Tesuji	石塔絞り	seki-tō shibori	two-stone edge squeeze
Herabsteigen	下がり	sagari	descent
Keil-Tesuji	割込み	warikomi	wedge
Kreuzschnitt	切り違え	kirichigae	cross-cut
lose Treppe	緩み征	yurumi shichō	loose ladder
Mausefalle	打手返し	uttegaeshi	snapback
Nasen-Tesuji	鼻付け	hanatsuke	nose tesuji
Ohrfeigen-Tesuji			slapping tesuji
Schnelles Auswringen			fast squeeze

1. Lesen

Dieses Buch enthält fast ausschließlich Leseaufgaben. Diese Probleme werden nicht Ihre Urteilskraft prüfen, indem sie nach dem größten Punkt auf dem Brett fragen, nach der korrekten Richtung für den nächsten Zug, oder wie die Vorteile von Gebiet und Außeneinfluss gegeneinander abzuwägen sind. Vielmehr wird es darum gehen, Zugfolgen einzuüben, mit denen Steine gefangen, abgeschnitten oder verbunden werden können, die gute Form machen oder ein anderes klares taktisches Ziel erreichen.

Ein guter Spieler versucht, solche taktischen Probleme im Kopf auszulesen, bevor er die Steine aufs Brett setzt: erst wägen, dann wagen. Oft allerdings wird er dort gar nicht spielen; viele der Zugfolgen, die er beim Auslesen entdeckt, werden für eine zukünftige Verwendung abgespeichert – und am Ende niemals ausgeführt. Das trifft insbesondere für professionelle Partien zu, in denen die vielleicht zweihundert gespielten Züge lediglich den sichtbaren Teil eines Eisbergs von impliziten Drohungen und Möglichkeiten darstellen, von dem der Großteil jedoch unter Wasser bleibt. Ob Sie nun die Partie auf diesem Niveau angehen oder sich beim Nachspielen von einem Zug zum nächsten hangeln wie die meisten von uns: Auf jeden Fall ist es Ihre Lesefähigkeit, die Ihre Spielstärke bestimmt – mehr als alles andere.

Begabung mag eine Rolle spielen, doch im Wesentlichen wird Lesefähigkeit durch Studium und Erfahrung erworben. Sobald Sie mit verschiedenen Stellungen und Formen vertrauter werden, entdecken Sie bestimmte Züge („Tesuji"), die immer wieder vorkommen. Und sobald Sie sie erlernen, werden Sie beim Lesen deutlich schneller und genauer werden. Auch müssen Sie sich bestimmte Denkweisen aneignen, die dieses Kapitel verdeutlichen soll.

Das Grundprinzip beim Lesen ist, mit einer klaren Zielsetzung zu beginnen. „Mal sehen, was passiert, wenn ich hier spiele" zu murmeln und dann ziellos irgendwelche Zugfolgen zu durchdenken: Eine größere Zeitverschwendung kann man sich kaum vorstellen. Die Taktik muss sich der Strategie unterordnen. Beginnen Sie, indem Sie sich fragen, welches Ziel Sie in der vorliegenden Stellung erreichen möchten. Dann suchen Sie nach der Zugfolge, die zur Erreichung dieses Zieles führt. Haben Sie Ihr Ziel erst klar vor Augen, so wird der richtige Zug – falls es ihn gibt – viel leichter zu finden sein.

Ist das Ziel einmal festgelegt, so besteht das Auslesen darin, sich durch ein gedachtes Baumdiagramm von möglichen Zügen durchzuarbeiten. Sie sollten dabei systematisch und sorgfältig vorgehen. Beginnen Sie mit dem nahe liegenden Zug, der nahe liegenden Antwort auf ihn, der nahe liegenden

Antwort auf diese und so fort, bis Sie eine Zugfolge haben, die für eine Seite zum Erfolg führt und für die andere zum Misserfolg. Nehmen Sie sich dann den letzten Zug der unterlegenen Seite vor und prüfen Sie die Alternativen. Wenn sie alle ebenfalls fehlschlagen, gehen Sie zum letzten Zug zurück, den diese Seite zuvor gemacht hatte, und wiederholen Sie Ihr Vorgehen. Es ist wichtig, sich vom Ende zum Anfang der Zugfolge zurückzuarbeiten, um nichts auszulassen. Schließlich dann gelangen Sie zu einem Ergebnis – und hoffentlich dem richtigen.

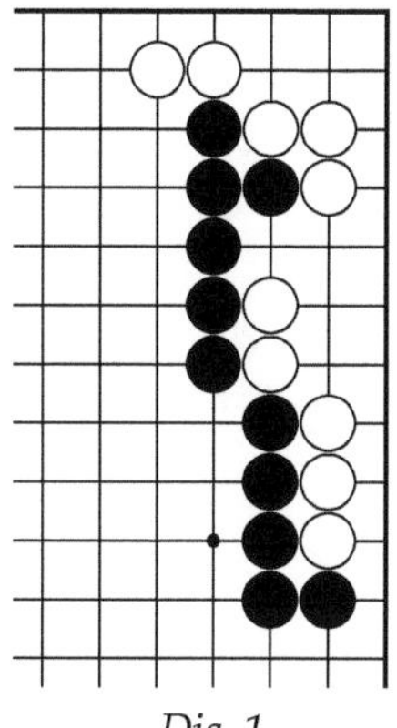

Dia. 1

Lassen Sie uns als Beispiel die Frage untersuchen, ob Schwarz die fünf weißen Steine unten in Diagramm 1 abschneiden kann. Natürlich wollen beide Spieler die Antwort auf diese Frage ergründen, aber versetzen wir uns hier in den Spieler mit Schwarz und folgen seinen Denkprozessen, während er das Problem ausliest.

Weil Schwarz ja die zwei markierten Steine zu trennen versucht, ist Schwarz 1 in Diagramm 2 der nahe liegende Startzug. Die nahe liegende Antwort, Weiß 2 in Diagramm 3, schlägt wegen Schwarz 3 fehl. Schwarz 1 sieht viel versprechend aus, doch müssen wir andere mögliche Antworten von Weiß erwägen.

Als nächste Antwort drängt sich Weiß 2 in Diagramm 4 auf. Die Idee ist, entweder auf A über den schwarzen Stein zu gehen – oder auf B unter ihm hindurch. Für Schwarz 3 beginnen wir damit, wie in Diagramm 5 Weiß den Weg zu verstellen und ihn schneiden zu lassen. Schwarz gibt mit 5 Atari, Weiß verbindet auf 6 – und Schwarz ist tot. Gibt es bessere Alternativen zu Schwarz 5? Nein, und damit schlägt diese Möglichkeit für Schwarz 3 fehl.

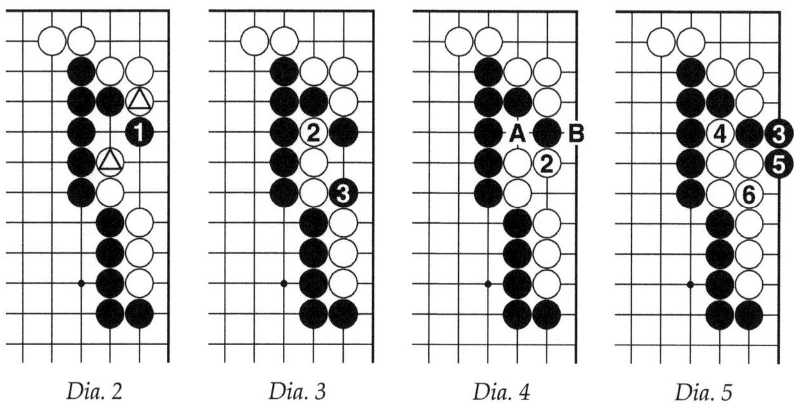

Dia. 2 *Dia. 3* *Dia. 4* *Dia. 5*

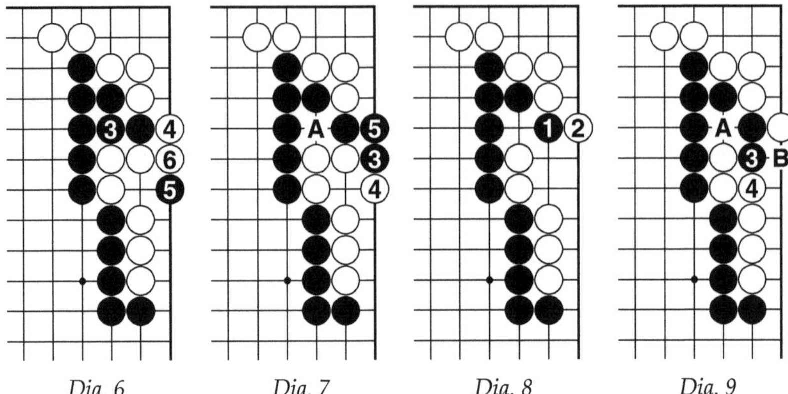

Dia. 6 Dia. 7 Dia. 8 Dia. 9

Es geht weiter mit Schwarz 3 in Diagramm 6. Nachdem Weiß am Rand verbunden hat, spielt Schwarz mit 5 ein vermeintliches Tesuji, das aber zu nichts führt. Auch dieser Zug Schwarz 3 geht nicht. Schwarz könnte nun zu dem Schluss kommen, dass Weiß 2 funktioniert, doch noch sind andere Möglichkeiten für Schwarz 3 zu testen. Und früher oder später wird das Hane auf 3 in Diagramm 7 ans Licht kommen. Dies ist nun wirklich ein Tesuji, das „augenstehlende Tesuji" – und wenn Sie es kennen, so haben Sie es vermutlich sofort entdeckt. Es verhindert die weiße Verbindung – und Weiß kann auch nicht auf A schneiden, weil er in Freiheitsnot ist (d.h. er würde sich selbst in Atari setzen). Dies gilt nach Weiß 4 und Schwarz 5 immer noch, also sind die weißen Steine abgeschnitten und tot.

Somit entpuppt sich Weiß 2 in Diagramm 4 bis 7 doch noch als Fehlschlag. Das bedeutet allerdings nur, dass andere, weniger augenfällige Möglichkeiten für Weiß 2 zu testen sind. Der nächste Kandidat könnte das Hane sein, das in Diagramm 8 zu sehen ist.

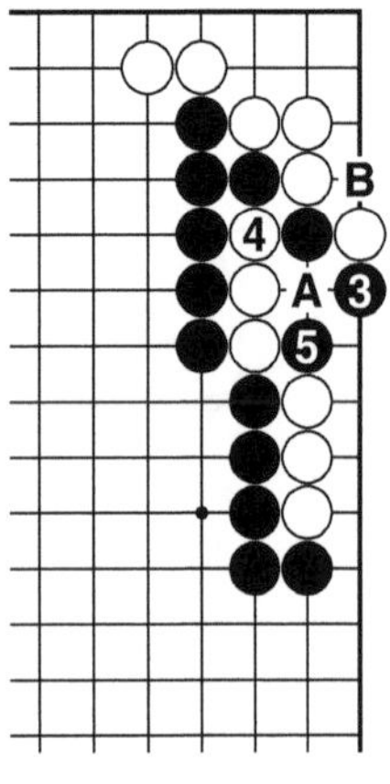

Dia. 10

Spielt Schwarz auf 3 in Diagramm 9, dann wird Weiß mit 4 decken und drohen, seine Gruppen entweder mit A oder mit B zu verbinden. Schwarz findet keine Verteidigung gegen beide Drohungen und scheitert somit. In einer solchen Situation nennt man A und B „Miai": Besetzt man den einen Punkt, so nimmt der Gegner den anderen.

Schwarz 3 in Diagramm 9 hatte nicht funktioniert, aber Schwarz 3 in Diagramm 10 ist erfolgreich. Wenn Weiß auf 4 schneidet, dann bekommt Schwarz mit 5 eine Mausefalle. Spielt Weiß mit 4 auf A, dann schlägt Schwarz mit B. Und wenn Weiß auf B verbindet, dann kann Schwarz auf 4, 5 oder A spielen. Damit ist das Hane Weiß 2 widerlegt.

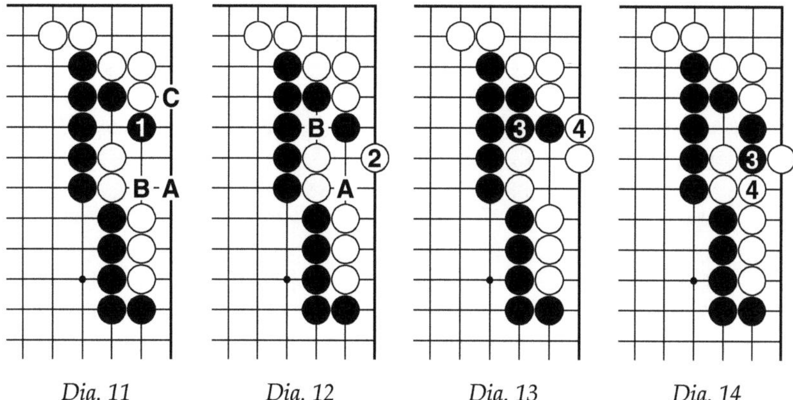

Dia. 11 Dia. 12 Dia. 13 Dia. 14

Die weißen Mittel schwinden rasch und wir müssen uns für Weiß 2 nun recht unwahrscheinlich wirkenden Varianten zuwenden wie A, B oder C in Diagramm 11, doch sie können alle schnell verworfen werden.

Schauen Sie einmal, ob Sie selbst passende Antworten finden können; lediglich der Zug Weiß A ist etwas knifflig, denn er lädt zu einem Fehler ein, bei dem Schwarz zwei weiße Steine schlägt, aber den Rest laufen lässt.

Wenn Sie die Züge aus Diagramm 11 betrachtet haben, dann wurden bereits sechs Varianten für Weiß 2 verworfen. Heißt das, dass Schwarz 1 jetzt bestätigt ist? Noch nicht, denn es ist noch ein weißer Zug übrig, der versteckteste – und stärkste – von allen.

Der letzte Pfeil im weißen Köcher ist der Ein-Punkt-Sprung zum Rand in Diagramm 12. Er deckt den Schnitt auf A und droht somit, selbst auf B zu schneiden. Deckt Schwarz mit 3 in Diagramm 13, dann kann Weiß mit 4 verbinden, und Schwarz 3 in Diagramm 14 wird so beantwortet wie in Diagramm 9. Diese beiden Versuche mit Schwarz 3 schlagen fehl.

Frechheit siegt, also versucht Schwarz als Nächstes, mit 3 in Diagramm 15 den Weg für Weiß direkt zu versperren. Zunächst scheint das zu funktionieren. Weiß kann nicht auf 4 in Diagramm 16 schneiden, weil Schwarz mit 5 sofort zurückschneidet. Wenn 4 also nicht geht, dann kann Weiß nicht zur Ecke verbinden; er hat einen großen Kampf geliefert, doch scheint er am Ende zu unterliegen. Aber nur um sicher zu gehen, sollte Schwarz besser noch einmal genau nach Alternativen zu Weiß 4 in Diagramm 16 suchen.

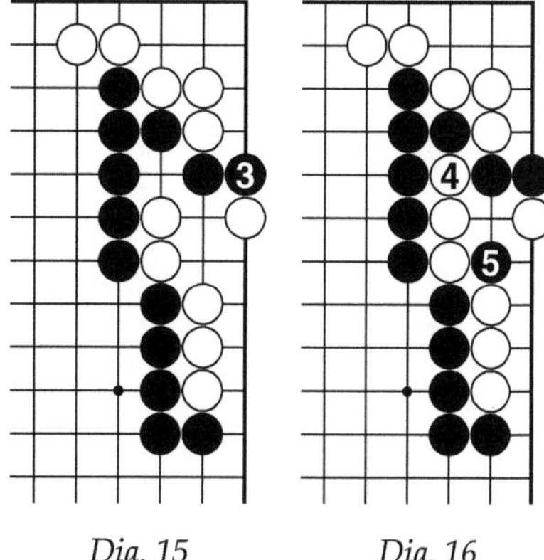

Dia. 15 Dia. 16

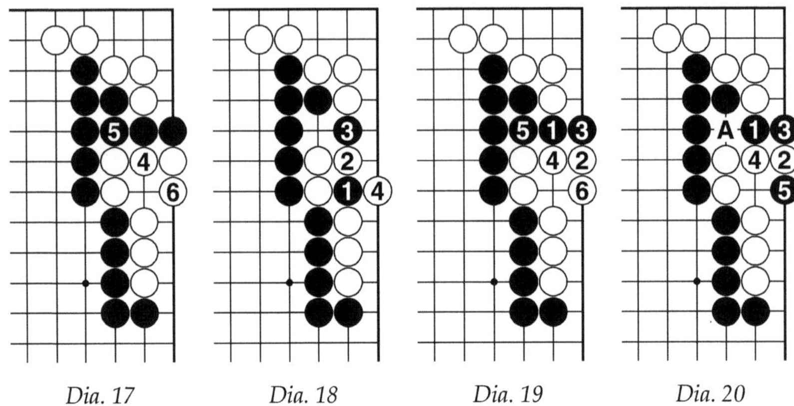

Dia. 17 *Dia. 18* *Dia. 19* *Dia. 20*

Und tatsächlich gibt es noch Weiß 4 in Diagramm 17. Schwarz verbindet auf 5 und obwohl die Weißen abgeschnitten sind, können sie mit 6 leben.

Irgendwie ist es zum Verrücktwerden: Schwarz liest bis hierher aus, dass die Weißen nach Schwarz 1 immer abgeschnitten werden können, wie Weiß auch antworten mag – nur um dann herauszufinden, dass die abgeschnittene Gruppe lebt. Geduldig macht Schwarz weiter und versucht weitere Möglichkeiten für Schwarz 1 wie in Diagramm 18, doch sie schlagen alle fehl. Er kommt zu dem Ergebnis, dass Diagramm 19 die beste Zugfolge für beide Seiten ist.

Nachdem er so viel Denkarbeit hineingesteckt hat, könnte Schwarz versucht sein, Diagramm 19 auszuspielen, obwohl es kein wirklicher Erfolg ist; zumindest bekommt er ein paar Punkte in Vorhand und möglicherweise findet auch Weiß das Tesuji auf 2 nicht.

Jedoch gibt es zwei Gründe, warum Schwarz sich zurückhalten sollte. Der erste ist, dass solche Züge als Ko-Drohungen aufzuheben sind. Die meisten Partien enthalten mindestens einen Ko-Kampf, und derjenige, der seine Drohungen vor dem Ko vergeudet, wird es bereuen. Falls Schwarz die Position stehen lässt, wird sich Weiß kaum die Mühe eines Verteidigungszugs machen, so dass die Gelegenheit zu Schwarz 1 auch später noch bestehen wird.

Der zweite Grund ist, dass man ja beim Lesen auch einen Fehler gemacht haben könnte. Insbesondere in einer Stellung ohne Handlungsbedarf wie hier können Sie es sich leisten, Ihre Aufmerksamkeit zwischenzeitlich auf etwas Anderes zu richten und später noch einmal für einen zweiten Blick zurückzukehren. Bereits ausgelesene Stellungen nachzuprüfen ist eine gute Beschäftigung, während Sie auf den gegnerischen Zug warten; oft zeigen sich Möglichkeiten, die vorher übersehen worden waren.

Wenn Schwarz zum Beispiel in der gerade betrachteten Stellung noch einmal hinschaut, dann sieht er möglicherweise den Zug 5 in Diagramm 20, der dem Weißen die Augenform zerstört und ihn gleichzeitig in Freiheitsnot versetzt, was den Schnitt auf A verhindert. Jetzt ist die Wahrheit ans Licht gekommen.

Er muss nicht sofort auf 1 spielen, doch zu gegebener Zeit werden die weißen Steine seine sichere Beute sein.

Haben Sie wie in Diagramm 19 einmal eine Zugfolge, die fast funktioniert, dann sollten Sie sie nicht verwerfen. Oft genügt es, nur einen Zug zu ändern, oder die Reihenfolge, oder einen einzigen Zug weiter zu lesen.

Wie ist es mit Stellungen, die einfach zu schwer auszulesen sind? Wenn irgend möglich, sollten sie stehen gelassen werden. Künftige Entwicklungen können sie verändern und das Unlesbare lesbar machen. Und außerdem verlieren Sie viel mehr, wenn Ihnen durch eine unspielbare Zugfolge eine Menge Steine gefangen werden, als wenn Sie Ihren Gegner einmal verteidigen lassen, wo Sie ihn hätten zerstören können. Im letzteren Fall bekommen Sie zwei Züge hintereinander, während Ihr Gegner verteidigt, doch im ersteren gibt es keine Entschädigung. Natürlich muss man zuweilen auch einmal blind drauflos spielen, aber bedenken Sie: Es sind die schwachen Spieler, die immer da spielen, wo sie die Stellung nicht überblicken. Und es sind die starken Spieler, die fernbleiben, auch wenn sie die Lage vollständig ausgelesen haben.

Der Rest dieses Buches besteht zum Großteil aus Beispielen für Tesuji und Problemen, um das Auslesen zu üben. In diesem Zusammenhang sei eine Warnung ausgesprochen: Im Allgemeinen wird es nur ein oder zwei Lösungsdiagramme geben, die zeigen, wie der stärkste Widerstand des Gegners mit der korrekten Lösung überwunden wird. Für das in diesem Kapitel besprochene Problem würden lediglich die Varianten aus Diagramm 7, 20 und vielleicht noch Diagramm 10 in den Lösungsdiagrammen auftauchen. Die restliche Lesearbeit würde Ihnen überlassen sein. Hier und da wird eine viel versprechende, aber falsche Antwort gezeigt und als „Fehler“ gekennzeichnet.

Nachdem gegen den Lösungszug auch die stärkste Antwort erfolglos ist, wird sie im Allgemeinen in einer Partie für den Gegner nicht den besten Zug darstellen. Wird Weiß beispielsweise mit Schwarz 1 in Diagramm 20 konfrontiert, so ist die beste weiße Antwort nicht etwa der „stärkste“ Zug auf 2, sondern Fernbleiben. Im Endspiel sollte Weiß dann Hane spielen (2 auf 3) und verbinden, eine Variante, die in den Lösungsdiagrammen nicht enthalten war. Mit Respekt vor der Lesefähigkeit Ihres Gegners werden Sie viele der geradzahlig nummerierten Züge aus den Lösungsdiagrammen in diesem Buch besser vermeiden.

In diesem Kapitel haben wir zwanzig Diagramme benötigt, um ein Problem durchzuarbeiten, doch die meisten der hier besprochenen Probleme werden sich nicht als so kompliziert herausstellen. Und sogar die schwereren sollten Sie nicht so lang beschäftigen, wenn Sie erst eine Idee von Tesuji bekommen haben. Tesuji zu erlernen ist wichtig: Denn Sie lernen, wo Sie die Antwort suchen müssen, und können auf direktem Weg zum Lösungszug gelangen, ohne Ihre Zeit mit dem Nachdenken über Züge zu verschwenden, die ohnehin fehlschlagen.

2. Die Schnittsteine fangen

Diagramm 1 zeigt, welche Art von Zügen in diesem Kapitel behandelt wird. Der weiße Stein außen ist zwar von schwarzen umgeben, aber bereit ins Freie zu laufen. Der Zug Schwarz 1 fängt ihn ein, indem er ihm den Ausweg versperrt.

Diagramm 2 zeigt die gleiche Vorgehensweise, nur dass diesmal gleich zwei weiße Steine mit Schwarz 1 gefangen werden. Wie sehr sie auch zappeln, sie können nicht entkommen. Auf den nächsten Seiten werden Sie etwas anspruchsvollere Tesuji kennen lernen, um Steine auf freiem Feld einzufangen oder sie am Brettrand zur Strecke zu bringen.

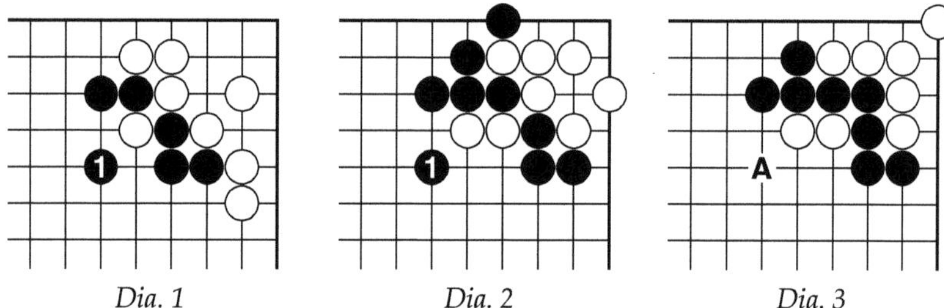

Dia. 1 *Dia. 2* *Dia. 3*

Die schiere Größe des Fangs ist kein Grund, diese Züge zu spielen – in Diagramm 1 bekommt Schwarz lediglich zwei Punkte, in Diagramm 2 vier. Entscheidend ist vielmehr, dass es sich um Schnittsteine handelt. Könnte zum Beispiel in Diagramm 1 Weiß auf 1 spielen anstatt Schwarz, dann würden die schwarzen Steine in zwei sehr schwache Gruppen geteilt, von denen eine fast sicher sterben müsste.

Vergleichen Sie das mit Diagramm 3, in dem die zwei weißen keine Schnittsteine sind. Schwarz könnte sie mit dem Zug auf A fangen, doch das wäre nur vier Punkte wert und somit unbedeutend. Schwarz sollte die gegnerischen Steine gar nicht beachten und sich weiter von seiner Stellung ausdehnen, um ein viel größeres Gebiet zu beanspruchen.

Das Keima-Tesuji

Diagramm 1. Schwarz möchte die zwei weißen Steine in der Brettmitte fangen. Der nahe liegende Zug Schwarz A funktioniert nicht, weil Weiß sich zwischen A und ▲ durchzwängen und mit einer Atari-Serie entkommen kann, wie gleich zu sehen sein wird.

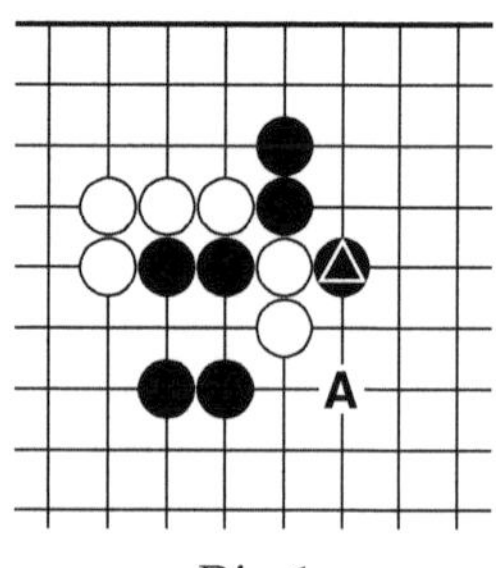

Dia. 1

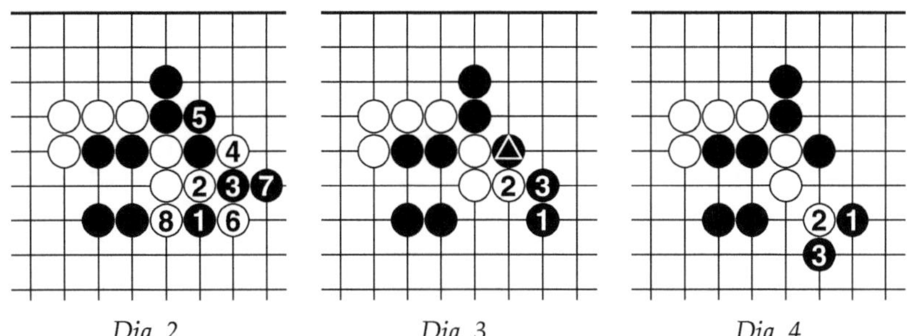

Dia. 2 *Dia. 3* *Dia. 4*

Diagramm 2. Die Atari 4 und 6 katapultieren Weiß in die Freiheit. Doch zum Glück für Schwarz gibt es einen Zug, der da Erfolg hat, wo Schwarz 1 scheitert.

Diagramm 3. Schwarz 1 hier ist das Tesuji; beachten Sie die Keima-Beziehung zum schwachen Stein auf ▲, der die Schwierigkeiten im vorigen Diagramm verursachte. Nach 2 und 3 würde ein Atari gegen ▲ nichts bewirken, und Weiß wird letztendlich genau so gefangen wie in Diagramm 2 auf der vorigen Seite.

Diagramm 4. So kommt Weiß auch nicht heraus. Schwarz 3 hält ihn auf.

Die Lösungen zu den folgenden Problemen finden Sie am Ende des Kapitels.

Problem 1. Weiß am Zug fängt die Schnittsteine.

Problem 2. Weiß am Zug fängt die Schnittsteine.

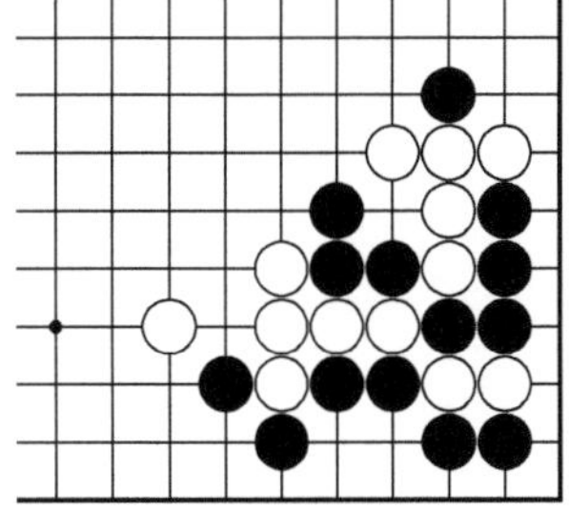

Problem 1

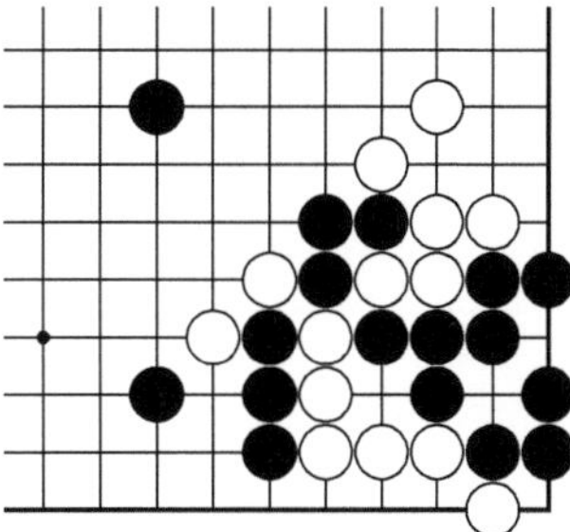

Problem 2

Das Tesuji der „losen Treppe“

Diagramm 1. Wenn Schwarz in dieser Stellung überhaupt ein Ergebnis erzielen will, dann muss er die zwei weißen Steine rechts von A fangen, nur wie? Ein Atari auf A funktioniert nicht.

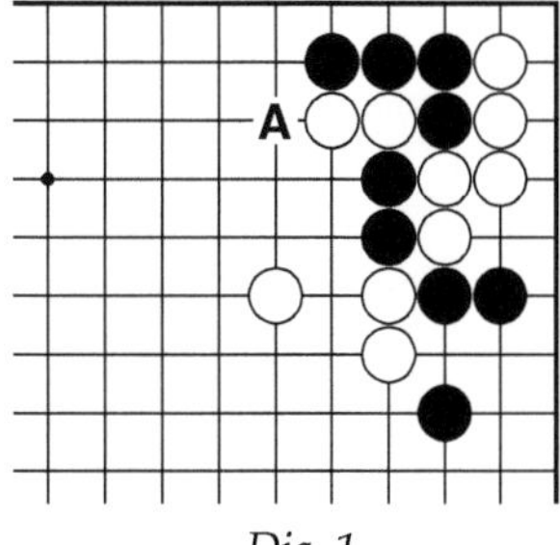

Dia. 1

Diagramm 2. Der Zug 1 ist das Tesuji; er startet eine lose Treppe.

Diagramm 3. Schwarz geleitet Weiß mit 3 und 5 beständig zum Brettrand, was nicht nur die fliehenden Steine fängt, sondern auch gleich die ganze Ecke mitnimmt.

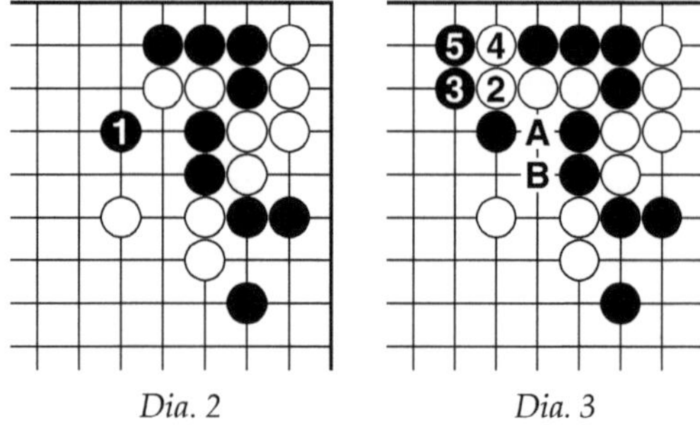

Dia. 2 *Dia. 3*

Falls Weiß irgendwann auf A spielt, so ist Schwarz B Atari, was den Untergang nur beschleunigt.

Problem 1. Weiß am Zug fängt den Schnittstein. Es genügt nicht, den ersten Zug zu finden; lesen Sie die gesamte Zugfolge sorgfältig aus.

Problem 2. Schwarz am Zug fängt die weißen Schnittsteine. Wenn sie von der einen Seite her nicht abgefangen werden können, versuchen Sie die andere.

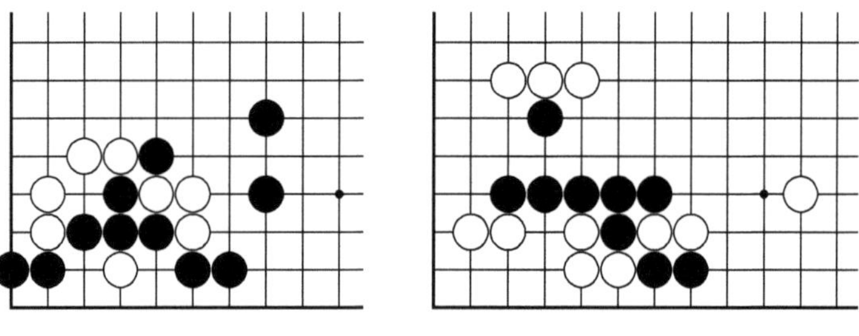
Problem 1 *Problem 2*

Das Ohrfeigen-Tesuji

Diagramm 1. Schwarz versucht, seine zwei Steine mit Hilfe von ▲ ins Freie hinauszubringen (allerdings auf die falsche Weise, wie sich alsbald zeigen wird). Kann Weiß ihn aufhalten? Die Atari-Serie (Treppe), die mit Weiß A beginnt, ist durch ▲ unterbrochen – Weiß muss nach etwas anderem Ausschau halten.

Diagramm 2. In dieser Form ist Weiß 1 das Tesuji, es macht Weiß A zu einer echten Drohung. Wenn Schwarz sich widersetzen will, dann muss er also entweder selbst auf A verbinden oder versuchen, mit B hinauszuschlüpfen.

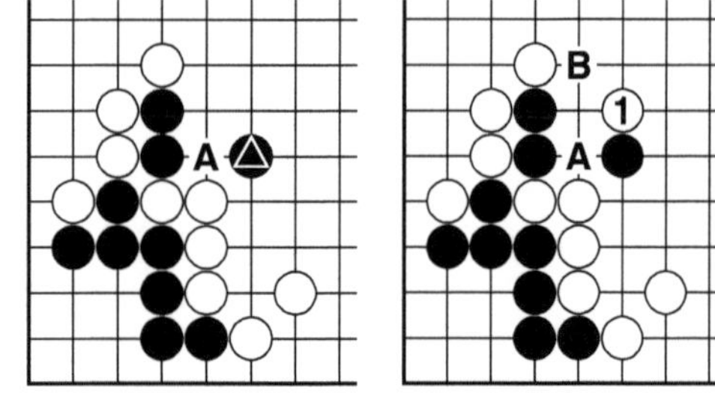

Dia. 1 *Dia. 2*

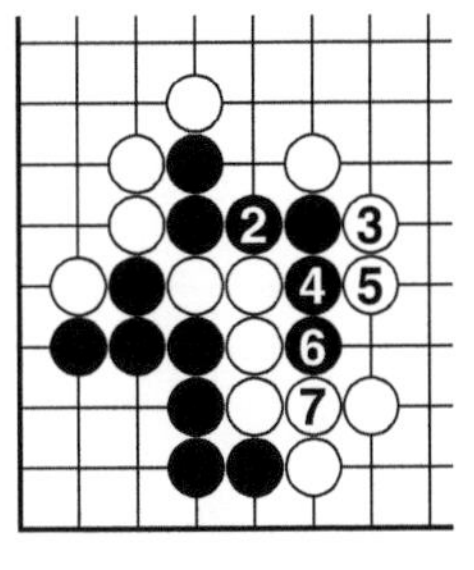

Dia. 3

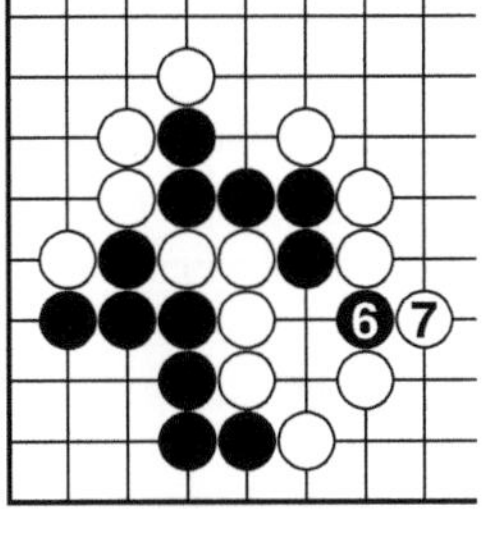

Dia. 4

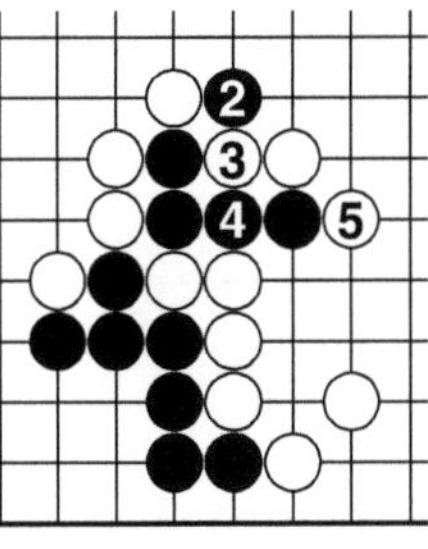

Dia. 5

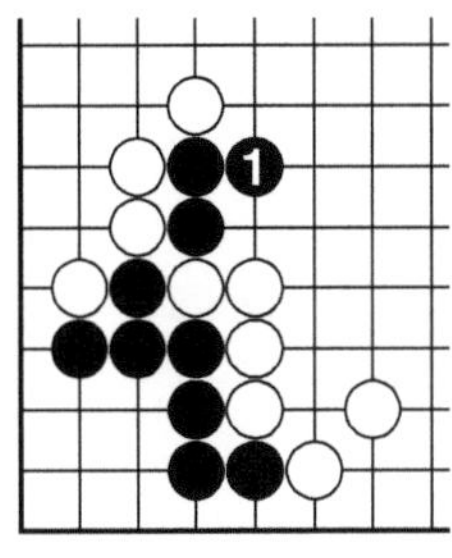

Dia. 6

Diagramm 3. Doch wenn Schwarz auf 2 verbindet, erwischt Weiß ihn mit 3 und so fort in einer losen Treppe.

Diagramm 4. Schwarz 6 versucht eine Mausefalle aufzustellen, scheitert aber an Weiß 7.

Diagramm 5. Wie sieht es mit der Alternative für Schwarz 2 aus? Weiß 3 gibt Atari und dann geht es genauso weiter wie vorher, nur dass die lose Treppe zu einer gewöhnlichen Treppe geworden ist.

Diagramm 6. Kehren wir zum ursprünglichen Zug von Schwarz zurück. Wenn er entkommen will, dann muss er mit 1 ein leeres Dreieck bilden. Leere Dreiecke bedeuten schlechte Form, doch zumindest ergibt sich so die Möglichkeit, die Weißen zu trennen und anzugreifen.

Problem 1. Schwarz am Zug fängt die Schnittsteine.

Problem 2. Schwarz am Zug fängt die Schnittsteine. Stellen Sie sicher, dass Sie die gesamte Zugfolge korrekt ausgelesen haben.

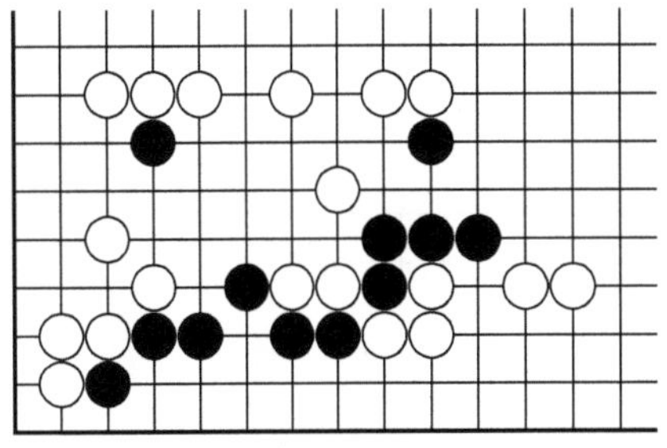

Problem 1

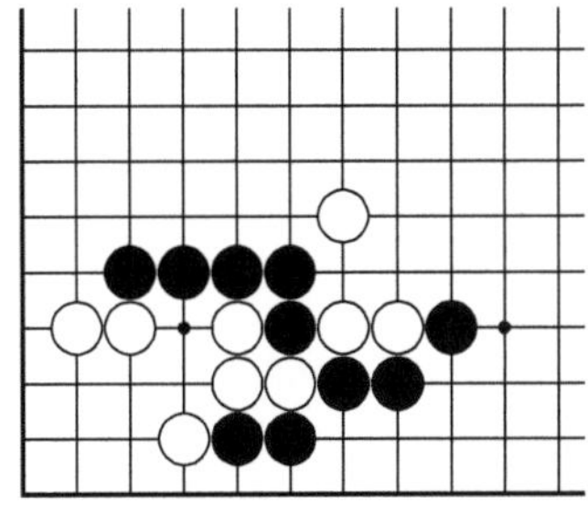

Problem 2

Das Einklemm-Tesuji

Diagramm 1. In dieser Stellung scheint es für Weiß keine Möglichkeit zu geben, etwas zu fangen. Schneidet er zum Beispiel auf A, so kann Schwarz mit B entkommen.

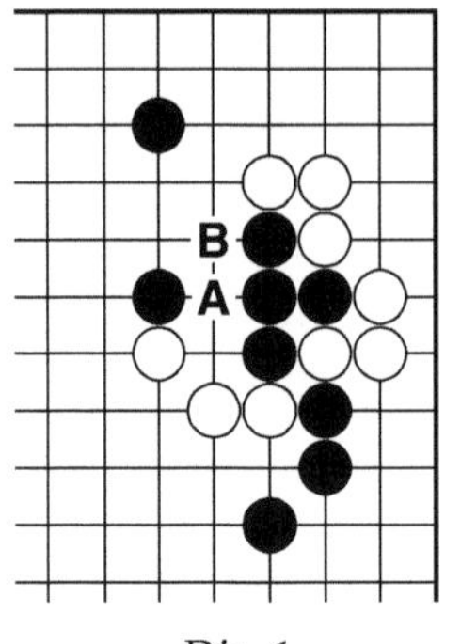

Dia. 1

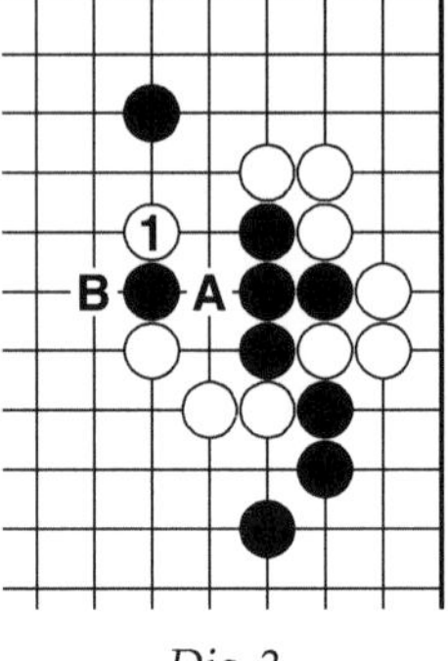

Dia. 2

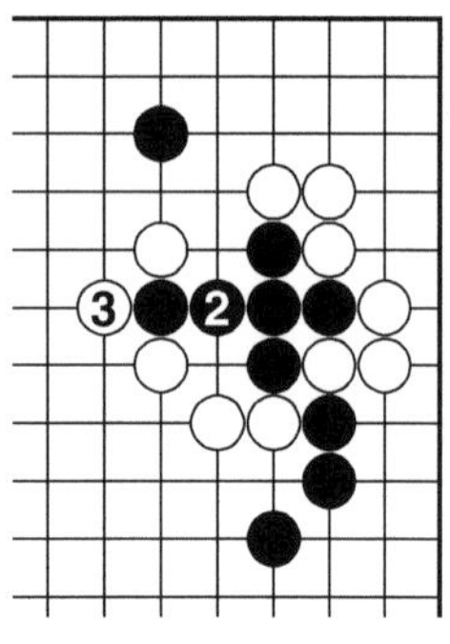

Dia. 3

Diagramm 2. Doch es gibt ein Tesuji, das Einklemmen mit 1. Dieser Zug macht Miai aus A und B.

Diagramm 3. Für Schwarz ist es zwecklos, mit 2 zu verbinden. Weiß 3 nimmt ihm jeden Spielraum.

Diagramm 4. Doch wenn er mit 2 herausstreckt, wird er von Weiß 3 abgeschnitten. Schwarz 4 funktioniert nicht, weil seine Steine nach Weiß 5 in einer Mausefalle gefangen sind. Falls Schwarz schon mit 2 auf 4 spielt, antwortet Weiß auf 5, so dass 2 und 3 immer noch Miai sind. Einklemm-Tesuji führen nicht grundsätzlich in eine Mausefalle, doch sind sie mitunter schwer zu sehen. Deshalb bekommen Sie diesmal drei Probleme.

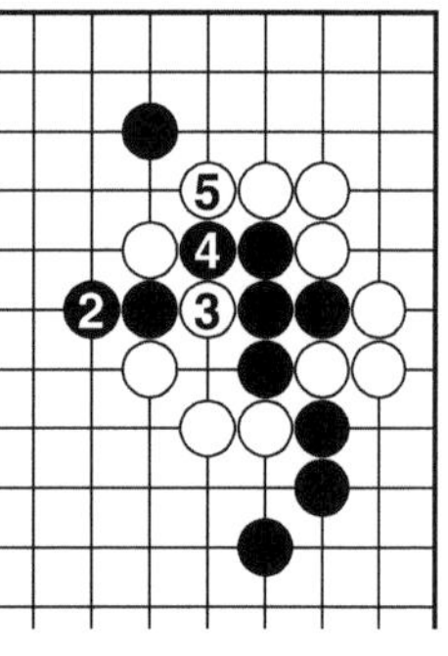

Dia. 4

Problem 1. Weiß am Zug fängt die Schnittsteine.

Problem 2. Schwarz am Zug hält die weiße Flucht auf. Lassen Sie sich von belanglosen Steinen nicht ablenken.

Problem 3. Weiß am Zug fängt die Schnittsteine.

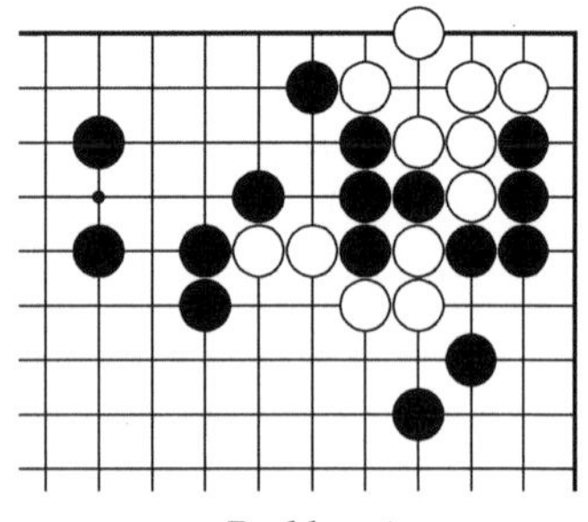

Problem 1

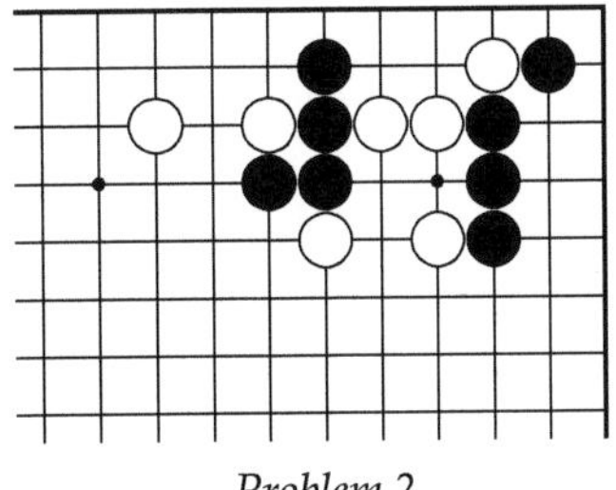

Problem 2

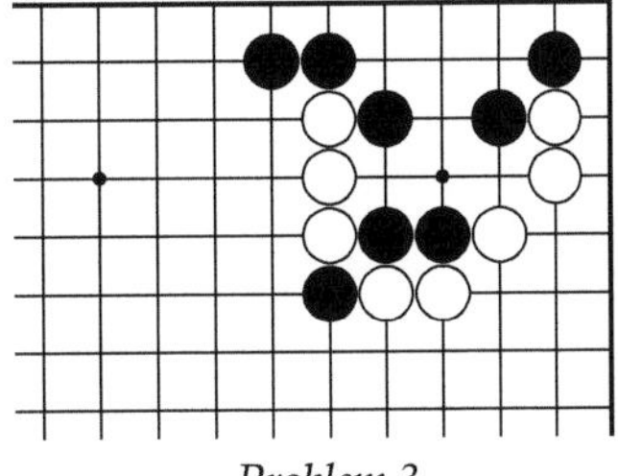

Problem 3

Das Nasen-Tesuji

Diagramm 1. Schwarz ist zwar in der Lage, die zwei oberen weißen Steine zu fangen. Doch er muss umsichtig vorgehen, weil ihm die Gefahr Weiß A ins Gesicht starrt. Ein Zug, der keine Freiheit nimmt, wäre zu langsam.

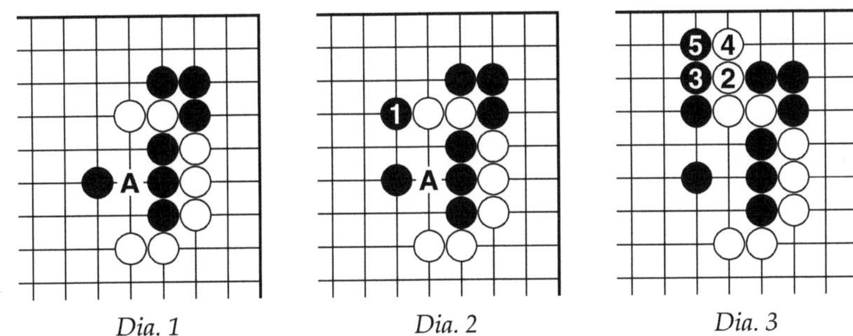

Dia. 1 *Dia. 2* *Dia. 3*

Diagramm 2. Der Zug Schwarz 1 haut dem Weißen sozusagen mitten auf die Nase. Genauer gesagt, verteidigt er gegen Weiß A und fängt die weißen Steine in einer losen Treppe.

Diagramm 3. Schwarz 3 und 5 treiben Weiß an den Brettrand, ohne ihm einen Ausweg zu erlauben.

Problem 1. Weiß am Zug fängt die Schnittsteine. Stellen Sie wie immer sicher, dass Sie die gesamte Zugfolge ausgelesen haben.

Problem 2. Schwarz am Zug fängt den mit △ markierten Stein. Das Nasen-Tesuji ist nicht der erste Zug, kommt aber später.

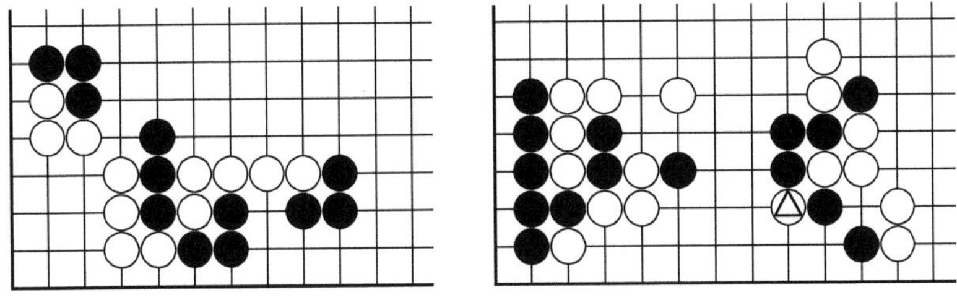

Problem 1 *Problem 2*

Das Kreuzschnitt-Tesuji

Diagramm 1. Die Schwarzen scheinen in zwei Gruppen getrennt zu sein, eine in der Ecke und eine außen. Dennoch gibt es einen Weg für Schwarz, sie zu verbinden und die zwei weißen Steine dazwischen zu fangen.

Ein verhängnisvoller Fehler von Schwarz wäre das Atari auf A. Der Grund ist nicht sehr tiefliegend: Schwarz kann entweder auf A oder von der anderen Seite Atari geben, somit sollte er beide Züge in der Hinterhand behalten, bis einer von ihnen von klarem Nutzen ist.

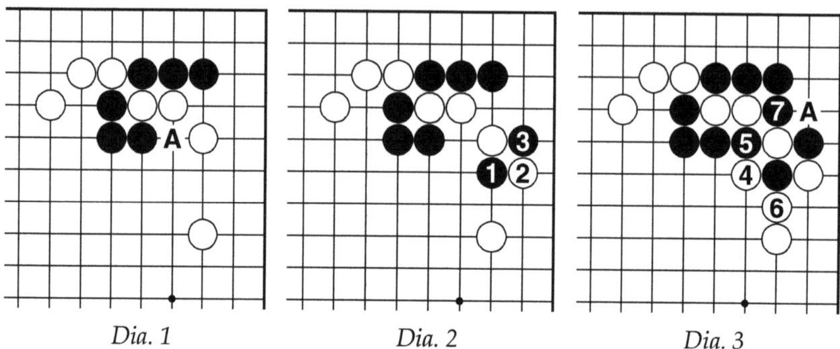

Dia. 1 *Dia. 2* *Dia. 3*

Diagramm 2. Das Tesuji ist der Anleger auf 1. Die stärkste weiße Antwort ist 2 – und jetzt spielt Schwarz mit 3 einen Kreuzschnitt.

Diagramm 3. Gibt Weiß auf 4 Atari, so spielt Schwarz das Gegen-Atari auf 5, worauf Weiß wegen Freiheitsnot nicht auf 7 verbinden kann. Ihm bleibt nur, auf 6 zu schlagen und Schwarz die zwei Steine mit 7 oder A fangen zu lassen.

Diagramm 4. Gibt Weiß 4 das Atari von der anderen Seite, so passt Schwarz mit 5 seine Antwort entsprechend an.

Diagramm 5. In dieser Form gibt es einen Zug, auf den man achten muss: Es kommt vor, dass Weiß mit 2 Widerstand leisten kann, weil er A und B androht.

Diagramm 6. Doch in der vorliegenden Stellung kann Schwarz den weißen Plan vereiteln und beginnend mit 3 einen großen Fang machen.

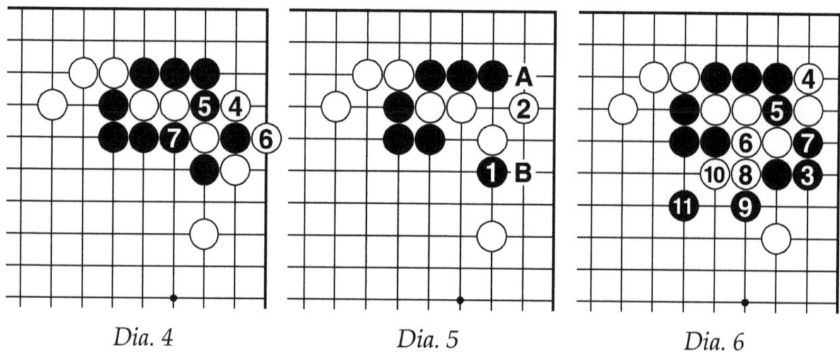

Dia. 4 *Dia. 5* *Dia. 6*

Problem 1.
Weiß am Zug fängt den Schnittstein.

Problem 2.
Schwarz am Zug fängt den Schnittstein.

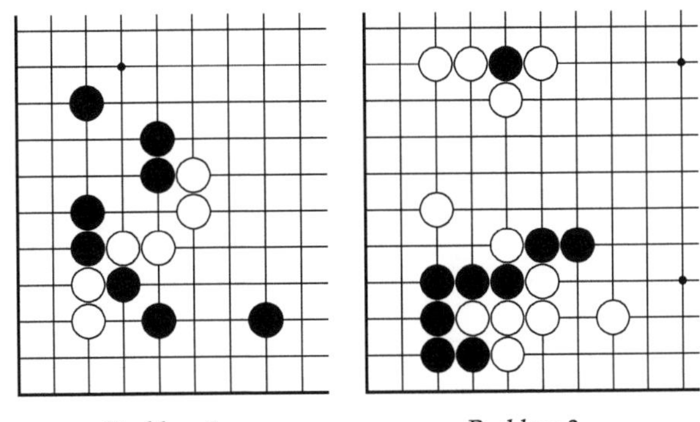

Problem 1 *Problem 2*

Lösungen zu den Problemen

Das Keima-Tesuji

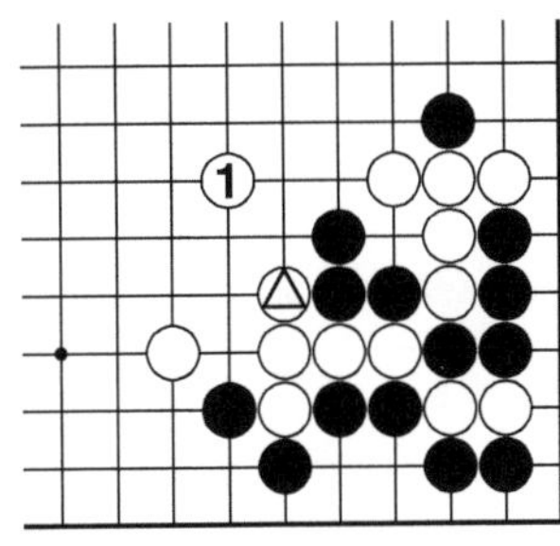

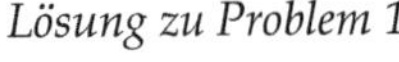

Lösung zu Problem 1

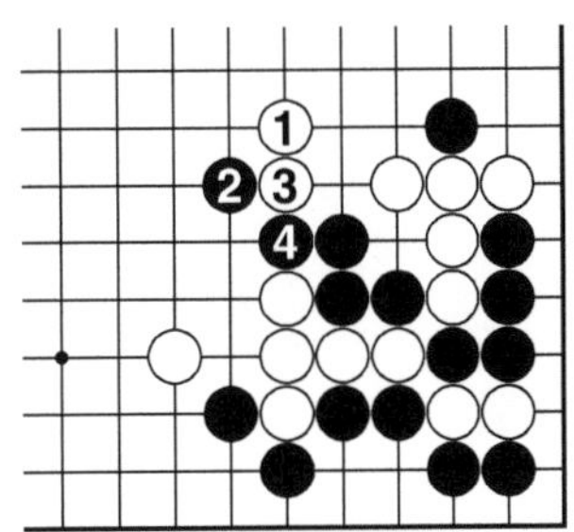

Dia. 1a

Lösung zu Problem 1. Weiß 1, ein Keima vom schwachen Stein △ aus, löst die Aufgabe. Diagramm 1a zeigt das falsche Keima, mit 2 türmt Schwarz auf geschickte Weise.

Lösung zu Problem 2. Weiß 1 fängt die schwarzen Steine.

Diagramm 2a. Spielt Schwarz auf 2, so fängt Weiß in einer kurzen Treppe.

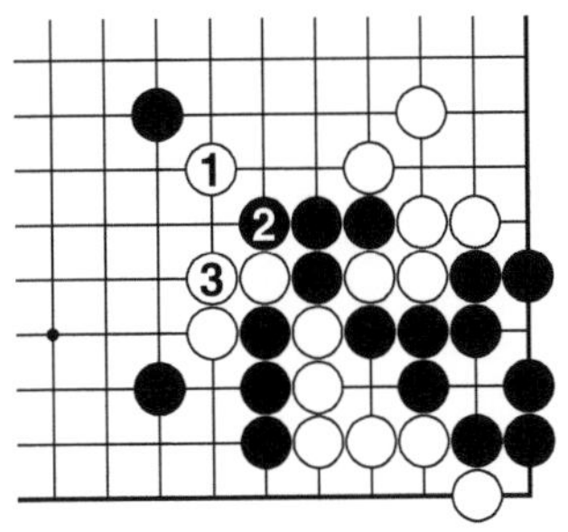

Lösung zu Problem 2

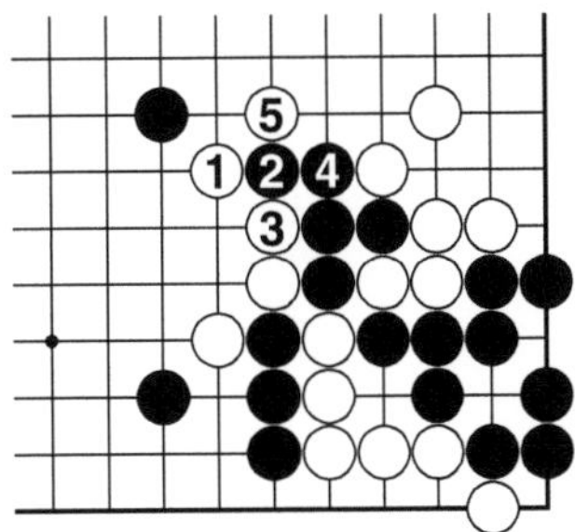

Dia. 2a

Das Tesuji der „losen Treppe“

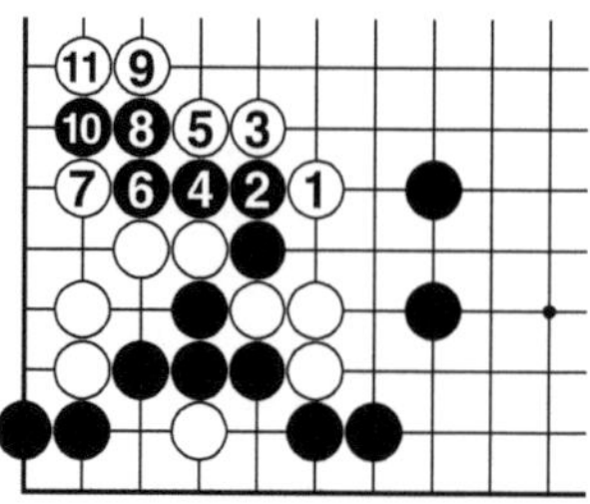

Lösung zu Problem 1

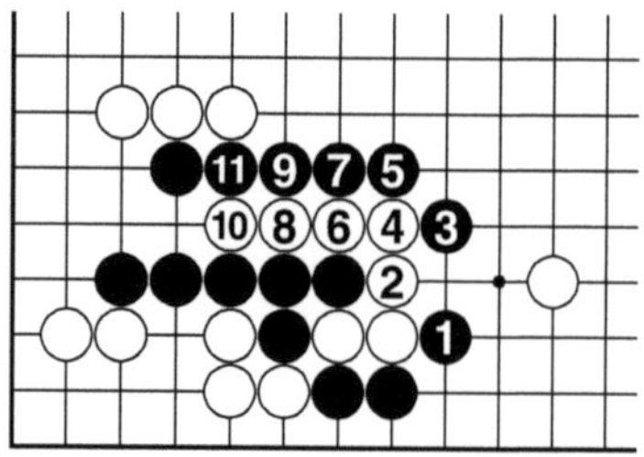

Lösung zu Problem 2

Lösung zu Problem 1. Weiß 1 und 7 sind die Schlüsselzüge.
Lösung zu Problem 2. Diesmal beginnt die Zugfolge mit einem Atari.

Das Ohrfeigen-Tesuji

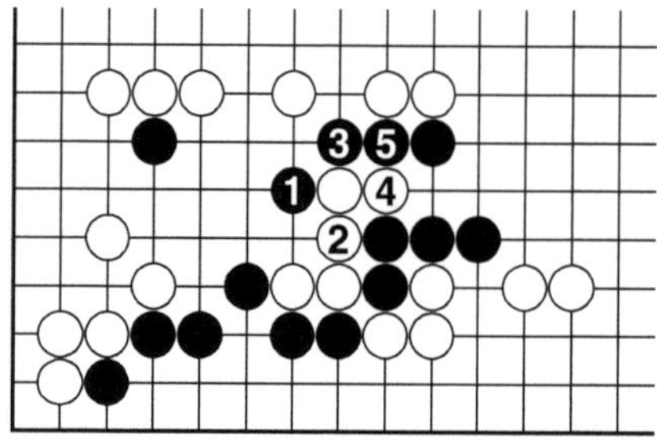

Lösung zu Problem 1

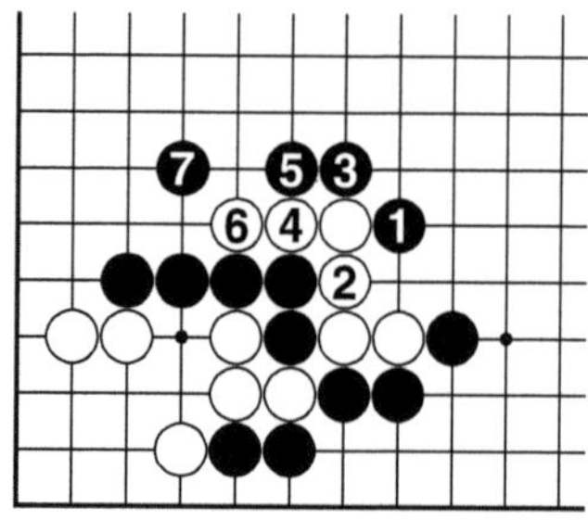

Lösung zu Problem 2

Lösung zu Problem 1. Schwarz 1 ist das Tesuji, der Rest ist nicht mehr schwer.

Lösung zu Problem 2. Abgesehen vom Tesuji auf 1 ist hier entscheidend, wann der Sprung nach vorn kommen muss. Alle Züge außer 7 schlagen fehl.

Das Einklemm-Tesuji

Lösung zu Problem 1. Weiß 1 ist das Einklemm-Tesuji; es macht Miai aus A und B. Spielt Schwarz auf 2, so antwortet Weiß auf 3 und umgekehrt.

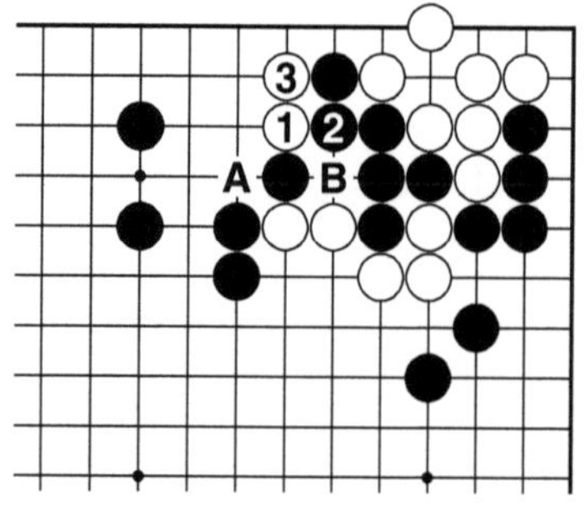

Lösung zu Problem 1

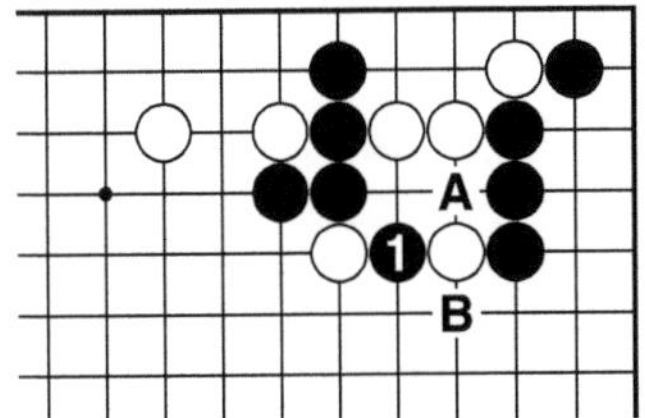

Lösung zu Problem 2

Lösung zu Problem 2. Diesmal muss Schwarz seinen Einklemmzug genau zwischen zwei weiße Steine setzen, aber er funktioniert dennoch. Wieder sind A und B Miai, so dass die drei Steine oberhalb von A abgeschnitten und verloren sind.

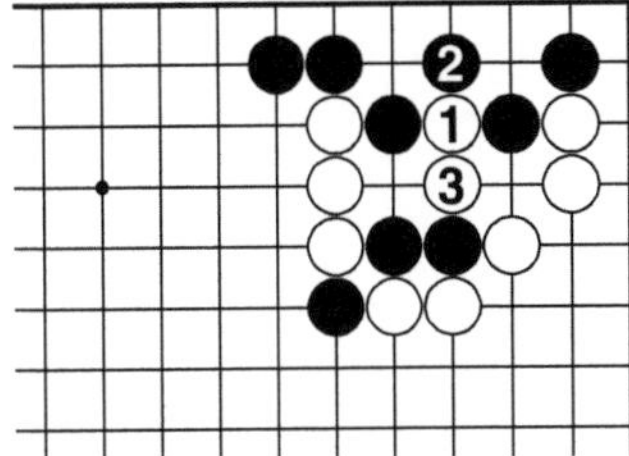

Lösung zu Problem 3

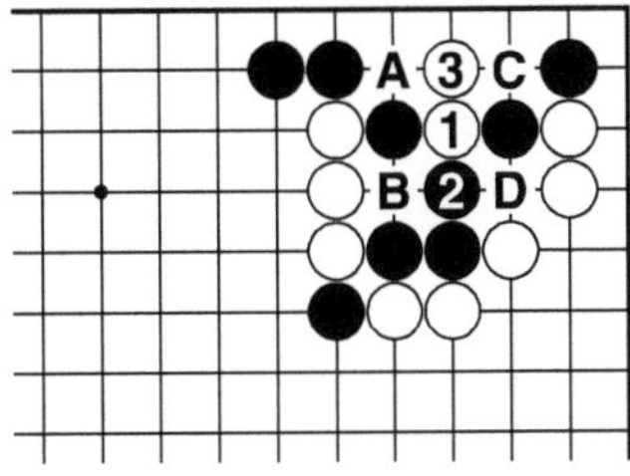

Dia. 3a

Lösung zu Problem 3. Weiß 1 ist ein überraschendes Tesuji. Die beste schwarze Antwort ist 2, doch nach Weiß 3 ist Schwarz in Atari, und das bleibt auch so, wenn er verbindet.

Diagramm 3a. Mit dieser Spielweise vergrößert Schwarz nur seinen Verlust. Nach Weiß 3 sind A und B Miai auf der einen Seite, C und D auf der anderen. Damit sind die drei Steine um 2 gefangen.

Das Nasen-Tesuji

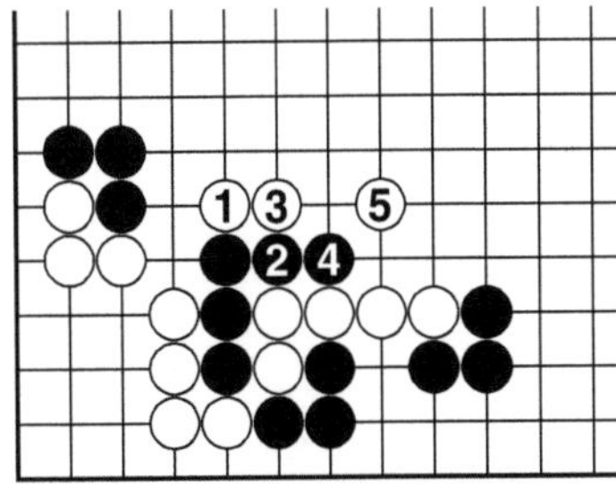

Lösung zu Problem 1

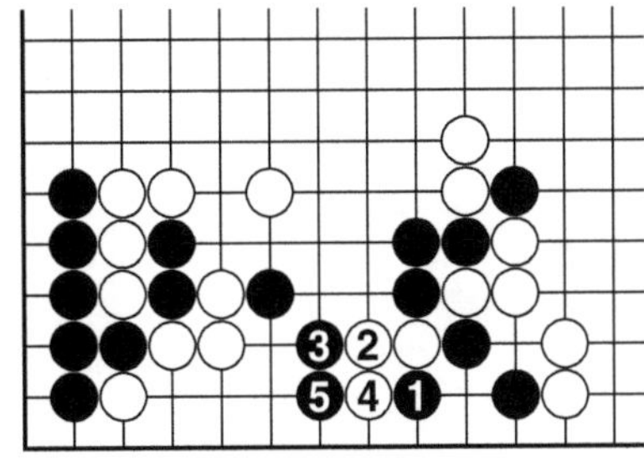

Lösung zu Problem 2

Lösung zu Problem 1. Weiß 1 ist das Nasen-Tesuji, 3 und 5 bringen die Angelegenheit zu Ende.

Lösung zu Problem 2. Diesmal kommt das Nasen-Tesuji mit Schwarz 3.

Das Kreuzschnitt-Tesuji

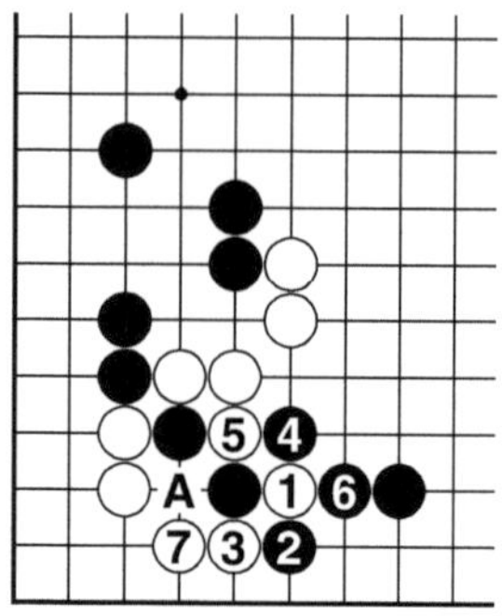

Lösung zu Problem 1

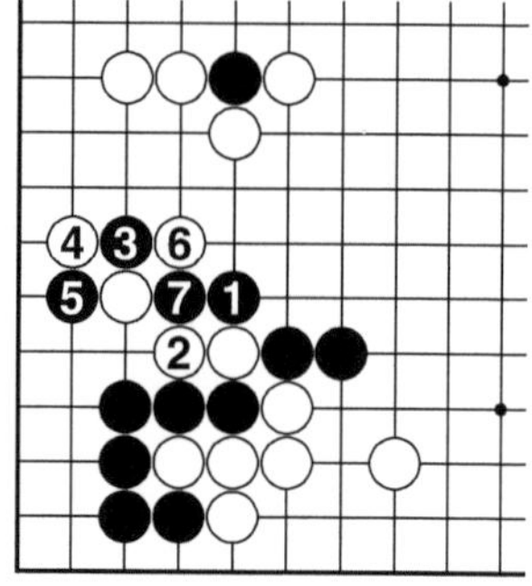

Lösung zu Problem 2

Lösung zu Problem 1. Weiß 1 und 3 formen das Kreuzschnitt-Tesuji. Nach Schwarz 4 und 6 dürfte Weiß es vorziehen, auf 7 zu spielen statt auf A – wegen der Augenform in der Ecke.

Lösung zu Problem 2. Schwarz 1 setzt den Schnittstein in Atari. Falls Weiß ihn dann mit 2 herauszieht, bilden Schwarz 3 und 5 das Kreuzschnitt-Tesuji.

Weitere Probleme

Der Schwierigkeitsgrad der folgenden elf Probleme erstreckt sich von sehr leicht (Nr. 3 und 4) bis mäßig schwer, etwa Nr. 11. Bei allen ist das Thema das Fangen der Schnittsteine. In einem der Probleme (Nr. 1) kann Schwarz zwar durch eine bestimmte Spielweise seine Schnittsteine retten, doch Weiß bekommt trotzdem ein gutes Ergebnis.

Die Lösungen finden Sie in aller Kürze auf den darauf folgenden zwei Seiten. Wie gewöhnlich zeigen die Lösungsdiagramme Züge, die der Unterlegene ungespielt lassen sollte.

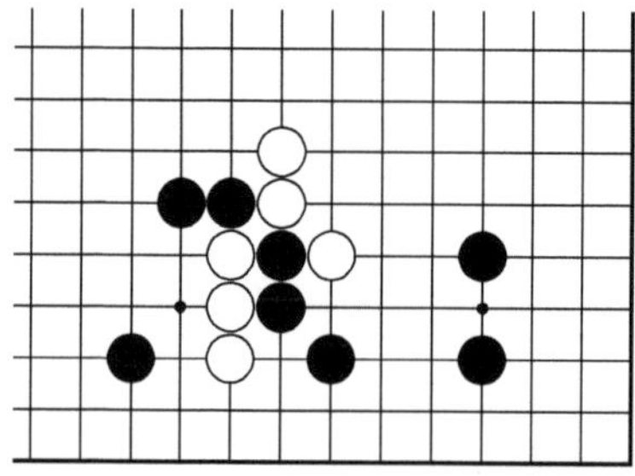

1. Weiß am Zug

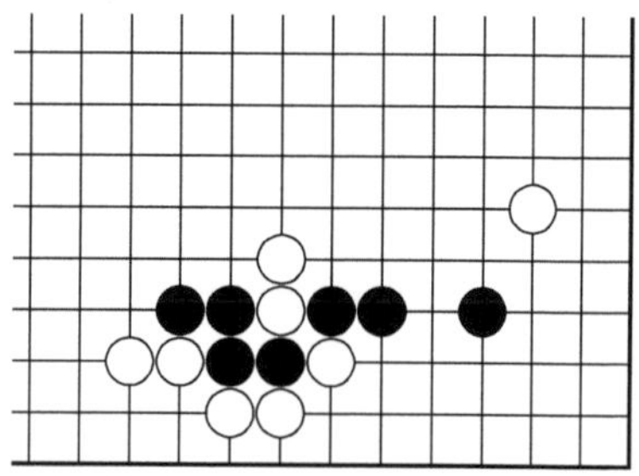

2. Schwarz am Zug

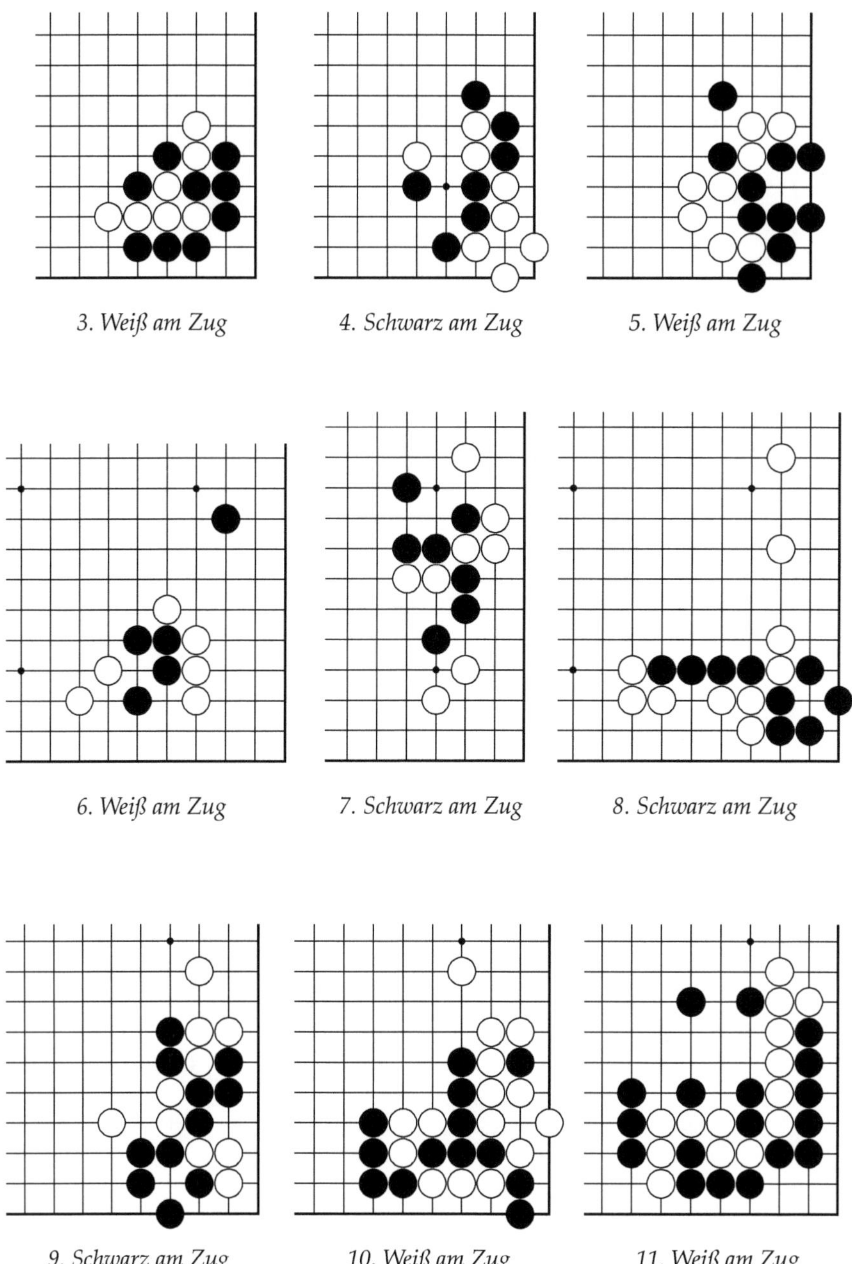

3. Weiß am Zug

4. Schwarz am Zug

5. Weiß am Zug

6. Weiß am Zug

7. Schwarz am Zug

8. Schwarz am Zug

9. Schwarz am Zug

10. Weiß am Zug

11. Weiß am Zug

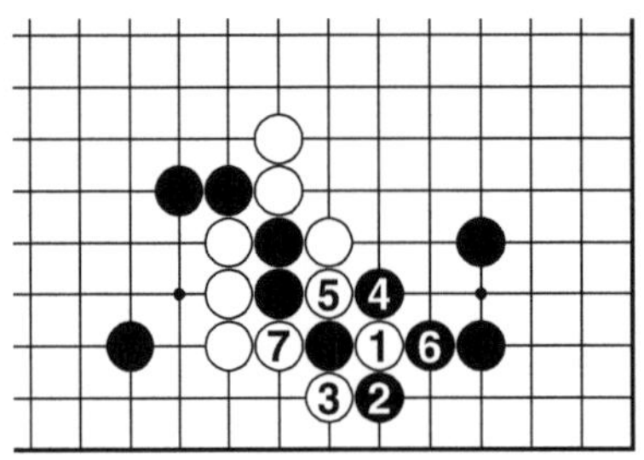

Lösung zu Problem 1

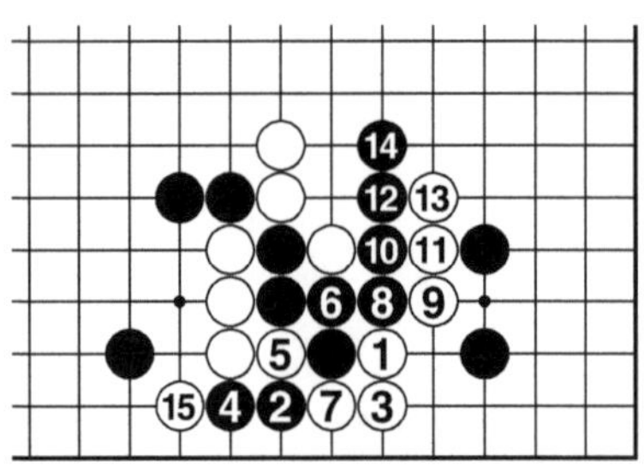

Variante

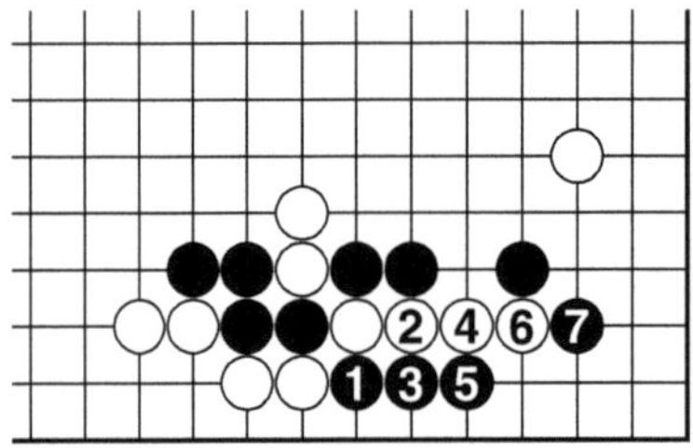

Lösung zu Problem 2

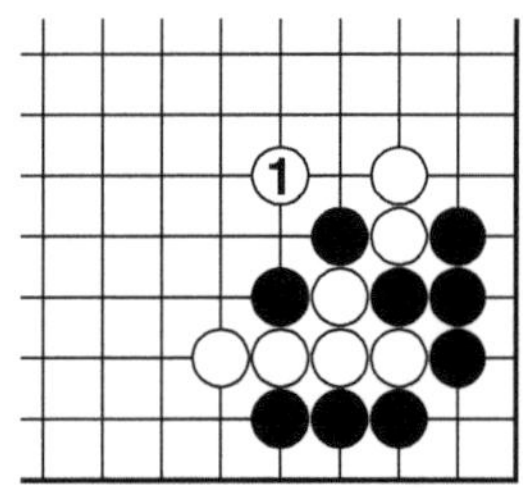

Lösung zu Problem 3

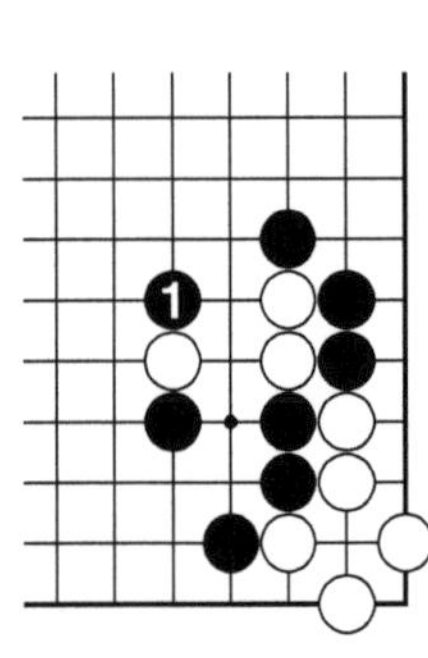

Lösung zu Problem 4

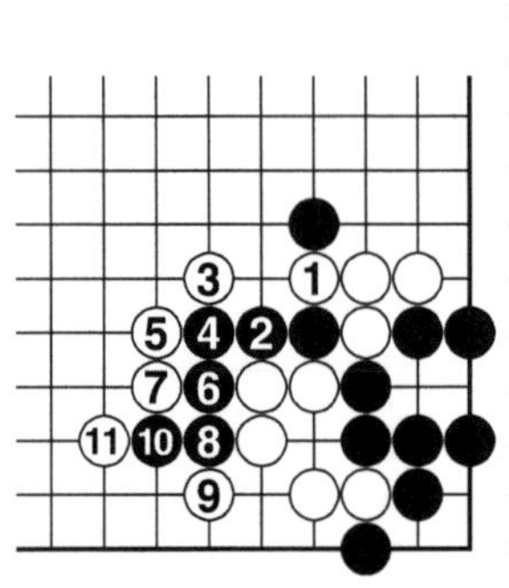

Lösung zu Problem 5

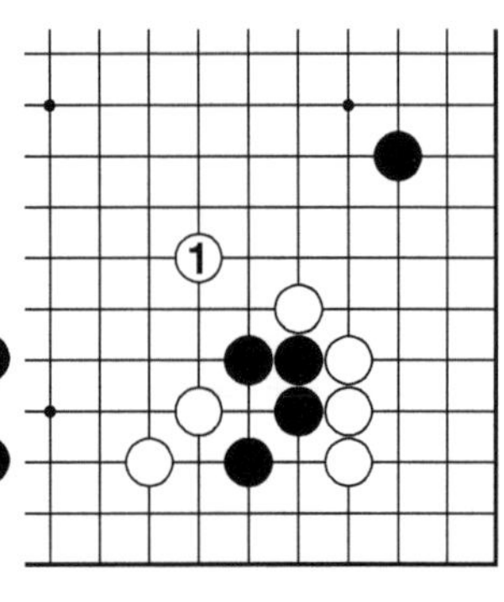

Lösung zu Problem 6

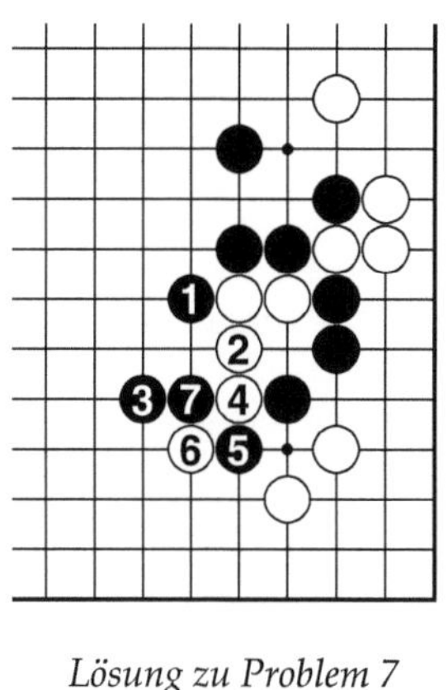

Lösung zu Problem 7

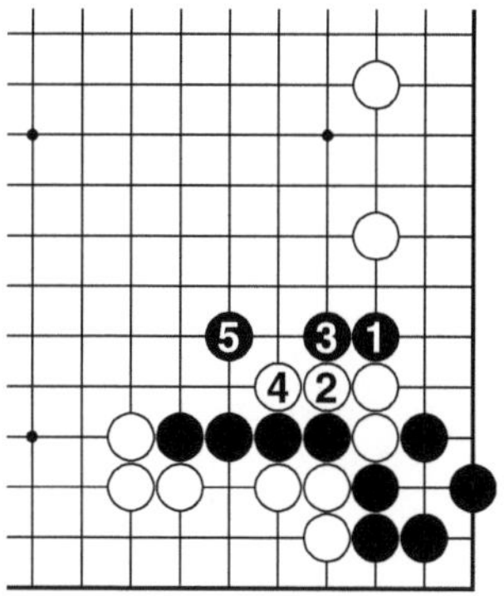

Lösung zu Problem 8

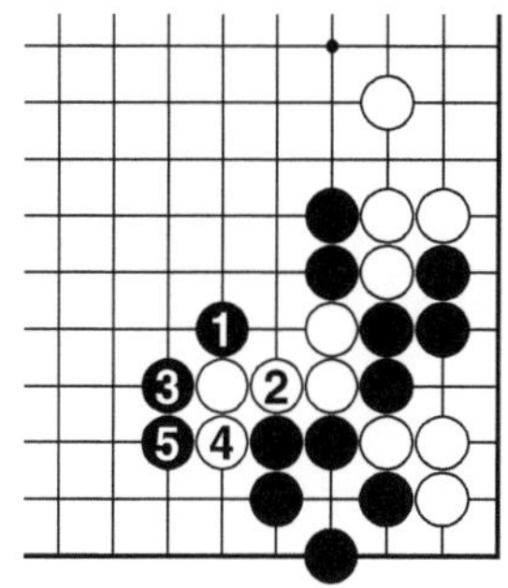

Lösung zu Problem 9

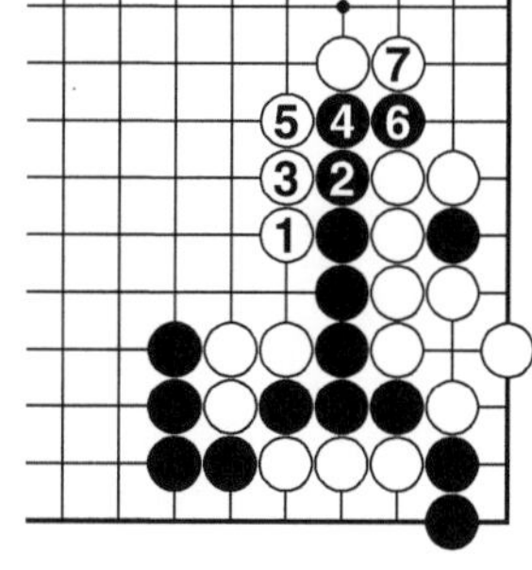

Lösung zu Problem 10

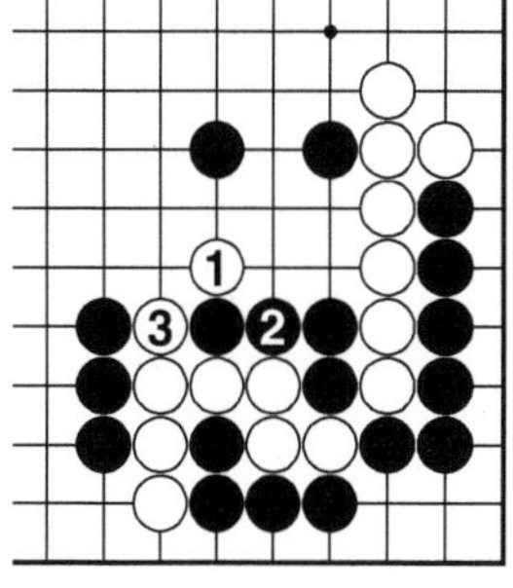

Lösung zu Problem 11

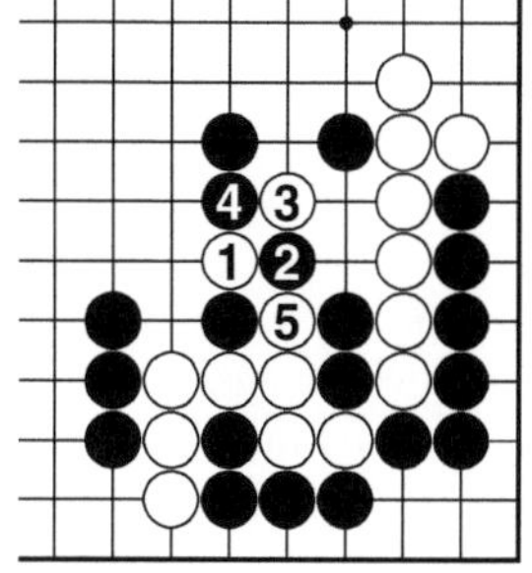

Variante

3. Die Schnittsteine abtrennen

Dieses Kapitel behandelt das gleiche Thema wie das vorige: Es geht um das Fangen kleiner gegnerischer Gruppen. Der Unterschied ist: Bisher ging es darum, die Steine durch Versperren des Auswegs einzufangen. Aber diesmal sollen die Steine von einer größeren Gruppe abgetrennt werden, was entsprechend andere Techniken erfordert. Im Allgemeinen sind Schnittsteine das Zielobjekt, doch werden wir nicht wählerisch sein und gelegentlich auch auf andere Steine Jagd machen, der Punkte wegen.

Die Mausefalle

Die Mausefalle ist für die meisten Spieler die erste wirklich interessante Taktik, die zu erlernen ist; vielleicht können Sie sich noch an die erste erinnern, die Ihnen in einer Partie begegnete. Für diejenigen, die wegen des Begriffs unsicher sind, zeigen die nächsten drei Diagramme einen kurzen Überblick.

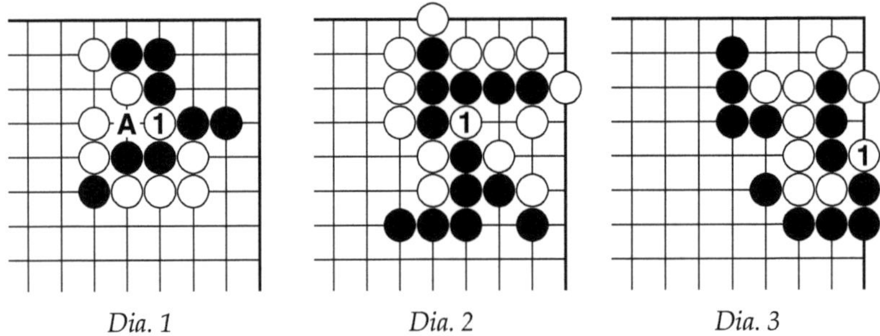

Dia. 1 *Dia. 2* *Dia. 3*

Diagramm 1. Der Zug Weiß 1 fängt mit einer Mausefalle: Er setzt zwei schwarze Steine in Atari. Schwarz könnte den Stein 1 schlagen, indem er auf A spielt, doch Weiß würde einfach noch einmal auf 1 setzen und drei Steine schlagen.

Diagramm 2. Hier ist eine andere Mausefallen-Variante. Wieder könnte Schwarz schlagen, nur damit Weiß einfach zurückschlägt.

Diagramm 3. Dies ist eine Mausefalle am Rand.

Nun folgen einige Anwendungen.

Diagramm 4. Schwarz hat eine Gelegenheit, fünf Steine zu fangen, doch überraschenderweise wird sie von vielen Spielern übersehen, die stattdessen auf A verbinden.

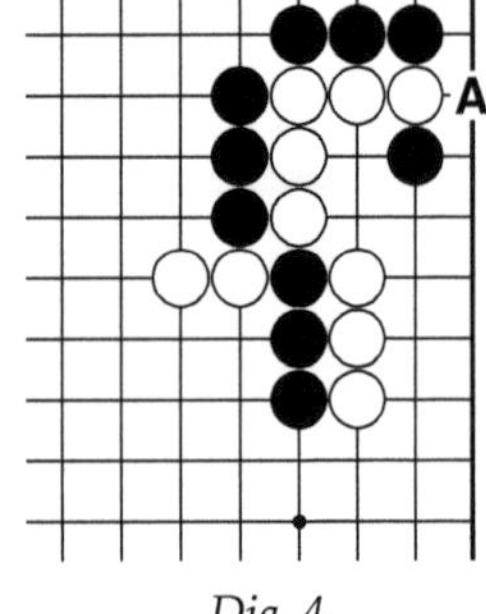

Dia. 4

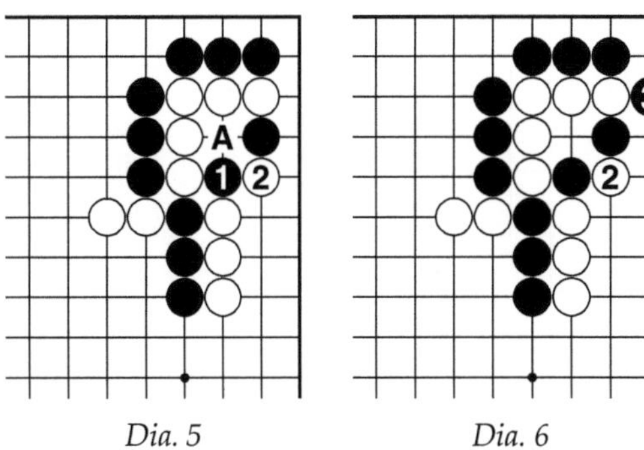

Dia. 5 Dia. 6

Diagramm 5. Wer etwas fangen will, muss auf 1 schneiden. Zunächst scheint Schwarz mit 1 zu scheitern, weil er von Weiß 2 in Atari gesetzt wird und nicht auf A verbinden kann.

Diagramm 6. Aber alles wird gut. Schwarz beantwortet 2 mit 3 und fängt die fünf Steine in einer Mausefalle.

Problem 1. Schwarz am Zug fängt.

Problem 2. Weiß am Zug. Der Schnitt ist bereits gespielt – die Frage ist, wie die Aufgabe zu Ende gebracht wird.

Problem 3. Schwarz am Zug. Die Weißen scheinen entkommen zu sein, aber dann…

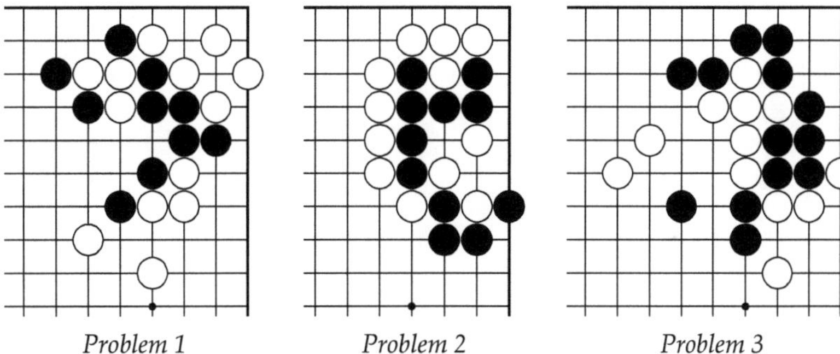

Problem 1 Problem 2 Problem 3

Das Einwurf-Tesuji

Diagramm 1. Wie immer muss Schwarz einen Weg finden, um die Schnittsteine zu fangen. Diese Stellung verlangt nach einem Einwurf-Tesuji.

Diagramm 2. Schwarz 1 ist der Einwurf – ein Opfer, das dem Gegner lebenswichtige Freiheiten raubt. Weiß schlägt mit 2, doch…

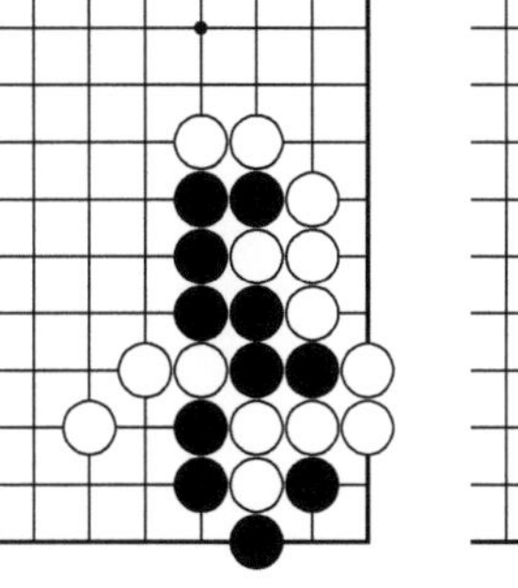

Dia. 1

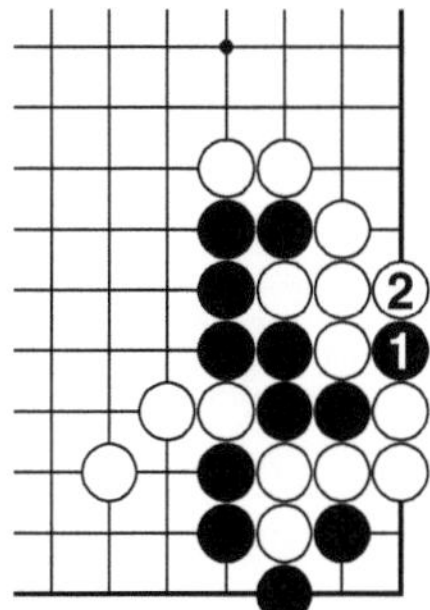

Dia. 2

Diagramm 3. Schwarz gibt mit 3 Atari. Wenn Weiß jetzt auf 4 verbindet, so ist Schwarz 5 Atari auf die gesamte Gruppe.

Diagramm 4. Hier sieht man zum Vergleich, was passiert, wenn Schwarz ohne vorherigen Einwurf auf 1 spielt. Weiß hat am Rand eine Freiheit mehr als zuvor und kann Schwarz 3 mit 4 beantworten. Die schwarze Stellung ist zerstört.

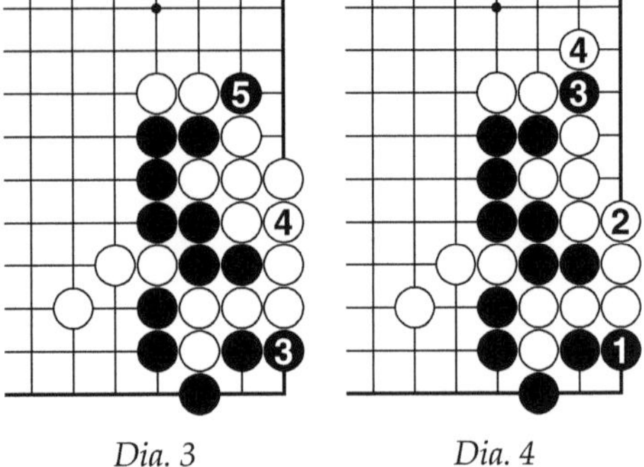

Dia. 3 *Dia. 4*

Wie in den folgenden Problemen zu sehen ist, sind Einwurf-Tesuji nicht auf den Brettrand beschränkt.

Problem 1. Schwarz am Zug fängt die Schnittsteine.

Problem 2. Schwarz am Zug fängt die Schnittsteine.

Problem 3. Weiß am Zug. Ein Einwurf startet eine kurze Treppe.

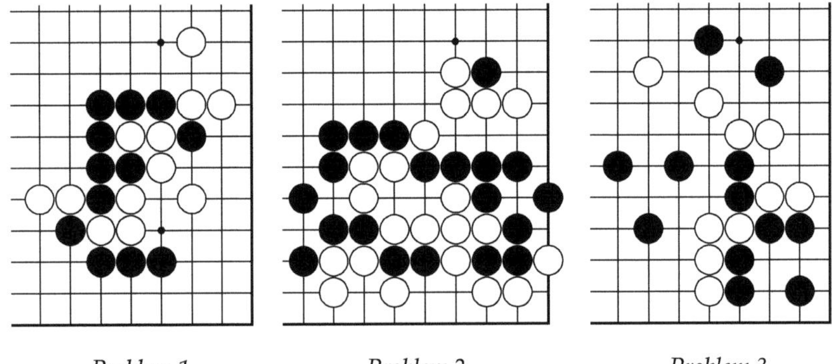

Problem 1 *Problem 2* *Problem 3*

Das Auswring-Tesuji

Diagramm 1. Schauen Sie sich die schwarze Gruppe rechts genau an und suchen Sie eine Möglichkeit für Weiß, einen Teil von ihr zu fangen.

Diagramm 2. Als Erstes ist Weiß 1 zu untersuchen. Schwarz 2 ist die korrekte Verteidigung, und nach Weiß 3 kann Schwarz auf 4 spielen. Weiß 5 ist ein netter Versuch,

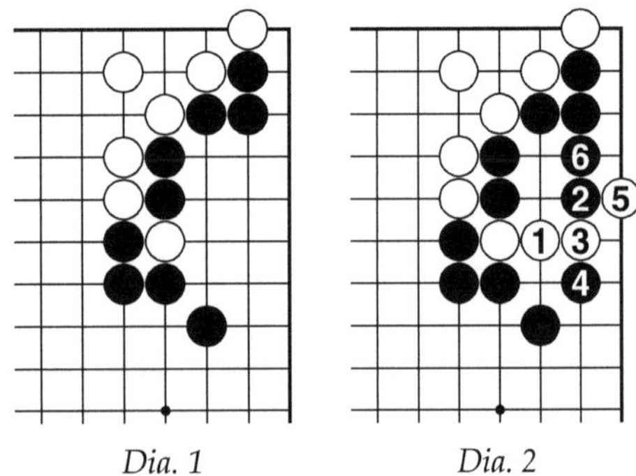

Dia. 1 *Dia. 2*

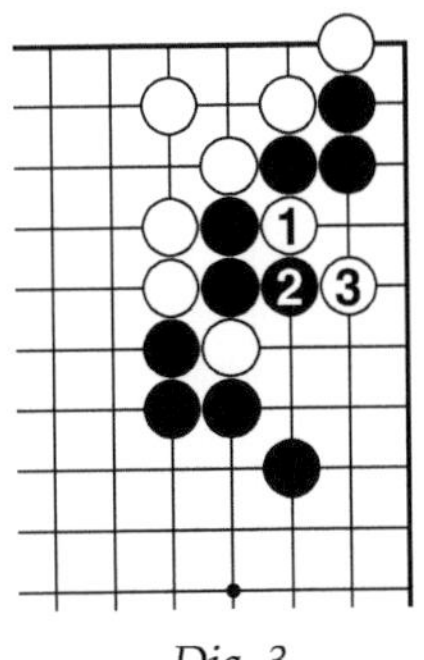
Dia. 3

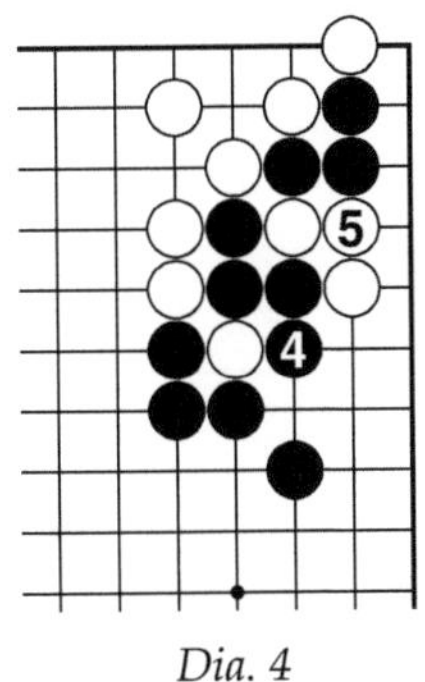
Dia. 4

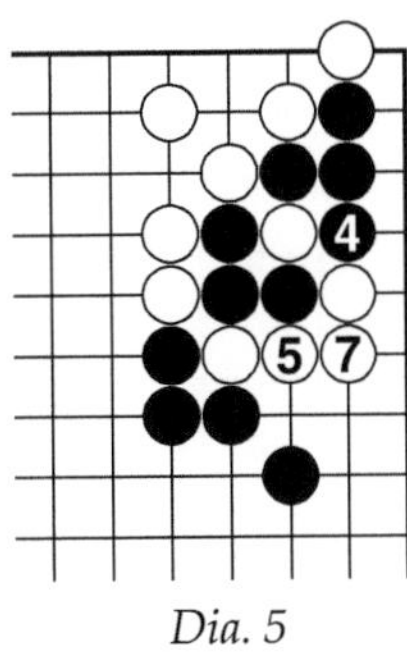
Dia. 5
Schwarz 6 verbindet

doch wenn Schwarz mit 6 antwortet, liegt Weiß im Wettlauf um eine Freiheit zurück und kann nichts daran ändern.

Damit schlägt Weiß 1 fehl. Welche Alternativen gibt es?

Diagramm 3. Hier ist die Tesuji-Kombination. Weiß 1 sieht aus wie ein Schnitt ohne Zukunft, doch es folgt der verblüffende Zug auf 3. Plötzlich ist Schwarz in Atari – und in Schwierigkeiten.

Diagramm 4. Das Beste für Schwarz ist, mit 4 zu schlagen und Weiß auf 5 verbinden zu lassen. Weiß hat jetzt drei Freiheiten gegen die zwei, die den schwarzen Steinen in der Ecke geblieben sind.

Diagramm 5. Fängt Schwarz mit 4 den falschen Stein, so kommt Weiß mit 5 aus dem Atari heraus. Nach den Deckungszügen 6 und 7 ist Weiß mit vier Freiheiten zu drei vorn – Schwarz verliert alles.

Die weiße Technik in diesem Beispiel heißt auf japanisch *shibori*, was so viel heißt wie „auswringen". Im Englischen hat sich die Bezeichnung „Squeeze" eingebürgert. Es werden Opfersteine benutzt, um die Freiheiten aus der gegnerischen Gruppe herauszuwringen und sie zu einer kompakten Masse zusammenzuquetschen.

Problem 1. Schwarz am Zug fängt die Ecke.

Problem 2. Schwarz am Zug fängt am unteren Rand. Das Muster ist leicht abgewandelt, aber nicht schwierig.

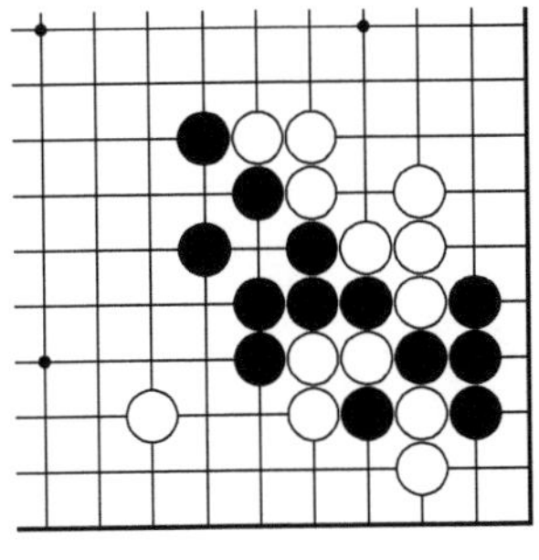
Problem 1

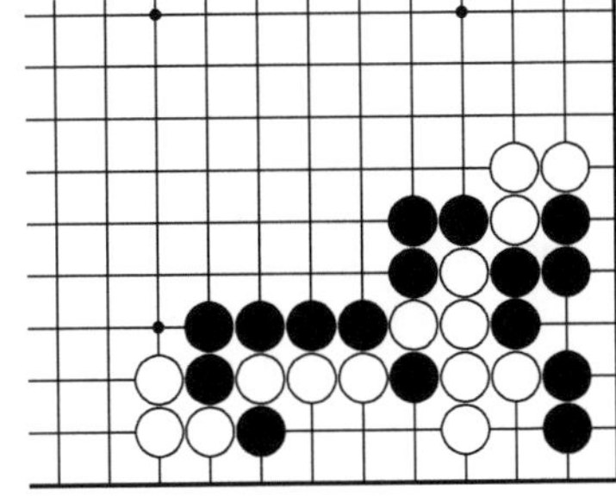
Problem 2

Treppen bauen

Diagramm 1. Drei schwarze Steine sitzen am rechten Rand in der Falle. Sind sie noch zu retten, oder sollte Schwarz sie aufgeben und auf A spielen?

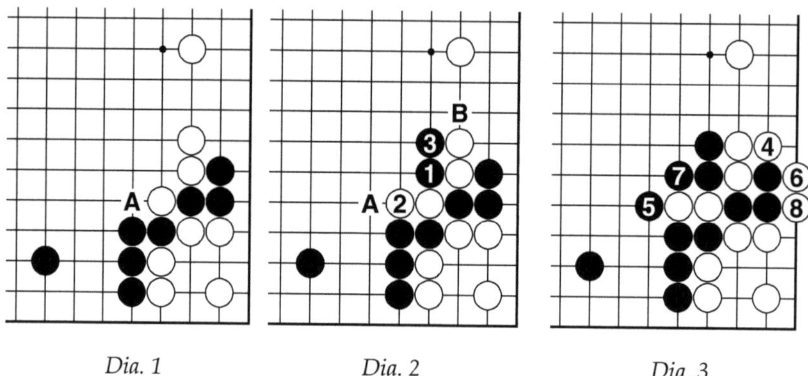

Dia. 1 *Dia. 2* *Dia. 3*

Diagramm 2. Es gibt eine Lösung. Mit 1 und 3 droht Schwarz zwei Treppen an: Wenn Weiß auf der einen Seite verteidigt, dann erwischt Schwarz ihn auf der anderen.

Wenn die Treppe auf A nicht laufen sollte, ist dieses Tesuji natürlich nutzlos.

Diagramm 3. Falls die Treppe aber funktioniert, so ist die beste lokale Antwort für Weiß, auf 4 zu spielen und am Rand zu verbinden. Schwarz muss Weiß 8 nicht beantworten. Auch wenn er die drei Steine nicht anbindet, hat er ein viel besseres Ergebnis, als wenn er auf A in Diagramm 1 gespielt hätte.

Die nächsten zwei Probleme ähneln diesem Beispiel, nur dass anstatt zweier Treppen hier eine Treppe und etwas anderes angedroht werden sollen. Nehmen Sie an, dass alle Treppen laufen.

Problem 1. Weiß am Zug.
Problem 2. Nur zwei Freiheiten! Schwarz am Zug.

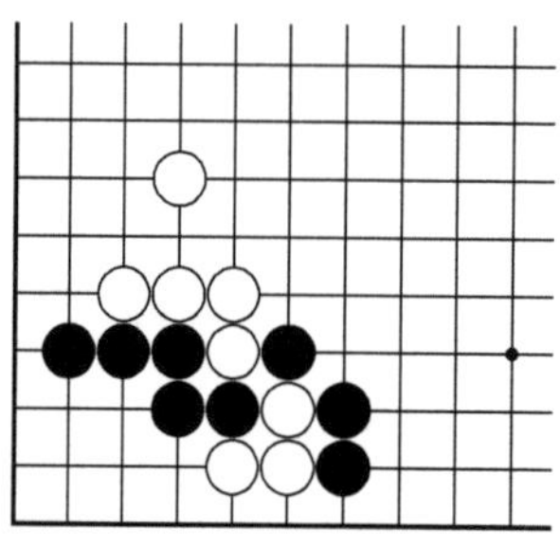

Problem 1

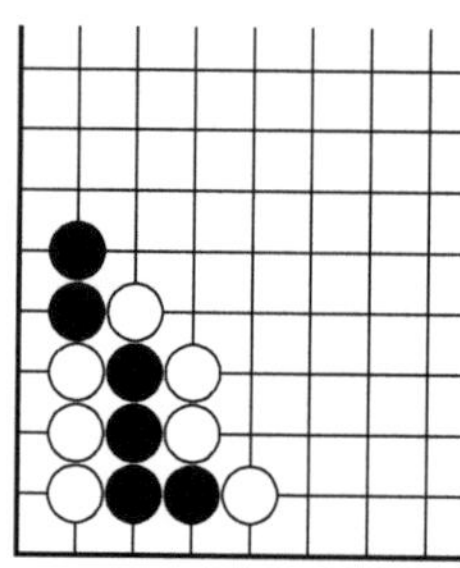

Problem 2

Das Fallschirm-Tesuji

Diagramm 1. Das klassische Beispiel für dieses Tesuji entsteht nach dem gezeigten Joseki. Wenn Weiß nicht zu A kommt, dann entsteht für Schwarz eine Möglichkeit, ein Drittel der weißen Gruppe wegzuschnappen.

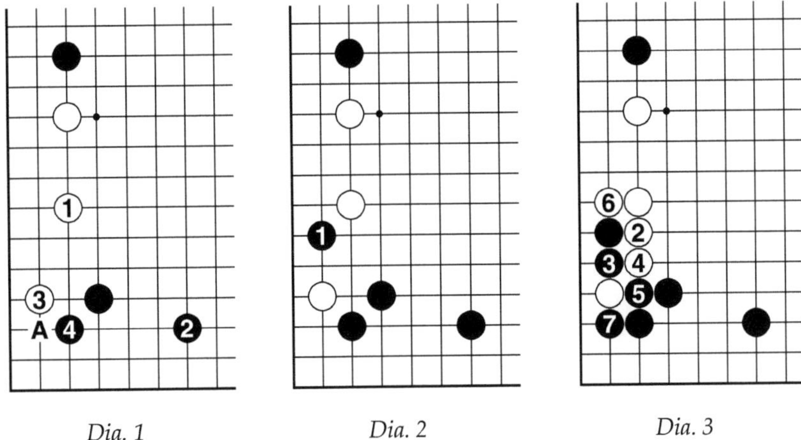

Dia. 1 *Dia. 2* *Dia. 3*

Diagramm 2. Schwarz 1 ist das Tesuji. Der englische Name „placement" kommt von der Tatsache, dass der Stein in die weiße Stellung hinein platziert wird, ohne andere Steine zu berühren.

Diagramm 3. Die fast unausweichliche Antwort von Weiß ist, mit 2, 4 und 6 seinen Stein herzugeben. Schwarz hat einen großen Fang gemacht, wenn auch in Nachhand.

Diagramm 4. Was passiert, wenn Weiß diesen Diagonalzug auf 2 macht und Widerstand leistet? Es folgen Schwarz 3, 5 und 7 – mit dem Doppel-Hane auf 13 gewinnt Schwarz den Kampf.

Falls das hier noch unklar sein sollte (was anzunehmen ist), so wird es in Kapitel 5 klar werden. Aber wehe dem Schwarzen, wenn er 13 auf A spielen sollte, denn dann droht Weiß mit 13 den Schnitt auf B und gewinnt den Kampf.

Abgesehen von Komplikationen wie in Diagramm 4 stellt sich die Frage, wie früh Schwarz 1 in Diagramm 2 gespielt werden sollte. So groß der Zug auch sein mag – in der Eröffnung ist er kaum wertvoll genug, um die Vorhand aufzugeben.

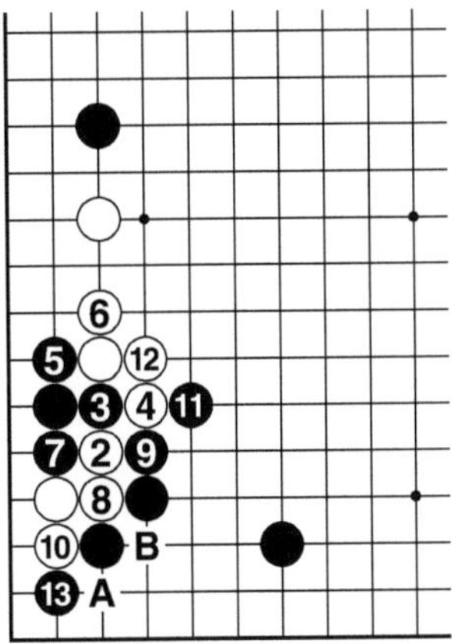

Dia. 4

Problem 1. Schwarz am Zug fängt die weißen Steine in der Ecke.
Problem 2. Weiß am Zug hat links sechs Steine zu retten.

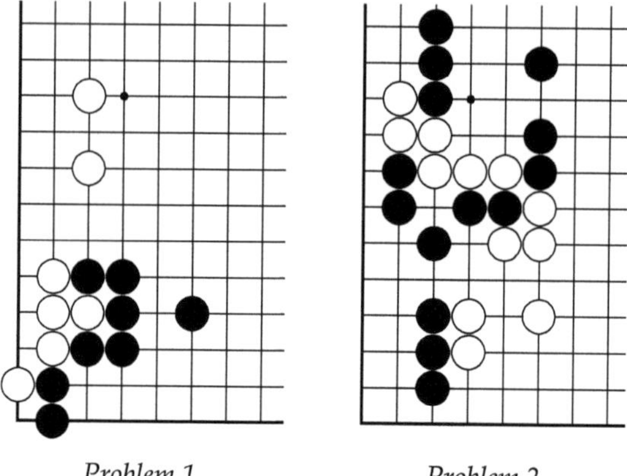

Problem 1 *Problem 2*

Lösungen zu den Problemen

Die Mausefalle

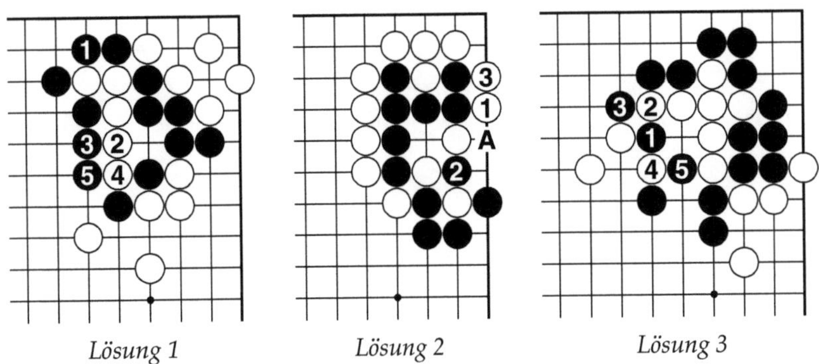

Lösung 1 *Lösung 2* *Lösung 3*

Lösung zu Problem 1. Schwarz 1 und 3 geben den Ausschlag.

Lösung zu Problem 2. Weiß 1 stellt die Mausefalle auf. Spielt Schwarz mit 2 auf 3, dann kann Weiß auf A verbinden. Falls Weiß mit 1 auf 3 spielt, gewinnt Schwarz A den Kampf.

Lösung zu Problem 3. Schwarz 1 schneidet die weiße Gruppe, mit 5 wird die Aufgabe erledigt.

Das Einwurf-Tesuji

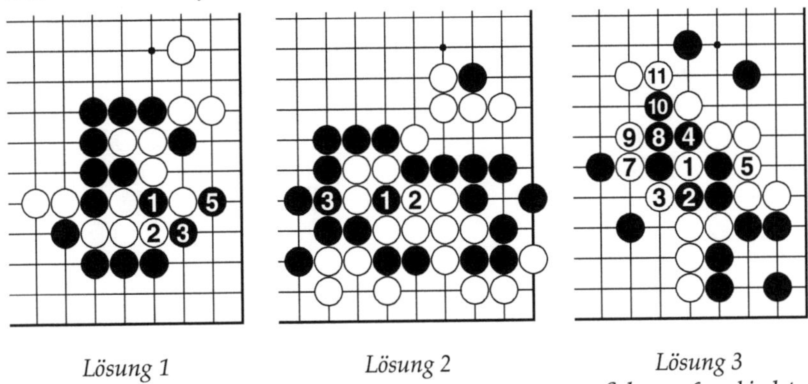

Lösung 1
Weiß 4 verbindet

Lösung 2

Lösung 3
Schwarz 6 verbindet

Lösung zu Problem 1. Schwarz 1 ist der Einwurf.

Lösung zu Problem 2. Nach Schwarz 3 kann Weiß wegen Freiheitsnot nicht verbinden.

Lösung zu Problem 3. Weiß 1 ist der Einwurf, der Schwarz seine Freiheiten nimmt, und die weißen Steine stehen genau richtig, damit die Treppe funktioniert. Im Grunde ist dies eine Auswring-Zugfolge und damit eine schöne Überleitung zum nächsten Thema.

Das Auswring-Tesuji

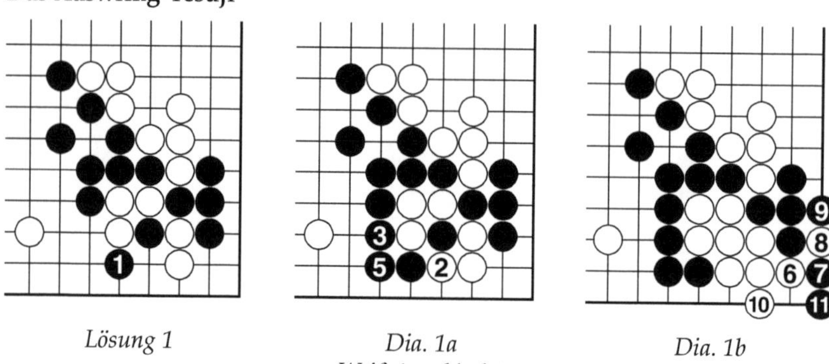

Lösung 1

Dia. 1a
Weiß 4 verbindet

Dia. 1b

Lösung zu Problem 1. Schwarz 1 ist das Auswring-Tesuji.

Diagramm 1a. Wenn Weiß mit 2 schlägt, dann gibt Schwarz mit 3 Atari und deckt. Damit hat er in der Ecke eine Freiheit Vorsprung.

Diagramm 1b. Egal welche Mätzchen Weiß noch versucht, er kann den Kampf nicht gewinnen.

Diagramm 1c. Damit ist diese Zugfolge die beste weiße Antwort auf Schwarz 1.

Lösung zu Problem 2. Schwarz 1 ist ein bekanntes Auswring-Tesuji. Nach 5 ist Schwarz vorn, mit drei Freiheiten zu zwei.

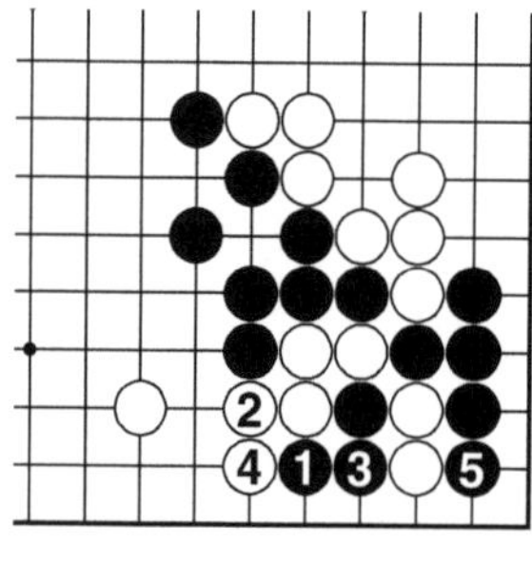

Dia. 1c

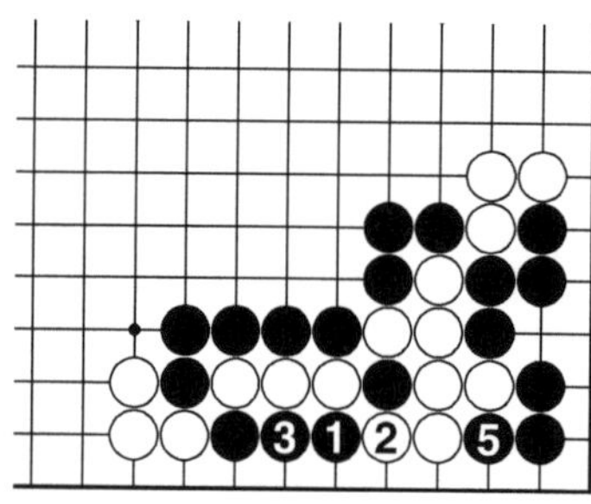

Lösung 2
Weiß 4 verbindet

Treppen bauen

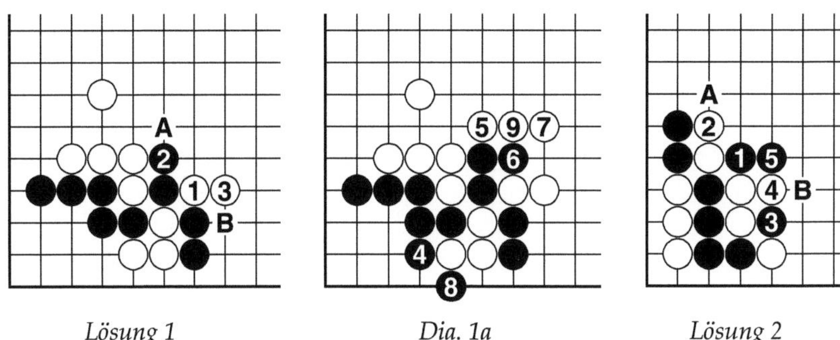

Lösung 1 *Dia. 1a* *Lösung 2*

Lösung zu Problem 1. Die Züge Weiß 1 und 3 drohen auf A oder B zu fangen, A ist eine Treppe.

Diagramm 1a. Auch wenn die Treppe nicht läuft, sind die Züge im Lösungsdiagramm die besten, denn Weiß kann auf jeden Fall mit 5 und 7 eine starke Stellung erreichen.

Lösung zu Problem 2. Schwarz 5 droht A und B.

Das Fallschirm-Tesuji

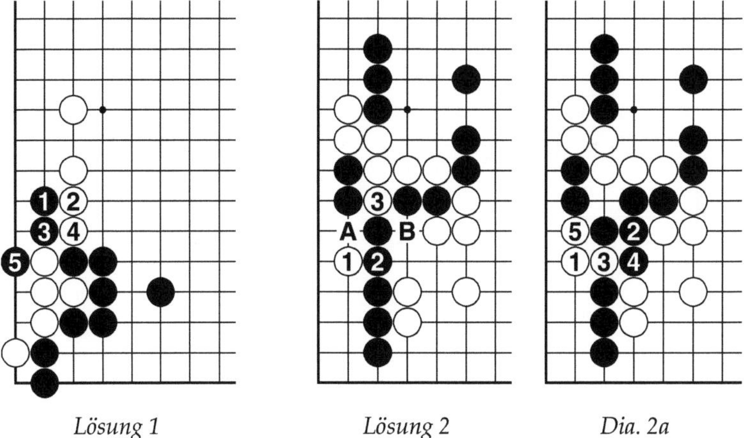

Lösung 1 *Lösung 2* *Dia. 2a*

Lösung zu Problem 1. Falls Weiß mit 2 auf 3 spielt, so spielt Schwarz 3 auf 2 und das Ergebnis wird für Weiß noch schlechter.

Lösung zu Problem 2. Antwortet Schwarz korrekt auf 2, dann macht Weiß 3 aus A und B Miai, womit die weißen Steine gerettet wären.

Diagramm 2a. Spielt Schwarz auf 2, so stößt Weiß mit 3 durch und bekommt alles.

Weitere Probleme

Die folgenden zwölf Probleme geben einen Rückblick auf die Techniken dieses Kapitels und führen an einige andere, ähnliche heran. Das Ziel ist jeweils das Fangen von Steinen, zu erbeuten sind immer mindestens zwei.

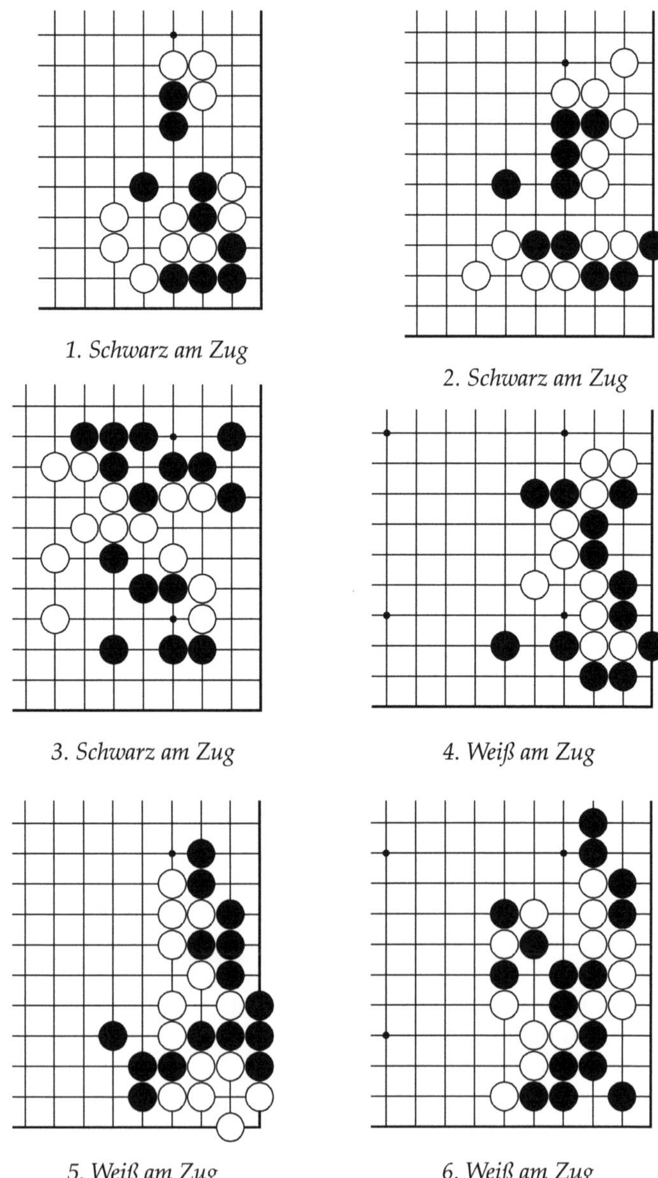

1. Schwarz am Zug

2. Schwarz am Zug

3. Schwarz am Zug

4. Weiß am Zug

5. Weiß am Zug

6. Weiß am Zug

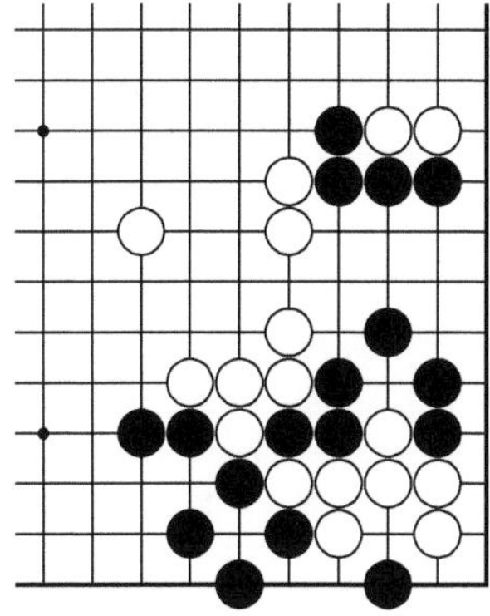

7. Weiß am Zug

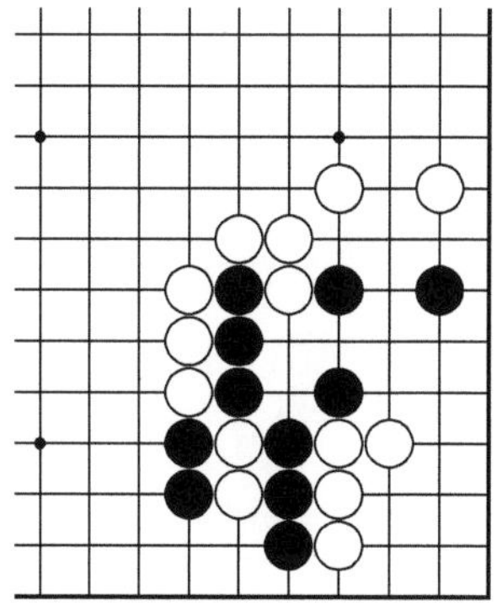

8. Weiß am Zug

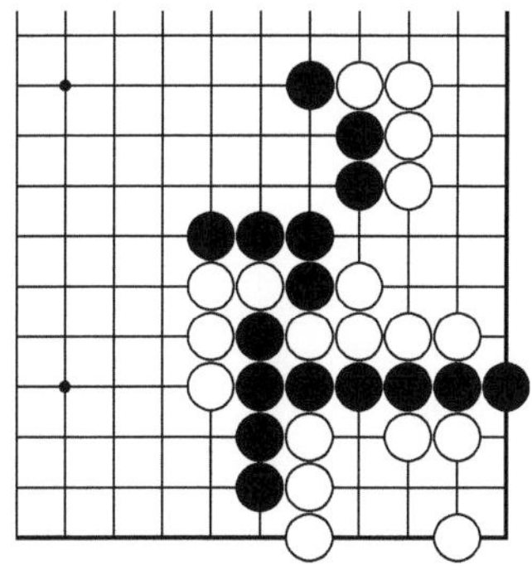

9. Schwarz am Zug

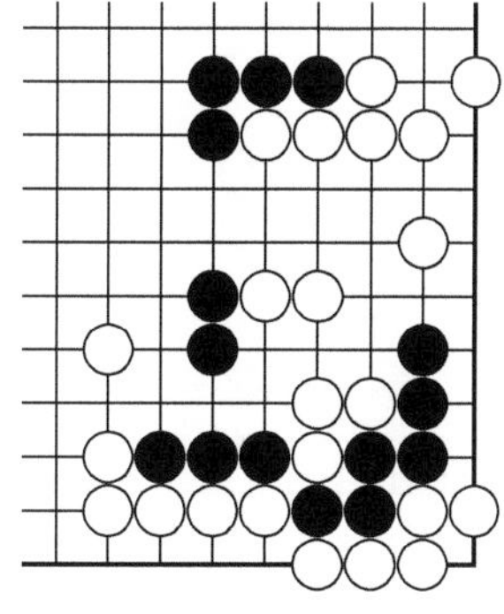

10. Schwarz am Zug

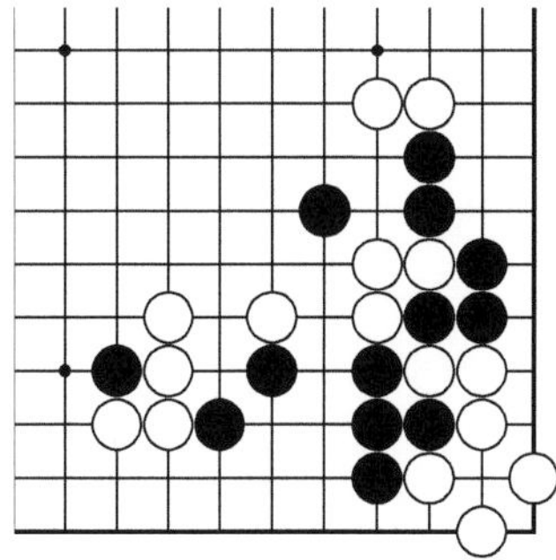

11. Schwarz am Zug

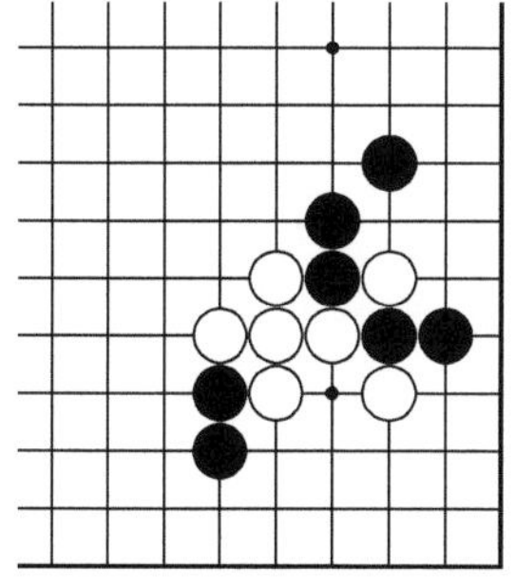

12. Weiß am Zug

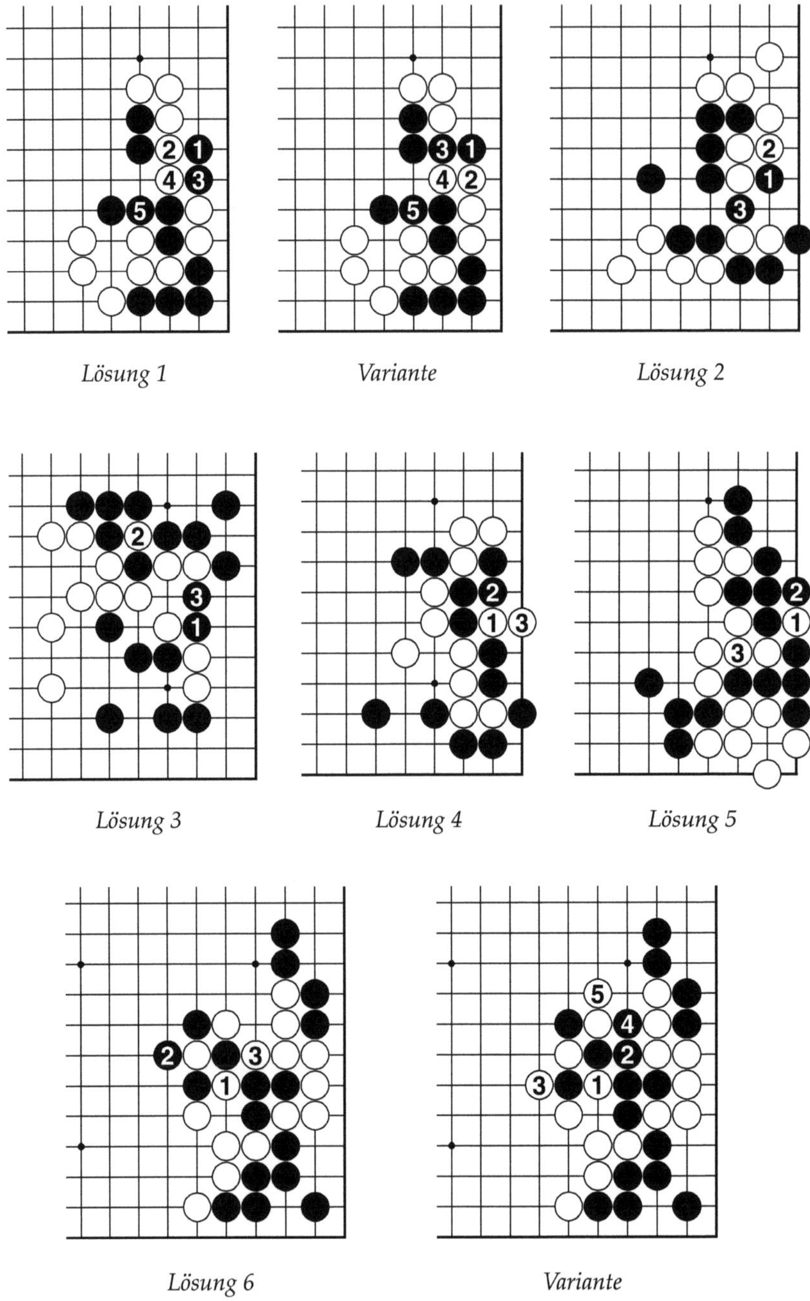

Lösung 1

Variante

Lösung 2

Lösung 3

Lösung 4

Lösung 5

Lösung 6

Variante

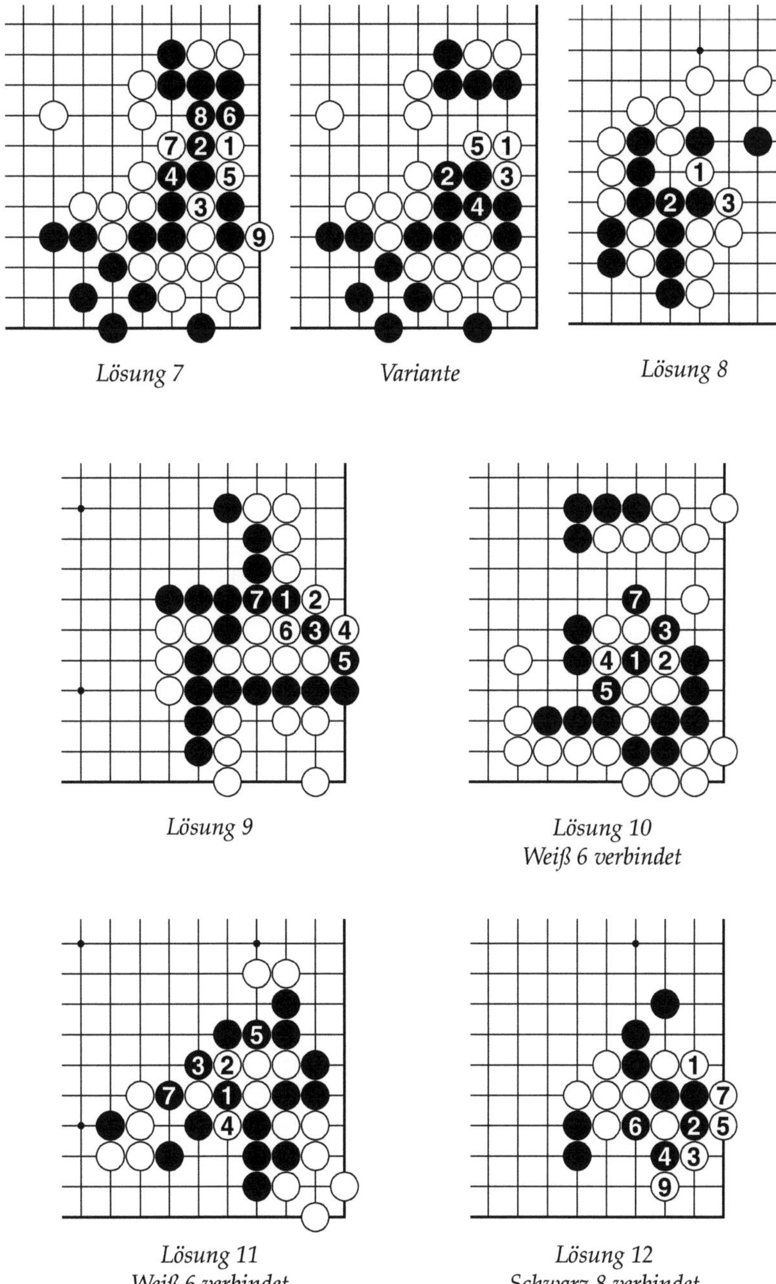

Lösung 7

Variante

Lösung 8

Lösung 9

Lösung 10
Weiß 6 verbindet

Lösung 11
Weiß 6 verbindet

Lösung 12
Schwarz 8 verbindet

4. Ko

Viele Go-Spieler mögen Ko nicht. Das ist verständlich, denn man ist gezwungen, nicht nur über die lokale Stellung nachzudenken (die wahrscheinlich schon kompliziert genug ist), sondern sie auch noch gegen alle für beide Spieler verfügbaren Ko-Drohungen abzuwägen und diese Ko-Drohungen gegeneinander, und das Ganze möglichst auch noch, bevor das Ko beginnt. Wenn Sie also einen Ko-Kampf mit einer leidlichen Gewinnchance beginnen können, kann es deshalb schon sein, dass Sie einen psychologischen wie taktischen Triumph errungen haben. Es gibt viele einfache Tesuji, um ein Ko einzufädeln. Schauen wir uns dieses an:

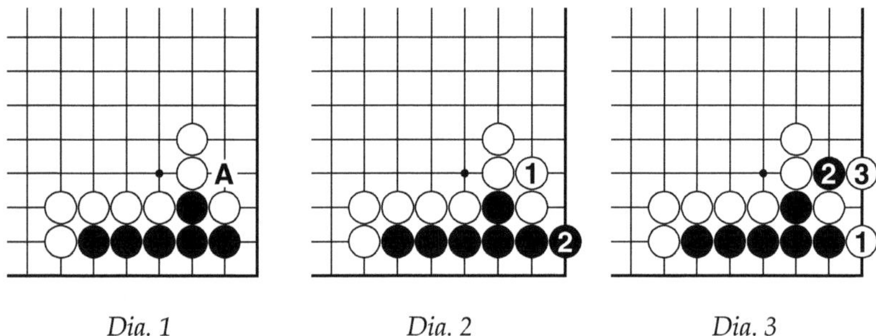

Dia. 1 *Dia. 2* *Dia. 3*

Diagramm 1. In dieser Stellung scheint Schwarz zu leben. Zunächst droht er, mit A einen Stein zu fangen.

Diagramm 2. Und auch wenn Weiß deckt, so macht Schwarz 2 eine lebende Form. Aber Weiß sollte nicht hastig den Endspielzug auf 1 machen, sondern die Position von Diagramm 1 stehen lassen. Schwarz A dort ist Nachhand.

Diagramm 3. Zu einem Zeitpunkt, an dem er eine ausreichende Anzahl Ko-Drohungen im Rücken hat, kann Weiß mit 1 ein Doppel-Hane-Tesuji loslassen. Auf Schwarz 2 antwortet er mit 3 und das Ko ist da. Das dürfte für den Schwarzen eine unangenehme Überraschung sein.

Falls Weiß das Ko verliert, dann erleidet er natürlich einen gewissen Verlust gegenüber Diagramm 2, doch sollte dieser durch seine Ko-Drohung mindestens ausgeglichen werden. Verliert Schwarz, so ist seine gesamte Gruppe tot; das wird viel schwerer wettzumachen sein. Diese Sorte Ko, in der Sie wenig riskieren oder gar nichts, Ihr Gegner jedoch eine ganze Menge, ist die unterhaltsamste – und die einträglichste.

Die nächsten fünf Probleme zeigen weitere einfache Tesuji, um einen solchen einseitigen Ko-Kampf anzuzetteln.

Problem 1. Weiß am Zug.

Problem 2. Weiß am Zug. Gewinnt er das Ko, dann sind alle seine Gruppen verbunden.

Problem 3. Schwarz am Zug.

Problem 4. Weiß am Zug. Was kann eine Gruppe mit nur zwei Freiheiten ausrichten?

Problem 5. Schwarz zieht und tötet.

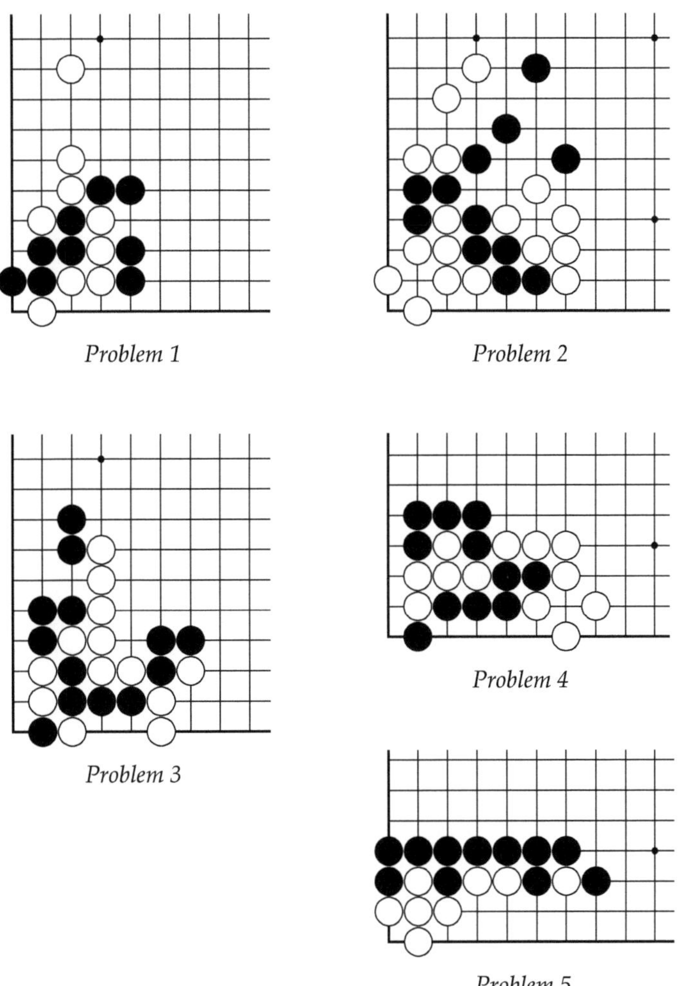

Problem 1

Problem 2

Problem 3

Problem 4

Problem 5

Indirektes Ko

Die Ko-Kämpfe im vorigen Abschnitt waren direkt; jede Seite konnte das Ko beenden und durch Ignorieren einer einzigen Ko-Drohung gewinnen. Jedoch sind keineswegs alle Ko-Kämpfe von dieser Art. Es gibt viele interessante Typen indirekter Ko-Kämpfe, hier folgen die wichtigsten.

Mehrschrittiges Ko

Diagramm 1. Weiß 1 beginnt ein Ko, um die drei schwarzen Steine in der Ecke zu fangen und so die fünf eigenen, von diesen abgeschnittenen Steine zu retten. Für Schwarz ist das ein direktes Ko; falls er eine weiße Ko-Drohung ignoriert, kann er Weiß 1 schlagen und das Ko ist beendet. Für Weiß hingegen ist dies ein zweischrittiges Ko.

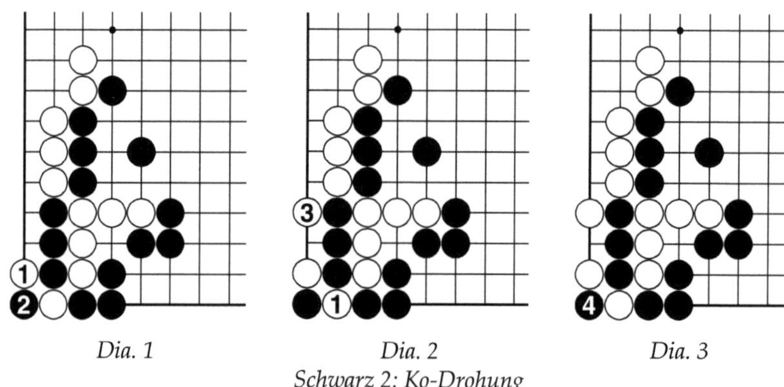

Dia. 1 *Dia. 2* *Dia. 3*

Schwarz 2: Ko-Drohung

Diagramm 2. Wenn wir nun annehmen, dass Weiß dazu kommt, mit 1 zurückzuschlagen, dann wird Schwarz mit 2 seine erste Ko-Drohung spielen. Wenn wir weiter annehmen, dass Weiß sie ignoriert, so kann er natürlich nicht das Ko decken. Für ihn ist es das Beste, mit 3 Atari zu geben, womit er vom ersten zum zweiten Schritt übergeht.

Diagramm 3. Schwarz schlägt jetzt mit 4 das Ko zurück, und wenn Weiß es gewinnen will, so muss er später eine zweite schwarze Ko-Drohung ignorieren.

Diagramm 4. Theoretisch ist die Zahl der Zusatzzüge in einem mehrschrittigen Ko unbegrenzt. In dieser Stellung beispielsweise startet Schwarz mit 1 ein dreischrittiges Ko. Will er es gewinnen, dann muss er drei weiße Ko-Drohungen ignorieren, damit er auf A, B und C spielen kann. Für Weiß ist das Ko direkt.

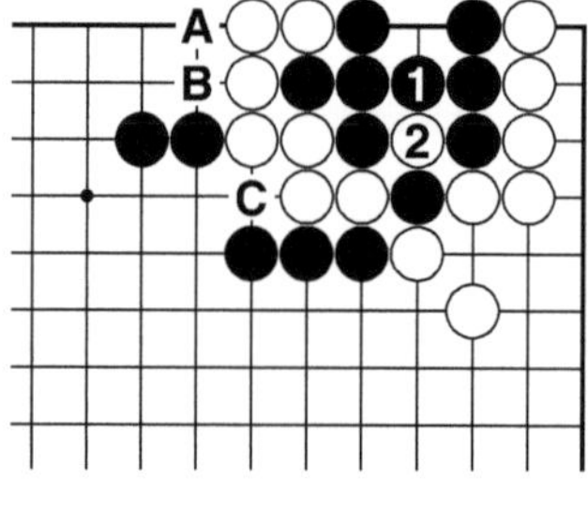

Dia. 4

Selbstverständlich hat der in einem mehrschrittigen Ko zurückliegende Spieler einen großen Nachteil. Er sollte das Ko gar nicht erst beginnen, solange er nicht überzeugt ist, dass er über einen hinreichenden Überschuss an Ko-Drohungen verfügt, um es zu einem Erfolg zu bringen; es sei denn, die Situation wäre hoffnungslos.

Wenn Sie ein mehrschrittiges Ko vor sich haben und Ihnen fehlen die Ko-Drohungen oder die Zuversicht, es auszukämpfen, dann ist es das Beste, es vorläufig stehen zu lassen und die Bilanz der Ko-Drohungen günstiger zu gestalten.

Wenn Ihr Gegner eine anderweitige Unternehmung unterbrechen muss, um zurückzukommen und das Ko aufzulösen, so ist das genauso gut, als hätte er eine Ihrer Ko-Drohungen ignoriert, ohne dass Sie eine der seinen ignorieren mussten.

Zwei-Stufen-Ko

Diagramm 1. Diese Eckstellung kommt häufig vor. Weiß scheint seine drei Steine verloren zu haben, aber er kann noch ein Ko anzetteln.

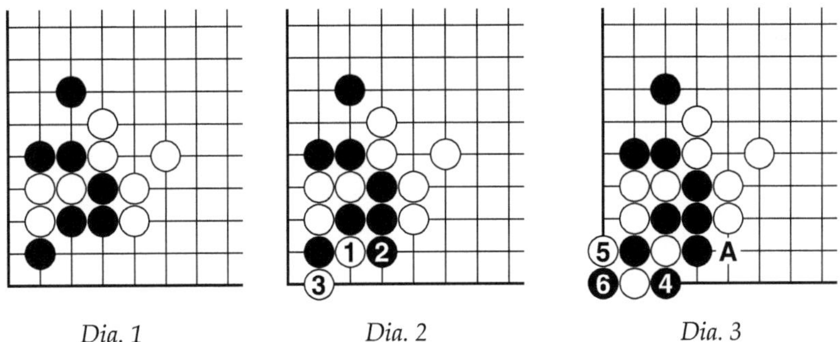

Dia. 1 *Dia. 2* *Dia. 3*

Diagramm 2. Weiß 1 und 3 sind die Tesuji-Kombination.

Diagramm 3. Schwarz schlägt auf 4, doch Weiß gibt mit 5 Atari. Verbindet Schwarz jetzt, dann entsteht nach Weiß A ein direktes Ko. Für Schwarz ist es besser, auf 6 zu schlagen, denn dann ist das Ko indirekt.

Diagramm 4. Wir haben jetzt ein Zwei-Stufen-Ko. Wenn Weiß eine Ko-Drohung gespielt hat, die von Schwarz beantwortet wurde, kann er auf 1 zurückschlagen und beide kämpfen um 1 und ◭ (Stufe 1).

Diagramm 5. Falls Weiß eine schwarze Ko-Drohung ignoriert, dann schlägt er als Nächstes auf 3. Jetzt wird das Ko um 3 und ◭ ausgefochten (Stufe 2). Um das Ko endgültig zu gewinnen, muss Weiß eine zweite Ko-Drohung ignorieren.

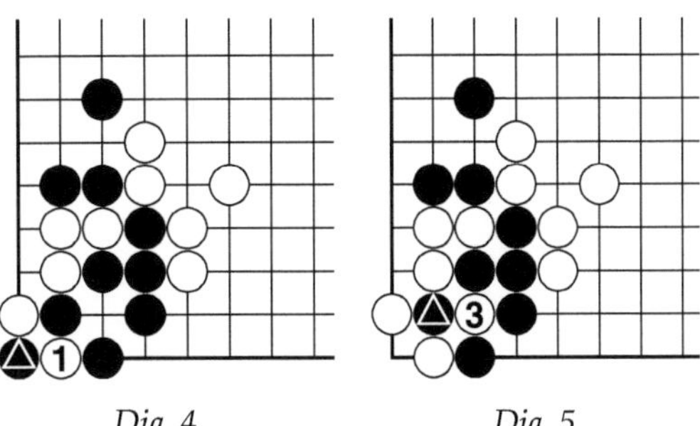

Dia. 4 *Dia. 5*

Ein Zwei-Stufen-Ko ist für den zurückliegenden Spieler besser als ein zweischrittiges Ko. Denn wenn das Zwei-Stufen-Ko nach Ignorieren der ersten Ko-Drohung von der ersten zur zweiten Stufe übergeht, so wird es für ihn ein direktes und für den Gegner ein indirektes Ko.

Tausend-Jahr-Ko

Diagramm 1. Hier ist ein Beispiel für ein so genanntes Tausend-Jahr-Ko. Beachten Sie zunächst: Wenn Weiß das Ko deckt, ist das Ergebnis Seki.

Diagramm 2. Nehmen wir an, dass Schwarz die Weißen fangen will. Er muss auf 1 schlagen, eine Ko-Drohung ignorieren, mit 3 die gemeinsame Freiheit besetzen und dann eine weitere Ko-Drohung ignorieren, um das Ko zu gewinnen. Somit ist das Ko für ihn zweischrittig.

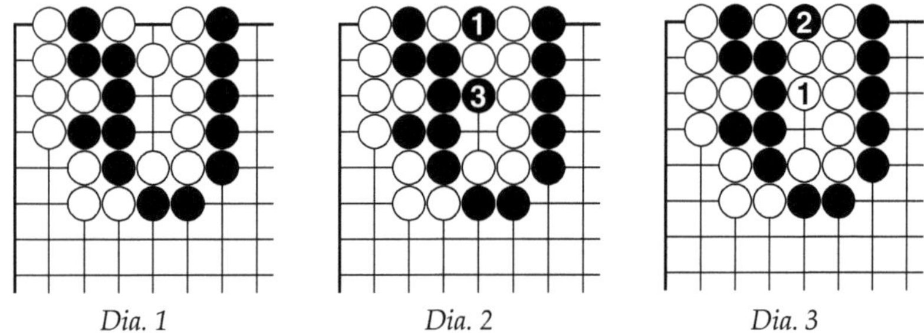

Dia. 1 *Dia. 2* *Dia. 3*

Diagramm 3. Will Weiß hingegen die Schwarzen fangen, so muss er selbst dafür sorgen, dass die gemeinsame Freiheit besetzt wird. Ungünstigerweise hilft das dem Schwarzen, da dieser nun ein direktes Ko statt eines zweischrittigen bekommt. Außerdem muss Weiß die erste Ko-Drohung finden.

Aus Diagramm 2 und 3 wird klar: Auch wenn beide Seiten das Ko kämpfen wollen, so wäre es doch beiden lieber, wenn es der jeweils Andere beginnen würde. Das kann dazu führen, dass die Stellung für lange Zeit wie in Diagramm 1 stehen bleibt, was zu dem Namen „Tausend-Jahr-Ko" geführt hat. Falls die Partie zu Ende geht, ohne dass einer der Spieler das Ko beginnen will, so muss Weiß decken und die Stellung wird Seki. Falls natürlich einer der Spieler das Ko unbedingt gewinnen will oder muss, kann er die Bürde auf sich nehmen und es beginnen, doch er sollte sich zuerst seiner Ko-Drohungen vergewissern.

Doppel-Ko

Das Doppel-Ko ist das indirekteste von allen. Es ist so indirekt, dass es gar kein Ko im gewöhnlichen Sinne darstellt, sondern lediglich eine Quelle für Ko-Drohungen.

Diagramm 1. Dies ist eine derzeit[1] populäre Variante des Lawinen-Joseki. Nach Weiß 25 muss Schwarz sich auf der rechten Seite ausdehnen, da seine drei Steine in der Ecke tot sind. Wenn er etwa auf A spielt, dann setzt Weiß auf B und Schwarz kann den Kampf nicht gewinnen. Weiß B taugt als sichere Entgegnung auf alle Züge, die Schwarz versuchen könnte.

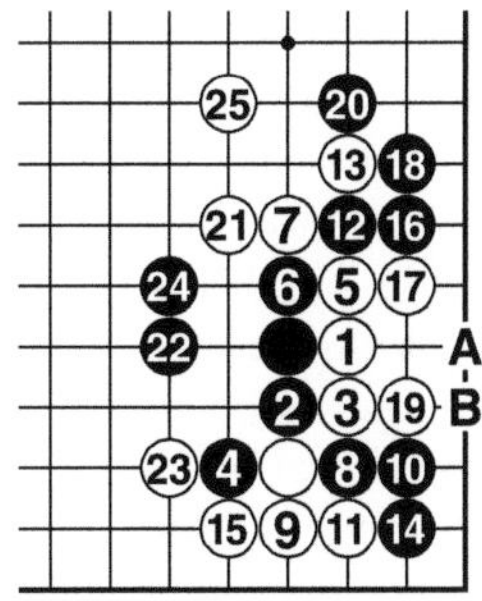

Dia. 1

Diagramm 2. Was passiert also, wenn Schwarz den gegnerischen Punkt mit 1 selbst besetzt? Das führt zu einem Doppel-Ko. Weiß 2 ist notwendig, dann spielt Schwarz auf 3.

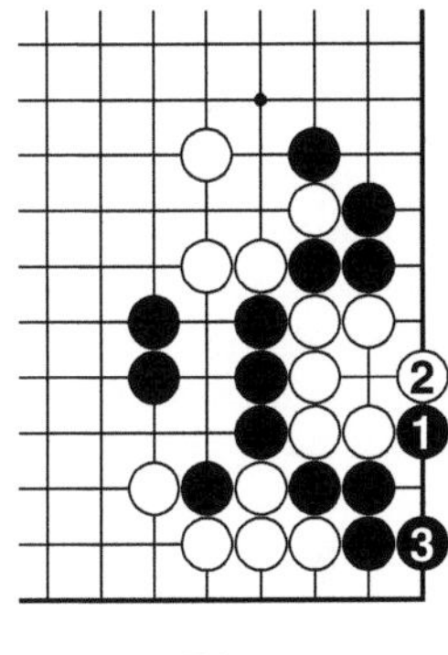

Dia. 2

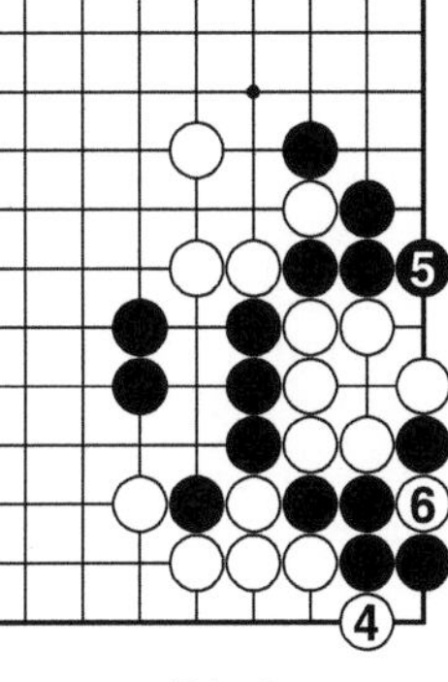

Dia. 3

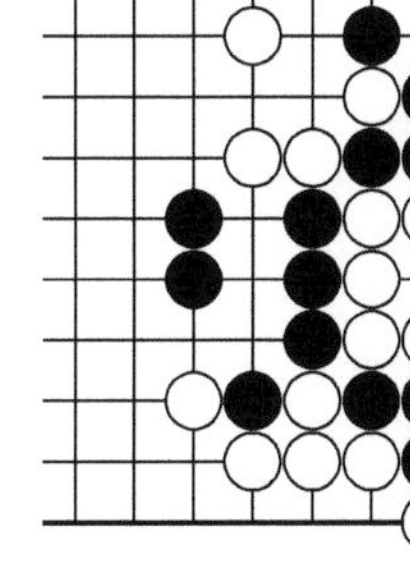

Dia. 4

Diagramm 3. Wenn sich Weiß nun mit 4 von außen annäherte, dann würde Schwarz mit 5 dasselbe tun und ein zweischrittiges Ko erreichen. Betrachtet man aber den Wert der betroffenen Steine, dann würde sogar ein zweischrittiges Ko für Weiß schon eine ernste Bedrohung darstellen. Deshalb ist Weiß nicht gut beraten, so zu spielen wie in Diagramm 3.

Diagramm 4. Bevor er die Freiheit auf 6 besetzt, sollte Weiß erst 4 und 5 austauschen, wonach das Doppel-Ko entsteht. Jetzt kann Weiß lokal nicht mehr verlieren.

Diagramm 5. Wenn Schwarz mit 1 das obere Ko schlägt, um Weiß in Atari zu setzen, dann schlägt Weiß mit 2 das untere Ko und erhält so seine zwei Freiheiten zurück. Da seine Ecksteine in Atari stehen, hat Schwarz keine Zeit, das obere Ko zu decken; er muss eine Ko-Drohung spielen.

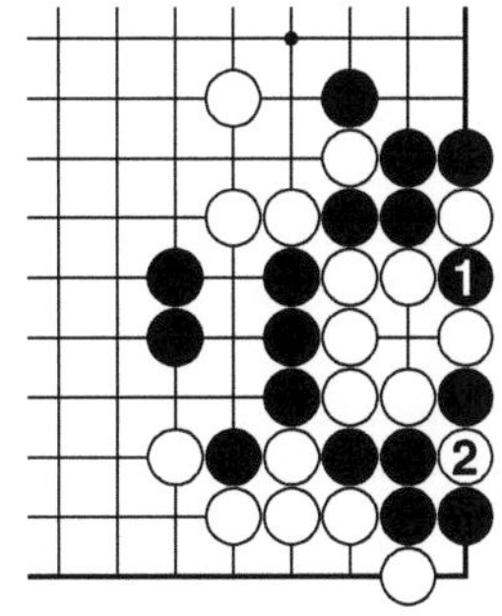

Dia. 5
Schwarz 3: Ko-Drohung

[1] Das Original erschien 1975.

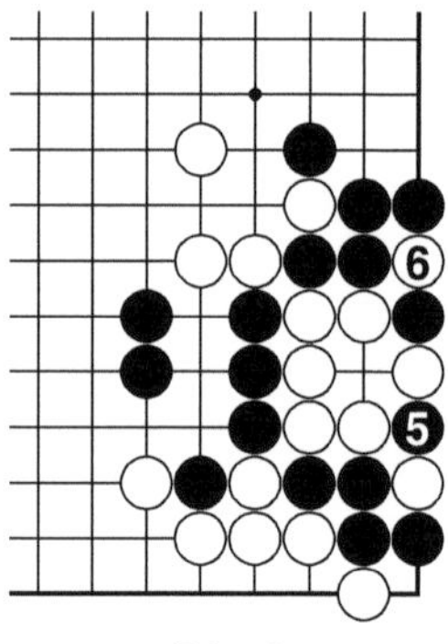

Dia. 6
Weiß 4 antwortet

Diagramm 6. Weiß beantwortet die Ko-Drohung und Schwarz schlägt auf 5 zurück. Doch Weiß schlägt auf 6 ebenfalls zurück und Schwarz kann das untere Ko nicht decken, das wäre ein Selbst-Atari. Alles, was er tun kann, ist eine erneute Ko-Drohung spielen und Diagramm 5 wieder aufnehmen.

Kurz gesagt könnten Diagramm 5 und 6 immer weiter wiederholt werden, wobei Schwarz alle Ko-Drohungen spielt. Irgendwann gehen sie ihm aus und er muss den Kampf aufgeben. In der Praxis wird Schwarz Diagramm 5 und 6 natürlich nicht ein einziges Mal spielen, um keine Ko-Drohungen in einer hoffnungslosen Sache zu vergeuden.

Obwohl Schwarz also das Doppel-Ko nicht gewinnen kann, so kann er doch etwas herausziehen. Er kann Diagramm 5 und 6 als Ko-Drohungen für einen anderen Ko-Kampf verwenden. Er bekommt so einen unendlichen Vorrat an Ko-Drohungen, womit er sicher sein kann, dass er jeden Ko-Kampf gewinnt, der nicht größer ist als die etwa dreißig Punkte, die hier auf dem Spiel stehen.

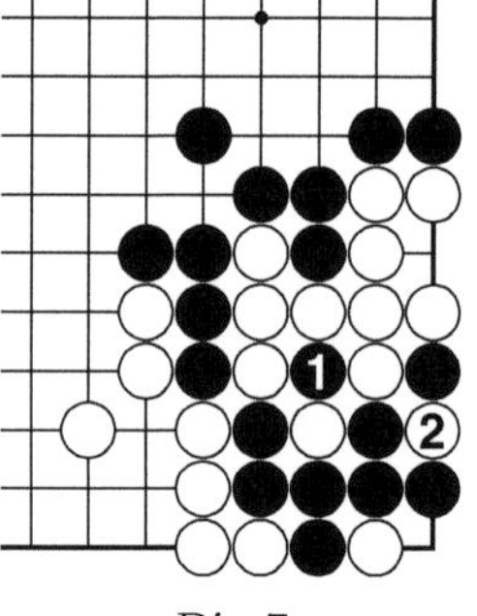

Dia. 7

Diagramm 7. Ein Doppel-Ko kann auch Seki sein, wie dieses Beispiel zeigt. Durch Schlagen und Zurückschlagen auf 1 und 2 behalten beide Seiten je zwei Freiheiten, und keiner kann jemals eins der Ko decken. Falls ein solches Doppel-Ko zusammen mit einem Ko an anderer Stelle vorkommt, so dient es als unerschöpfliche Quelle von Ko-Drohungen für beide Seiten. Und wenn in einem solchen Tripel-Ko keiner der Spieler bereit ist nachzugeben, wird die Partie abgebrochen.

Versuchen Sie, in den folgenden drei Problemen zunächst Ko zu erreichen. Schauen Sie dann, ob Sie den Typ des entstandenen Ko bestimmen können.

Problem 6. Weiß am Zug.

Problem 7. Schwarz am Zug.

Problem 8. Schwarz am Zug. Hieraus ein direktes Ko zu machen, wäre ein großer Fehlschlag.

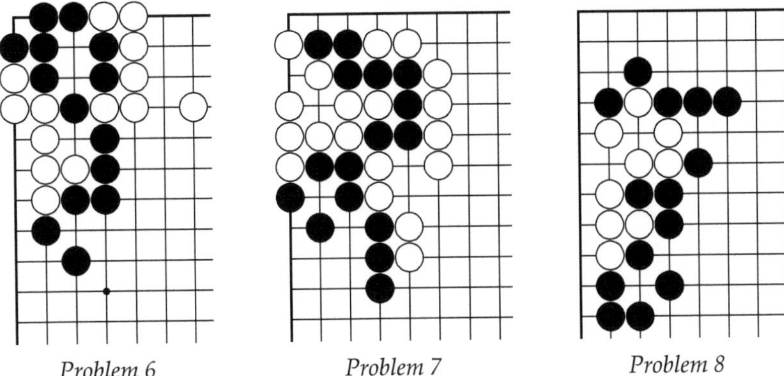
Problem 6 Problem 7 Problem 8

Das beste Ko

In vielen Stellungen kann ein Ko auf zwei verschiedene Arten erreicht werden – und es ist wichtig, den besten Weg zu wählen. Der könnte zum Bespiel bedeuten, dass Sie ein direktes Ko statt eines indirekten bekommen, oder das Umgekehrte für Ihren Gegner herstellen, oder er könnte Ihren Gegner zwingen, die erste Ko-Drohung zu finden wie in dem folgenden Beispiel.

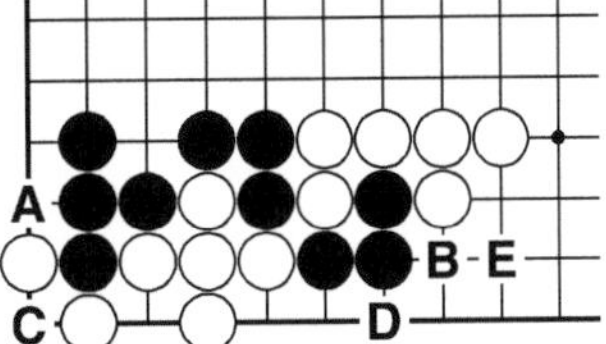

Dia. 1

Diagramm 1. Schwarz am Zug. Zunächst ist festzustellen, dass er nicht mit Schwarz A beginnen kann: Weiß B, Schwarz C, Weiß D und Schwarz ist in Atari. Genauso wenig kann er durch das Strecken auf B Freiheiten dazu gewinnen, denn nach Weiß E bleibt es bei dreien. Tatsächlich wäre Schwarz B sogar ein großer Fehler, der ihm seine Chance raubt, wie Sie vielleicht schon sehen können.

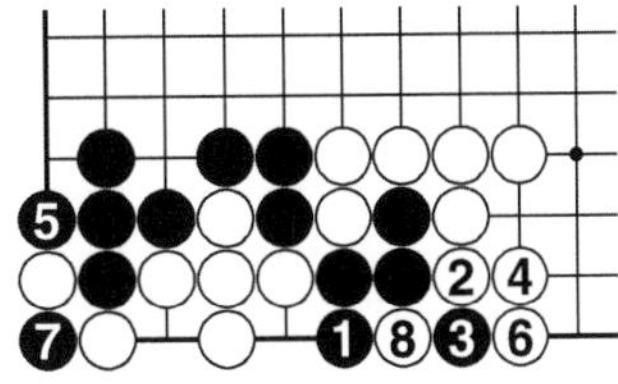

Dia. 2

Diagramm 2. Dieser Versuch mit Schwarz 1 ist nicht viel besser. Schwarz versucht mit 3 Ko zu machen, aber Weiß geht mit 4 keinerlei Risiko ein. Das Ergebnis ist ein Doppel-Ko, das Schwarz nicht gewinnen kann.

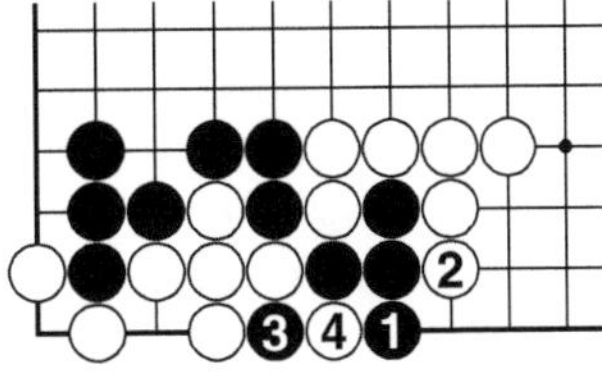

Dia. 3

Diagramm 3. Wie ist es mit Schwarz 1 hier? Das ist schon näher dran, und nach 2 und 3 bekommt Schwarz ein direktes Ko. Der einzige Fehler ist, dass er sich mit der Verpflichtung zur ersten Ko-Drohung belastet hat.

Diagramm 4. Der beste Weg für Schwarz ist, mit dem Einwurf auf 1 zu beginnen. Nach Weiß 4 kann Schwarz nun als Erster das Ko schlagen – und Weiß muss die erste Ko-Drohung finden.

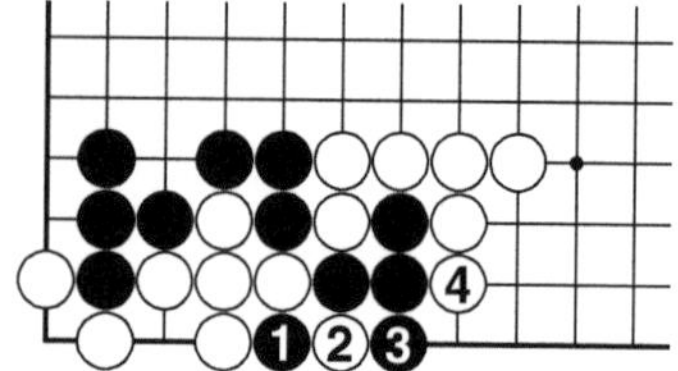

Dia. 4
Schwarz 5 auf 1

Problem 9. Schwarz am Zug lebt in Ko und zwingt Weiß, die erste Ko-Drohung zu spielen.

Problem 10. Schwarz am Zug erreicht ein Ko – auf die beste Weise.

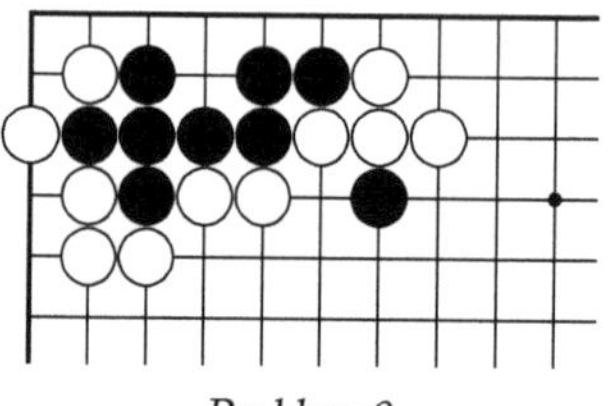

Problem 9

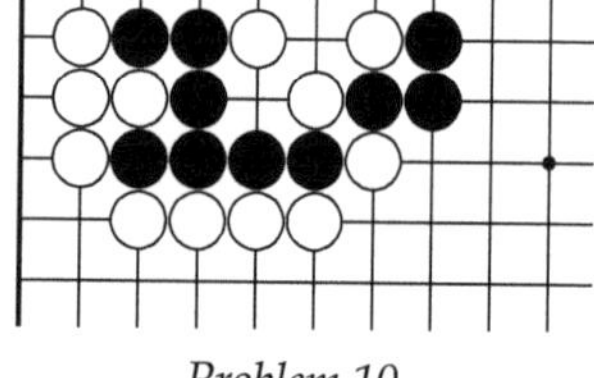

Problem 10

Lösungen zu den Problemen

Lösung zu Problem 1. Weiß 1 ist der einzige Zug. Wenn Weiß statt dessen mit 1 auf 4 spielt, dann tauscht Schwarz A und B ab, besetzt danach die Freiheit auf 2 und gewinnt bedingungslos.

Lösung zu Problem 2. Weiß 1 ist das vertraute Einklemm-Tesuji.

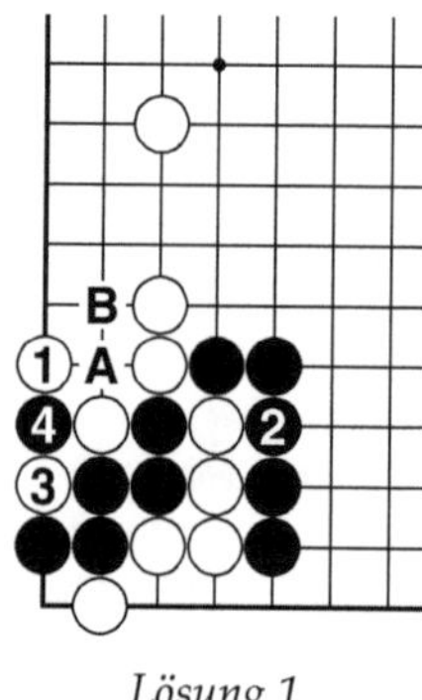

Lösung 1

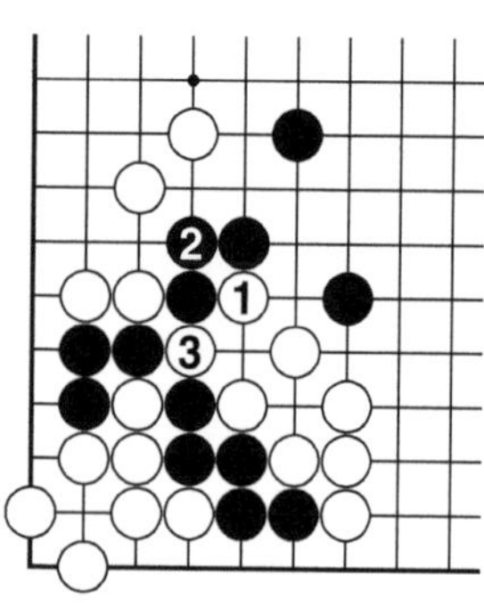

Lösung 2

Lösung zu Problem 3. Schwarz 1 ist ein gebräuchliches Tesuji, um Ko in der Ecke zu machen. Verglichen mit Weiß ist das Risiko für Schwarz in diesem Ko-Kampf nahe bei Null. Natürlich darf Schwarz mit 1 nicht auf A schlagen, nur um dann mit B in Atari zu geraten.

Lösung zu Problem 4. Ein Einwurf mit 1 ist das Mittel zum Ko.

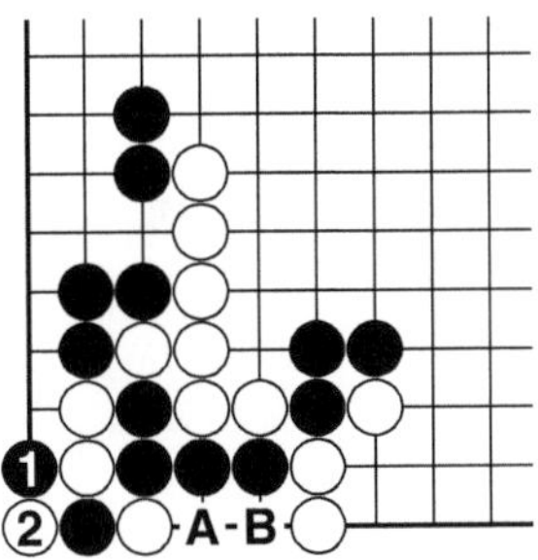

Lösung 3

Lösung 4

Lösung 5

Lösung zu Problem 5. Hier erscheint das Doppel-Hane-Tesuji wieder. Schwarz 1 auf 3 sieht verlockend aus, scheitert aber an Weiß 1.

Lösung zu Problem 6. Spielt Schwarz auf 4, so ist das Ko zweischrittig zu Gunsten von Weiß. Schwarz könnte es auch vorziehen, mit 4 woanders zu spielen, um Ko-Drohungen zu erzeugen, und das Ko dreischrittig zu belassen.

Lösung zu Problem 7. Dies ist ein Zwei-Stufen-Ko, wieder zu Gunsten von Weiß. Der Einwurf Schwarz 1 ist notwendig, denn spielt Schwarz statt dessen auf 3, so folgen Weiß 1, Schwarz 2, Weiß 4, Schwarz schlägt zwei Steine, Weiß schlägt zurück und Schwarz hat keinen Zug mehr zur Verfügung.

Lösung zu Problem 8. Schwarz 1 erzeugt ein Doppel-Ko. Weiß hat ein unechtes Auge und seine Gruppe ist tot.

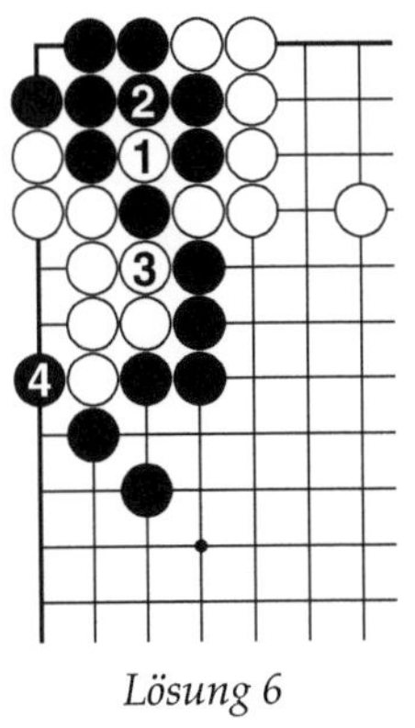

Lösung 6

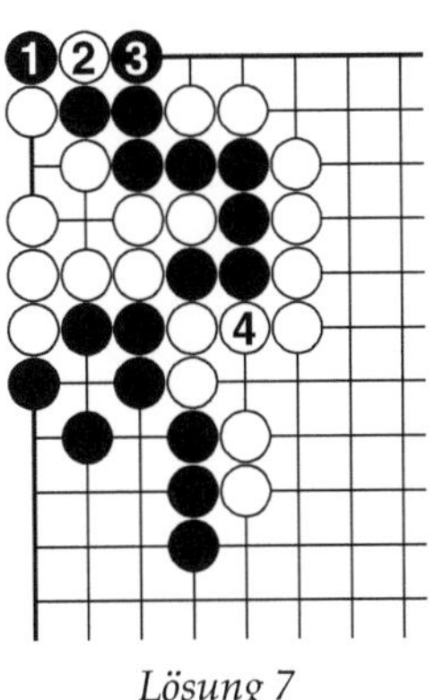

Lösung 7

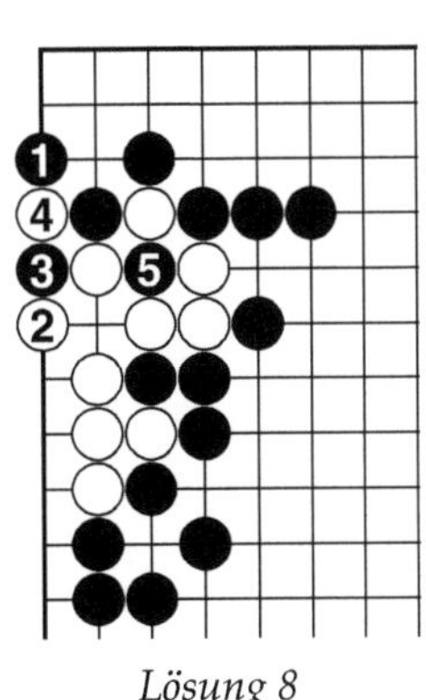

Lösung 8

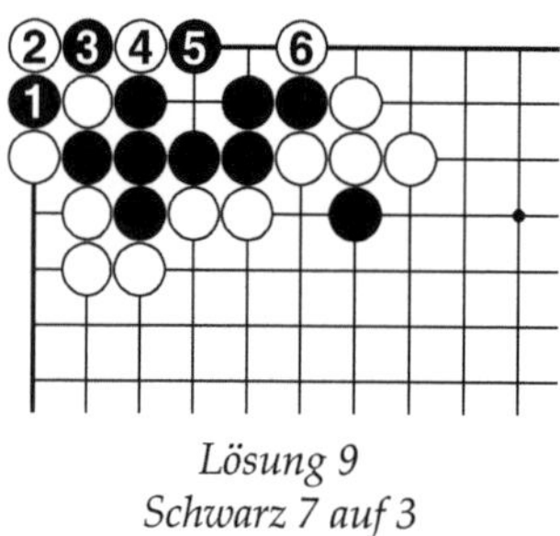

Lösung 9
Schwarz 7 auf 3

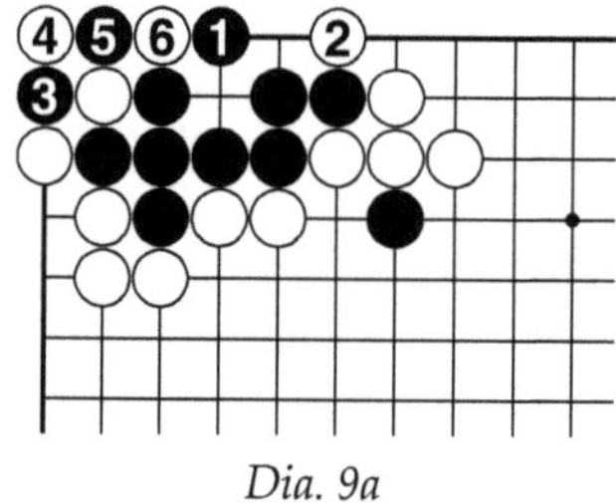

Dia. 9a

Lösung zu Problem 9. Der Schlüsselzug ist 5, doch Schwarz beginnt mit den Einwürfen auf 1 und 3. So kann er mit 7 als Erster das Ko schlagen.

Diagramm 9a. Beginnt Schwarz mit 1 hier, so kann Weiß das Ko als Erster schlagen und Schwarz muss die erste Ko-Drohung suchen.

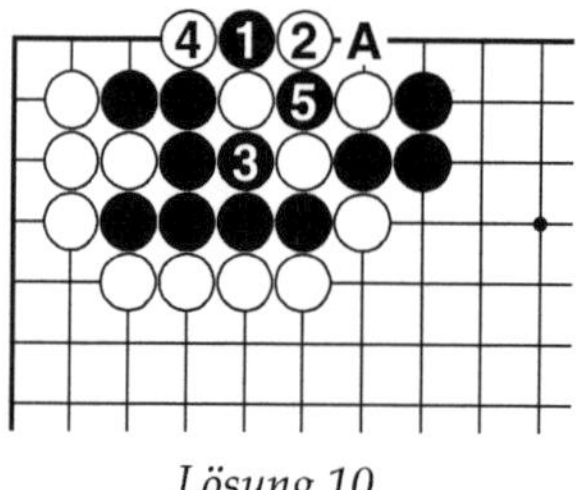

Lösung 10

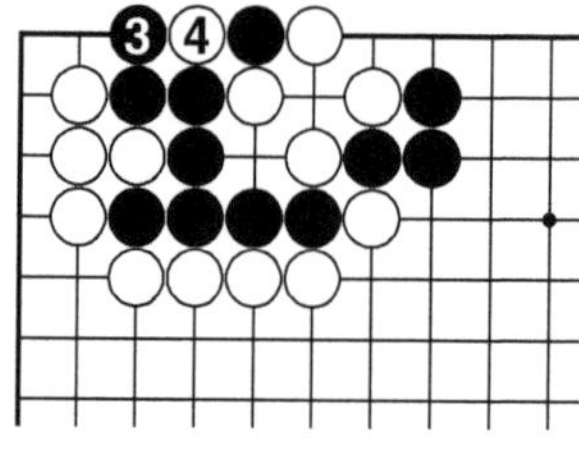

Dia. 10a

Lösung zu Problem 10. Schwarz 1 und 3 erzeugen ein direktes Ko, für das Weiß die erste Ko-Drohung spielen muss. Weiß kann 2 nicht auf 5 spielen (denn Schwarz antwortet auf 4 oder A) und Schwarz kann mit 1 nicht auf A beginnen (denn Weiß spielt auf 4 und gewinnt).

Diagramm 10a. Wenn Schwarz mit 3 diesen Fehler begeht, dann ist er mit einem indirekten Ko konfrontiert, in dem er auch noch die erste Ko-Drohung finden muss.

Weitere Probleme

Die meisten der bisherigen Probleme in diesem Kapitel waren recht einfach. Zum Ausgleich kommen jetzt ein paar schwierigere an die Reihe. Das Ziel ist jeweils, eine Gruppe eigener Steine zu retten, eine gegnerische zu fangen oder beides zugleich. Alle vorkommenden Ko sind direkt, doch in den Problemen 2 und 6 gibt es zwei Möglichkeiten, ein Ko zu erreichen.

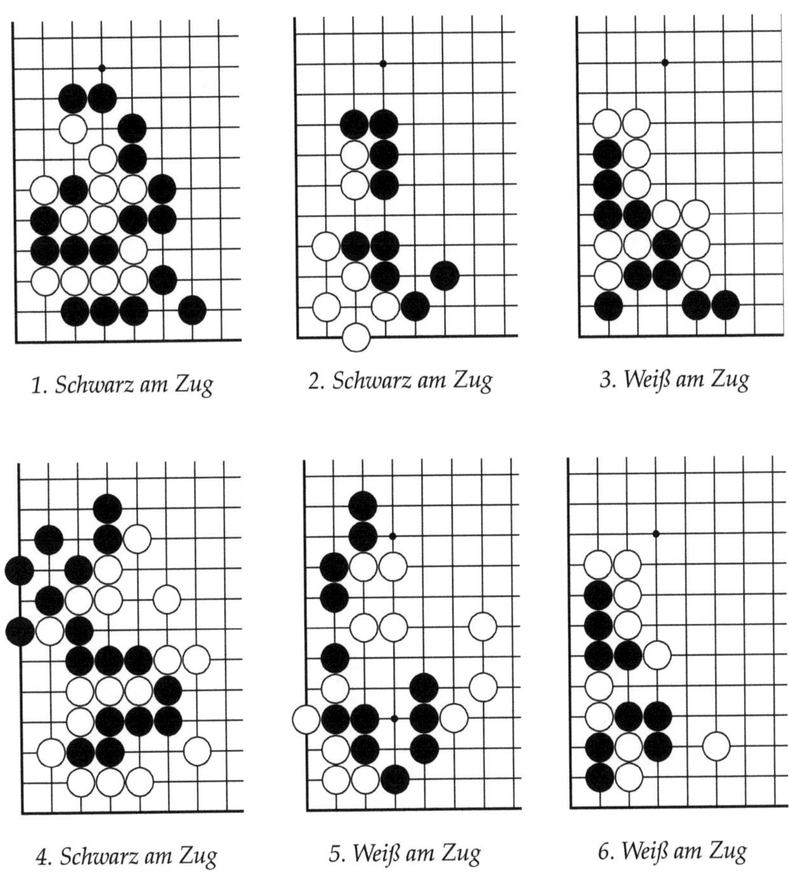

1. Schwarz am Zug — *2. Schwarz am Zug* — *3. Weiß am Zug*

4. Schwarz am Zug — *5. Weiß am Zug* — *6. Weiß am Zug*

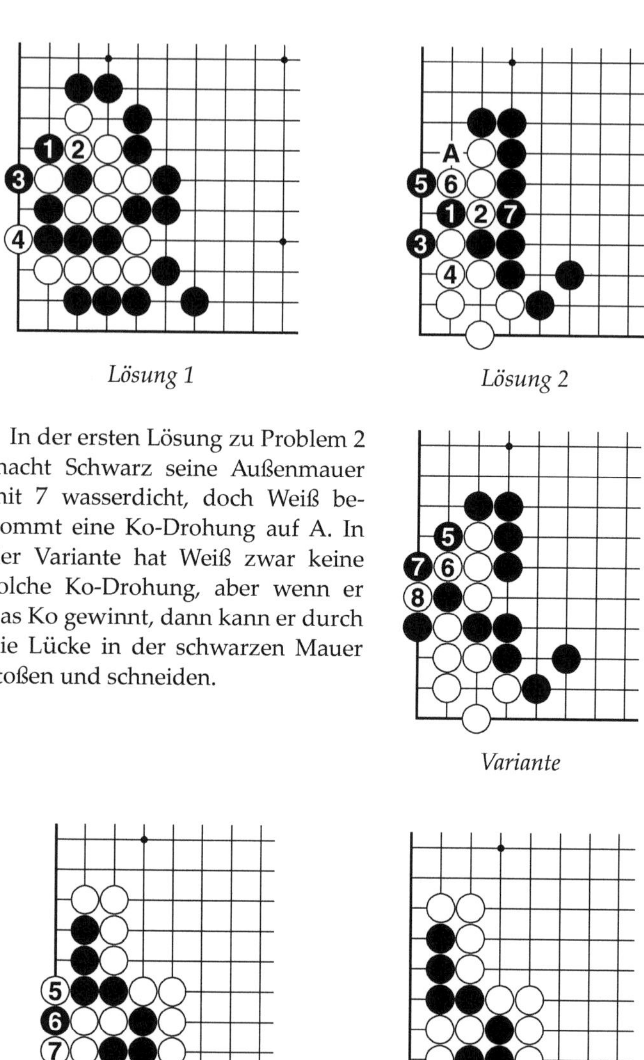

Lösung 1

Lösung 2

In der ersten Lösung zu Problem 2 macht Schwarz seine Außenmauer mit 7 wasserdicht, doch Weiß bekommt eine Ko-Drohung auf A. In der Variante hat Weiß zwar keine solche Ko-Drohung, aber wenn er das Ko gewinnt, dann kann er durch die Lücke in der schwarzen Mauer stoßen und schneiden.

Variante

Lösung 3

Fehler

Lösung zu Problem 3. Würde Schwarz mit 4 auf 9 spielen, dann gäbe es kein Ko – Weiß würde ohne Umschweife gewinnen.

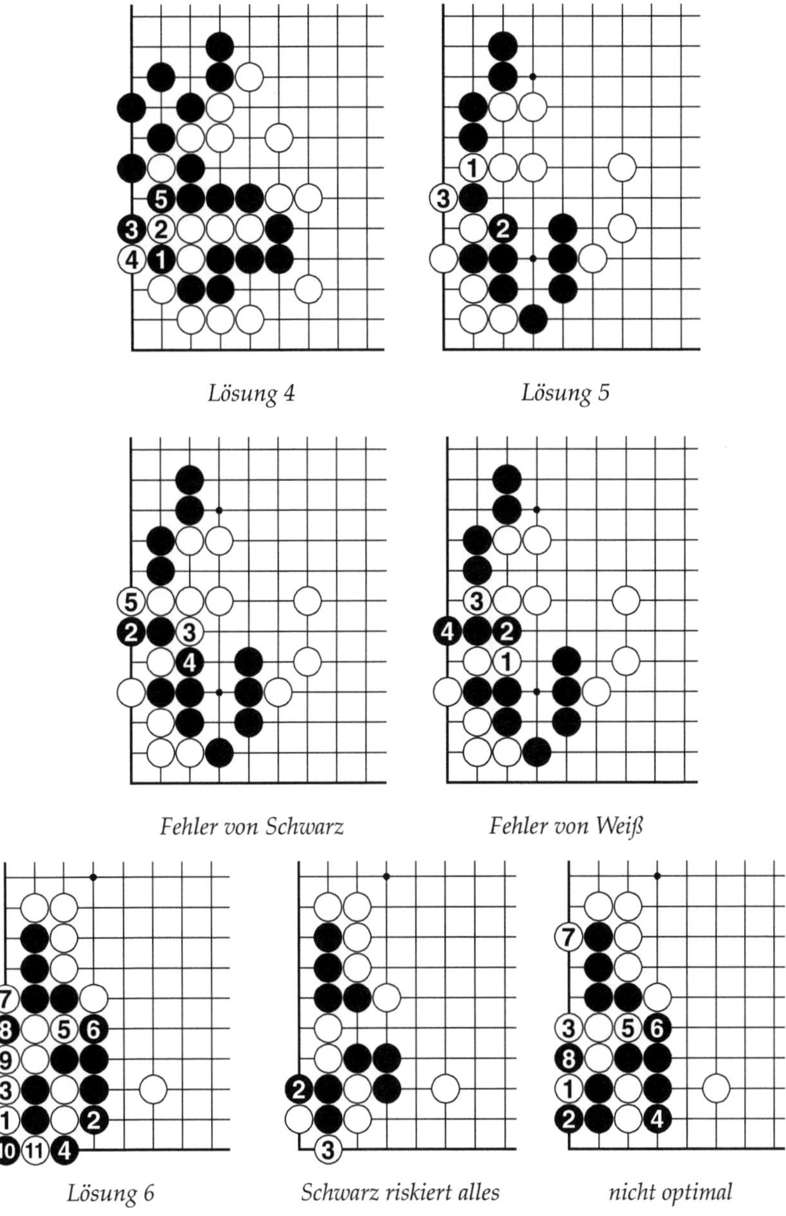

Lösung 4

Lösung 5

Fehler von Schwarz

Fehler von Weiß

Lösung 6

Schwarz riskiert alles

nicht optimal

In der zweitbesten Lösung zu Problem 6 darf Schwarz das Ko als Erster schlagen.

5. Wenn es auf jede Freiheit ankommt

Natürlich kommt es immer auf Freiheiten an, aber das ist insbesondere dann der Fall, wenn zwei gegnerische Gruppen im Nahkampf eingeschlossen sind, ohne zwei Augen bilden zu können, und somit beide versuchen, die jeweils andere zu fangen. Dieses Kapitel behandelt die Grundsätze und die Tesuji für diese Art von Kämpfen.

Oft hängt die Frage, wer den Kampf gewinnt, einfach nur davon ab, wer mehr Freiheiten hat.

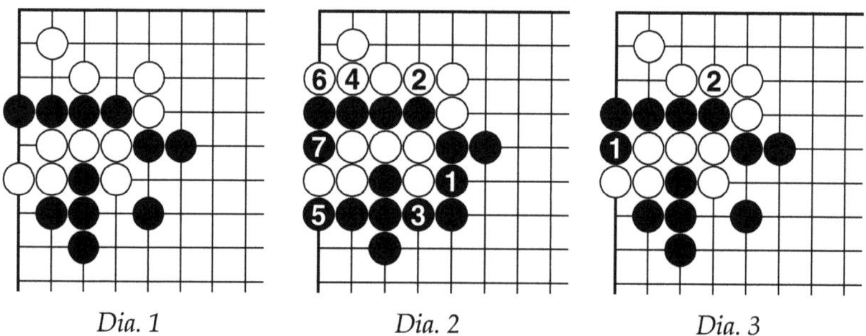

Dia. 1 *Dia. 2* *Dia. 3*

Diagramm 1. Die beiden Gruppen, die den linken Rand berühren, haben je vier Freiheiten. Da die Anzahl gleich ist, gewinnt derjenige, der am Zug ist.

Diagramm 2. Ist Schwarz am Zug, so fängt er die Weißen. Beachten Sie, dass er zuerst die Außenfreiheiten besetzt und die Innenfreiheit bis zum Schluss aufhebt.

Diagramm 3. Würde Schwarz innen anfangen, dann verlören beide Gruppen eine Freiheit und plötzlich wäre Weiß vorn. Der erste Grundsatz in solchen Kämpfen ist, beim Besetzen der Freiheiten außen zu beginnen.

Annäherungszüge

Im vorigen Beispiel war die Anzahl der Züge, die für das Schlagen einer Gruppe benötigt werden, gleich ihrer Freiheitenzahl. Doch das ist nicht immer der Fall.

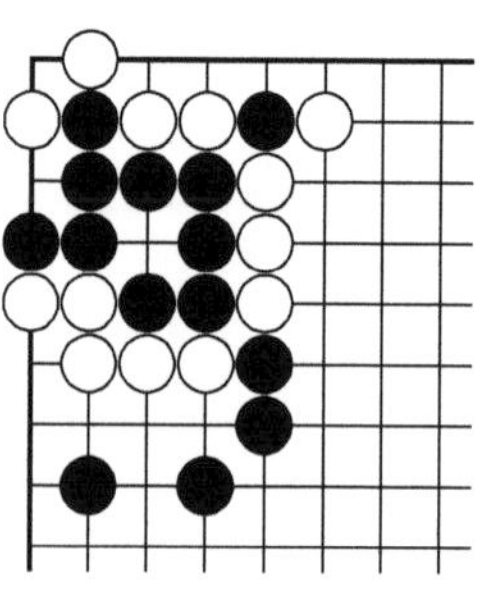

Dia. 1

Diagramm 1. In diesem Kampf hat Weiß vier Freiheiten und Schwarz lediglich zwei, aber das bedeutet nicht, dass Weiß gewinnen wird, selbst wenn er am Zug ist. Er muss nämlich drei Annäherungszüge machen, bevor er Atari geben kann.

Zusammen mit den zwei schwarzen Freiheiten bedeutet das, dass Schwarz um eine Freiheit vorn liegt.

Diagramm 2. Weiß 1, 3 und 5 sind die Annäherungszüge. Schwarz 6 gibt Atari und Schwarz gewinnt den Kampf.

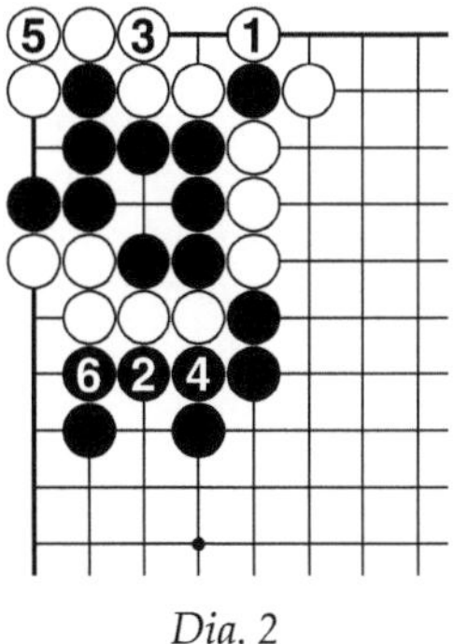

Dia. 2

In den folgenden Problemen geht es darum, den Kampf zu gewinnen, indem Sie den Gegner zu Annäherungszügen zwingen.

Problem 1. Weiß am Zug.
Problem 2. Schwarz am Zug.
Problem 3. Weiß am Zug.

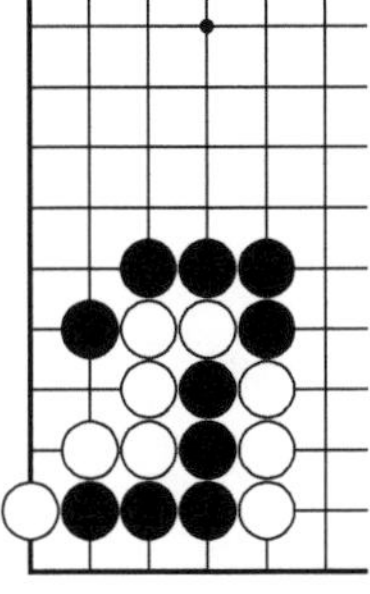
Problem 1

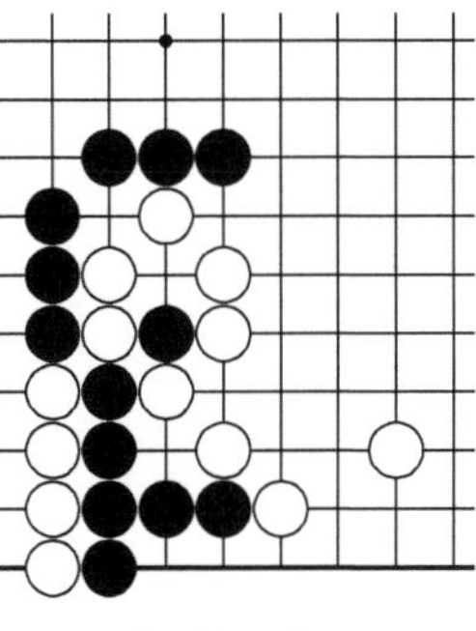
Problem 2

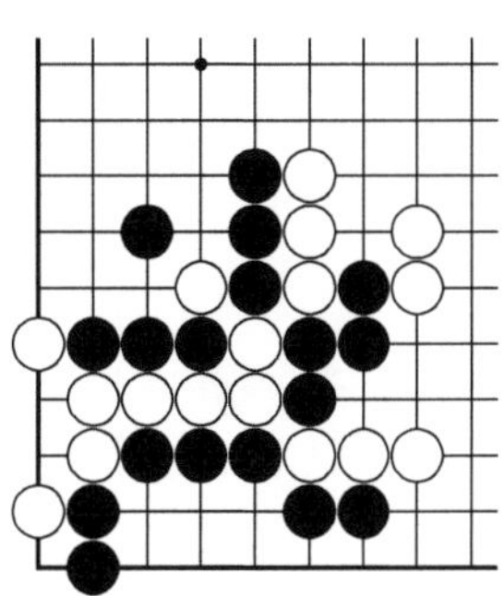
Problem 3

Herabsteigen zum Rand

Diagramm 1. Schwarz liegt mit drei zu vier Freiheiten hinten. Dennoch kann er diesen Kampf gewinnen, wenn er am Anfang den richtigen Zug macht.

Diagramm 2. Er beginnt mit dem geraden Herabsteigen zum Rand. Dieses Strecken ist oft einen zusätzlichen Zug wert. Nun stehen die Freiheiten vier zu vier.

Diagramm 3. Spielt Weiß auf 2, dann macht er ein leeres Dreieck und verliert dadurch eine Freiheit. Nach 3 liegt Schwarz mit drei zu zwei Freiheiten vorn.

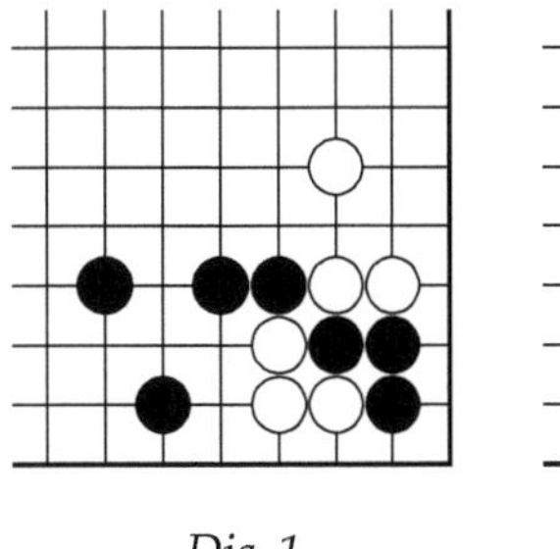
Dia. 1

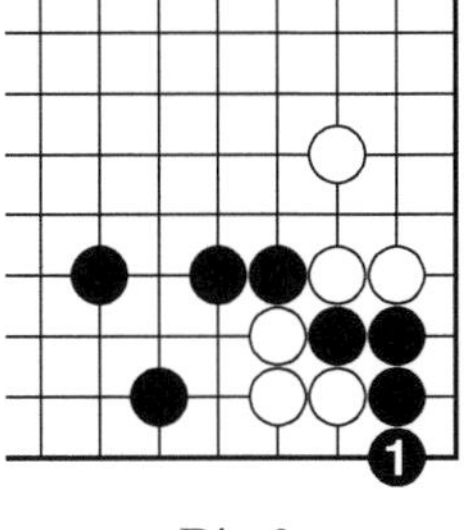

Dia. 2

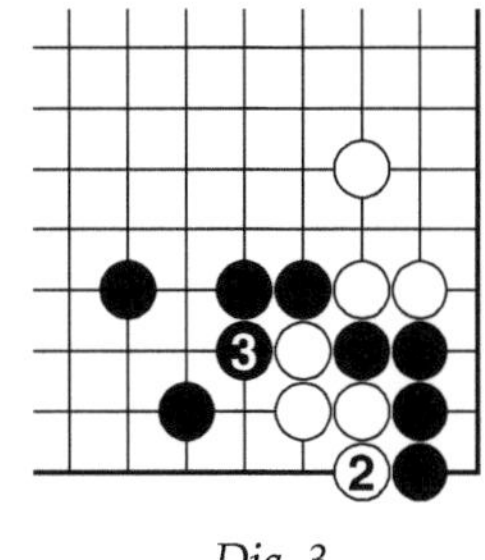

Dia. 3

Diagramm 4. Spielt Weiß dagegen von dieser Seite, dann kann er nicht weiter gehen als bis 4, danach muss er zurück und auf A einen Annäherungszug spielen. Wieder gewinnt Schwarz.

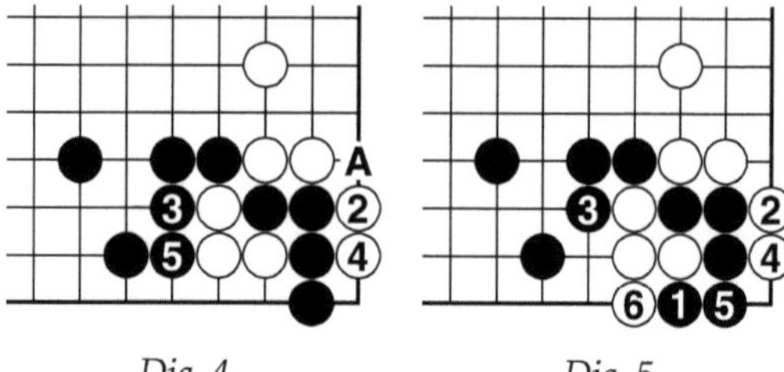

Dia. 4 Dia. 5

Diagramm 5. Wenn Schwarz mit dem Hane auf 1 statt mit dem Herabsteigen beginnt, verliert er. Diesmal kann Weiß nach den Zügen 2 bis 5 auf 6 spielen, ohne ein leeres Dreieck zu machen, und die Schwarzen sind am Ende.

Problem 1. Schwarz am Zug gewinnt in der Ecke.

Problem 2. Weiß am Zug gewinnt in der Ecke.

Problem 3. Schwarz am Zug rettet seinen einzelnen Stein am rechten Rand. Diese Aufgabe scheint unlösbar – was sie besonders interessant macht.

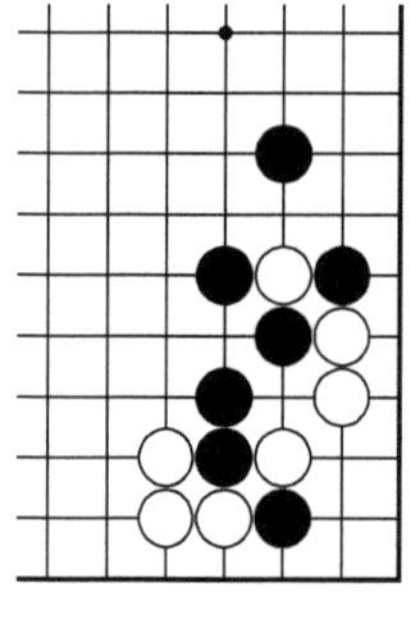
Problem 1

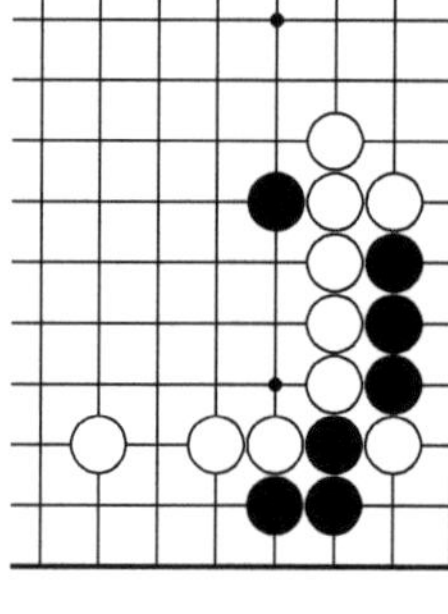
Problem 2

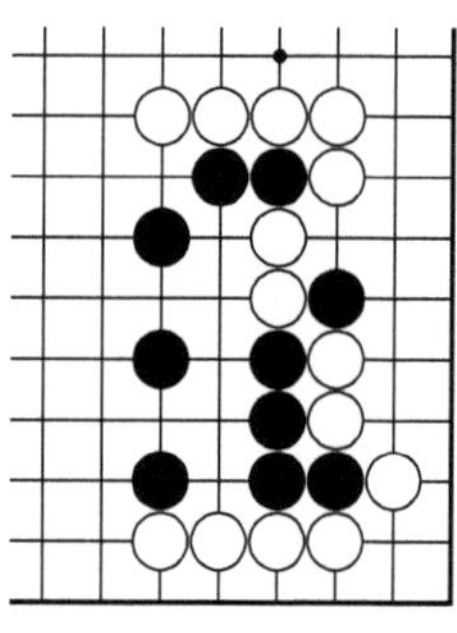
Problem 3

Das Einwurf-Tesuji

Diagramm 1. Falls Schwarz mit A versucht wegzulaufen, kann Weiß ihn mit B aufhalten. Also sollte er besser nach einem Weg suchen, die weiße Gruppe unterhalb auszustechen.

Diagramm 2. Doch Schwarz scheint weit zurückzuliegen. Nach 1 und 2 beispielsweise hat er vier Freiheiten gegen sieben von Weiß.

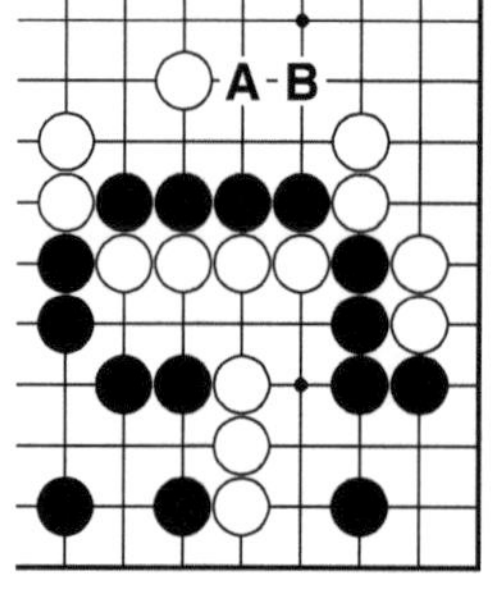

Dia. 1

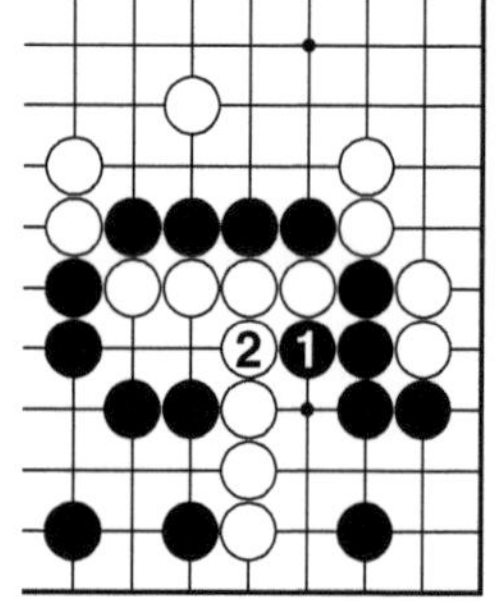

Dia. 2

Diagramm 3. Schwarz muss mit 1 einen Stein einwerfen; dieses Tesuji verschlingt drei gegnerische Freiheiten. Wenn Weiß nach 5 verbindet, dann hat jede Seite vier Freiheiten, Schwarz ist am Zug und kann den Kampf gewinnen.

Problem 1. Schwarz am Zug gewinnt.
Problem 2. Weiß am Zug gewinnt in der Ecke.
Problem 3. Weiß am Zug fängt die zwei schwarzen Steine. Der Einwurf folgt einige Züge später.

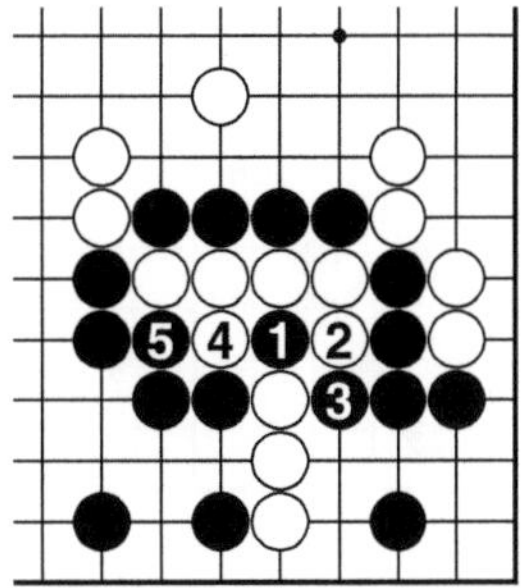

Dia. 3

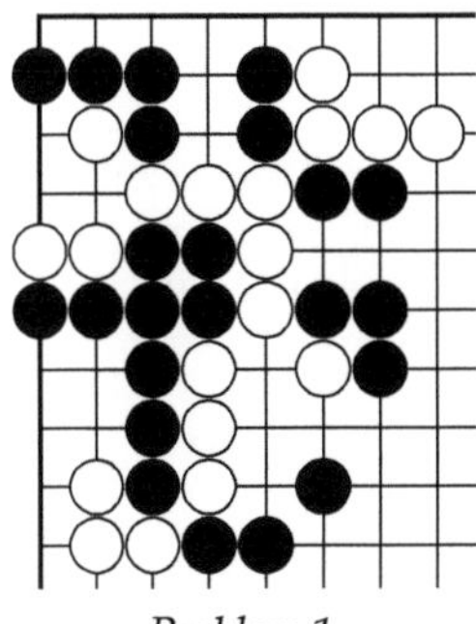
Problem 1

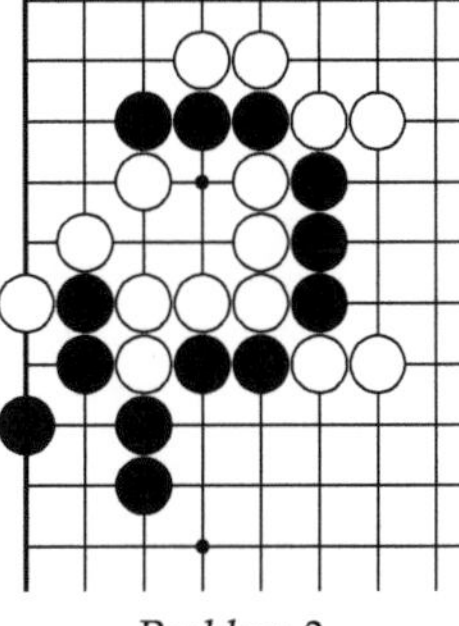
Problem 2

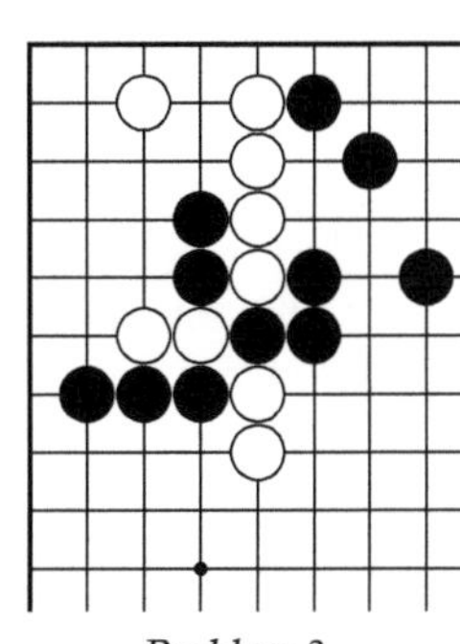
Problem 3

Das Steinturm-Tesuji

Diagramm 1. Spielt Schwarz auf A und zwingt Weiß so, auf B zu verbinden, dann haben die weißen Steine fünf Freiheiten gegen die drei der schwarzen in der Ecke. Doch Schwarz kann diesen Kampf tatsächlich gewinnen, er muss es nur etwas fantasievoller anstellen.

Diagramm 2. Um die weißen Freiheiten zu vermindern, muss Schwarz auf 1 schneiden, mit 3 strecken und die beiden Steine opfern. Dann spielt Schwarz auf 5 und verhindert so ein weißes Auge.

Diagramm 3. Der Einwurf auf 7 bringt das Vorhaben zu Ende. Falls Weiß nach Schwarz 11 verbindet, ist Schwarz A Atari. Diese ganze Zugfolge, in der dem Weißen durch das Opfer von zwei Steinen die Freiheiten geraubt werden, heißt im Japanischen *seki-tō shibori,* also etwa „Auswringen mit dem Steinturm".

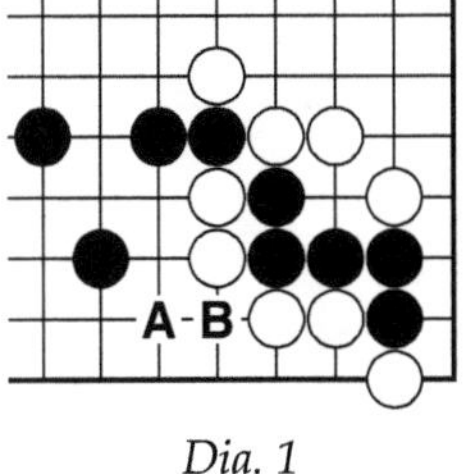

Dia. 1

Dia. 2

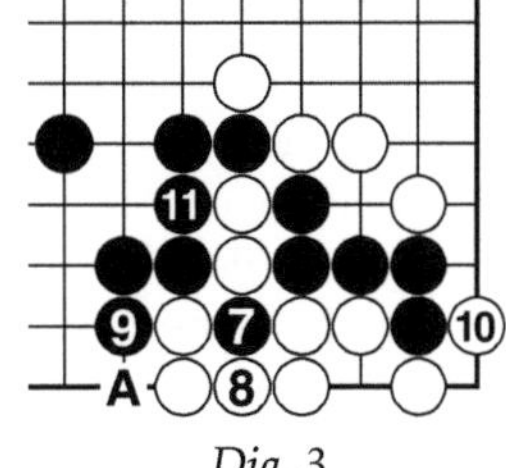

Dia. 3

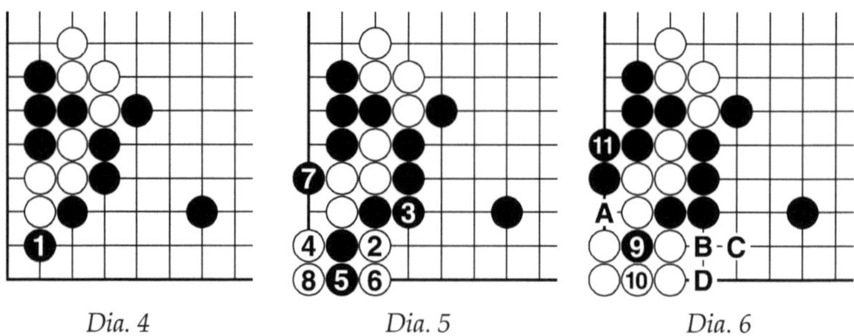

Dia. 4 *Dia. 5* *Dia. 6*

Diagramm 4. In der Ecke funktioniert die Zugfolge auf die gleiche Weise, die Stellung stammt von Seite 33. Mit Schwarz 1 beginnt das Auswringen.

Diagramm 5. Schwarz opfert mit 5 den zweiten Stein und gibt dann mit 7 Atari.

Diagramm 6. Der Einwurf auf 9 ist ebenfalls Atari, Weiß muss mit 10 schlagen. Danach verbindet Schwarz einfach nur auf 11. Falls Weiß mit A das Auge verteidigt, hat er nach Schwarz B nur noch zwei Freiheiten. Und falls er statt dessen auf C spielt, folgen Schwarz B, Weiß D und Schwarz A.

Problem 1. Schwarz am Zug gewinnt die Ecke.

Problem 2. Weiß am Zug gewinnt die Ecke.

Problem 3. Eine Variante im Taisha-Joseki. Weiß am Zug: Wie soll er (und wie soll Schwarz) fortsetzen?

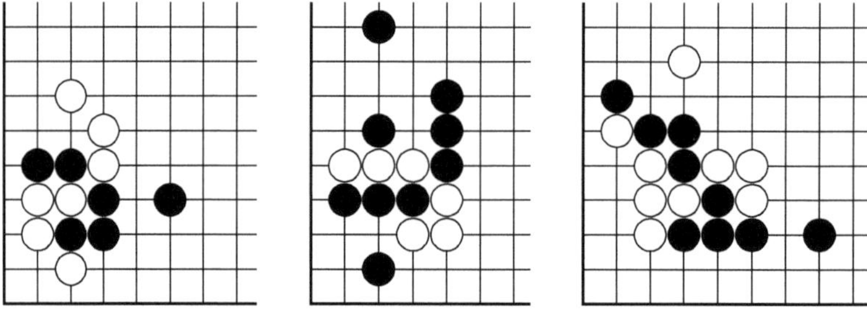

Problem 1 *Problem 2* *Problem 3*

Das „schnelle Auswringen"

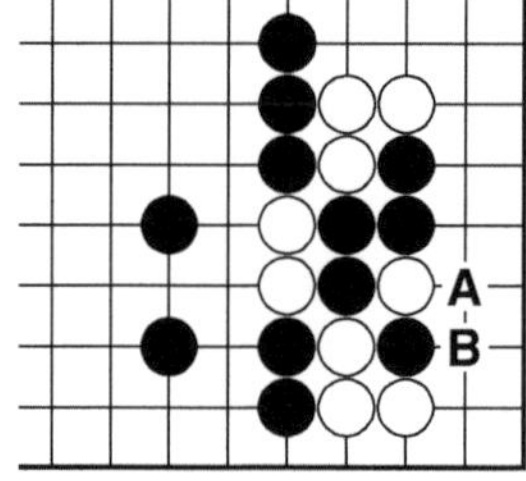

Dia. 1

Diagramm 1. Die weißen Steine außen haben nur zwei Freiheiten, somit muss Weiß sich beeilen, wenn er den Kampf gegen die schwarzen in der Ecke gewinnen will. Für A oder B bleibt keine Zeit.

Diagramm 2. Weiß ignoriert das Atari gegen △ und spielt Hane auf 1. Wenn Schwarz mit 2 schlägt, dann folgt Weiß 3 und es ist sofort zu Ende.

Diagramm 3. Schwarz kommt mit 2 hier offensichtlich auch nicht weiter.

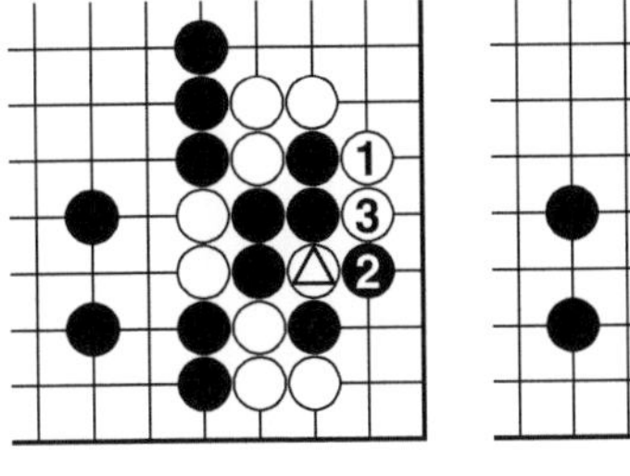

Dia. 2

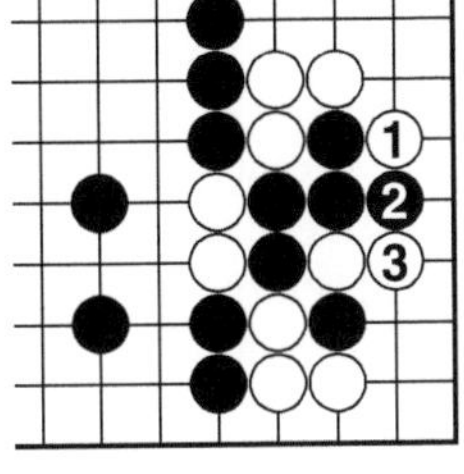

Dia. 3

Problem 1. Schwarz am Zug fängt die Steine am linken Rand.

Problem 2. Schwarz am Zug fängt die Steine am linken Rand.

Problem 3. Schwarz am Zug gewinnt. Die Zugfolge ist zwar eine andere, doch die Grundidee ist gleich.

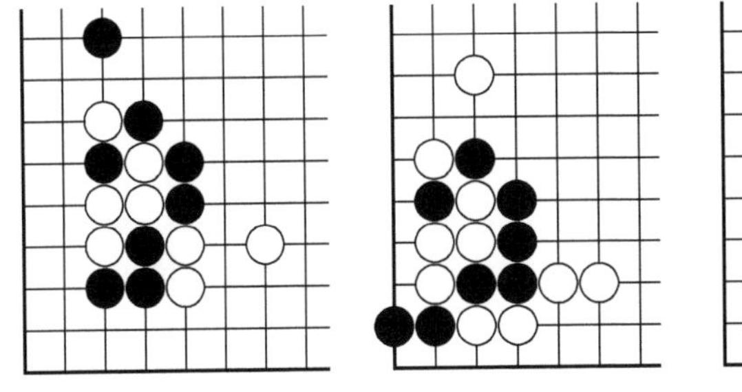

Problem 1 *Problem 2*

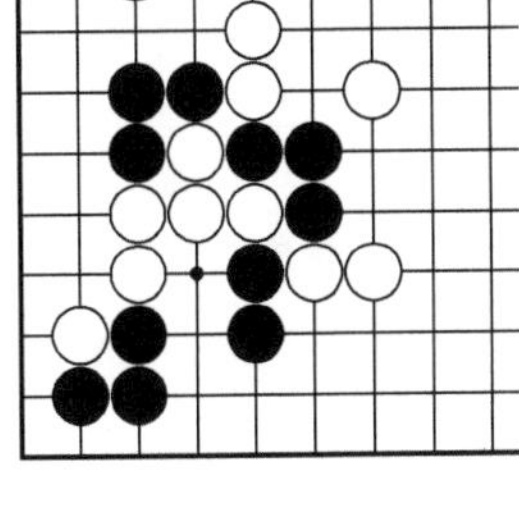

Problem 3

Das Tesuji „am Bauch"

Diagramm 1. Diese Stellung kommt häufig vor. Beide Seiten haben drei Freiheiten, somit ist zu erwarten, dass Weiß am Zug gewinnen kann.

Diagramm 2. Wenn er allerdings mit dem Hane auf 1 beginnt, wird er von Schwarz 2 aufgehalten. Vielleicht versucht er noch, mit 3 ein Ko anzuzetteln (auf Schwarz A folgt Weiß B), doch nach Schwarz 4 wird sogar das schwierig.

Diagramm 3. Weiß 1 ist der richtige Zug. Dieser Punkt wird der „Bauch" der schwarzen Steine genannt.

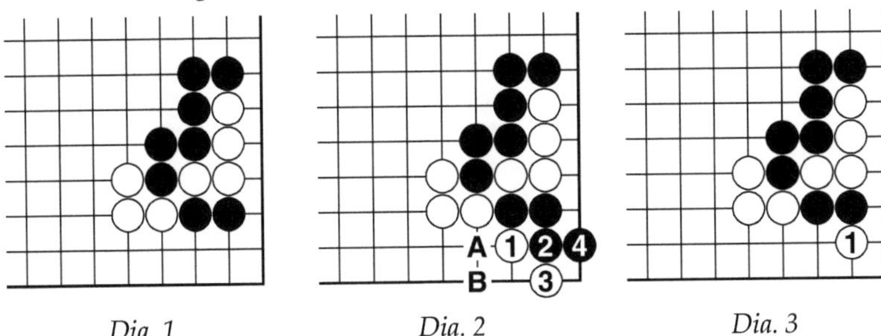

Dia. 1 *Dia. 2* *Dia. 3*

Diagramm 4. Spielt Schwarz mit 2 hier, so verbindet Weiß mit 3 am Rand. Was immer Schwarz auch versucht, er kommt nicht über zwei Freiheiten hinaus.

Diagramm 5. Wenn Schwarz auf 2 hier spielt, erledigt Weiß 3 die Angelegenheit.

Das Bauch-Tesuji kommt in einer Vielzahl von Stellungen vor, so auch in den nächsten beiden Problemen.

Dia. 4 *Dia. 5*

Problem 1. Schwarz droht A und B. Weiß am Zug.

Problem 2. Schwarz am Zug gewinnt am unteren Rand.

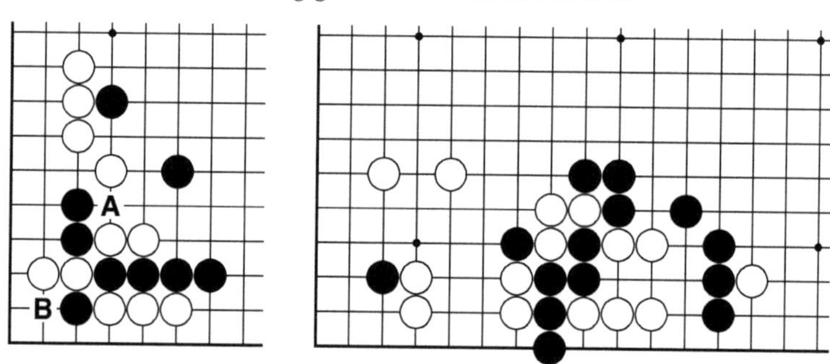

Problem 1 *Problem 2*

Wie man Freiheiten dazu gewinnt

Diagramm 1. Beide Seiten haben vier Freiheiten, doch Weiß ist um einen Zug voraus, da er zum Rand herabgestiegen ist. Spielt Schwarz beispielsweise auf A, so antwortet Weiß auf B und Schwarz verliert. Bevor er die gegnerischen Freiheiten zusetzen kann, muss Schwarz seine eigenen vermehren.

Diagramm 2. Das gelingt mit einem Fallschirm-Tesuji.

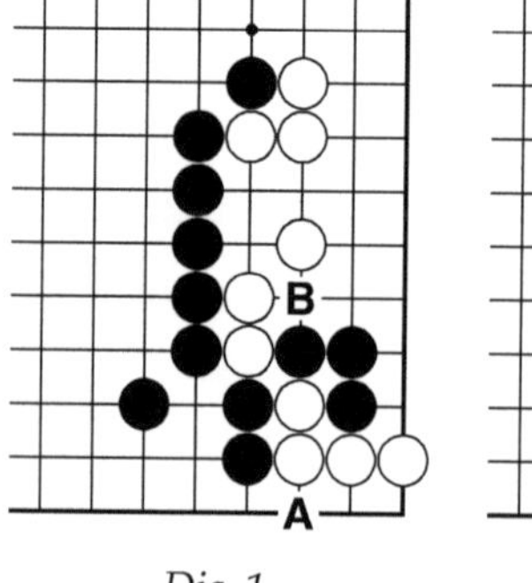

Dia. 1

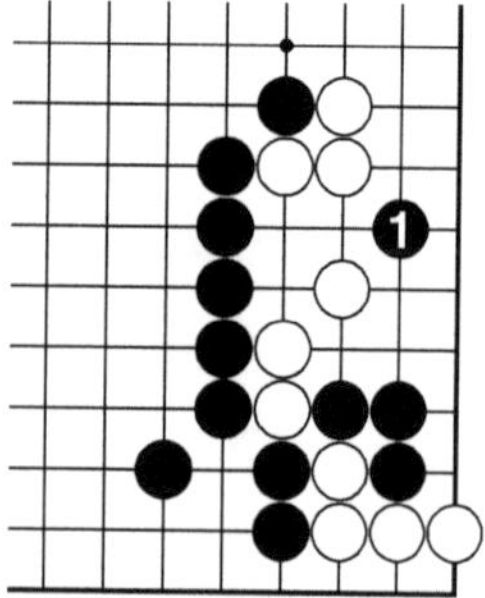

Dia. 2

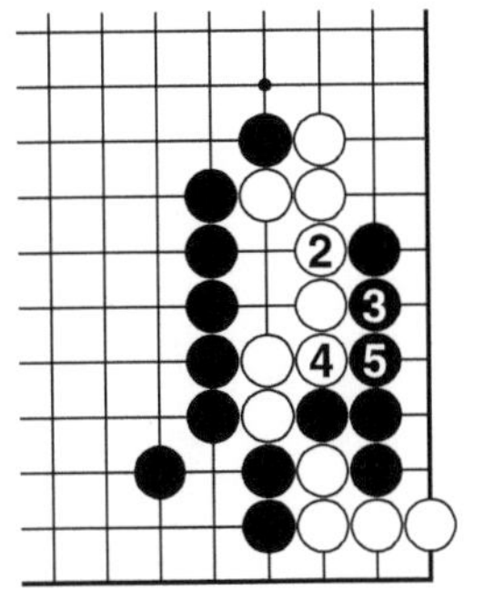

Dia. 3

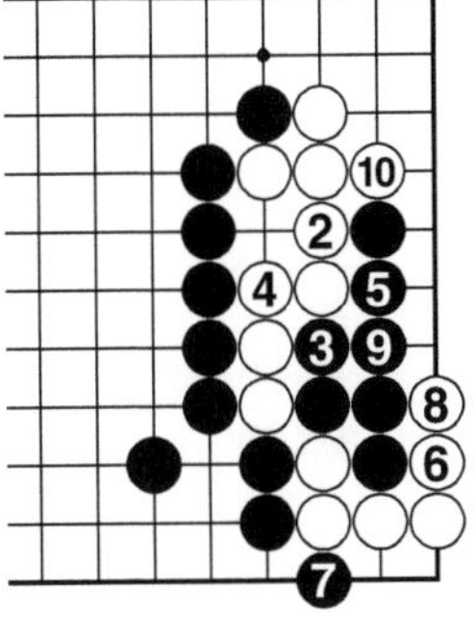

Dia. 4

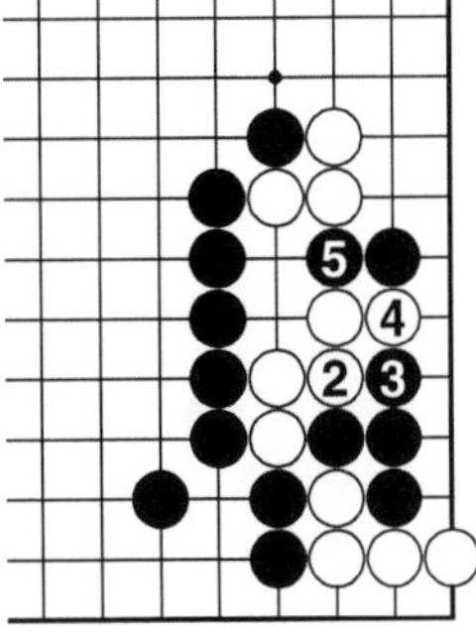

Dia. 5

Diagramm 3. Weiß sollte auf 2 verbinden, doch mit 3 und 5 verschafft sich Schwarz sechs Freiheiten, was gerade zum Gewinnen ausreicht.

Diagramm 4. Schwarz muss der Versuchung widerstehen, mit 3 ein Auge bauen zu wollen, weil er dann ein leeres Dreieck legt und eine Freiheit einbüßt. So verliert er.

Diagramm 5. Was Weiß angeht: Falls er versuchen sollte, die Schwarzen mit 2 und 4 niederzudrücken, so wird er durch Schwarz 5 aufgehalten.

Diagramm 6. Weiß 2 hier sieht aus wie ein schlaues Auswring-Tesuji, aber Schwarz bleibt dennoch mit vier zu drei Freiheiten vorn und gewinnt den Kampf.

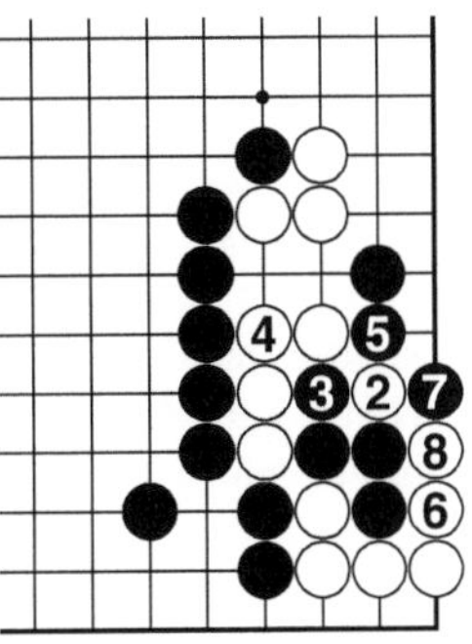

Dia. 6

Problem 1. Schwarz am Zug rettet all seine Steine.

Problem 2. Weiß am Zug. Er benötigt noch eine zusätzliche Freiheit.

Problem 3. Weiß am Zug. Eine weitere Freiheit dazu zu gewinnen, ist nicht so schwer, aber beachten Sie, dass auch Schwarz ein Tesuji hat.

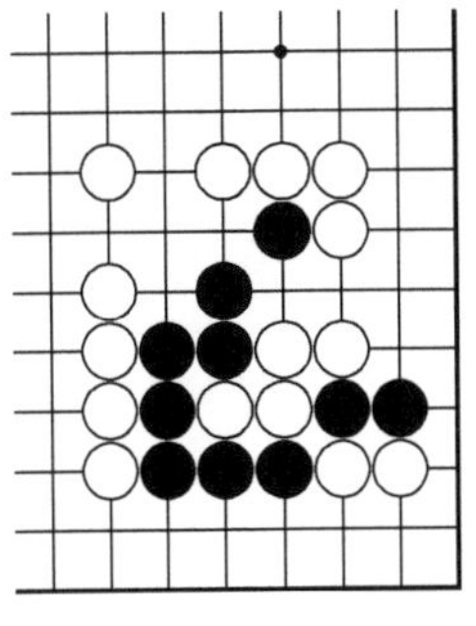

Problem 1

Problem 2

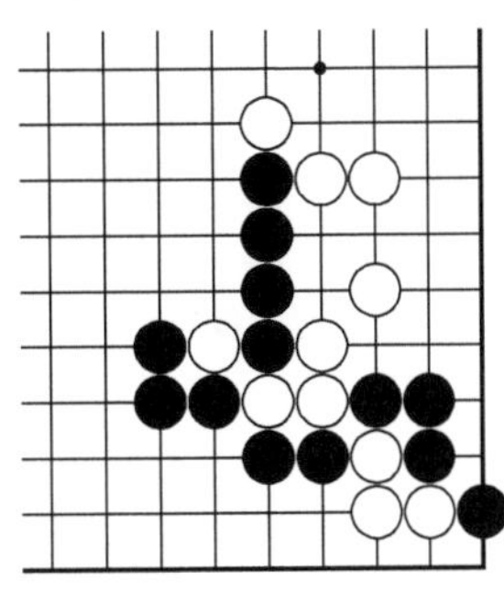

Problem 3

Augen

Diagramm 1. Augenform hat in aller Regel einen Mehrwert. Hier beispielsweise liegt Schwarz nach Freiheiten zurück, besitzt aber ein Auge, und Weiß kann ihn nicht in Atari setzen.

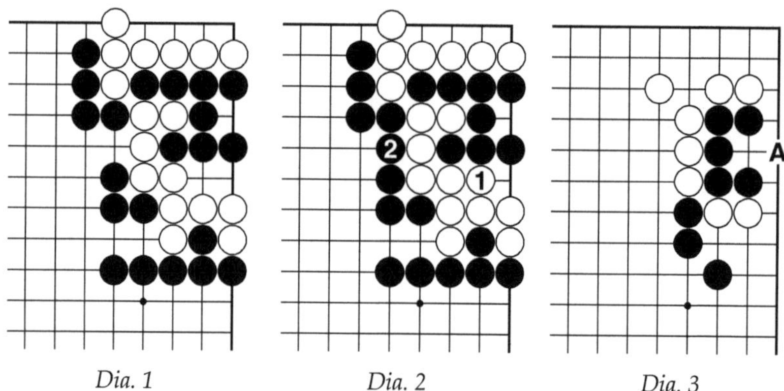

Dia. 1 *Dia. 2* *Dia. 3*

Diagramm 2. Nach Schwarz 2 kann Weiß nichts mehr tun, wenn er ein Selbst-Atari vermeiden will. Schwarz am Zug hingegen kann Weiß in Atari bringen, indem er zuerst die Außenfreiheiten besetzt und dann auf 1 spielt. In einem Kampf dieses Typs kann die Gruppe ohne Auge nicht gewinnen, es sei denn, sie hätte eine große Überzahl an Außenfreiheiten.

Diagramm 3. Wenn der Gegner kurz davor steht, ein Auge zu machen, so muss er daran gehindert werden. Weiß darf Schwarz A nicht zulassen.

Diagramm 4. Weiß muss selbst auf 1 setzen. Dann kann er gewinnen.

Diagramm 5. Eine Variante, wieder gewinnt Weiß.

Diagramm 6. Will Weiß statt dessen eine Freiheit besetzen, so verliert er.

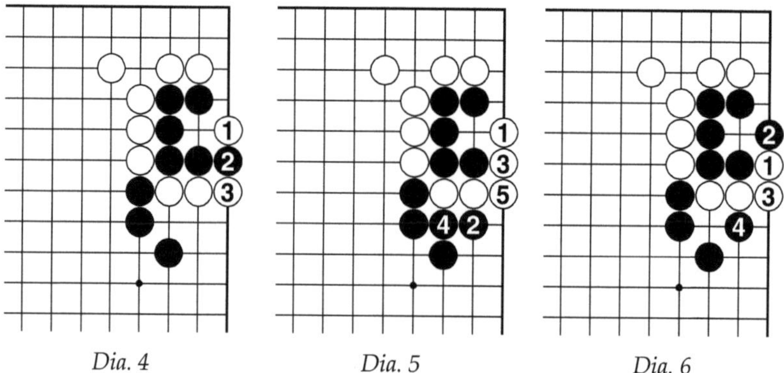

Dia. 4 *Dia. 5* *Dia. 6*

Problem 1. Schwarz am Zug gewinnt in der Ecke.

Problem 2. Weiß am Zug gewinnt.

Problem 3. Schwarz am Zug gewinnt.

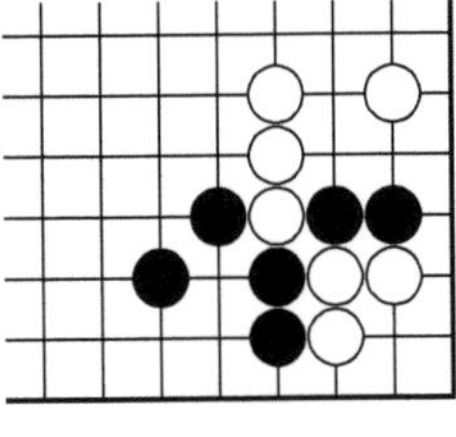

Problem 1

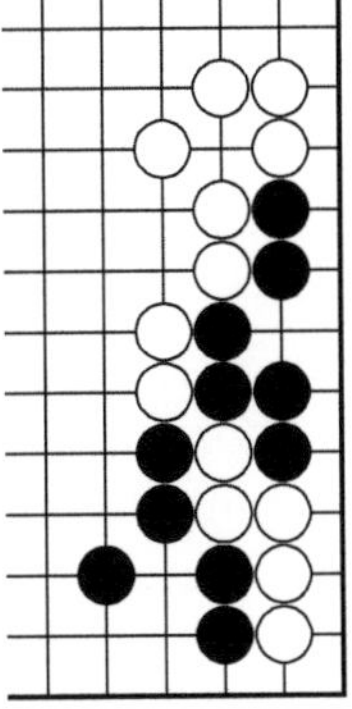

Problem 2

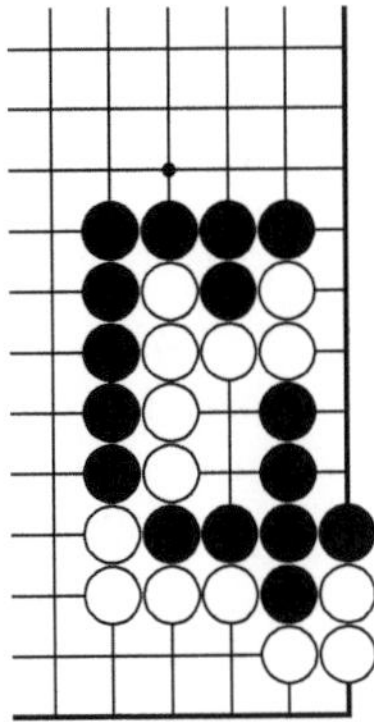

Problem 3

Das Diagonal-Tesuji

Diagramm 1. Wie sollte Weiß in dieser Stellung spielen?

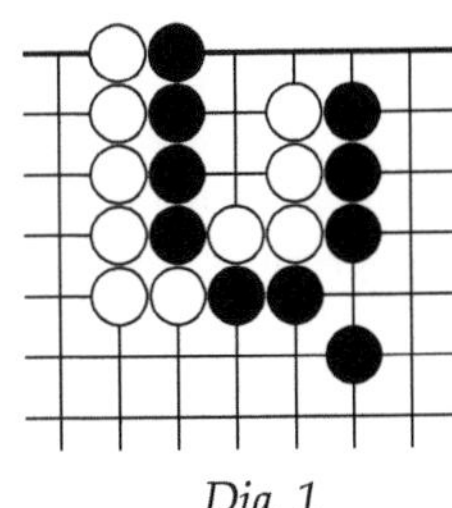

Dia. 1

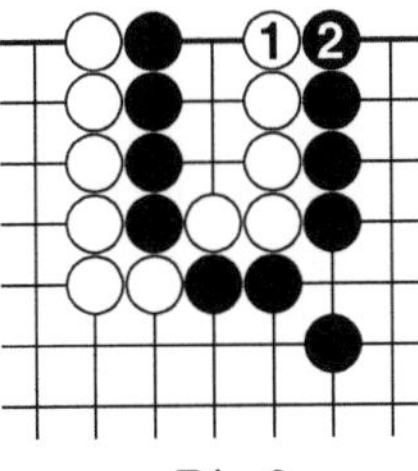

Dia. 2

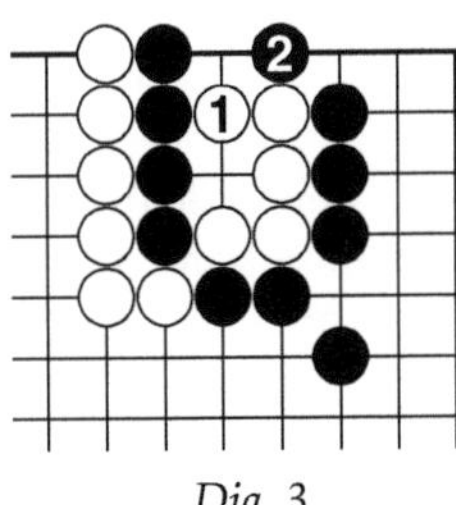

Dia. 3

Diagramm 2. Streckt Weiß geradeaus zum Rand, so macht Schwarz 2 Seki. Genauer gesagt kann Schwarz den Zug auf 2 sogar weglassen; die Stellung ist auch dann Seki, wenn er fernbleibt.

Diagramm 3. Noch schlimmer: Wenn Weiß auf 1 hier spielt, weil er glaubt, dass es ihn mit drei zu zwei Freiheiten in Führung bringt, so wird er durch Schwarz 2 gefangen und verliert geradewegs.

Diagramm 4. Das Tesuji ist der Diagonalzug auf 1. Danach kann Schwarz dem Weißen keine Freiheit nehmen.

Diagramm 5. Schwarz muss den Annäherungszug auf 2 machen, doch Weiß gibt mit 3 Atari und gewinnt.

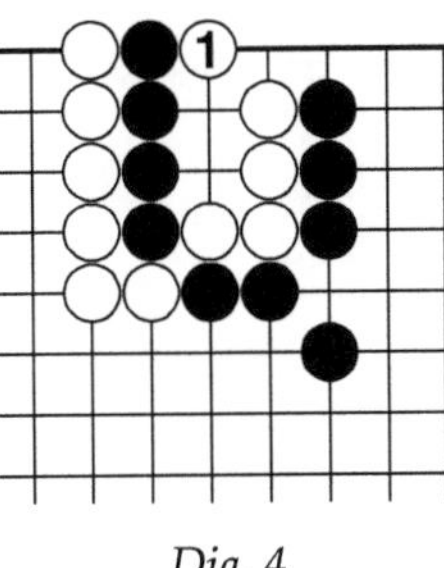

Dia. 4

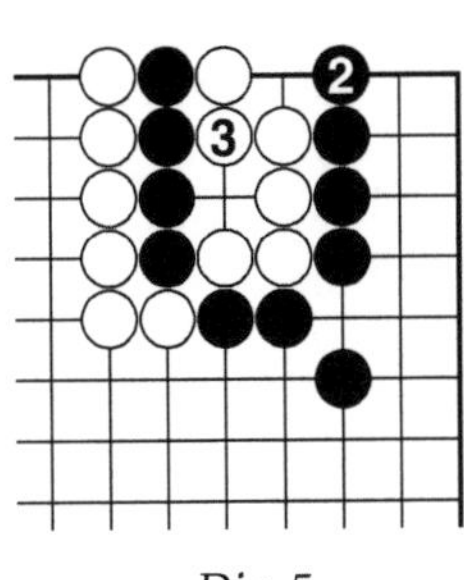

Dia. 5

Problem 1. Weiß am Zug gewinnt. Soll er zuerst das Auge in der Ecke verhindern oder das Diagonal-Tesuji spielen?

Problem 1

Große Augen

Ein Vier- oder Fünf-Punkt-Auge bildet nicht unbedingt eine lebende Form, doch der Gegner benötigt zusätzliche Züge, um es aufzufüllen.

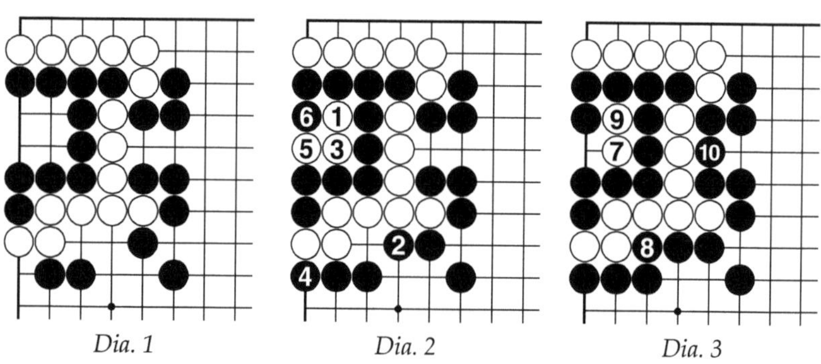

Dia. 1 *Dia. 2* *Dia. 3*

Diagramm 1. Beide Seiten haben vier Freiheiten, also gewinnt der Anziehende – stimmts? Stimmt nicht. Man braucht fünf Steine, um ein Vier-Punkt-Auge zu füllen, somit liegt Weiß um einen Zug hinten.

Diagramm 2. Weiß 1 und 3 sind zwei dieser fünf Steine. Weiß 5 und Schwarz 6 zählen nicht.

Diagramm 3. Weiß 7 und 9 sind Nummer drei und vier, doch Schwarz hat noch eine Freiheit mehr und gewinnt.

Diagramm 4. Man braucht acht Züge, um ein Fünf-Punkt-Auge aufzufüllen, und wieder gewinnt Schwarz. Weiß hat sieben Freiheiten.

Diagramm 5. Weiß 1, 3 und 5 sind drei der acht Steine. Weiß 7 und Schwarz 8 heben sich auf.

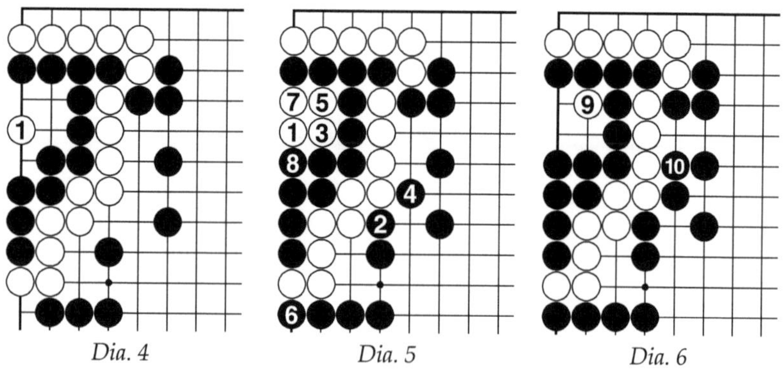

Dia. 4 *Dia. 5* *Dia. 6*

Diagramm 6. Nun ist die Stellung auf die vorige zurückgeführt und Weiß benötigt fünf Steine (einschließlich Weiß 9), um das Auge zu füllen. Schwarz ist um einen Zug voraus.

Problem 1. Weiß am Zug. Das sollte Ko werden.

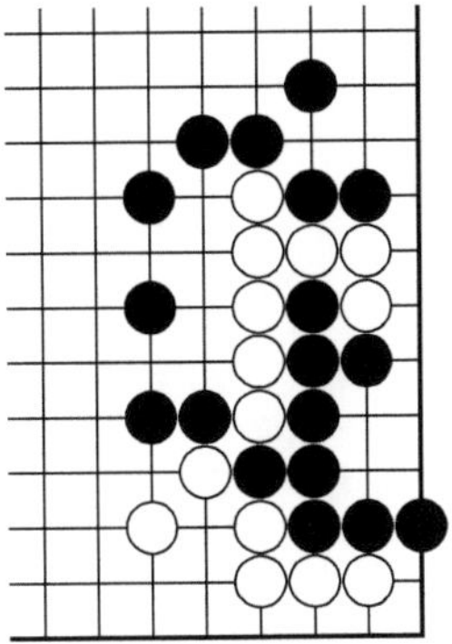

Problem 1

Sicherheitszüge

Diagramm 1. Diese Stellung sieht täuschend einfach aus: Beide Seiten haben vier Freiheiten. Wenn also Weiß am Zug ist, sollte er ohne Probleme gewinnen.

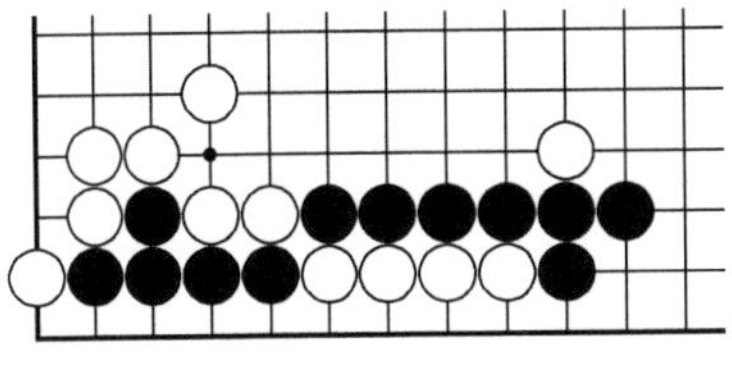

Dia. 1

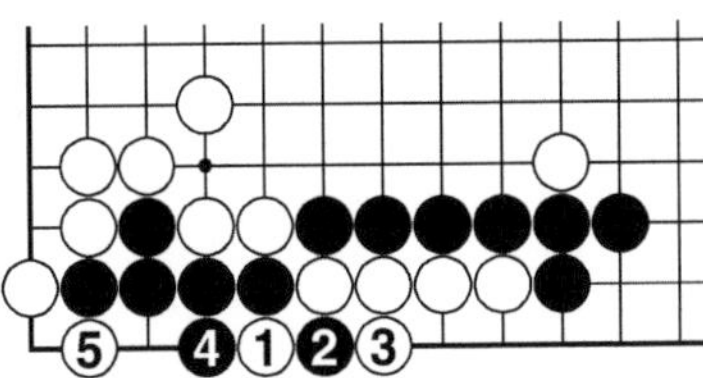

Dia. 2
Schwarz 6 schlägt das Ko

Diagramm 2. Doch wenn Weiß mit dem Hane auf 1 beginnt, was der logische Weg zu sein scheint, um die schwarzen Freiheiten zu dezimieren und gleichzeitig den vier eigenen Steinen mehr Platz zu verschaffen, wirft Schwarz auf 2 ein. Nach den korrekten Zügen 3, 4 und 5 hat Schwarz ein zweischrittiges Ko erreicht. Zwar hat Weiß in dem Ko-Kampf einen Vorteil, doch es ist ein Jammer, dass er überhaupt eins kämpfen muss – zumal es einen todsicheren Gewinnweg gegeben hätte.

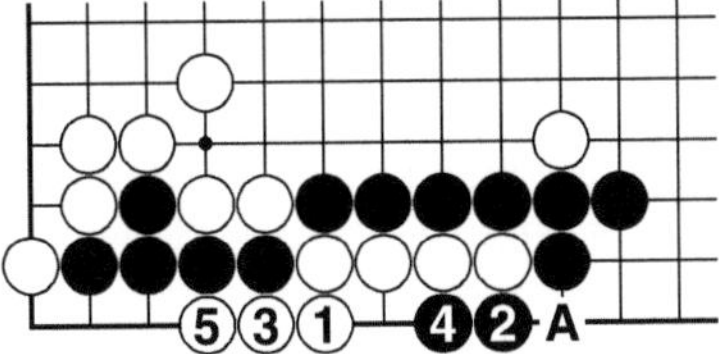

Dia. 3

Diagramm 3. Gerade zum Rand herunterstrecken ist der Sicherheitszug. Er ändert nichts an den Freiheitenzahlen, doch wenn Schwarz mit 2 auf 3 von links angreift, muss er ein leeres Dreieck legen, während er von rechts einen Annäherungszug auf A benötigt. Somit liegt Weiß um einen Zug vorn und gewinnt den Kampf.

Diagramm 4. Verzweifelte Versuche des Schwarzen, ein Ko zu basteln, bleiben hier erfolglos.

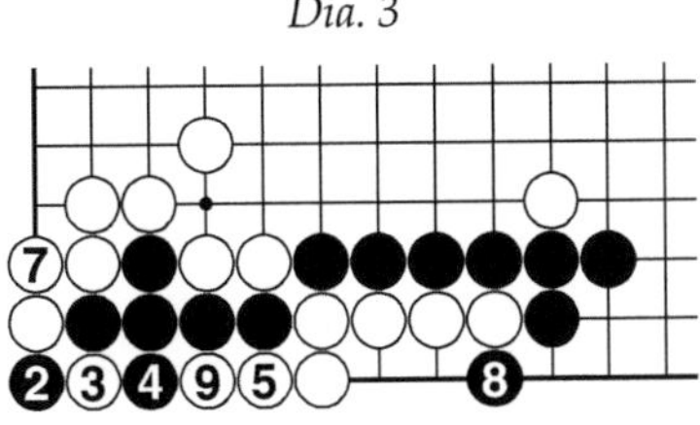

Dia. 4 (Schwarz 6 schlägt das Ko)

Problem 1. Schwarz am Zug gewinnt bedingungslos.
Problem 2. Schwarz am Zug gewinnt bedingungslos.
Problem 3. Weiß am Zug gewinnt bedingungslos.

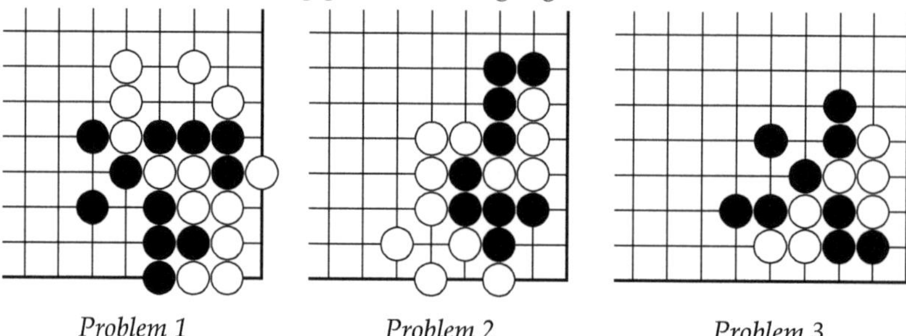

Problem 1 *Problem 2* *Problem 3*

Zwei Hane sind eine Freiheit wert

Diagramm 1. Diese Art Stellung tritt häufig genug auf, dass man sie kennen sollte. Die drei schwarzen Steine haben drei Freiheiten. Die drei weißen unterhalb auch, dennoch kann Schwarz den Kampf nicht gewinnen. Die beiden weißen, mit ◎ markierten Hane verhelfen Weiß zu einem zusätzlichen Zug.

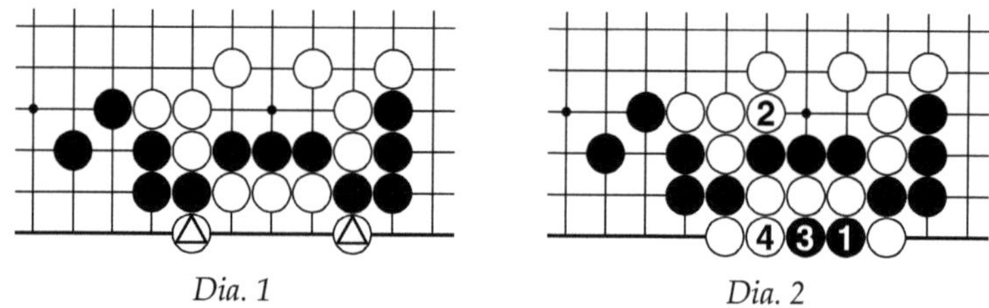

Dia. 1 *Dia. 2*

Diagramm 2. Schwarz beginnt auf 1, doch Weiß antwortet einfach mit 2 und Schwarz hat keine Fortsetzung. Spielt er etwa auf 3, dann schlägt Weiß und hat drei Freiheiten. Weiß darf mit 2 nicht auf 3 spielen, denn dann gibt es Ko.

Diagramm 3. Hier ist dieselbe Stellung, nur dass beide jetzt vier Freiheiten haben. Wieder sind die beiden Hane einen Extrazug wert und Schwarz kann nicht gewinnen, selbst wenn er am Zug ist. Probieren Sie es selbst einmal aus.

Diagramm 4. Der Grundsatz, dass zwei Hane eine Freiheit wert sind, geht bei nur zwei Steinen in aller Regel schief. Hier spielt Schwarz auf A, Weiß B, Schwarz C und es ist vorbei für Weiß. Vergleichen Sie Problem 3 auf Seite 53 und Problem 3 auf Seite 57.

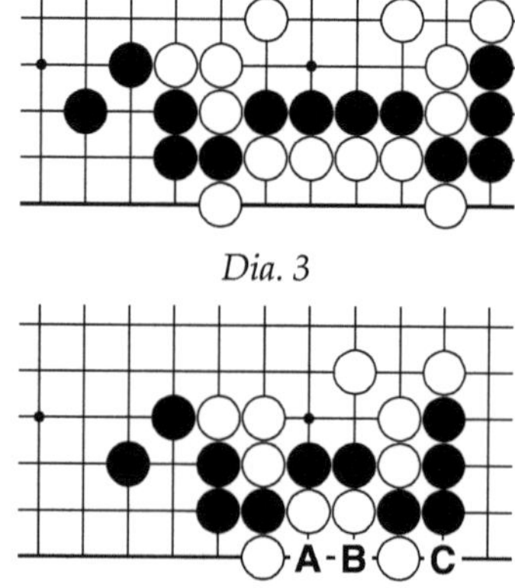

Dia. 3

Dia. 4

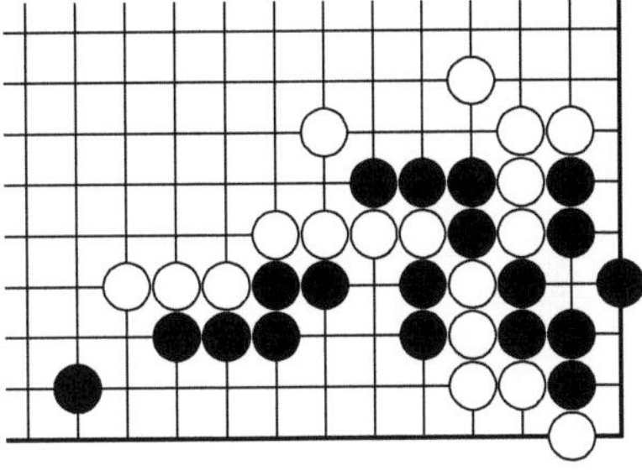

Problem 1

Problem 1. Weiß am Zug gewinnt.
Problem 2. Weiß am Zug gewinnt.

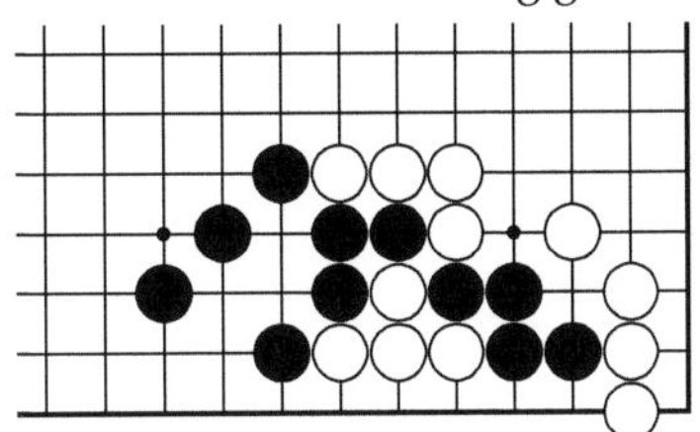

Problem 2

Hebe das Ko bis zum Schluss auf

Diagramm 1. Beide Seiten haben drei Freiheiten, zusätzlich gibt es ein Ko zwischen ihren eingeschlossenen Gruppen. Im Moment ist das Ko offen für Weiß, was ihm eine Zusatzfreiheit gibt, doch das wird sich als Vorteil für Schwarz herausstellen, falls er am Zug ist.

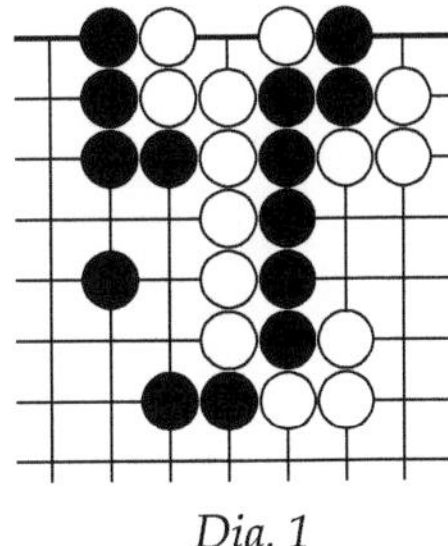

Dia. 1

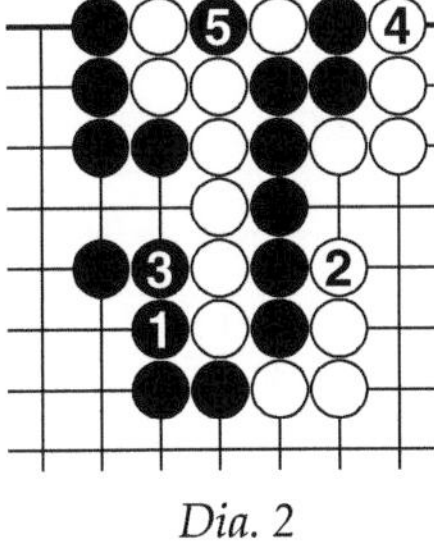

Dia. 2

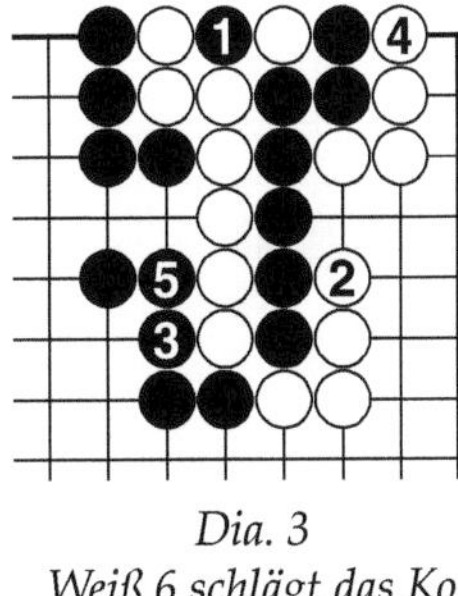

Dia. 3
Weiß 6 schlägt das Ko

Diagramm 2. Schwarz beginnt mit 1 und 3, die Außenfreiheiten zu besetzen, und Weiß tut es ihm gleich. Erst wenn Weiß 4 Atari gibt, schlägt Schwarz mit 5 das Ko. Jetzt ist Weiß in Atari und muss die erste Ko-Drohung finden.

Diagramm 3. Wenn Schwarz das Ko schon mit 1 schlägt, spielt Weiß zuerst 2 und 4 und schlägt dann mit 6 zurück, sodass Schwarz die erste Ko-Drohung finden muss. In Kämpfen von diesem Typ bilden die Außenfreiheiten potenzielles Ko-Material für beide Spieler. Wenn Sie also das Ko vor der letzten Gelegenheit schlagen, dann erlauben Sie dem Gegner, dass er Außenfreiheiten als Ko-Drohungen gegen Sie verwendet.

Diagramm 4. Nach dem Fehler von Schwarz in Diagramm 3 würde Weiß denselben Fehler begehen, wenn er das Ko zurückschlägt, bevor er selbst in Atari ist. Die beiden Fehler heben sich dann auf und effektiv würde Schwarz das Ko als Erster schlagen.

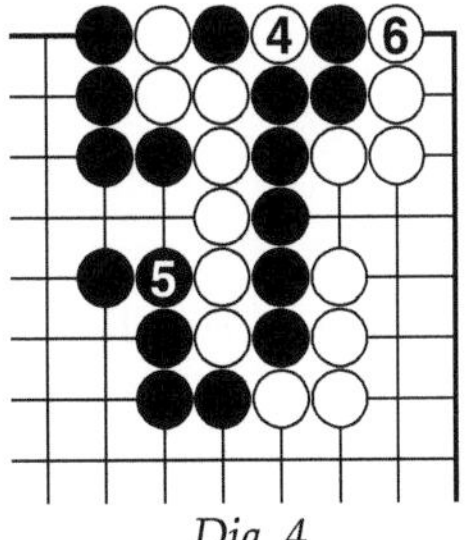

Dia. 4
Schwarz 7 schlägt das Ko

Problem 1. Schwarz am Zug.

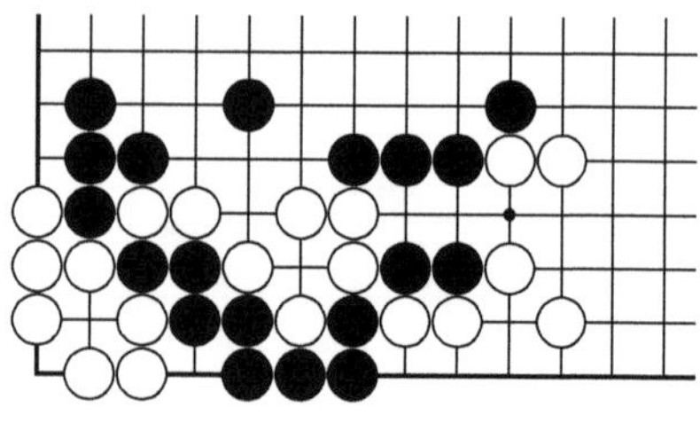

Problem 1

Lösungen zu den Problemen

Annäherungszüge

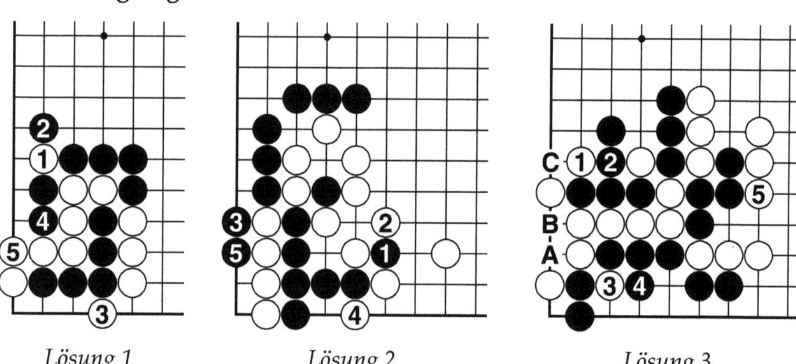

Lösung 1 *Lösung 2* *Lösung 3*

Lösung zu Problem 1. Weiß 1 rettet die Lage. Nach Weiß 5 kann Schwarz nichts mehr tun (Weiß 1 auf 5 funktioniert auch).

Lösung zu Problem 2. Schwarz 1 ist der Schlüsselzug. Die Reihenfolge von 1 und 3 kann vertauscht werden.

Lösung zu Problem 3. Diesmal ist die Reihenfolge von Weiß 1 und 3 entscheidend. Spielt Weiß mit 1 auf 3, dann folgen Schwarz A, Weiß B und Schwarz C.

Herabsteigen zum Rand

Lösung zu Problem 1. Nach 1 und 3 liegt Schwarz vorn. Weiß 4 und 6 richten bei korrekter Behandlung nichts aus.

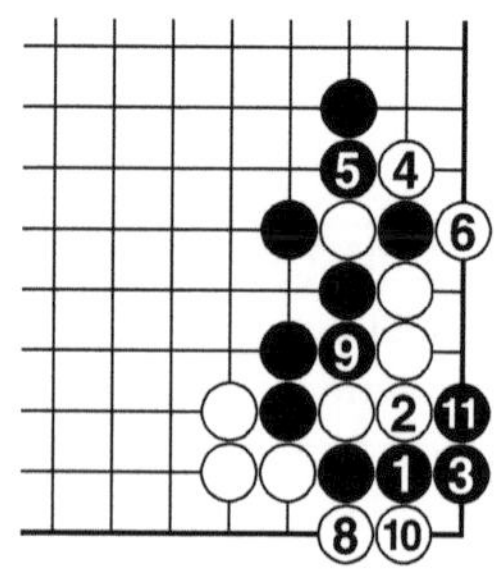

Lösung 1
Schwarz 7 deckt

Lösung zu Problem 2. Weiß beginnt mit 1 und steigt dann mit 3 zum Rand herab. Schwarz kann von keiner Seite Atari geben. Der schwarze Versuch, mit A ein Ko zu erreichen, wird mit Weiß B durchkreuzt.

Diagramm 2a. Auch in dieser Variante gewinnt Weiß.

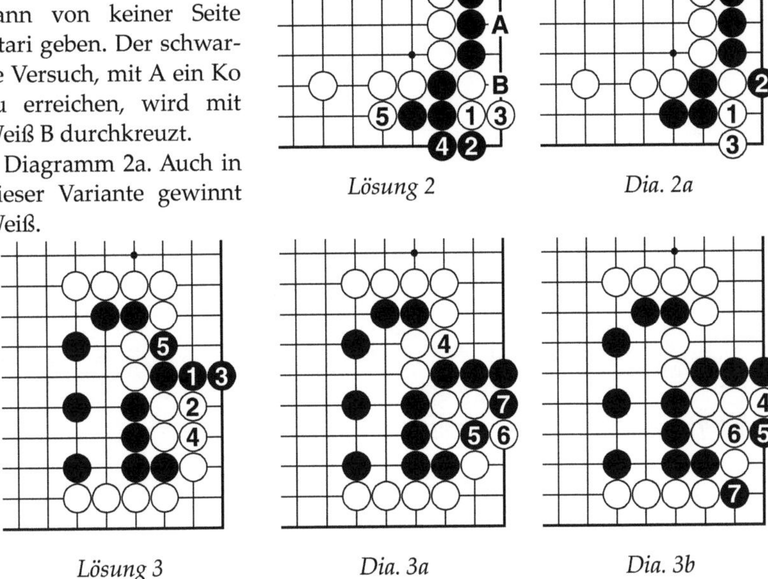

Lösung 2 Dia. 2a

Lösung 3 Dia. 3a Dia. 3b

Lösung zu Problem 3. Schwarz hält mit 1 und 3 geradewegs auf den Rand zu und Weiß bleibt nichts Anderes übrig, als mit 2 und 4 zu antworten. Jetzt hat Schwarz genügend Freiheiten, um auf 5 zu schneiden.

Diagramm 3a. Falls Weiß mit 4 den Schnitt verhindert, gewinnt Schwarz mit einem Einwurf.

Diagramm 3b. Auch dieser Versuch mit Weiß 4 scheitert.

Das Einwurf-Tesuji

Lösung zu Problem 1. Mit zwei Einwürfen gelingt das Kunststück.

Lösung zu Problem 2. Wenn Weiß nicht auf 2 spielt, dann tut es Schwarz.

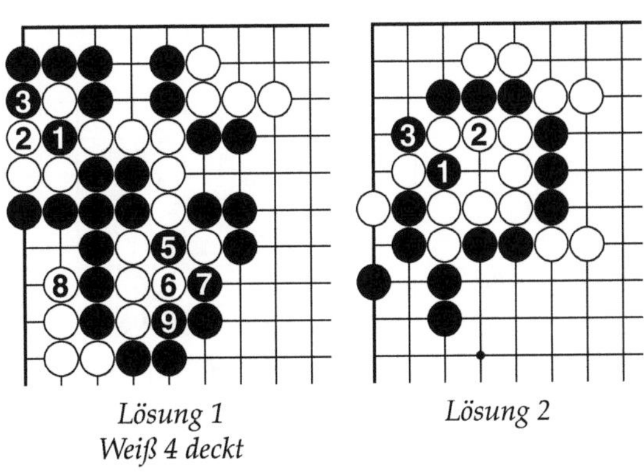

Lösung 1
Weiß 4 deckt

Lösung 2

Lösung zu Problem 3. Nach dem Einwurf auf 5 bleibt Schwarz bis zum Ende in Atari.

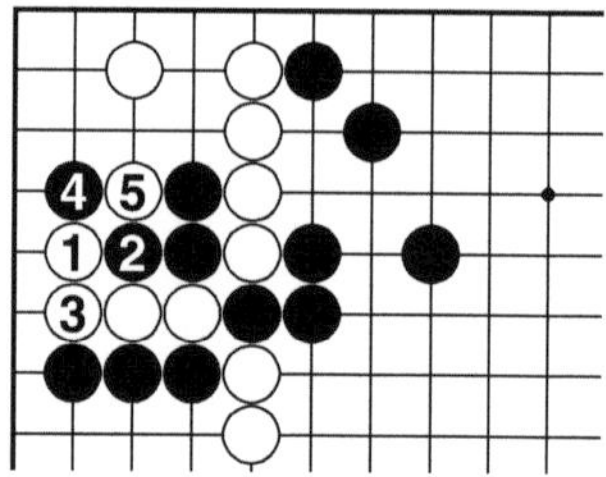

Lösung 3

Das Steinturm-Tesuji

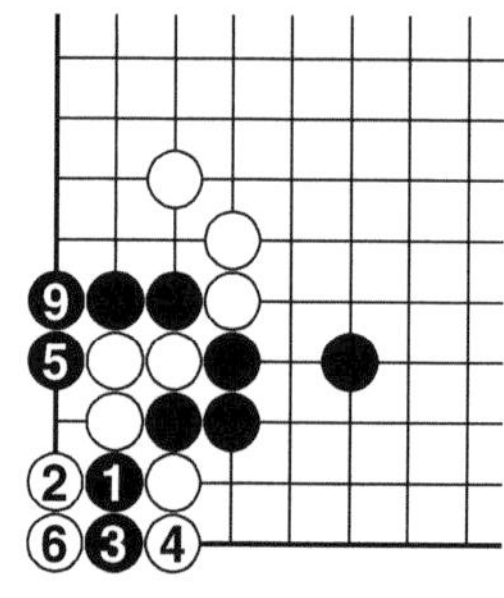

Lösung 1
7 auf 1, 8 auf 3

Lösung 2

Lösung 3

Lösung zu Problem 1. Dies ist die Standardzugfolge.

Lösung zu Problem 2. Durch Weiß 1 wird dieses auf Problem 1 zurückgeführt.

Lösung zu Problem 3. Weiß soll auf 1 schneiden. Gegen Schwarz 2 hilft er sich mit dem Steinturm-Tesuji.

Diagramm 3a. Gegen Schwarz 12 und 14 kann Weiß mit dem Diagonal-Tesuji auf 15 kontern. Was Schwarz auch versucht, er ist verloren.

Diagramm 3b. Bei der Rückblende sehen wir: Nach Weiß 3 muss Schwarz mit 4 herauslaufen. Die Zugfolge bis 10 ist korrekt. Durch die Punkte in der Ecke und die stärkere Stellung zur Brettmitte kann Schwarz die weißen Gewinne am linken Rand ausgleichen.

Diagramm 3c. Dies sind die Züge, die zu der gezeigten Variante führten.

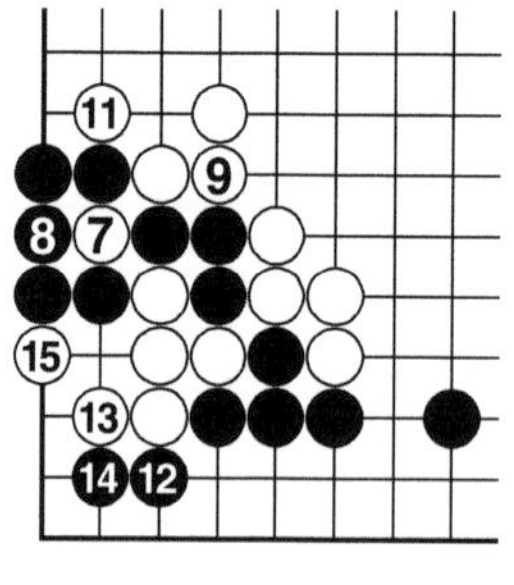

Dia. 3a (10 deckt)

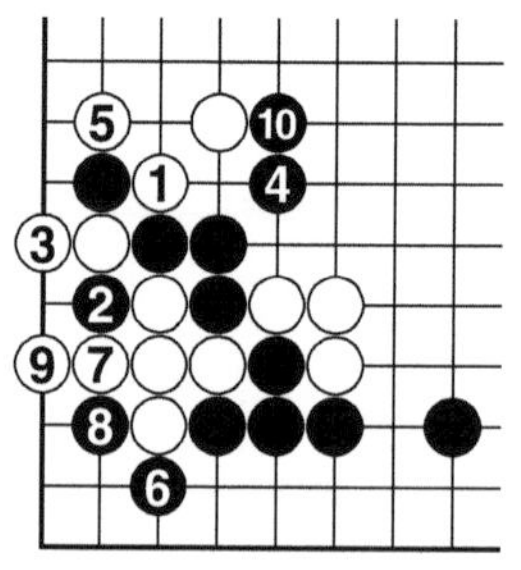

Dia. 3b

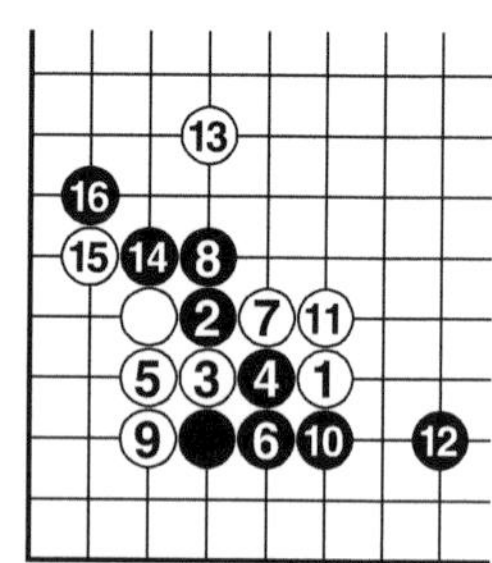

Dia. 3c

Das „schnelle Auswringen“

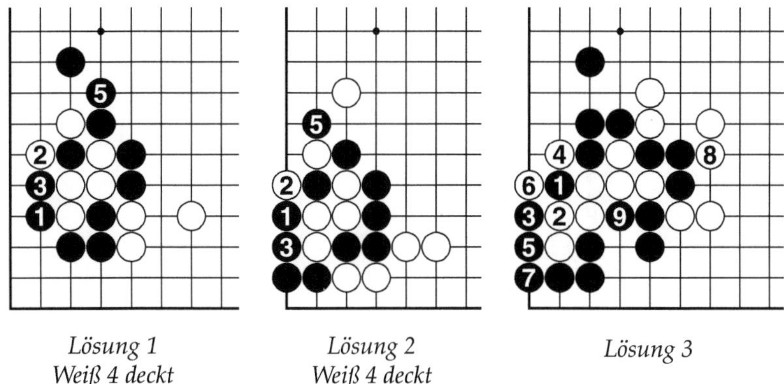

Lösung 1
Weiß 4 deckt

Lösung 2
Weiß 4 deckt

Lösung 3

Lösung zu Problem 1. Schwarz greift mit 1 und 3 in Vorhand an und verteidigt danach die eigene Schwäche auf 5. Die weißen Steine sind eingeschlossen und tot.

Lösung zu Problem 2. Die Reihenfolge von Schwarz 1 und 3 kann vertauscht werden.

Lösung zu Problem 3. Schwarz 1 bis 7 sind die einzige Lösung.

Das Tesuji „am Bauch“

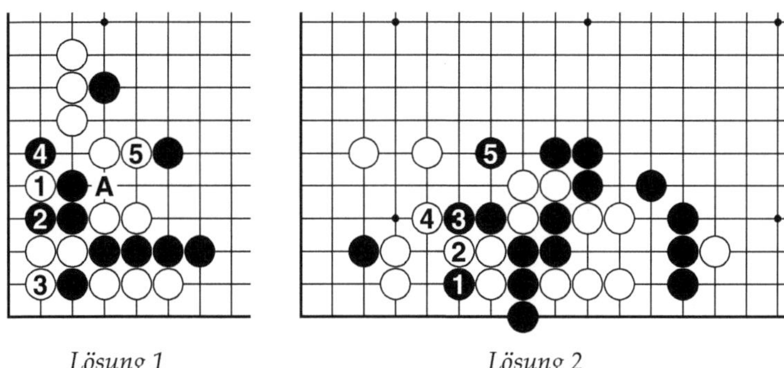

Lösung 1

Lösung 2

Lösung zu Problem 1. Das Bauch-Tesuji Weiß 1 verteidigt gleichzeitig gegen Schwarz 3 und Schwarz A. Nach den Zügen 2 bis 5 sind die schwarzen Steine am Rand tot.

Lösung zu Problem 2. Durch das Bauch-Tesuji gewinnt Schwarz Zeit, um auf 3 zu spielen, danach kann er mit 5 alle acht weißen Steine fangen. Wenn Schwarz den Zug auf 1 weglässt und sofort auf 3 spielt, dann besetzt Weiß eine Freiheit am unteren Rand.

Wie man Freiheiten dazu gewinnt

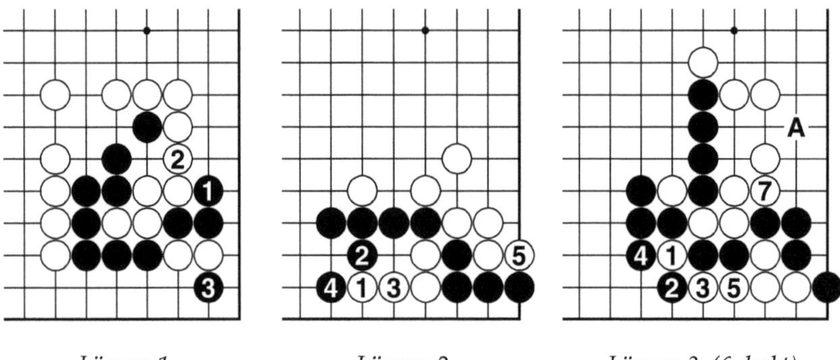

Lösung 1 *Lösung 2* *Lösung 3 (6 deckt)*

Lösung zu Problem 1. Schwarz 1 droht Schwarz 2.

Lösung zu Problem 2. Durch den Abtausch bis 4 bekommt Weiß vier Freiheiten und gewinnt mit Weiß 5 den Kampf.

Lösung zu Problem 3. Mit 1 und so fort erringt Weiß eine Freiheit in Vorhand und entscheidet den Kampf danach mit 7. Eine Freiheit bekäme er auch mit 1 auf 3, doch dann folgen Schwarz 1, Weiß 5 und Schwarz A, wonach Weiß verliert.

Augen

Lösung zu Problem 1. Schwarz 1 ist der einzige Zug.

Diagramm 1a. Eine Variante, wieder gewinnt Schwarz.

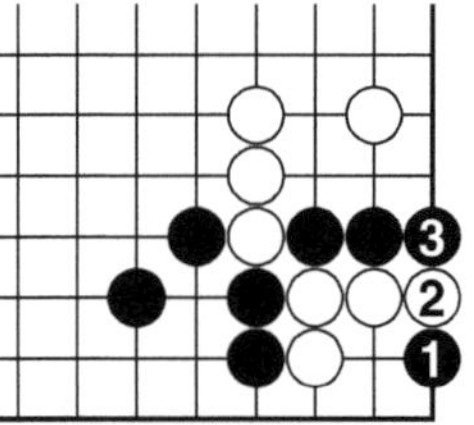

Lösung 1

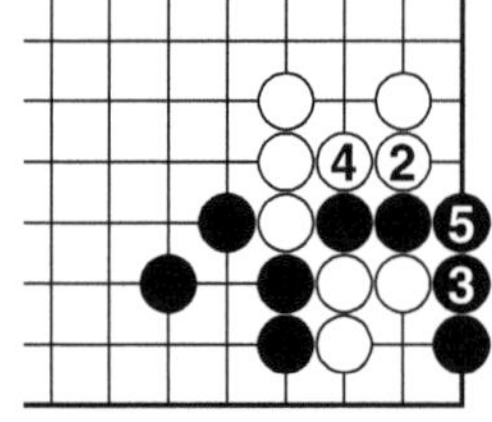

Dia. 1a

Lösung zu Problem 2. Weiß 1 ist das Tesuji. Nach Schwarz 2 ist die Lage ein bisschen knifflig, aber Weiß ist vorn und gewinnt bedingungslos, wenn er so spielt wie hier gezeigt.

Diagramm 2a. Wenn er Schwarz 2 zulässt, verliert Weiß. Nach 6 hat Schwarz ein Auge, Weiß jedoch nicht – er kann Schwarz nicht in Atari setzen.

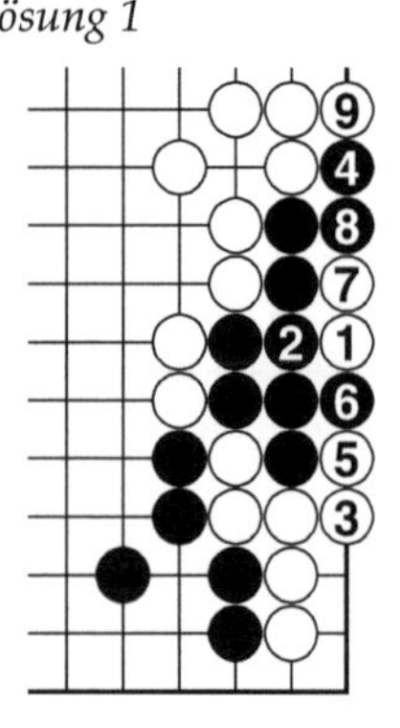

Lösung 2

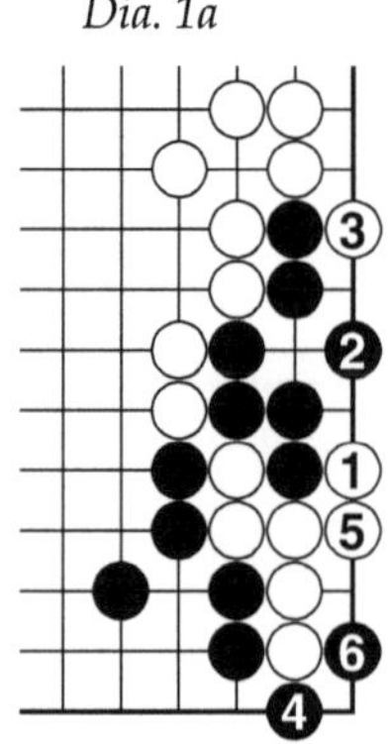

Dia. 2a

Lösung zu Problem 3. Schwarz gewinnt bedingungslos. Das Ko spielt keine Rolle, weil Weiß die Schwarzen niemals in Atari setzen kann.

Diagramm 3a. Dies hingegen ist ein Fehler, Weiß lebt in Seki. Schwarz 1 auf 4 führt zu einem Tausend-Jahr-Ko.

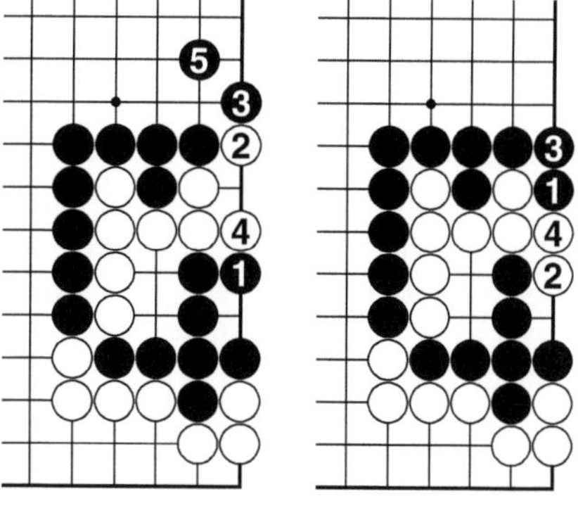

Lösung 3 *Dia. 3a*

Das Diagonal-Tesuji

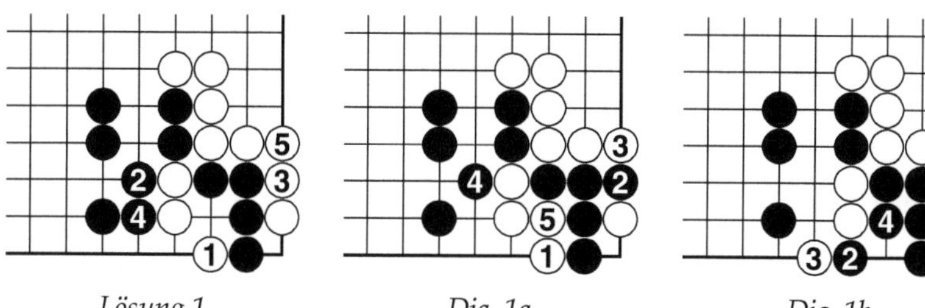

Lösung 1 *Dia. 1a* *Dia. 1b*

Lösung zu Problem 1. Weiß soll mit dem Diagonal-Tesuji beginnen. Nach 5 kann Schwarz keine Freiheit mehr besetzen, während Weiß bereit ist, Atari zu geben.

Diagramm 1a. Schwarz kann zwar mit 2 ein Auge machen, liegt aber noch immer einen Zug zurück.

Diagramm 1b. Beginnt Weiß mit 1 hier, dann kann Schwarz mit 2 und 4 ein zweischrittiges Ko erreichen.

Große Augen

Lösung zu Problem 1. Weiß 1 ist notwendig, um zu verhindern, dass Schwarz ein Großes Auge bekommt. Nach 2 bis 5 zeichnet sich ein Ko-Kampf ab.

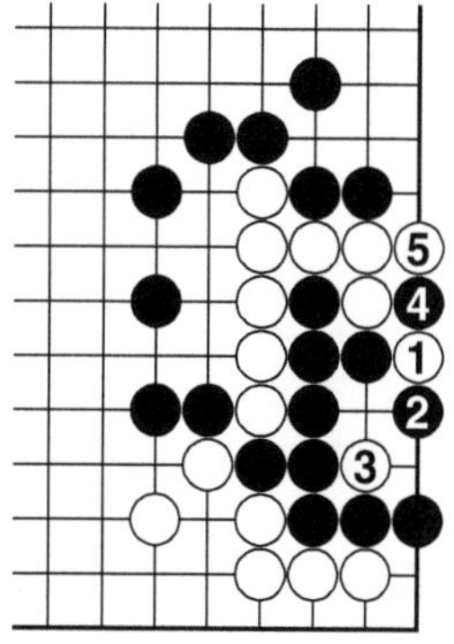

Lösung 1

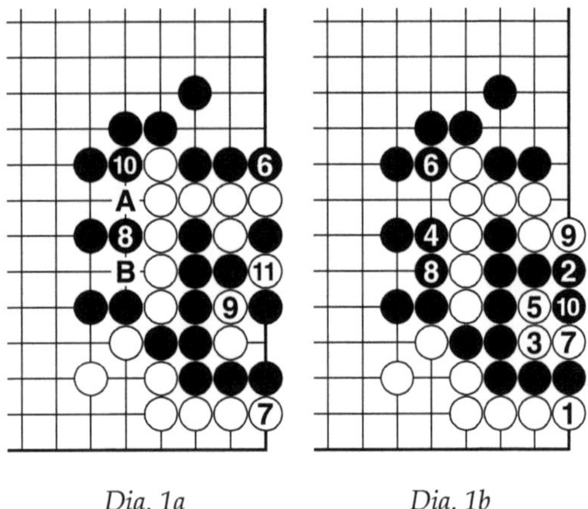

Diagramm 1a. Doch wie die Fortsetzung zeigt, ist es ein zweischrittiges Ko mit Vorteil für Weiß. Schwarz muss zum Gewinn zwei Ko-Drohungen ignorieren (um A und B zu besetzen), Weiß hingegen nur eine.

Diagramm 1b. Falls Weiß etwa mit 1 außen beginnt und Schwarz 2 zulässt, wie steht es dann? Weiß benötigt fünf Steine zum Auffüllen des Auges und Schwarz hat noch eine Außenfreiheit – zusammen sechs Züge. Weiß hat ebenfalls sechs Freiheiten, verliert aber geradewegs, weil er mit 9 ein leeres Dreieck legen muss.

Sicherheitszüge

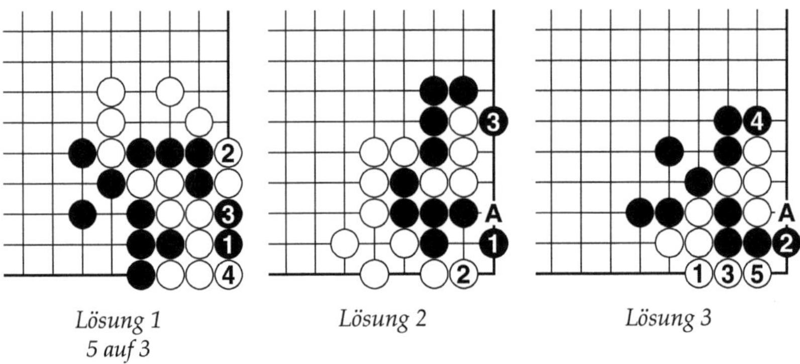

Lösung zu Problem 1. Schwarz 1 ist der Sicherheitszug. Spielt Schwarz mit 1 auf 2, dann bekommt Weiß mit 2 auf 1 ein mehrschrittiges Ko.

Lösung zu Problem 2. Diesmal hilft ein Diagonalzug. Spielt Schwarz mit 1 auf A, dann macht Weiß 1 Ko.

Lösung zu Problem 3. Weiß 1 ist der Sicherheitszug – leere Dreiecke sind nicht immer falsch. Wenn Weiß mit 1 auf 2 spielt, sitzt er nach Schwarz A und Schwarz 5 in der Klemme.

Zwei Hane sind eine Freiheit wert

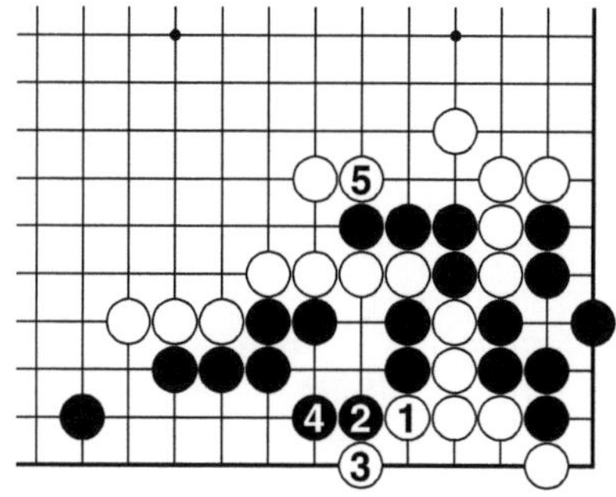

Lösung 1

Dia. 1a

Lösung zu Problem 1. Weiß 3 droht ein Doppel-Atari, danach führt Weiß mit einem Zug.

Diagramm 1a. Schwarz kann nicht in die Brettmitte ausbrechen.

Lösung zu Problem 2. Spielt Schwarz mit 4 auf 5, dann gibt Weiß auf A Atari. Wenn Weiß ohne den Austausch 1 für 2 sofort auf 3 spielt, dann antwortet Schwarz auf 4 und gewinnt.

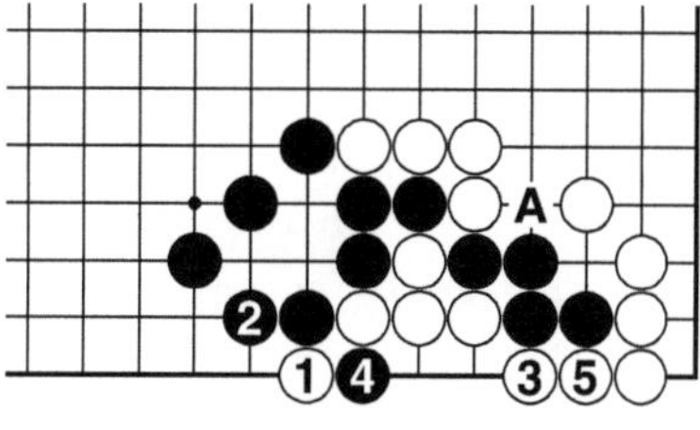

Lösung 2

Hebe das Ko bis zum Schluss auf

Lösung zu Problem 1. Schwarz muss das Ko bis zum Schluss aufheben und außerdem auf 1 einwerfen.

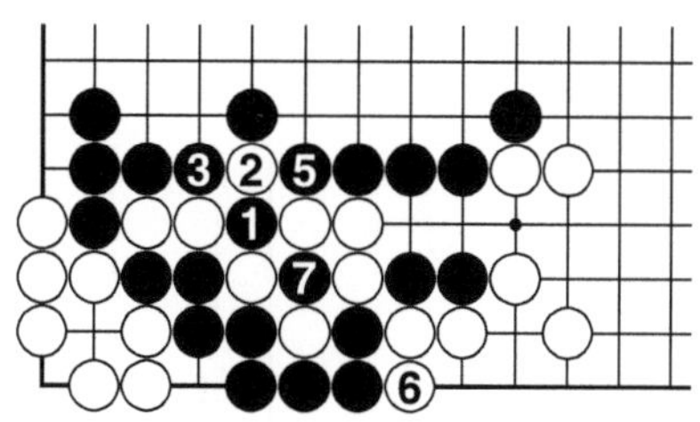

Lösung 1
Weiß 4 deckt

Weitere Probleme

Nur bei einem dieser Probleme geht es um Ko, nämlich Nr. 3.

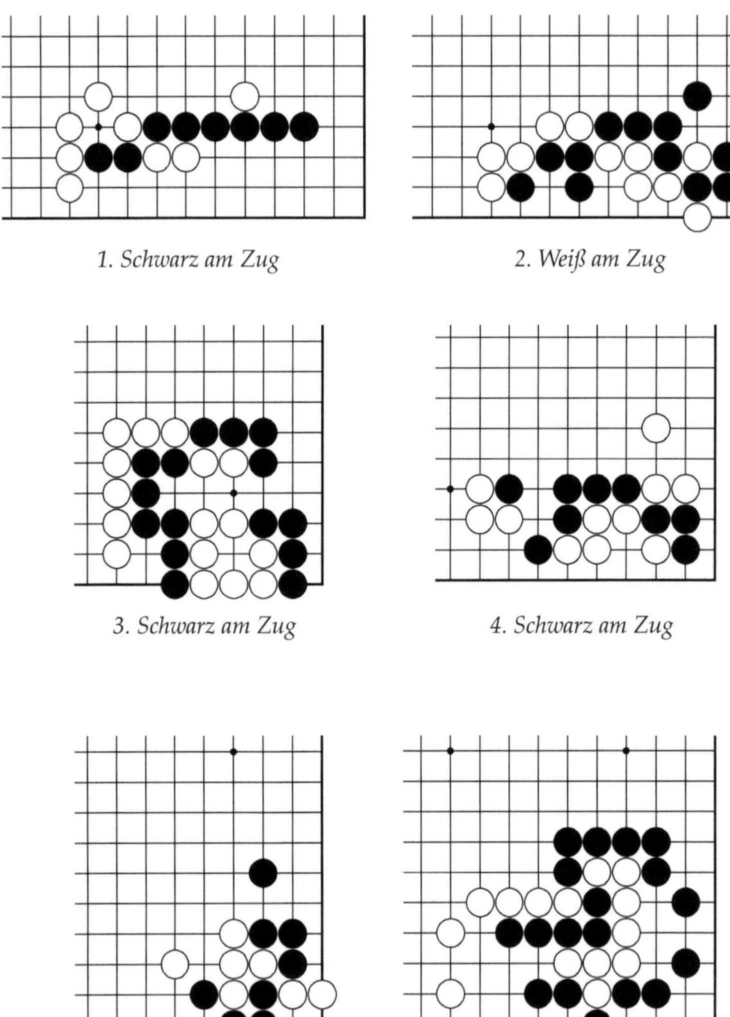

1. Schwarz am Zug

2. Weiß am Zug

3. Schwarz am Zug

4. Schwarz am Zug

5. Weiß am Zug

6. Weiß am Zug

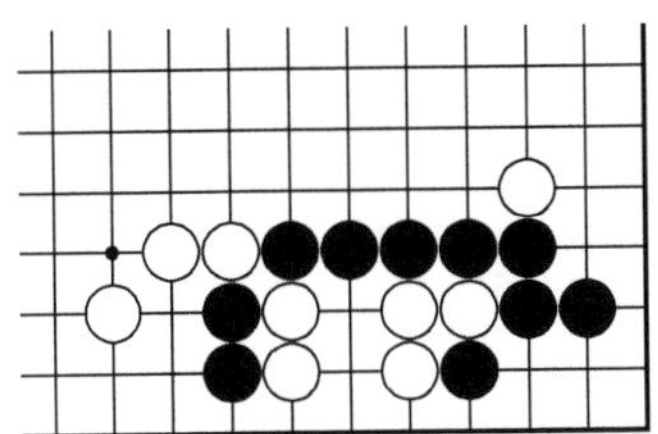

7. Schwarz am Zug

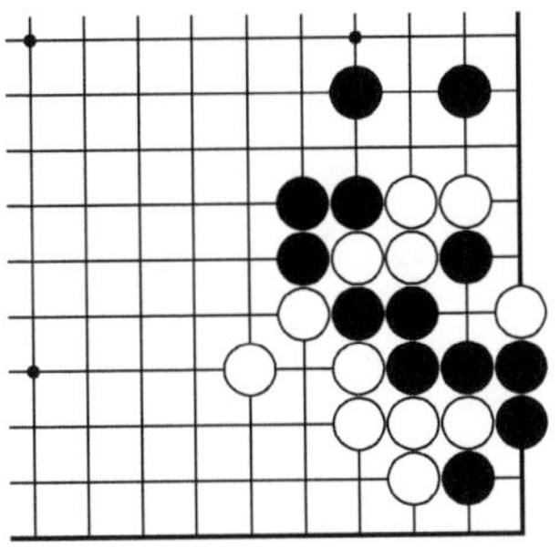

8. Schwarz am Zug

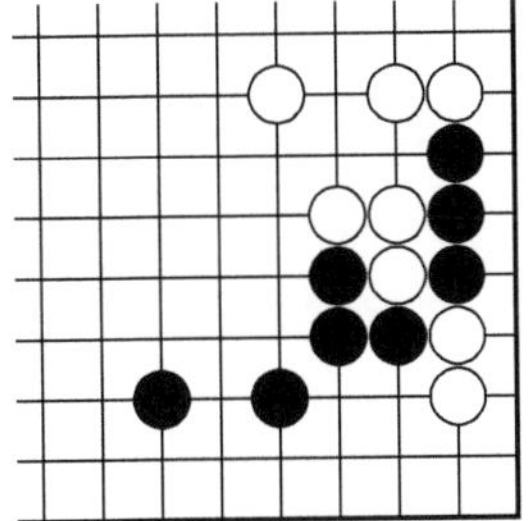

9. Schwarz am Zug

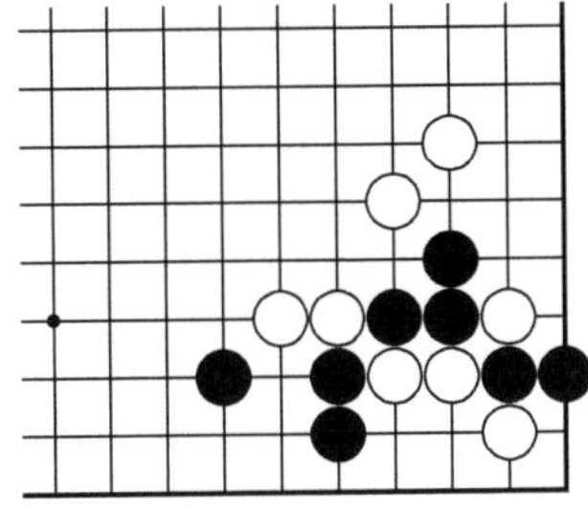

10. Weiß am Zug

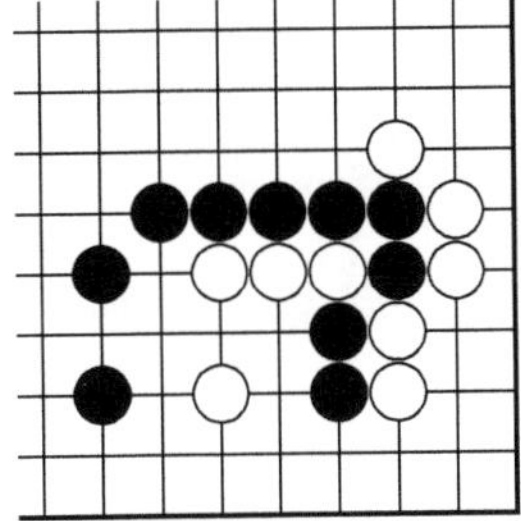

11. Schwarz am Zug

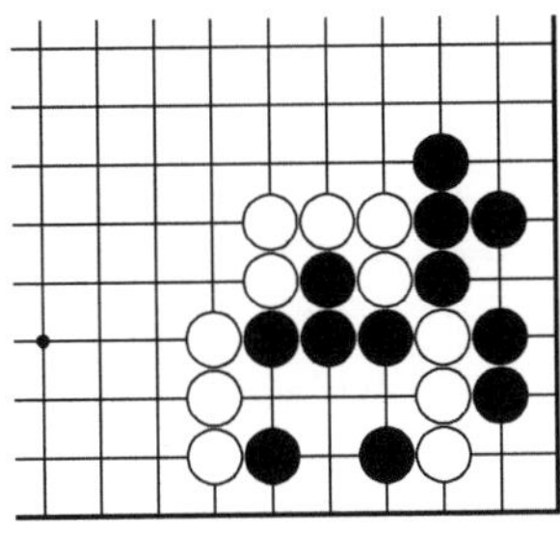

12. Weiß am Zug

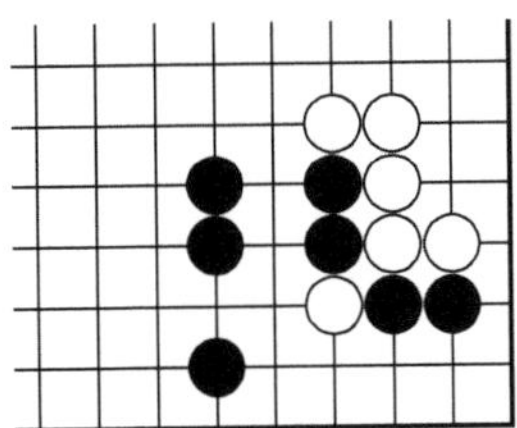

13. Weiß am Zug

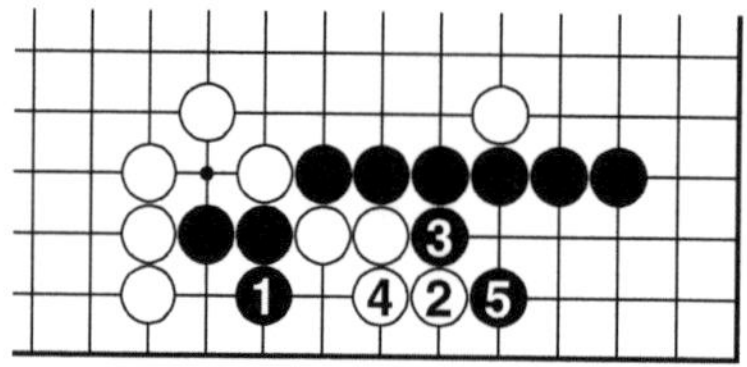

Lösung 1

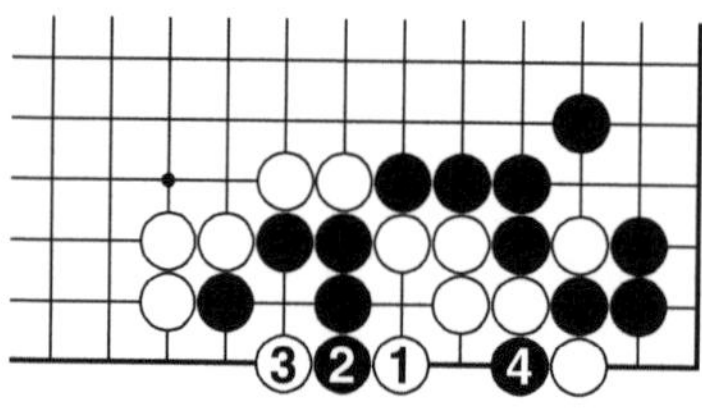

Lösung 2
Schwarz 2 und Weiß 3 sind Miai

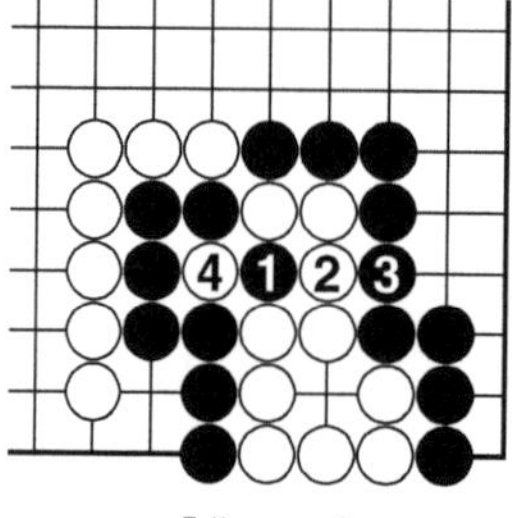

Lösung 3

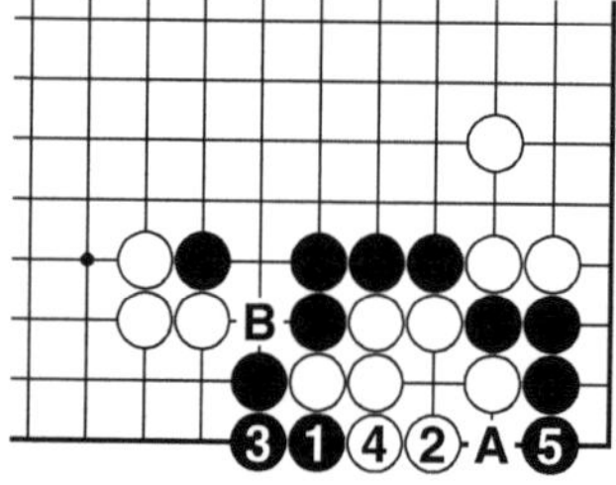

Lösung 4
Wenn Schwarz 1 auf A,
dann Weiß 2 auf B

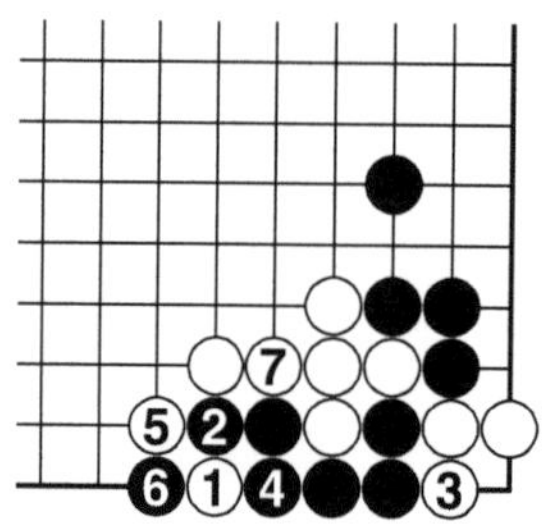

Lösung 5

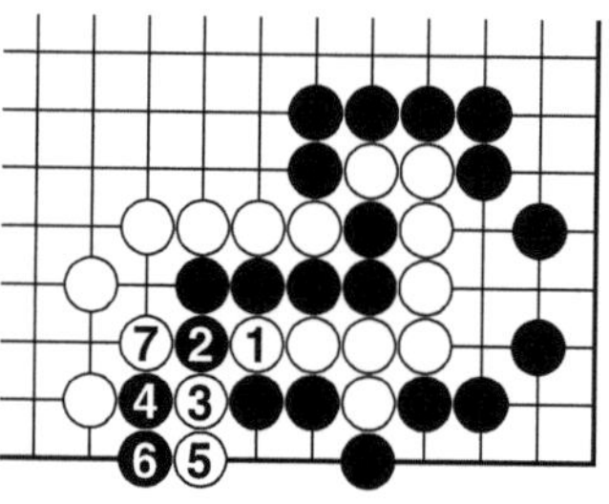

Lösung 6

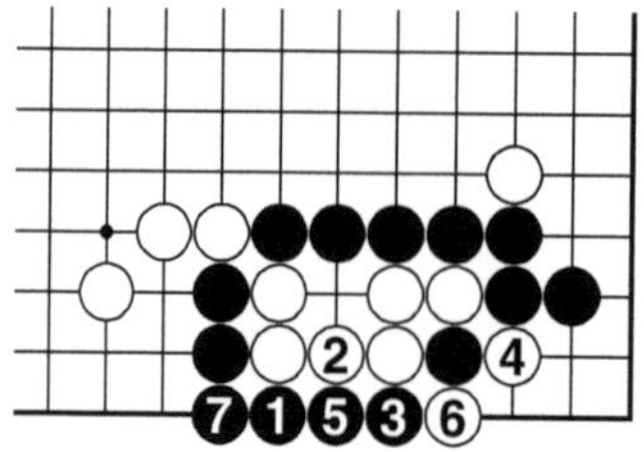

Lösung 7

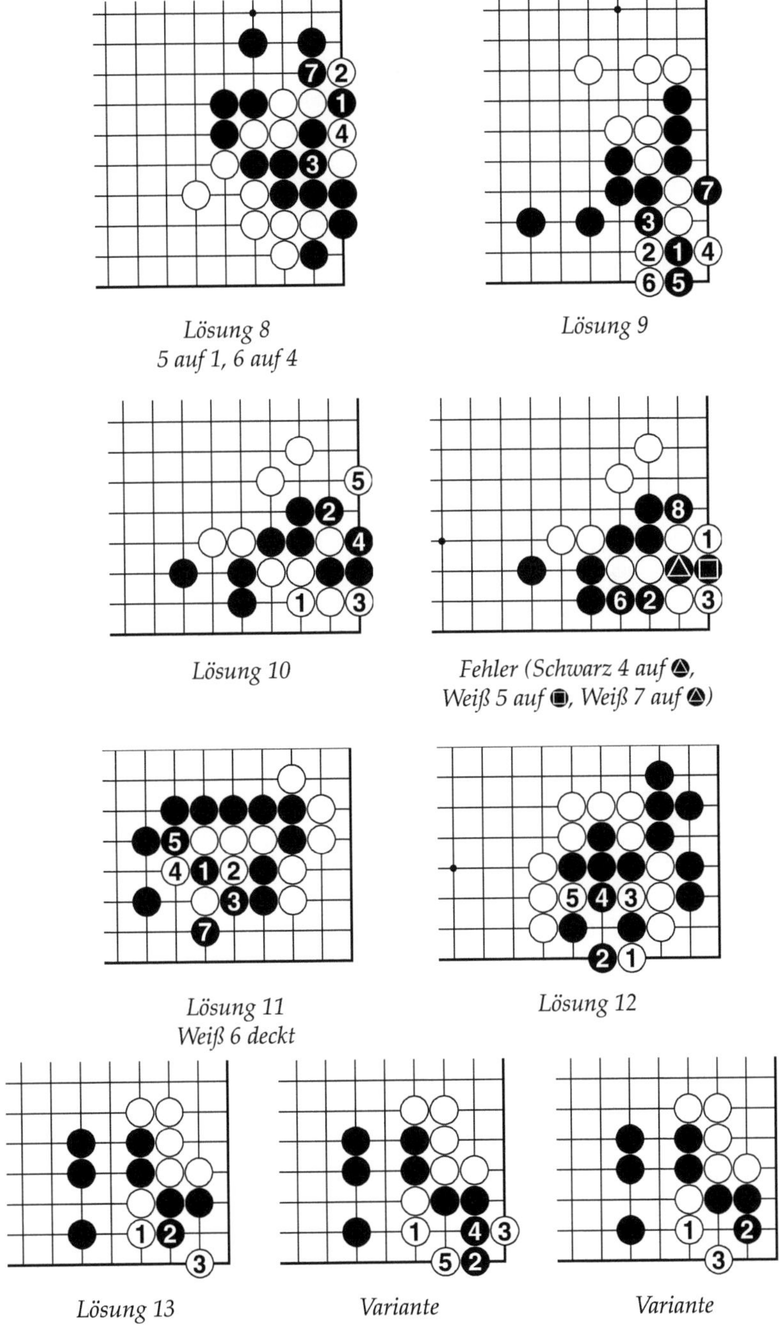

Lösung 8
5 auf 1, 6 auf 4

Lösung 9

Lösung 10

Fehler (Schwarz 4 auf ▲, Weiß 5 auf ■, Weiß 7 auf ▲)

Lösung 11
Weiß 6 deckt

Lösung 12

Lösung 13

Variante

Variante

6. Gruppen verbinden

Dieses Kapitel behandelt die wichtigsten Tesuji, um eigene Gruppen zu verbinden.

Das Keima-Tesuji

Diagramm 1. Schwarz muss am linken Rand eine große Kluft überbrücken. Anfänger spielen in dieser Stellung oft auf A, doch dann stößt Weiß auf B durch und Schwarz kann nicht verbinden.

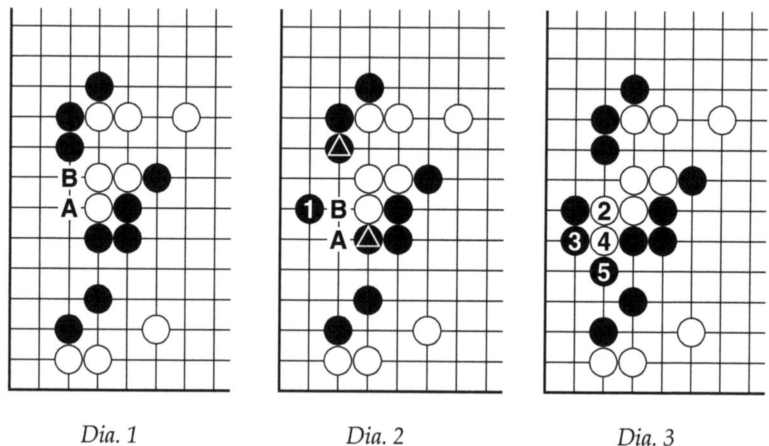

Dia. 1 *Dia. 2* *Dia. 3*

Diagramm 2. Schwarz 1 ist der richtige Zug. Er bildet mit jedem der beiden mit ▲ markierten Steine ein Keima und stiftet eine unzerstörbare Verbindung zwischen ihnen. Spielt Weiß etwa auf A, so schneidet Schwarz auf B und fängt den Schnittstein.

Diagramm 3. Weiß kann zwar das schwarze Gebiet mit 2 leicht eindrücken, doch die Schwarzen bleiben fest verbunden. Die Züge Weiß 2 und 4 sollten natürlich fürs Endspiel aufgehoben werden.

Diagramm 4. Direkt am Brettrand ist ein Ogeima möglich. Hier muss Schwarz verbinden, um seine beiden Steine in der Ecke zu retten.

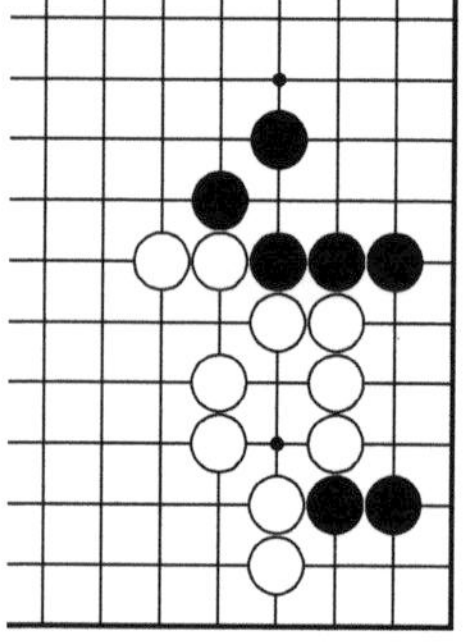

Dia. 4

Diagramm 5. Schwarz 1, ein Ogeima von Schwarz ▲, ist das Tesuji. Schwarz A funktioniert genauso gut. Sie sollten überprüfen können, dass die Verbindung sicher ist. Doch vielleicht kennen Sie diesen Zug auch schon, da er als Endspiel-Tesuji unter dem Namen „Affensprung" vorkommt.

Diagramm 6. Überraschenderweise geht der symmetrische Zug in diesem Fall schief.

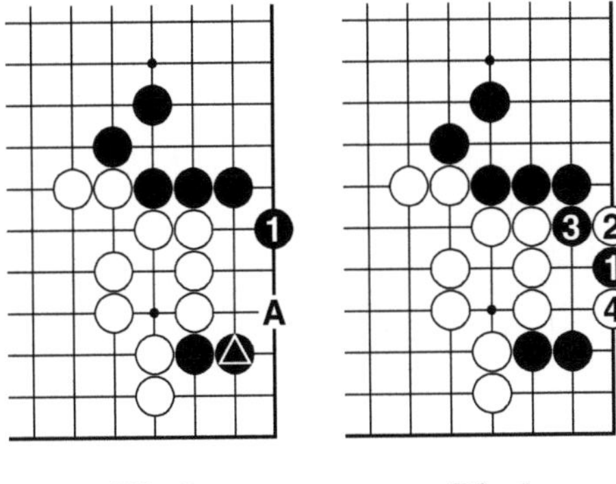

Dia. 5 *Dia. 6*

Problem 1. Weiß am Zug verbindet.

Problem 2. Schwarz am Zug. Lassen Sie sich durch die weißen Steine nicht die Sicht vernebeln.

Problem 3. Schwarz am Zug verbindet.

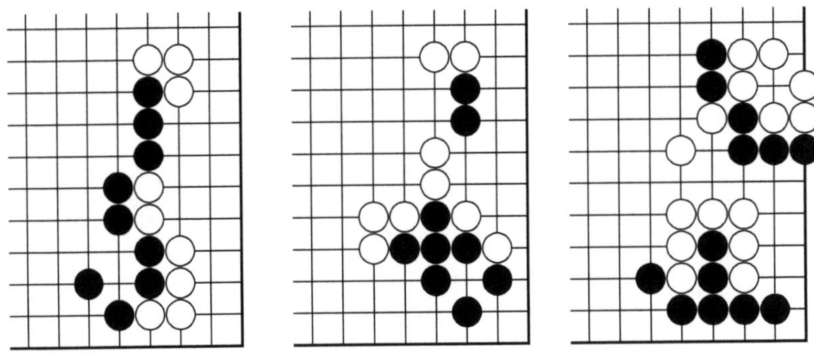

Problem 1 *Problem 2* *Problem 3*

Das Einklemm-Tesuji

Diagramm 1. Weiß hat nicht die Position, um auf A zu schneiden, und sollte sich deshalb damit bescheiden, seine augenlosen Steine in der Ecke nach draußen zu verbinden.

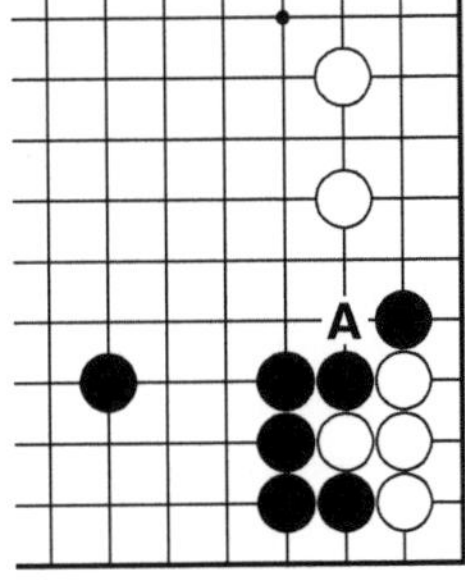

Dia. 1

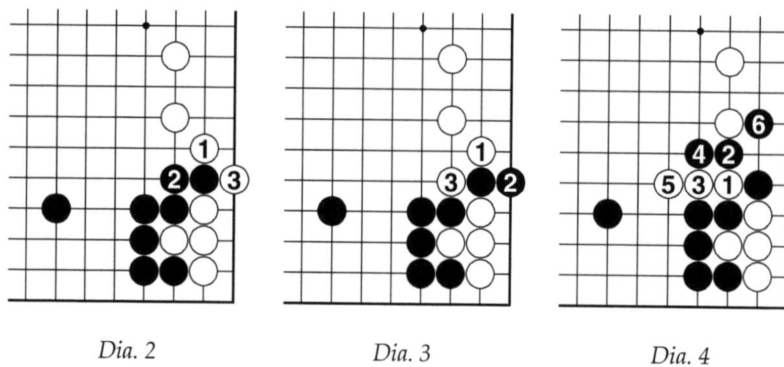

Dia. 2 *Dia. 3* *Dia. 4*

Diagramm 2. Der Zug, der das für ihn leistet, ist unser alter Freund, das Einklemm-Tesuji. Schwarz sollte auf 2 decken und Weiß mit 3 unten herum verbinden lassen.

Diagramm 3. Falls Schwarz Widerstand leisten will, dann führt das nur zum Verlust von zwei Steinen. Die Punkte 2 und 3 sind Miai.

Diagramm 4. Nur zum Vergleich: Hier sieht man das Ungemach, das Weiß erwartet, falls er schneiden will.

Problem 1. Schwarz am Zug verbindet.
Problem 2. Weiß am Zug verbindet.

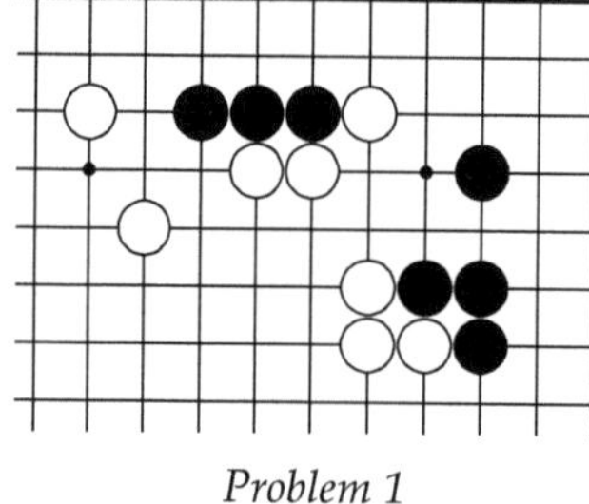

Problem 1

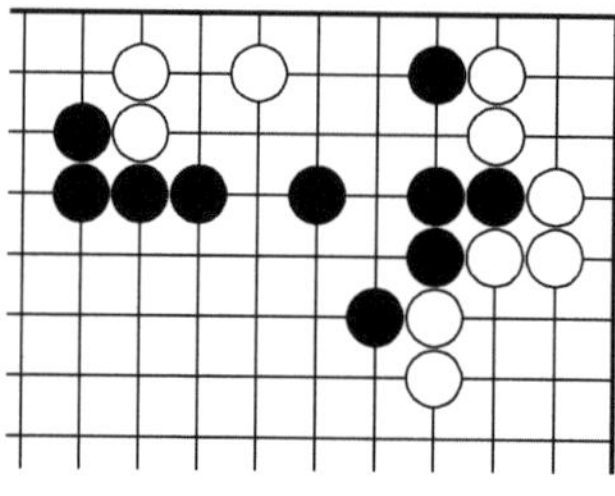

Problem 2

Freiheitsnot

Diagramm 1. Wenn Weiß seine zwei Steine am linken Rand retten könnte, dann bekäme er auch die Schwarzen in der Ecke, aber das ist nicht so einfach. Wenn er auf A durchstößt, folgen Schwarz B, Weiß C, Schwarz D und Weiß ist in Atari. Aber glücklicherweise ist hier auch Schwarz mit Freiheitsnot konfrontiert – wenn also Weiß einen Zug spielt, der eine Verbindung androht und gleichzeitig den Schwarzen eine Freiheit nimmt…

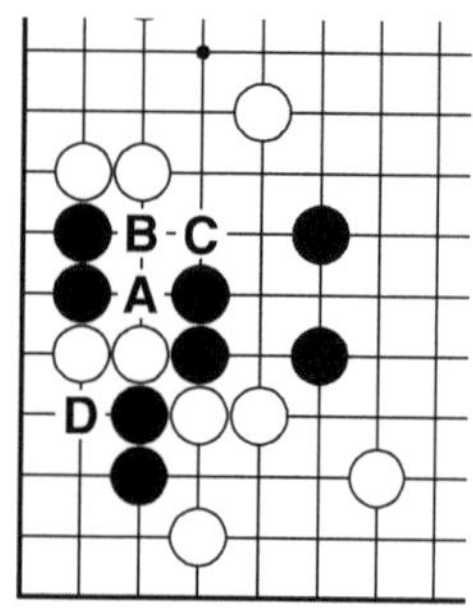

Dia. 1

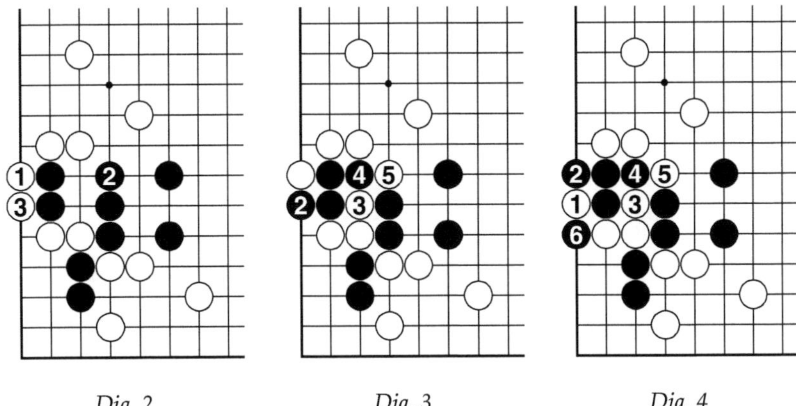

Dia. 2 *Dia. 3* *Dia. 4*

Diagramm 2. Ein Hane ist hier das Tesuji. Schwarz ist gezwungen, Weiß verbinden zu lassen.

Diagramm 3. Falls Schwarz versucht, auf 2 dagegenzustellen, stößt Weiß mit 3 durch und schneidet. Schwarz hat nun eine Freiheit weniger als zuvor und Weiß 5 ist Atari.

Diagramm 4. Weiß muss aufpassen, dass er nicht das falsche Hane spielt. Beginnt er von dieser Seite aus, dann kann Schwarz auf 2 blocken, weil Schwarz 6 Atari auf die drei Weißen ist.

Problem 1. Schwarz am Zug verbindet.

Problem 2. Weiß am Zug verbindet. Das Tesuji ist eine direkte Anwendung von Freiheitsnot, aber der Zug ist ungewöhnlicher als ein Hane.

Problem 3. Schwarz am Zug verbindet. Er muss mit einem Hane beginnen, aber mit welchem?

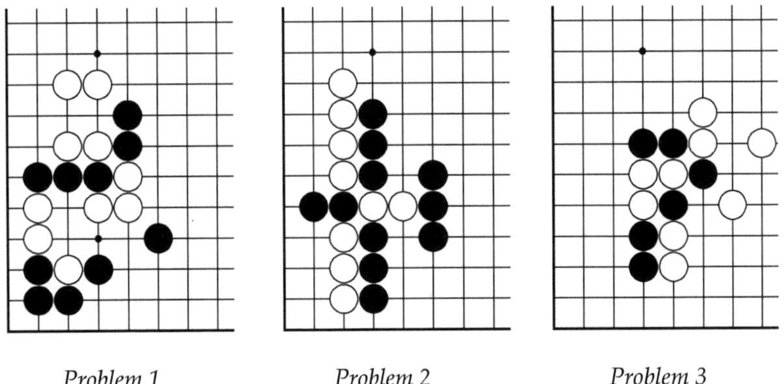

Problem 1 *Problem 2* *Problem 3*

Opfer-Tesuji

Zuweilen ist ein Opfer nötig, damit die Verbindung geschmeidig vonstatten geht.

Diagramm 1. Wenn Weiß auf A verbindet, dann schneidet Schwarz auf B und umgekehrt, also scheint es, als müsste Weiß sich mit dem Verlust von mindestens vier Steinen abfinden. Glücklicherweise gibt es einen Ausweg aus diesem Dilemma.

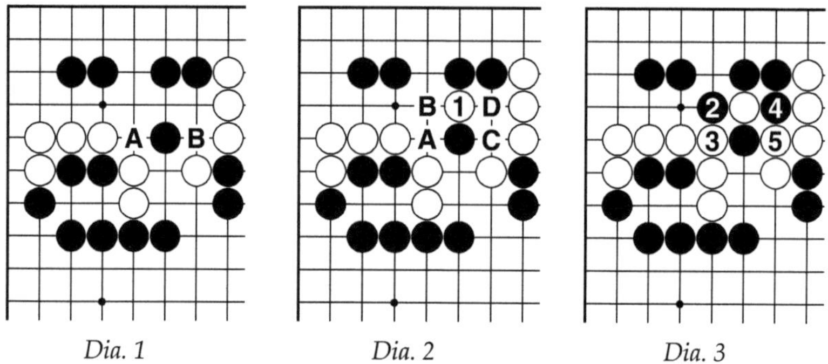

Dia. 1 *Dia. 2* *Dia. 3*

Diagramm 2. Weiß 1, auf den Symmetriepunkt platziert, wirkt auf beide angedrohten Schnitte. Spielt Schwarz jetzt A, so kann Weiß auf B antworten, und gegen Schwarz C spielt Weiß auf D.

Diagramm 3. Am besten schlägt Schwarz mit 2 und 4, was seine Eckgruppe stärkt. Doch während er damit beschäftigt ist, den Opferstein zu fangen, deckt Weiß auf 3 und 5 und verbindet auf diese Weise.

Problem 1. Schwarz am Zug verbindet. Welche Steine werden wohl geopfert?
Problem 2. Weiß am Zug verbindet seine zwei Ecksteine nach draußen.

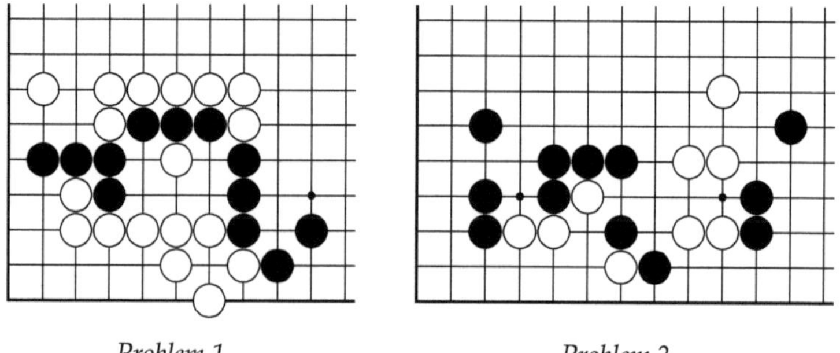

Problem 1 *Problem 2*

Das Diagonal-Tesuji

Diagramm 1. Könnte Schwarz am rechten Rand verbinden, dann würde er nicht nur die eigenen Steine retten, sondern gleich auch die Ecke töten.

Diagramm 2. Der nahe liegende Zug Schwarz 1 scheitert schnell, weil Weiß sich mit 2 dazwischenkeilt.

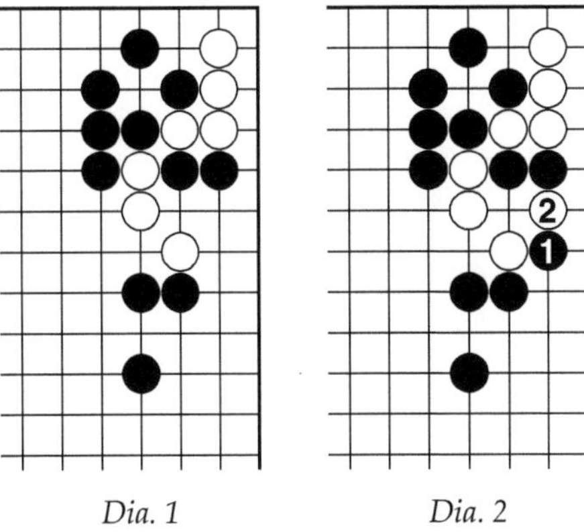

Dia. 1 Dia. 2

Diagramm 3. Diese Stellung ruft nach dem Diagonal-Tesuji. Es fällt vielleicht schwer zu glauben, dass Schwarz 1 überhaupt irgend etwas verbindet, und der Zug würde auch nicht funktionieren, würde Weiß nicht an Freiheitsnot leiden – doch beides ist der Fall.

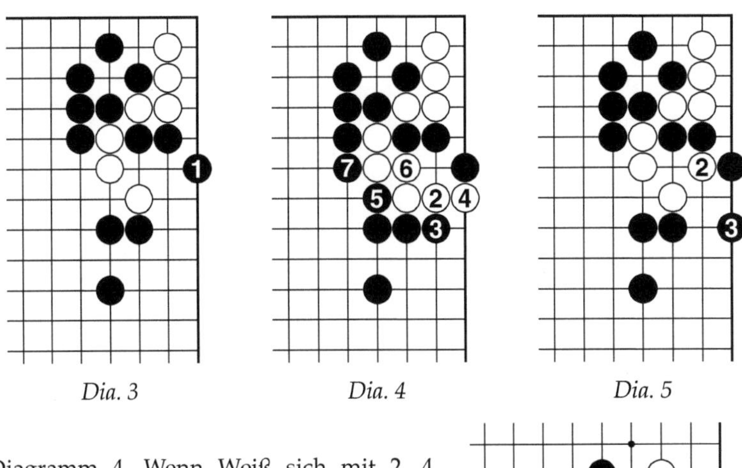

Dia. 3 Dia. 4 Dia. 5

Diagramm 4. Wenn Weiß sich mit 2, 4 und 6 stur stellt, dann verliert er alle seine Steine. Jetzt dürfte klarer werden, warum das Diagonal-Tesuji Erfolg hat.

Diagramm 5. Spielt Weiß auf 2 hier, so verbindet Schwarz, indem er mit 3 am Rand entlang springt.

Problem 1. Schwarz am Zug verbindet am rechten Rand.

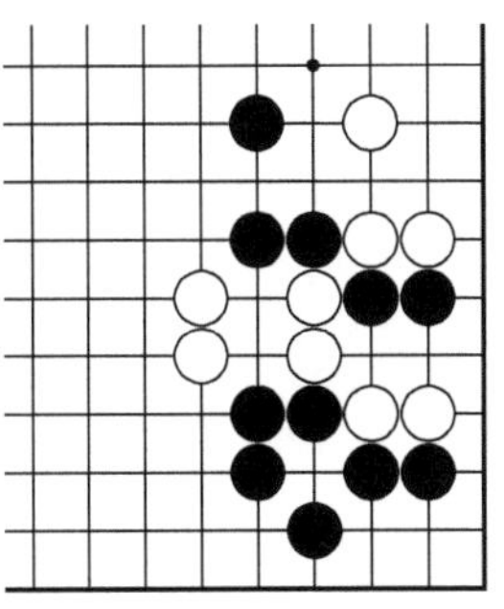

Problem 1

Lösungen zu den Problemen

Das Keima-Tesuji

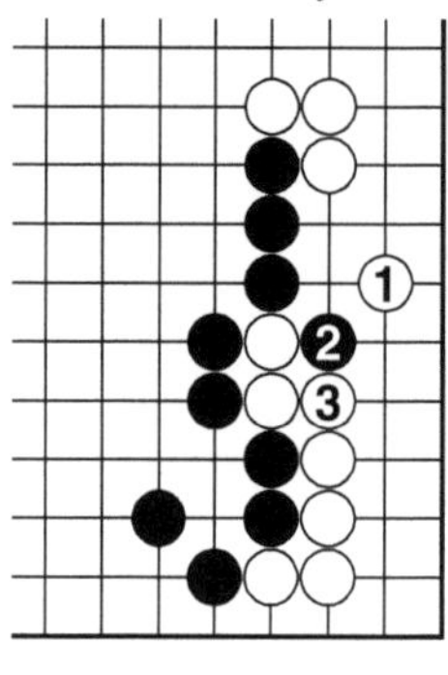

Lösung 1

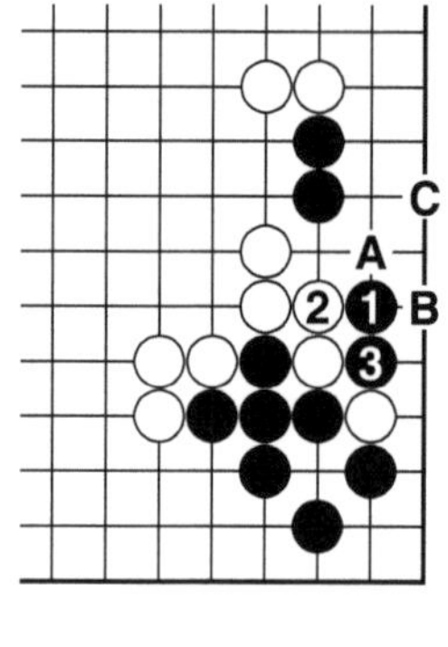

Lösung 2

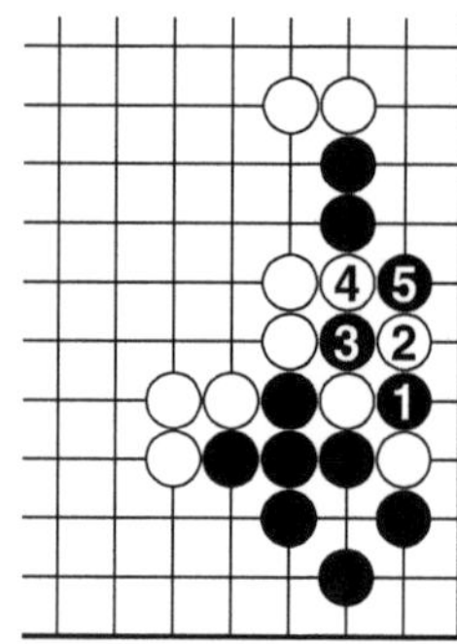

Dia. 2a
Weiß 6 schlägt das Ko

Lösung zu Problem 1. Das Tesuji ist das Keima auf 1. Schwarz hat zwar das Atari auf 2, aber es hilft ihm nicht weiter.

Lösung zu Problem 2. Schwarz 1 ist wieder das Keima-Tesuji; es macht Miai aus 2 und 3. Durch Weiß A-B-C scheint die Gefahr eines Ko zu drohen, doch Schwarz hat dafür zu viele Freiheiten.

Diagramm 2a. Wenn Schwarz hingegen so spielt wie hier, entsteht tatsächlich ein Ko.

Lösung zu Problem 3. Hier ist das Ogeima-Tesuji.

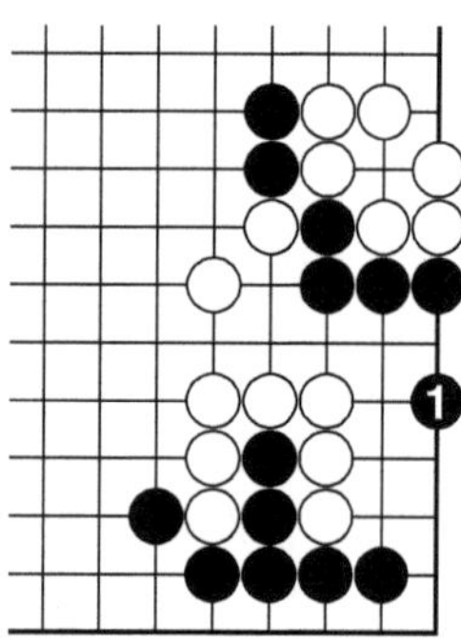

Lösung 3

Das Einklemm-Tesuji

Lösung zu Problem 1. Schwarz klemmt den gegnerischen Stein mit 1 ein und Weiß kann nichts tun, außer auf 2 zu verbinden.

Diagramm 1a. Wenn er Widerstand leistet, wird er mit Schwarz 3 abgeschnitten. Diese Möglichkeit will durchdacht sein, doch Weiß liegt nach 4 und 5 mit drei zu vier Freiheiten hinten und kann nicht gewinnen.

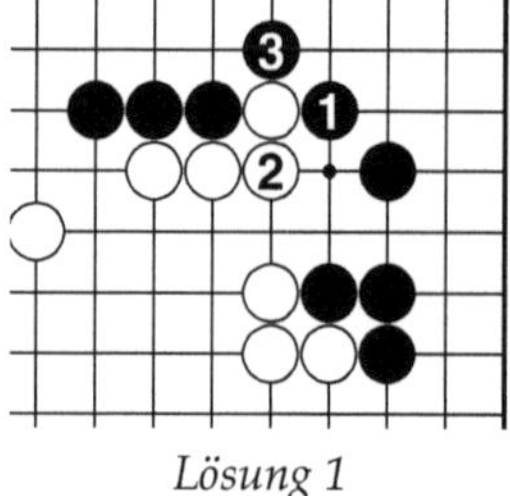

Lösung 1

Dia. 1a

Lösung zu Problem 2. Auch hier löst das Einklemm-Tesuji die Aufgabe. Weiß 1 auf 2 würde nicht funktionieren.

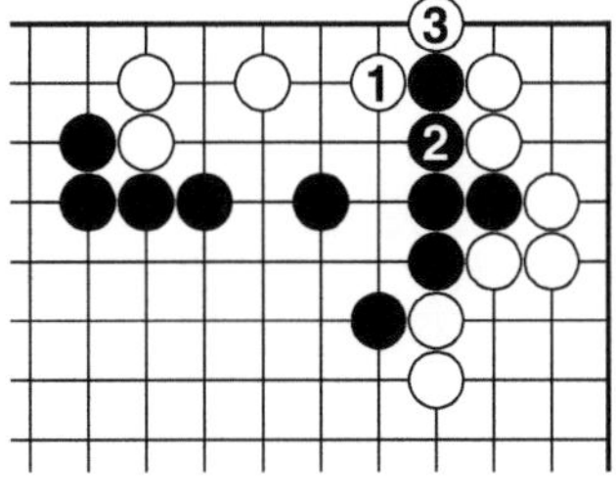

Lösung 2

Freiheitsnot

Lösung zu Problem 1. Schwarz 1 ist das richtige Hane. Es ist sehr groß für Schwarz, die Schnittsteine zu retten.

Lösung zu Problem 2. Weiß 1 ist der Schlüsselpunkt, ein Nasen-Tesuji. Würde Weiß etwa mit 2 beginnen, dann spielt Schwarz auf 1 und die Chance ist vertan.

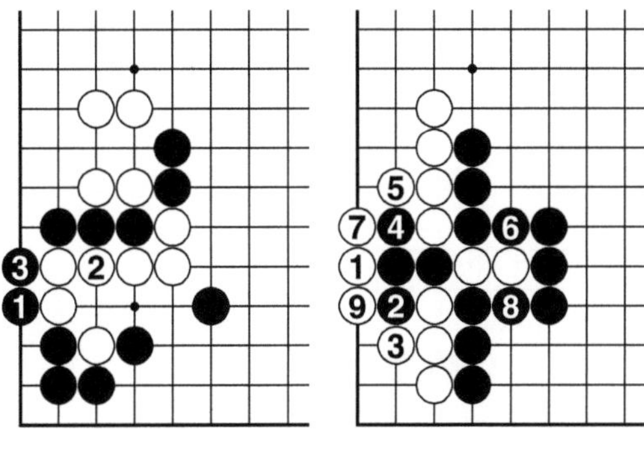

Lösung 1 *Lösung 2*

Lösung zu Problem 3. Zwar macht Schwarz sicherlich nicht viel Gebiet aus dieser Stellung, doch zumindest gelingt es ihm, zwei schwache Gruppen zu verbinden.

Diagramm 3a. Schwarz kann die gleiche Zugfolge von der anderen Seite aus beginnen, doch am Ende droht Weiß mit A, B und so fort – Schwarz ist gescheitert.

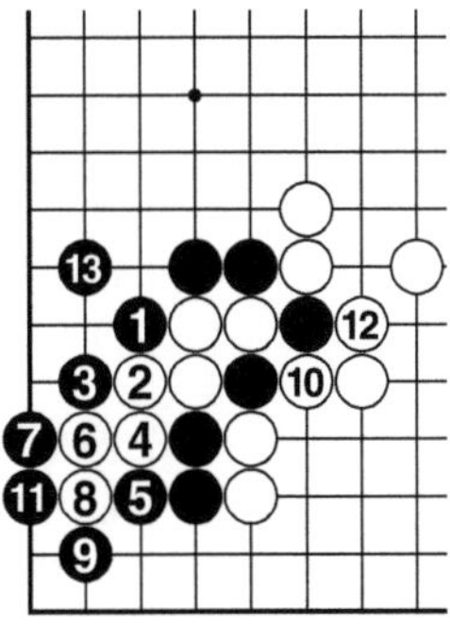

Lösung 3

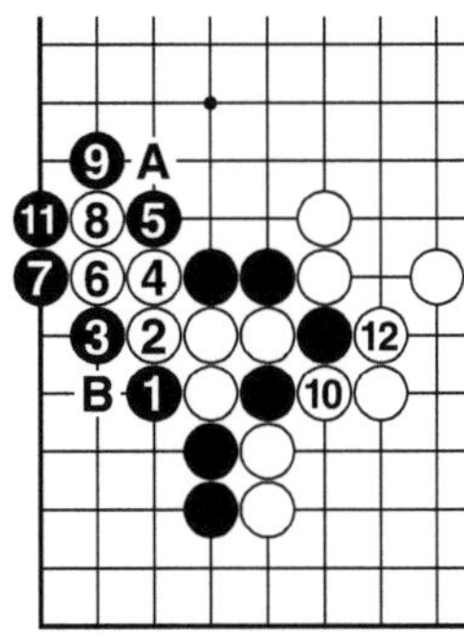

Dia. 3a

Opfer-Tesuji

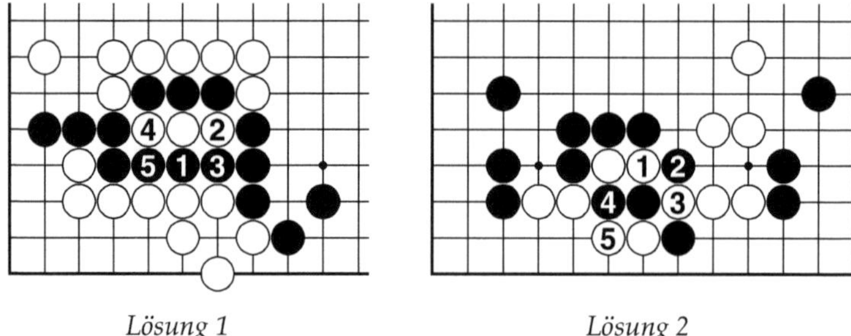

Lösung 1 *Lösung 2*

Lösung zu Problem 1. Weiß nimmt sich drei Steine, während Schwarz verbindet.

Lösung zu Problem 2. Weiß 1 ist das Opfer-Tesuji; diesmal kostet die Verbindung den Preis von zwei Steinen. Schwarz kann 2 und 4 in anderer Reihenfolge spielen, in diesem Fall vertauscht Weiß 3 und 5.

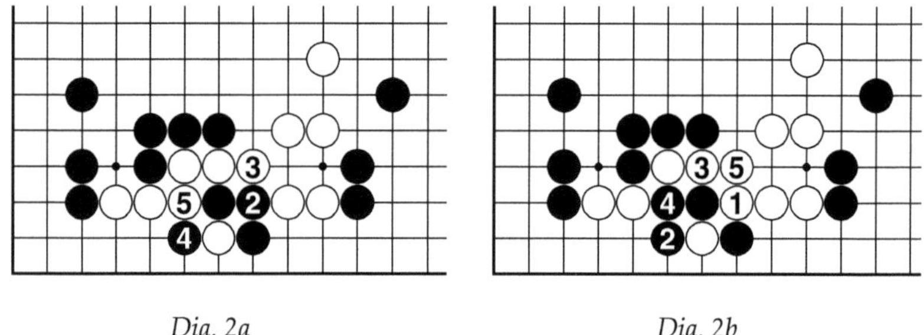

Dia. 2a *Dia. 2b*

Diagramm 2a. Schwarz 2 und 4 hier sind nicht so gut, weil Weiß jetzt in Vorhand verbindet. Schwarz muss noch einmal ziehen, um am unteren Rand nicht zu sterben. Wie vorher vertauscht Weiß 3 und 5, wenn Schwarz 2 und 4 vertauscht.

Diagramm 2b. Weiß 1 hier geht schief. Wenn er zu keinem Opfer bereit ist, verliert Weiß die Ecke.

Das Diagonal-Tesuji

Lösung zu Problem 1. Nach 2 und 3 ist Schwarz verbunden und Weiß ist getrennt. Wenn Weiß mit 2 auf 3 spielt, schneidet Schwarz auf 2 und fängt drei Steine.

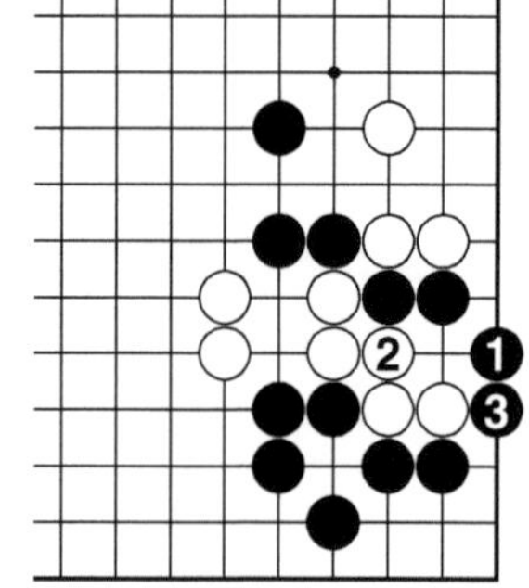

Lösung 1

Weitere Probleme

Die folgenden Probleme beinhalten Varianten und Kombinationen der Tesuji in diesem Kapitel. Bei allen ist Verbinden das Ziel. Stellen Sie in Problem 5 sicher, dass Sie nicht die drei Schnittsteine in der Ecke verlieren.

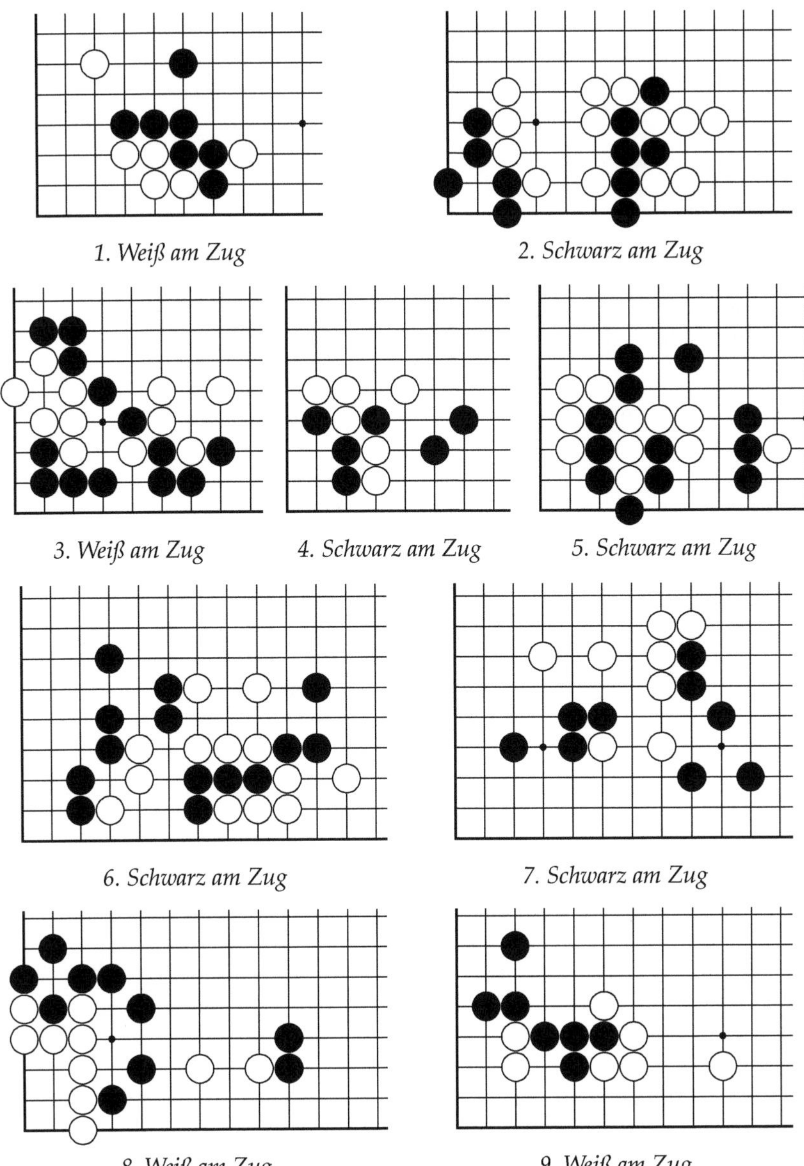

1. Weiß am Zug

2. Schwarz am Zug

3. Weiß am Zug

4. Schwarz am Zug

5. Schwarz am Zug

6. Schwarz am Zug

7. Schwarz am Zug

8. Weiß am Zug

9. Weiß am Zug

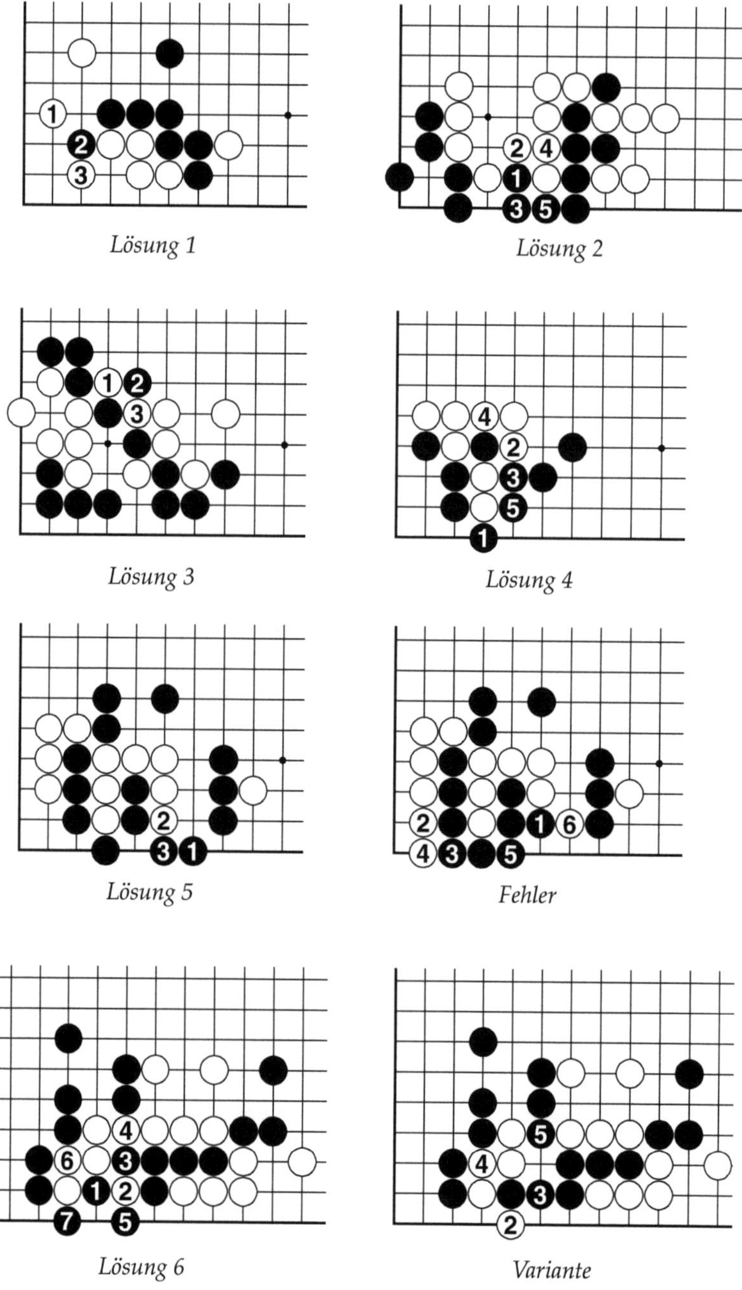

Lösung 1

Lösung 2

Lösung 3

Lösung 4

Lösung 5

Fehler

Lösung 6

Variante

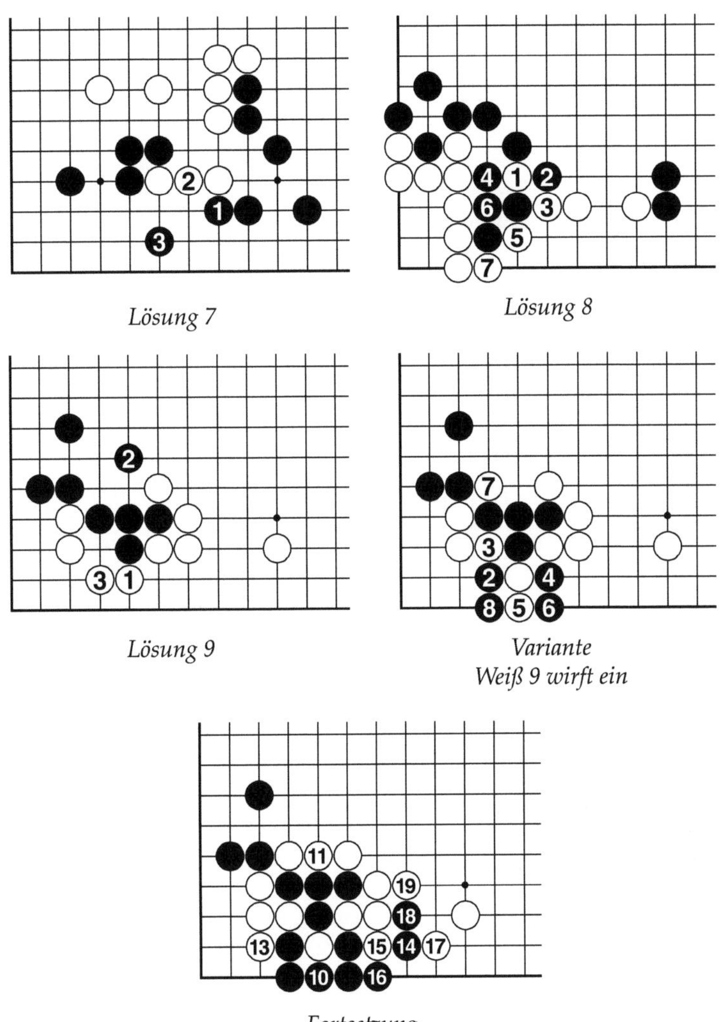

Lösung 7

Lösung 8

Lösung 9

Variante
Weiß 9 wirft ein

Fortsetzung
Schwarz 12 deckt

7. Gruppen trennen

Schneiden möglich – oder nicht?

In diesem Kapitel betrachten wir einige häufige Formen und untersuchen, welche geschnitten werden können und welche nicht.

Diagramm 1. Der Ein-Punkt-Sprung, etwa Schwarz 1 hier, ist die häufigste Ausdehnung im Go. Im Allgemeinen kann der Gegner sie einfach schneiden, indem er sich dazwischenkeilt. Jedoch bringt es keinen Vorteil, wie auch hier in diesem Diagramm.

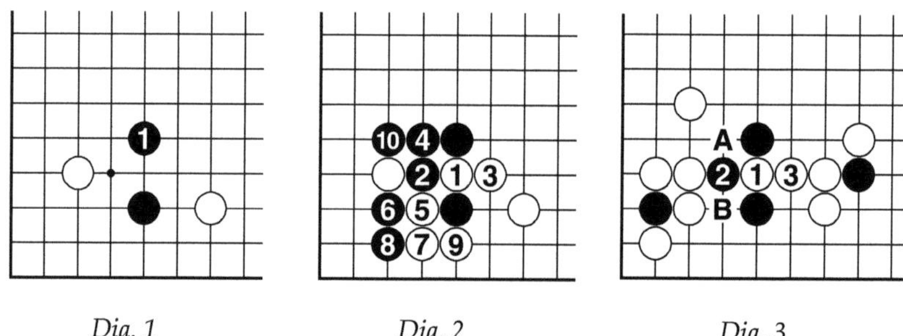

Dia. 1 *Dia. 2* *Dia. 3*

Diagramm 2. Wenn Weiß mit 1 dazwischen geht und mit 5 schneidet, dann kann er tatsächlich die zwei zuerst gespielten schwarzen Steine trennen und den unteren fangen. Schwarz gibt ihn allerdings gern her, da das Endergebnis deutlich zu seinen Gunsten ausfällt. Schwarz könnte mit 2 auch auf 3 spielen und würde ähnlich gut wegkommen.

Nachdem es im Normalfall unvorteilhaft ist, einen Ein-Punkt-Sprung schneiden zu wollen, kann man leicht die Vorstellung entwickeln, dass er niemals geschnitten werden könnte. Doch das wäre ein Fehler.

Diagramm 3. Wenn die weiße Stellung in der Umgebung etwa auf diese Weise gestärkt ist, dann wird Weiß 1 ein wirkungsvoller Zug. Wenn Schwarz nach den gezeigten Zügen auf A verbindet, schneidet Weiß auf B und umgekehrt. Und wenn Schwarz mit 2 auf 3 spielt, kommt dasselbe heraus. Weiß hat den unteren Rand erobert.

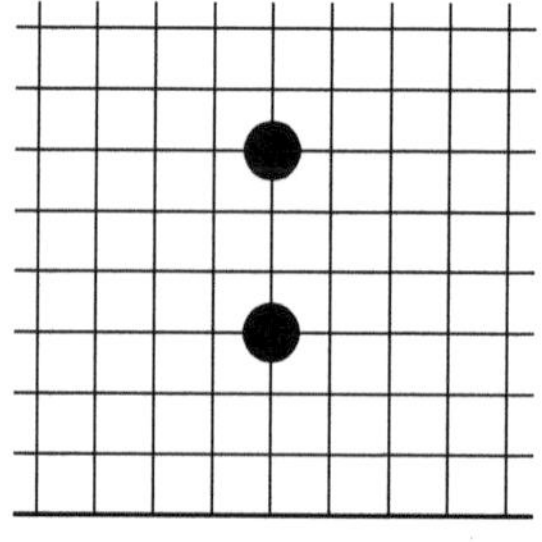

Dia. 4

Diagramm 4. Während der Ein-Punkt-Sprung grundsätzlich eine starke Ausdehnung darstellt, ist ein Zwei-Punkt-Sprung grundsätzlich anfällig und lädt den Gegner freundlich zum Schneiden ein.

Diagramm 5. Weiß 1 und 3 sind die aggressivste Schnittkombination, Weiß 3 auf 4 oder auf 5 sind weitere Möglichkeiten. Natürlich müssen die Fragen, ob, wann und wie man schneiden soll, durch Betrachtung der umgebenden Stellungen entschieden werden.

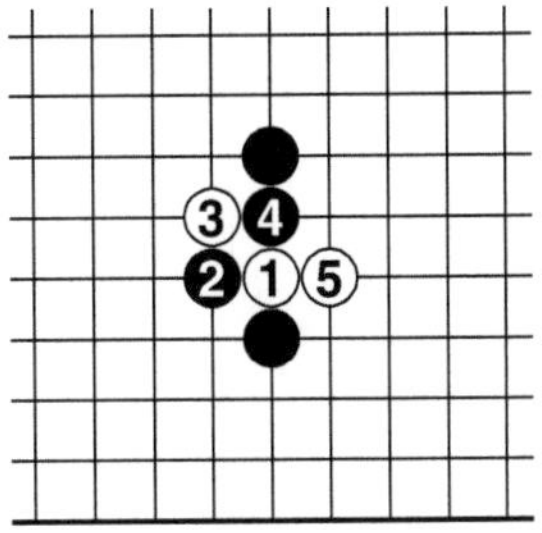

Dia. 5

Diagramm 6. Ein Zwei-Punkt-Sprung von einer Zwei-Steine-Mauer aus ist viel stärker. Die schwarze Form in diesem Diagramm kann nicht geschnitten werden.

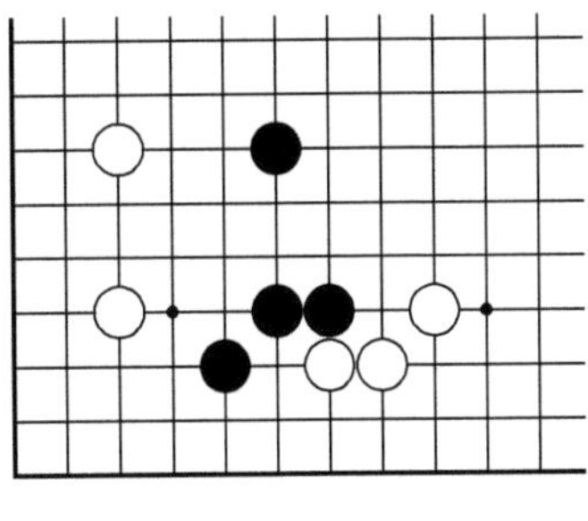
Dia. 6

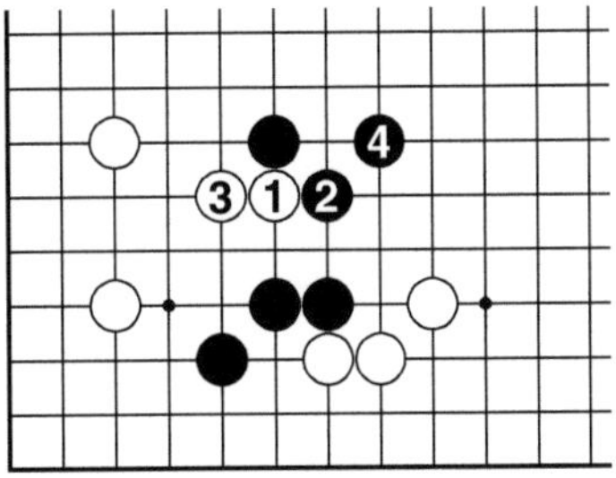

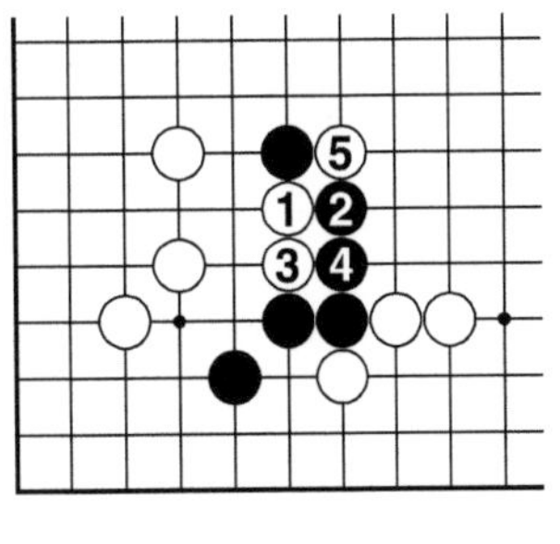

Dia. 7

Diagramm 7. Hier ist ein erfolgloser Versuch.

Diagramm 8. Doch auch hier gilt: Sind die weißen Stellungen in der Umgebung nur ein wenig stärker, dann ist Schwarz in Gefahr.

Diagramm 9. Ob ein Keima geschnitten werden kann oder nicht, hängt von einer Treppe ab. Hier sind beide Keima nah genug am Rand, dass die Treppen laufen, und sie sind beide vor einem Schnitt sicher.

Diagramm 10. Spielt Schwarz etwa 1 und 3, dann fängt Weiß den Schnittstein mit 4 in einer Treppe. Vergleichbares passiert, wenn Weiß auf A zu schneiden versucht.

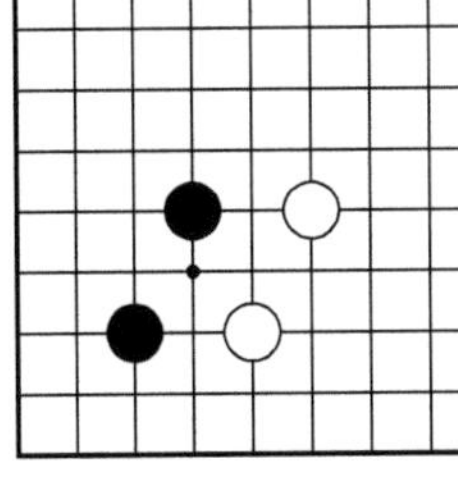

Dia. 8

Dia. 9

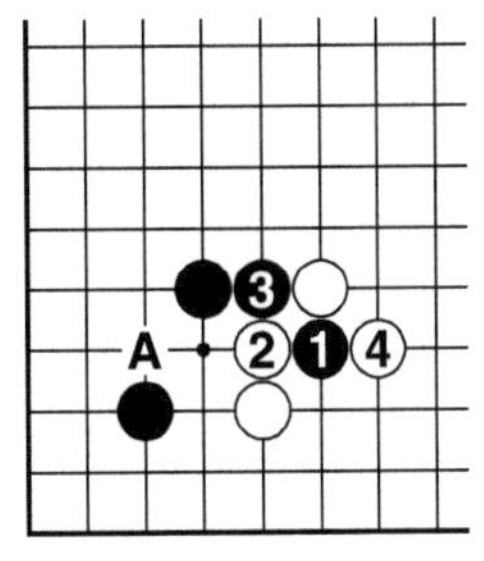

Dia. 10

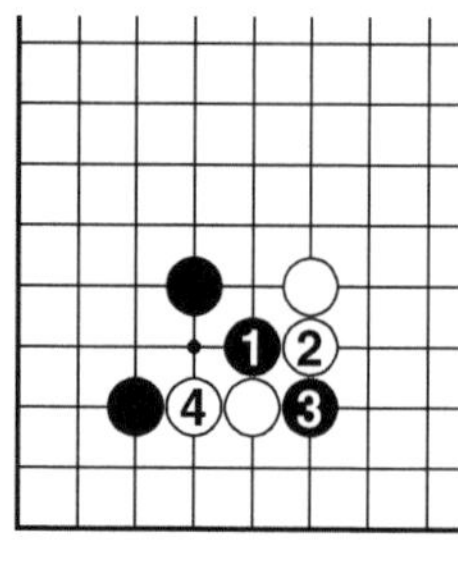

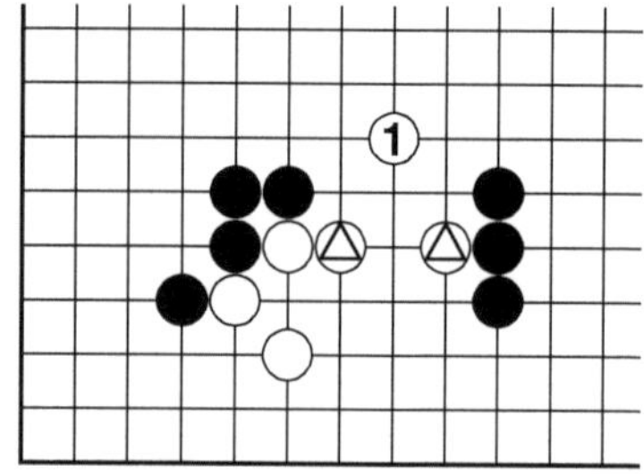

Dia. 11 *Dia. 12*

Diagramm 11. Mit einem Diagonalzug gegen das Keima zu drücken und dann zu schneiden, ist in aller Regel schlecht. In diesem Fall etwa droht Weiß 4 gleichzeitig, den Stein auf 3 zu fangen und die Ecke auseinander zu nehmen.

Diagramm 12. Eine „Hundekopf"-Ausdehnung wie Weiß 1 (ein Keima von beiden mit ◬ markierten Steinen) ist sicher, unabhängig von Treppen oder anderen Umständen.

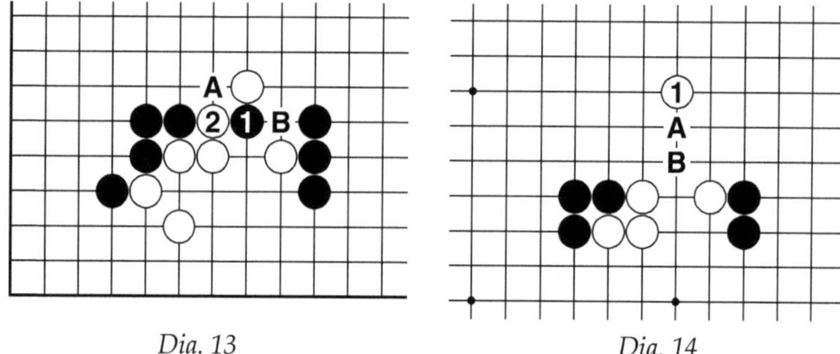

Dia. 13 *Dia. 14*

Diagramm 13. Schwarz 1 funktioniert nicht; Weiß 2 macht Miai aus A und B. Wie wir aber noch sehen werden, kann ein Zug wie 1 als Opfer von Nutzen sein.

Diagramm 14. Eine Pferdekopf-Ausdehnung wie Weiß 1 hier kann sicher sein oder auch nicht. Der schwache Punkt ist A, manchmal auch B, doch wie immer hängt es von der Umgebung ab, ob ein Schnitt möglich ist und was er einbringt.

Beachten Sie, dass Weiß sich in Diagramm 12 nicht weiter ausdehnen kann.

Problem 1. Schwarz am Zug. Wo soll er die weiße Reihe von Ein-Punkt-Sprüngen schneiden?

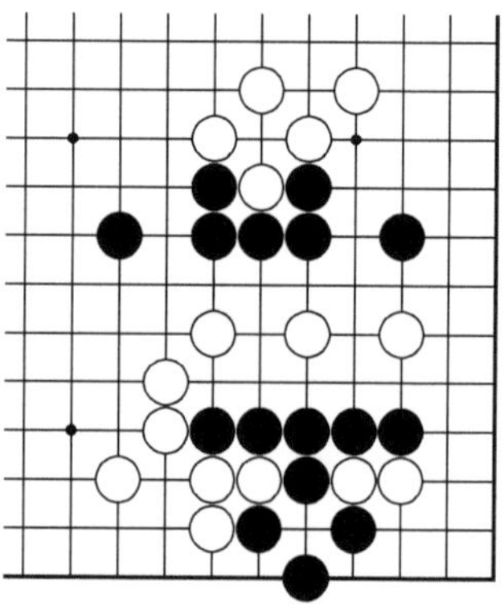

Problem 1

Der Schnitt durch das Keima

Diagramm 1. Weiß scheint am linken Rand durch zwei Keima verbunden zu sein, doch seine Form hat einen Defekt. Schwarz hat ein Schnitt-Tesuji, für das der mit ▲ markierte Stein eine wichtige Rolle spielt.

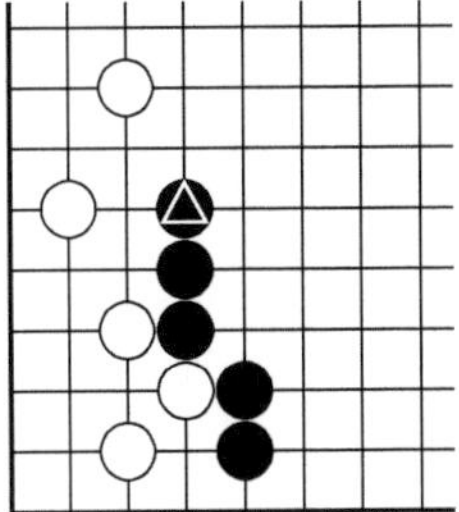

Dia. 1

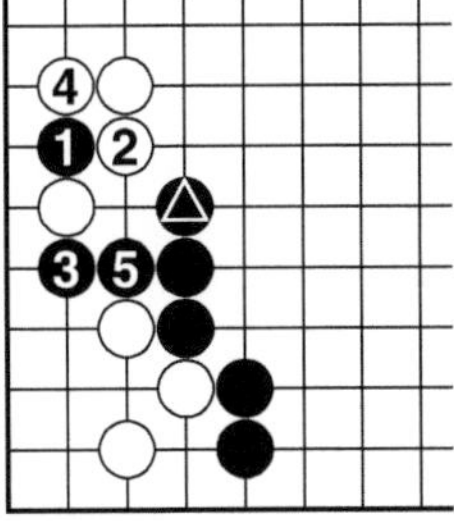

Dia. 2

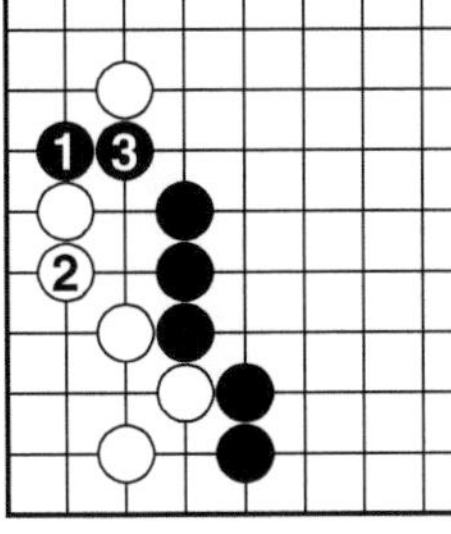

Dia. 3

Diagramm 2. Schwarz bietet 1 als Opfer an, und wenn es angenommen wird, kann er die Ecke mit 3 und 5 fangen. Beachten Sie: Ohne ▲ könnte Weiß mit 4 auf 5 spielen.

Diagramm 3. Weiß sollte das Opfer ablehnen und 2 spielen, doch seine Ecke ist eingeschlossen.

Diagramm 4. In dieser Stellung gibt es ein ähnliches Tesuji. Schwarz ist mit einer Hundekopf-Ausdehnung und einem Ein-Punkt-Sprung in die Mitte hinausgelaufen, doch mit einem Opfer in der einen Form kann Weiß die andere schneiden.

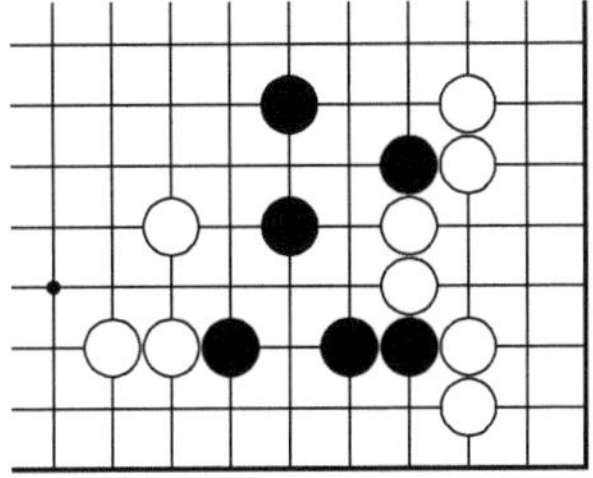

Dia. 4

Diagramm 5. Hier ist die Kombination. Auch wenn Schwarz mit A in Ko leben kann, ist das Einschließen ein voller Erfolg für Weiß.

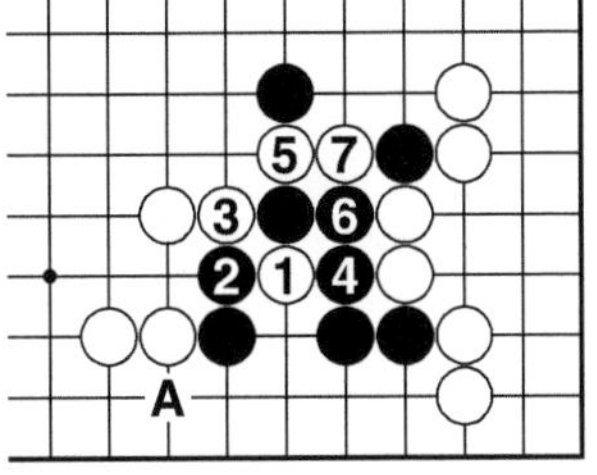

Dia. 5

Problem 1. Weiß am Zug. Wo soll er anfangen, um die Schwarzen zu spalten?

Problem 2. Schwarz am Zug kappt die weiße Leine.

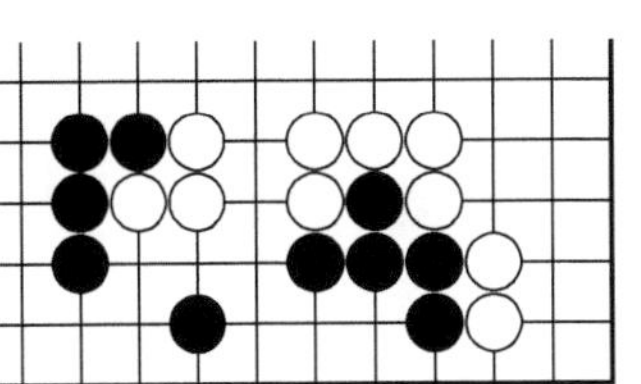

Problem 1

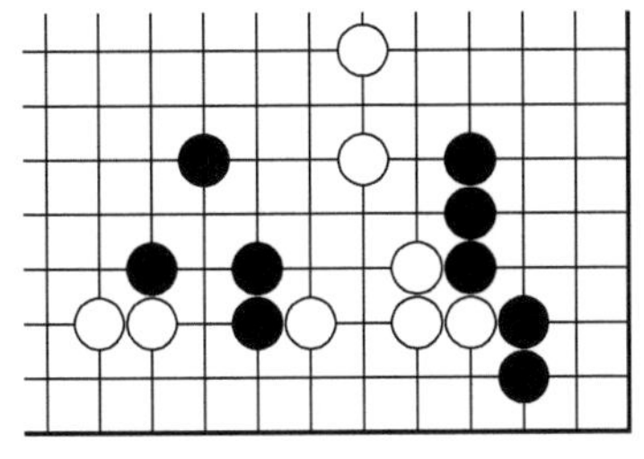

Problem 2

Lösungen zu den Problemen

Schneiden möglich – oder nicht?

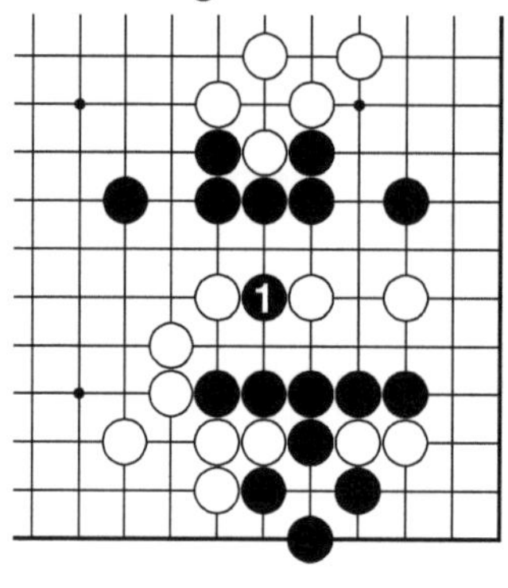

Lösung 1

Dia. 1a

Lösung zu Problem 1. Schwarz ist oben und unten gut befestigt und der ganze Rand gehört ihm.

Diagramm 1a. Schwarz 1 geht daneben; Weiß wird zwar geschnitten, kann aber am rechten Rand leben, indem er auf 6 durchstößt.

Der Schnitt durch das Keima

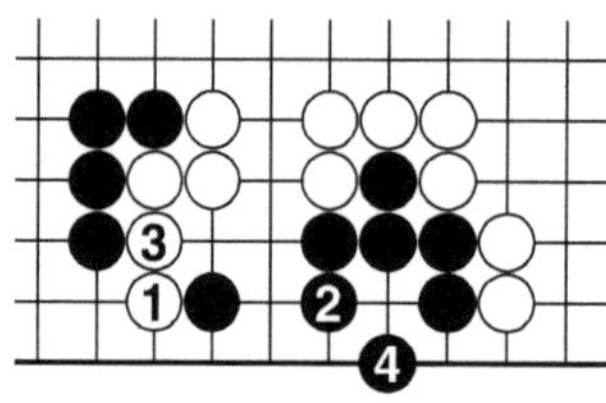

Lösung 1

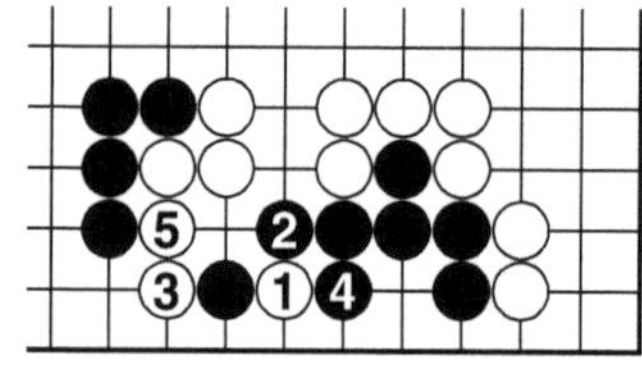

Dia. 1a

Lösung zu Problem 1. Weiß 1 ist korrekt. Schwarz muss geschickt vorgehen, um zu leben.

Diagramm 1a. Wenn Weiß auf der falschen Seite anfängt, verliert er einen Zug. Mit 1 hilft Weiß den Schwarzen zu leben und endet in Nachhand.

Lösung zu Problem 2. Schwarz 1 ist das Tesuji. Schwarz schneidet mit 3 bis 7 die weiße Reihe durch und verbindet seine eigenen Gruppen lose miteinander, so dass Weiß noch einen Zug benötigt, um am unteren Rand zu leben.

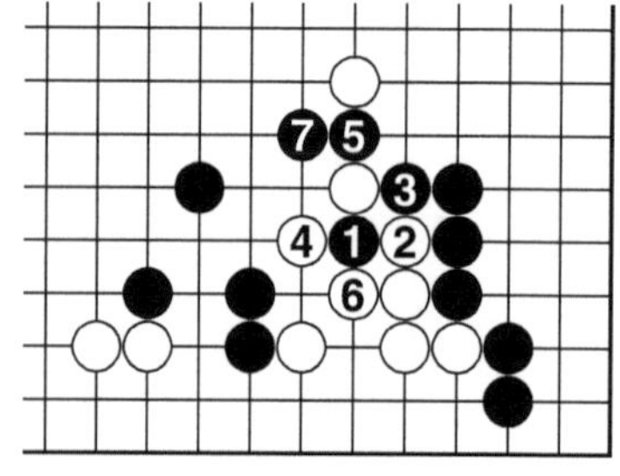

Lösung 2

Weitere Probleme

In diesen Problemen kommen diverse weitere Tesuji zum Trennen vor. Bei allen geht es darum, eine Reihe gegnerischer Steine zu schneiden. In einem Fall stirbt die abgeschnittene Gruppe, im anderen kann sie vielleicht kämpfen und leben. In Problem 6 wird eine Kombination aus zwei Tesuji benötigt, um gewinnbringend zu schneiden.

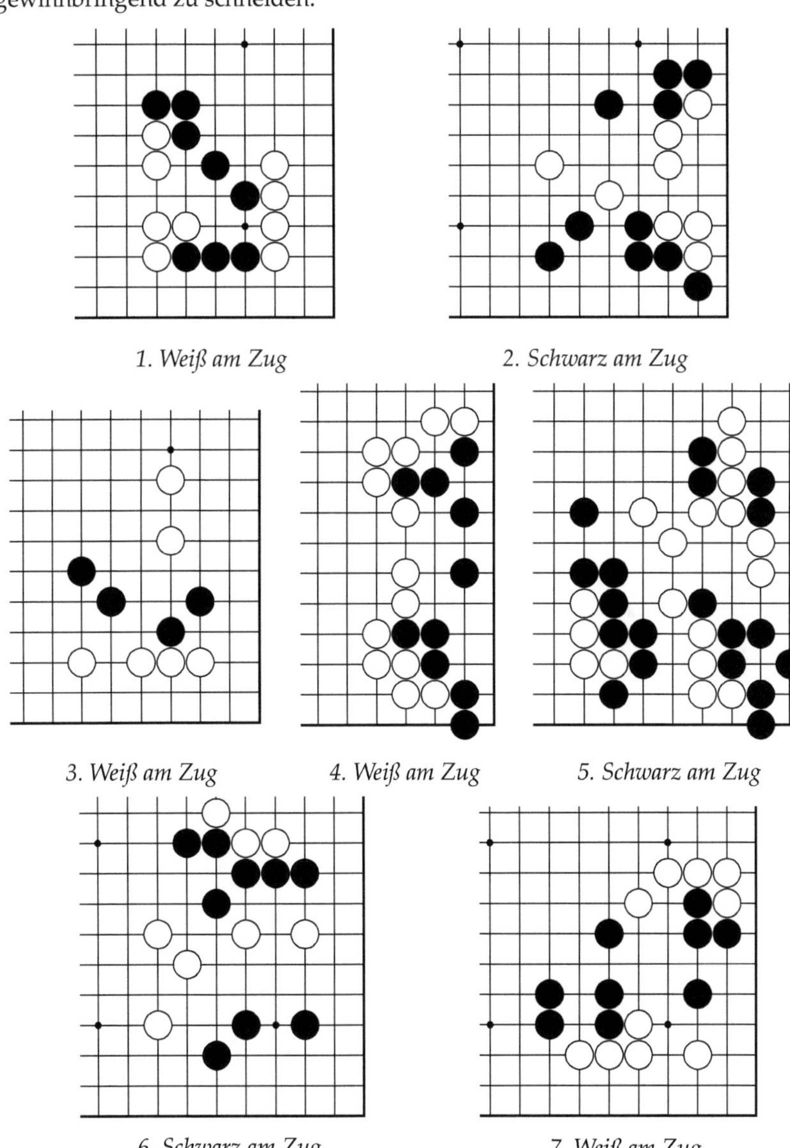

1. Weiß am Zug *2. Schwarz am Zug*

3. Weiß am Zug *4. Weiß am Zug* *5. Schwarz am Zug*

6. Schwarz am Zug *7. Weiß am Zug*

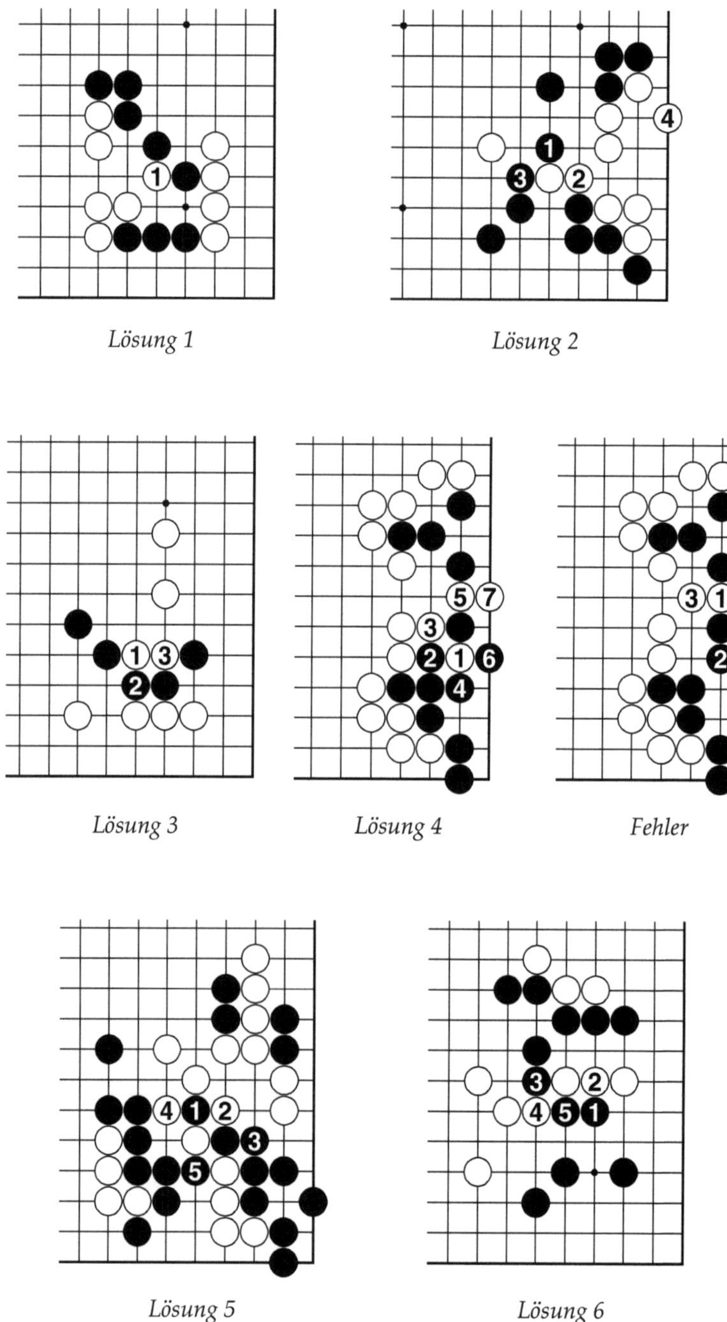

Lösung 1

Lösung 2

Lösung 3

Lösung 4

Fehler

Lösung 5

Lösung 6

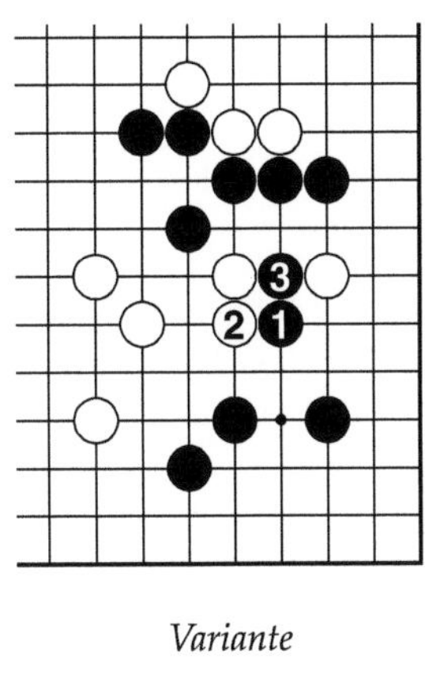

Variante

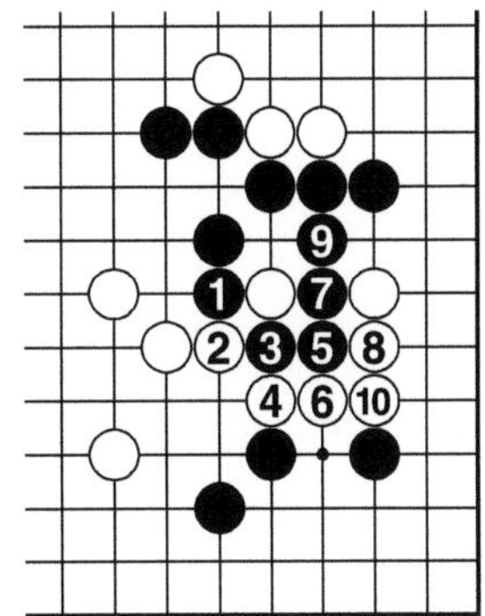

Fehler

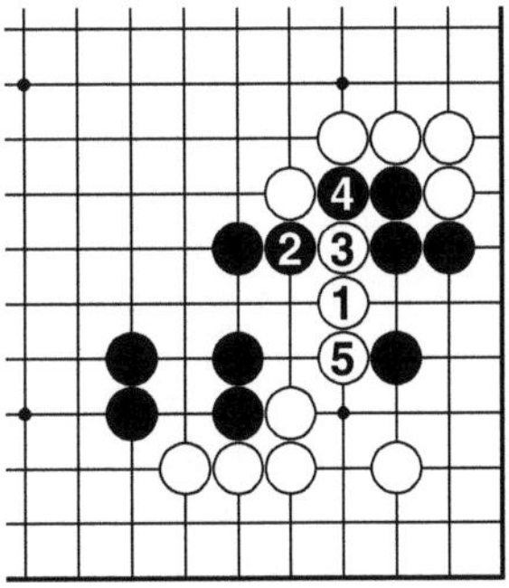

Lösung 7

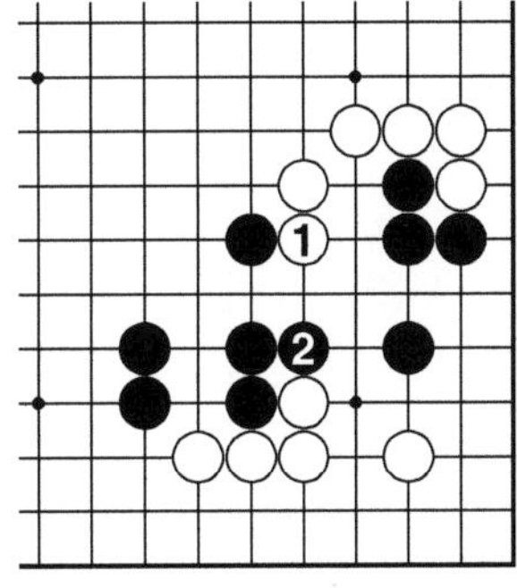

Fehler

8. In des Gegners Gebiet hinein

Dieses Kapitel untersucht einige Tesuji zum Eindringen in gegnerisches Gebiet oder, was auf dasselbe herauskommt, zum Aktivieren von Steinen, die vermeintlich tot im gegnerischen Gebiet verblieben sind.

Das Keil-Tesuji

Diagramm 1. Dieses mittelgroße weiße Stück Gebiet sieht ein bisschen verdächtig aus; seine Ränder sind gerade dünn genug, dass man versucht ist, nach einem Weg ins Innere zu fahnden. Das ideenlose Schwarz A, Weiß B führt allerdings nicht weiter.

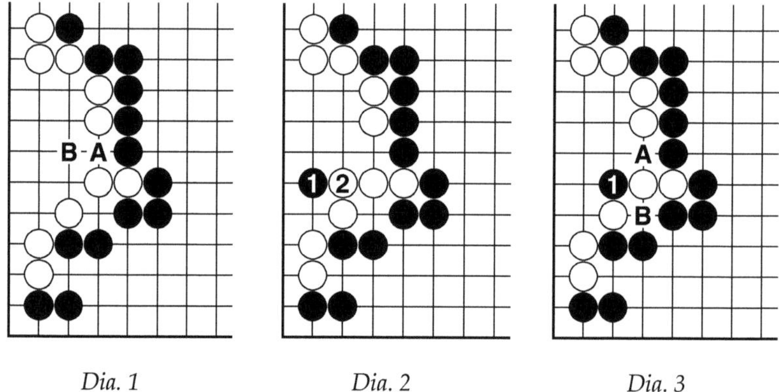

Dia. 1 *Dia. 2* *Dia. 3*

Diagramm 2. Der nächstliegende Versuch wäre ein Fallschirm-Zug neben den weißen Schnittpunkt – wie ist es damit? Falls Weiß falsch antwortet, könnte er in Schwierigkeiten geraten, doch wenn er auf 2 spielt, kann Schwarz nichts ausrichten. Dieser Fehlschlag zeigt allerdings den Weg zum korrekten Tesuji.

Diagramm 3. Nachdem Weiß 2 in Diagramm 2 der Schlüsselpunkt zur Verteidigung war – was passiert, wenn Schwarz sich dort hineinkeilt? Schwarz 1 droht, mit A zwei Steine zu fangen, denn Weiß könnte dann wegen Freiheitsnot nicht auf B verbinden.

Diagramm 4. Falls Weiß auf 2 verbindet, um das schwarze Eindringen dort zu verhindern, schnappt Schwarz sich mit 3 und 5 die Ecke.

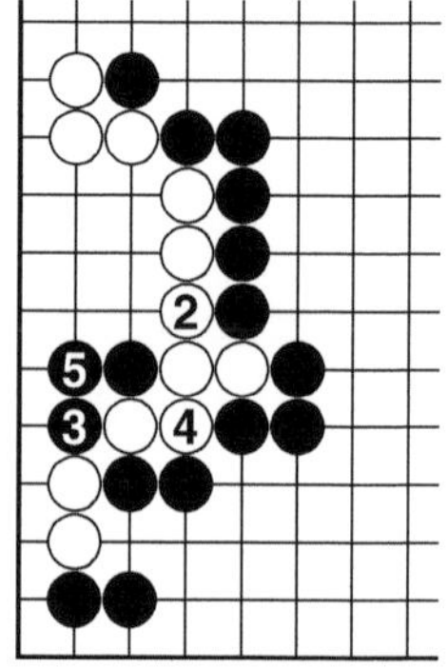

Dia. 4

Diagramm 5. Vielleicht ist es die beste weiße Antwort, mit 2 Atari zu geben und mit 4 zu verbinden. Schwarz 5 muss sein, 6 und 7 werden jetzt Miai. Weiß rettet seine Ecke, während Schwarz in Vorhand zwei Steine schlägt und den möglichen Schnitt auf A beseitigt.

Diagramm 6. Hier eine Variante mit ähnlichem Ergebnis.

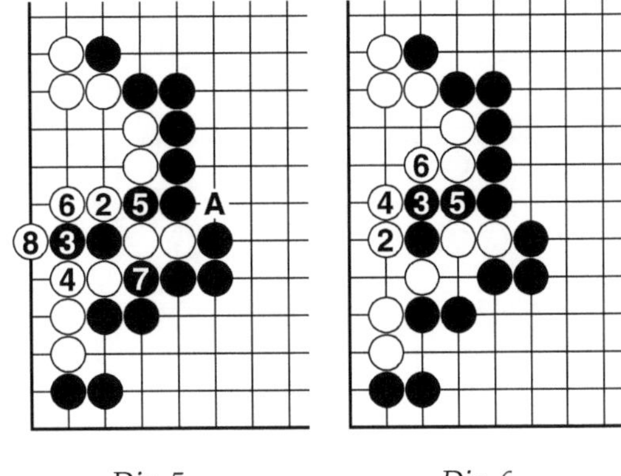

Dia. 5 Dia. 6

Problem 1. Schwarz am rechten Rand am Zug.

Problem 2. Weiß zieht in der Ecke.

Problem 3. Schwarz am Zug. Im weißen Gebiet liegen zwei scheinbar tote Steine, doch ein Tesuji erweckt sie zum Leben.

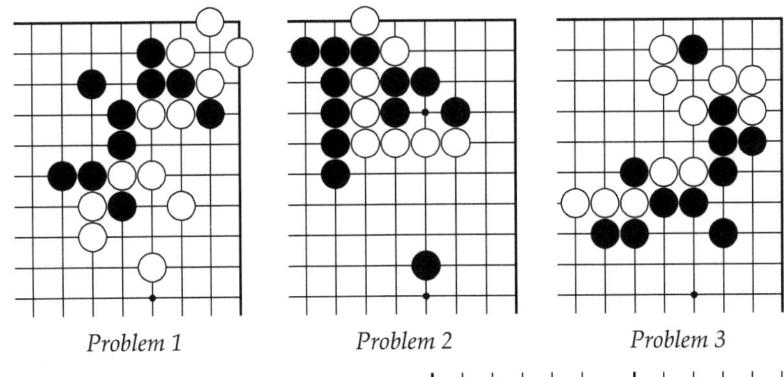

Problem 1 Problem 2 Problem 3

Das Bauch-Tesuji

Diagramm 1. Der weiße Stein sieht in der Mitte des schwarzen Gebiets recht verloren aus, doch der Schnittpunkt bei A macht Hoffnung. Allerdings kann Weiß nicht sofort auf A schneiden, wie Sie leicht nachprüfen können.

Diagramm 2. Möglich allerdings ist der Zug Weiß 1 am Bauch der zwei schwarzen Steine, mit der Drohung zu schneiden oder nach außen zu verbinden.

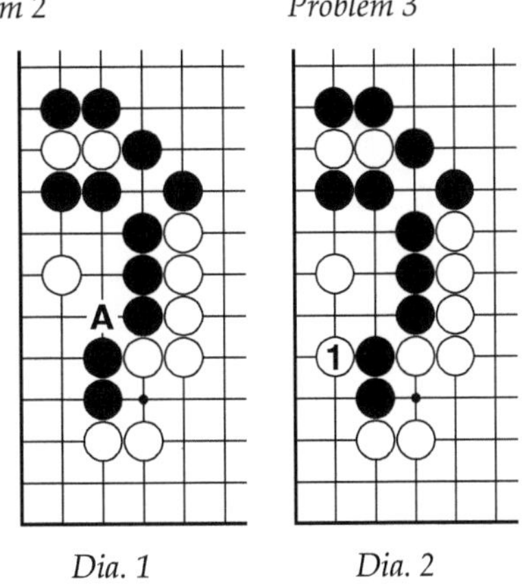

Dia. 1 Dia. 2

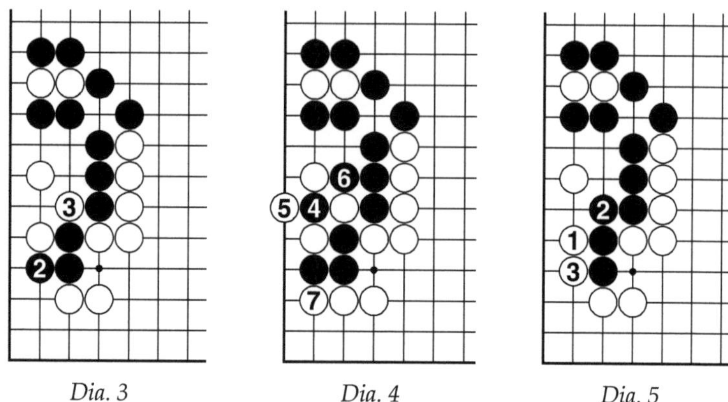

Dia. 3 Dia. 4 Dia. 5

Diagramm 3. Falls Schwarz mit 2 dagegen stellt, schneidet Weiß auf 3 und es zeichnet sich ein Kampf ab. Weiß scheint mit vier zu drei Freiheiten vorn zu liegen.

Diagramm 4. Also verlegt sich Schwarz auf einen Einwurf und erzwingt ein Ko (siehe Problem 1), riskiert dabei aber mehr als Weiß.

Diagramm 5. Falls Schwarz das Ko nicht kämpfen kann, spielt er besser auf 2 hier und lässt Weiß verbinden.

Problem 1. Schwarz am Zug. Angenommen, Weiß deckt mit 1, anstatt auf 7 in Diagramm 4 zu spielen – was geschieht jetzt?

Problem 2. Weiß am Zug. Denken Sie an das Bauch-Tesuji und finden Sie den besten Invasionspunkt.

Problem 3. Schwarz am Zug. Er könnte mit A herauslaufen, doch zuerst kann er noch etwas anderes versuchen.

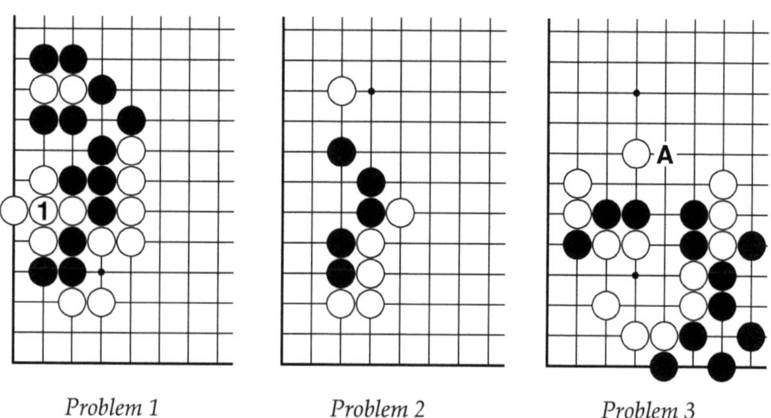

Problem 1 *Problem 2* *Problem 3*

Das Fallschirm-Tesuji

Diagramm 1. Diesmal ist das schwarze Eckgebiet im Visier. Es sieht verwundbar aus, zumal Weiß mit der Option arbeiten kann, dass er auf A herausläuft.

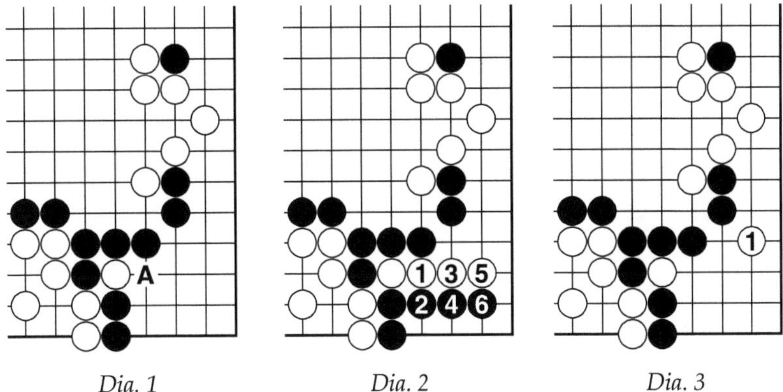

Dia. 1 *Dia. 2* *Dia. 3*

Diagramm 2. Sofort kann Weiß allerdings nicht aus dem Atari kommen, denn Schwarz wird ihn von unten her jagen und schließlich fangen. So werden die Steine 1, 3 und 5 sinnlos geopfert.

Diagramm 3. Doch Weiß hat hier ein Fallschirm-Tesuji auf 1. Es funktioniert mit Hilfe einer Doppeldrohung.

Diagramm 4. Falls Schwarz auf 2 dagegenstellt, kann Weiß mit 3 herauskommen. Natürlich sollte Schwarz danach nicht wie gezeigt gedankenlos voranstürmen, sondern mit 4 auf 5 spielen und so lediglich zwei Steine hergeben. Aber auch so ist sein Verlust beträchtlich.

Diagramm 5. Falls Schwarz Diagramm 4 verhindert, kann Weiß mit 3 verbinden.

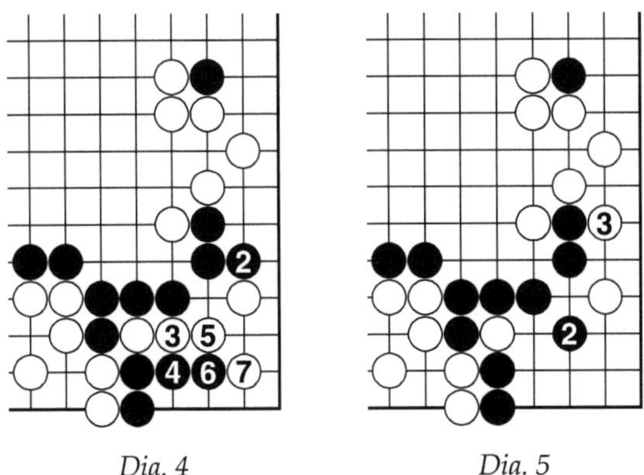

Dia. 4 *Dia. 5*

Problem 1. Weiß am Zug. Er hat ein Tesuji, das gleichzeitig droht, die beiden Steine in der Ecke zu befreien und nach rechts herauszuverbinden.

Problem 2. Weiß am Zug. Indem er seinen toten Stein nutzt, kann er die schwarze Ecke deutlich kleiner machen.

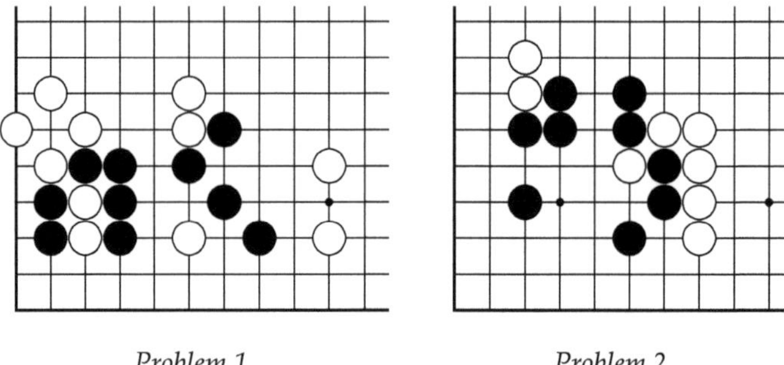

Problem 1 *Problem 2*

Lösungen zu den Problemen

Das Keil-Tesuji

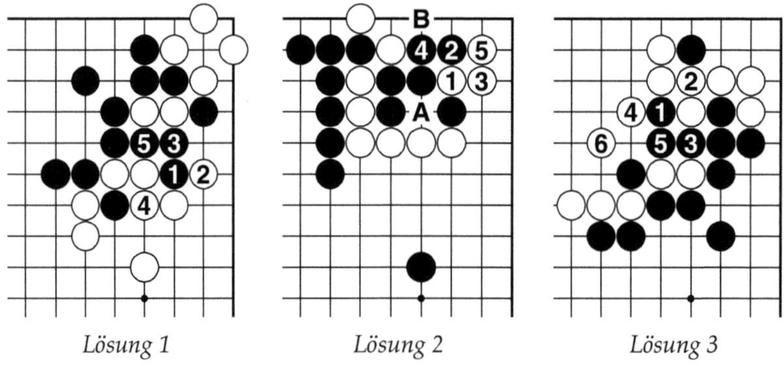

Lösung 1 *Lösung 2* *Lösung 3*

Lösung zu Problem 1. Weiß 4 und Schwarz 5 sind Miai.

Lösung zu Problem 2. Weiß 1 droht Weiß 4, und Schwarz ist schnell gezwungen zu verbinden. Nach 5 ist ein weißer Zug auf A Vorhand, denn er droht B und ein Ko.

Lösung zu Problem 3. Nach Schwarz 1 kann Weiß nicht auf 3 verbinden und muss etwas hergeben.

Das Bauch-Tesuji

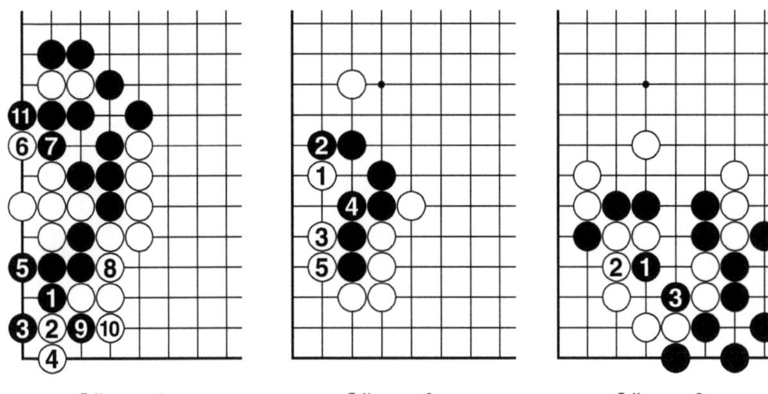

Lösung 1 *Lösung 2* *Lösung 3*

Lösung zu Problem 1. Schwarz 1, 3 und 5 sind korrekt. Weiß ist gezwungen, ein mehrschrittiges Ko zu kämpfen.

Lösung zu Problem 2. Weiß ist korrekt. Trennt Schwarz mit 2, so hat Weiß das Bauch-Tesuji und der schwarze Augenraum ist ernstlich in Gefahr.

Lösung zu Problem 3. Nach Schwarz 1 sind 2 und 3 Miai – Schwarz fängt zwei Schnittsteine.

Diagramm 3a. Weiß muss mit ernsten Komplikationen rechnen, wenn er versucht, die Schwarzen getrennt zu halten. Er kann zwar mit 4 bis 8 in der Ecke leben, bekommt aber dann außen Probleme.

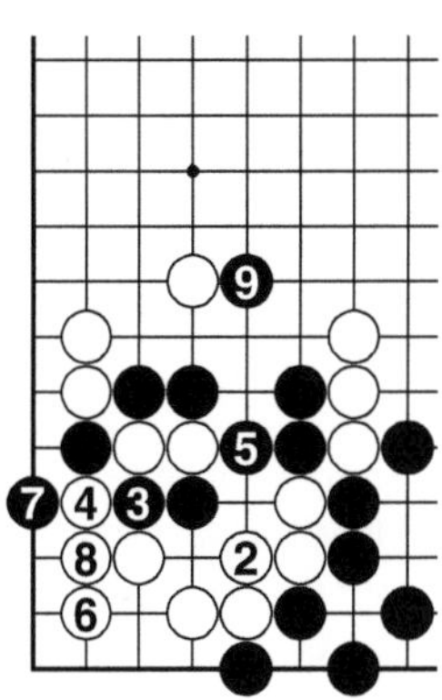

Dia. 3a

Das Fallschirm-Tesuji

Lösung zu Problem 1. Falls Schwarz den Weg nach rechts versperrt, kommt Weiß auf 3 heraus. Und wie Sie zweifellos bereits nachgeprüft haben, kann Schwarz mit 4 nicht auf 5 spielen. Wenn Schwarz jedoch nach Weiß 1 die Ecke verteidigt...

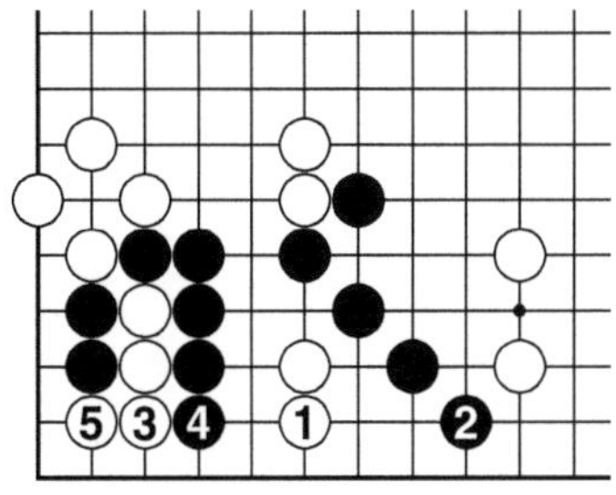

Lösung 1

Diagramm 1a. ... wie hier mit 2, dann kann Weiß mit 3 seine Steine nach rechts anbinden. Die Verbindung ist zwar nicht ganz perfekt, wie Schwarz 4 bis 8 zeigen, doch Schwarz geht mit diesem Ko-Kampf auch selbst ein Risiko ein. Wenn er ihn verliert, wird die weiße Stellung deutlich gestärkt und A ist ein Atari geworden.

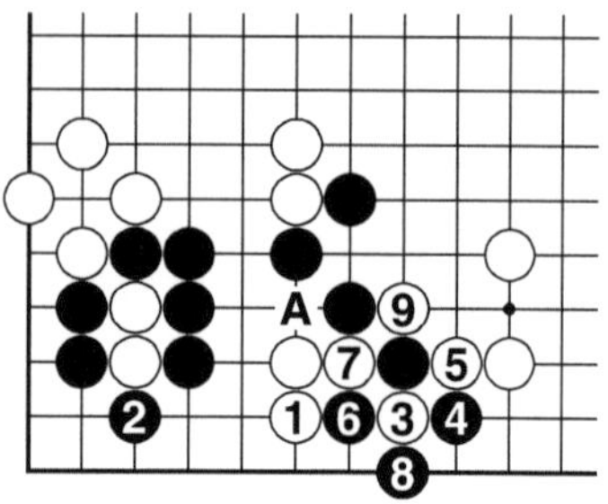

Dia. 1a

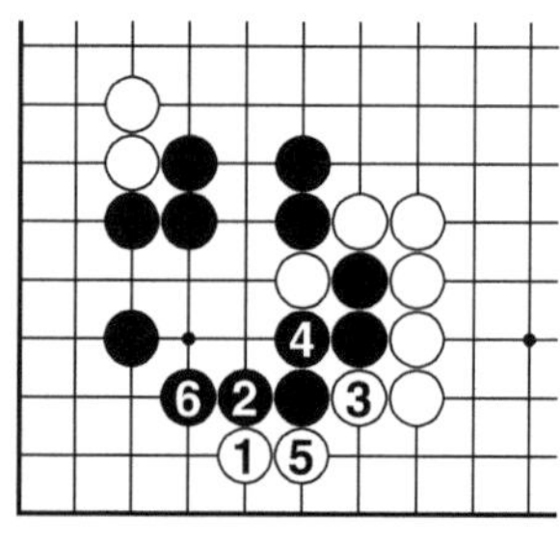

Lösung 2

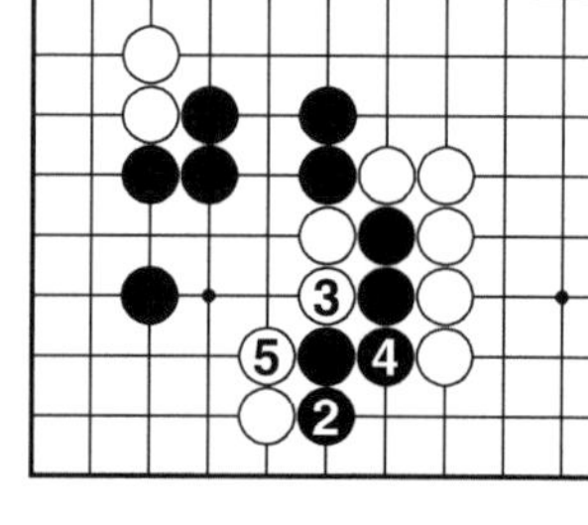

Dia. 2a

Lösung zu Problem 2. Weiß 1 sitzt – Schwarz muss mit 2 nachgeben. Diagramm 2a. Wenn Schwarz zu trennen versucht, verliert er alles.

Weitere Probleme

In diesen neun Problemen finden sich acht verschiedene Tesuji.

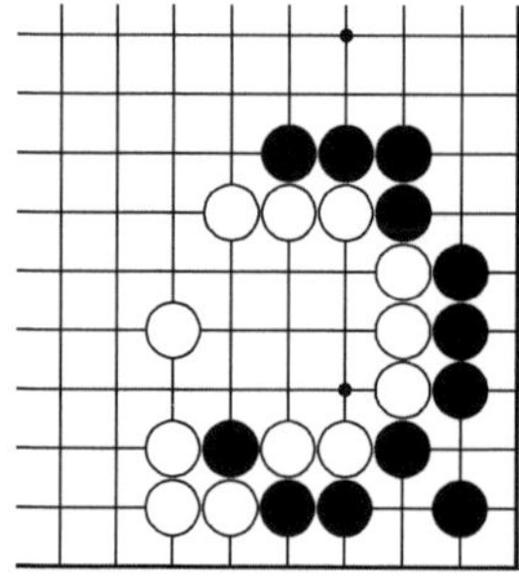

1. Schwarz am Zug

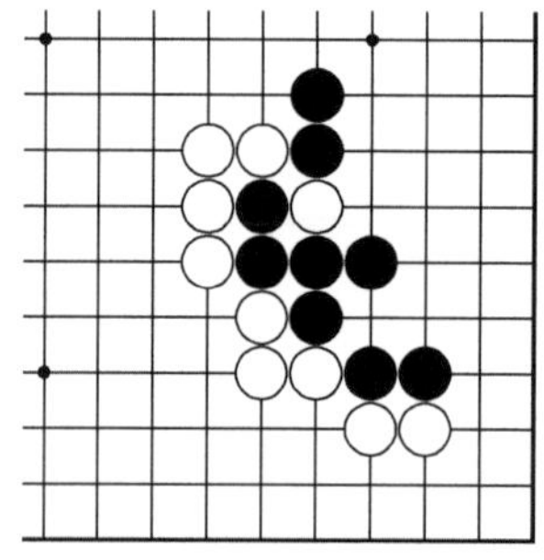

2. Weiß am Zug

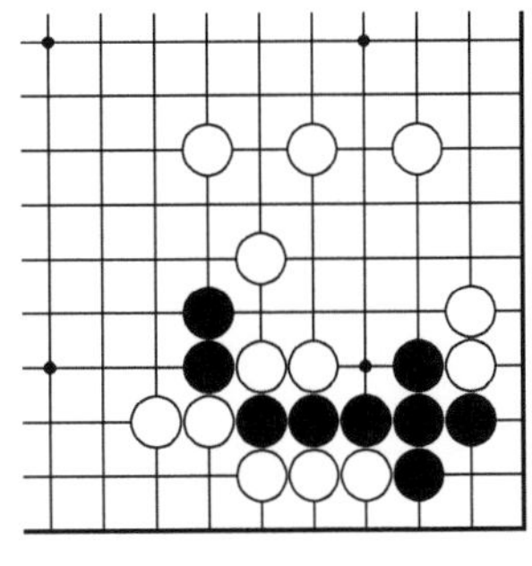

3. *Schwarz am Zug*

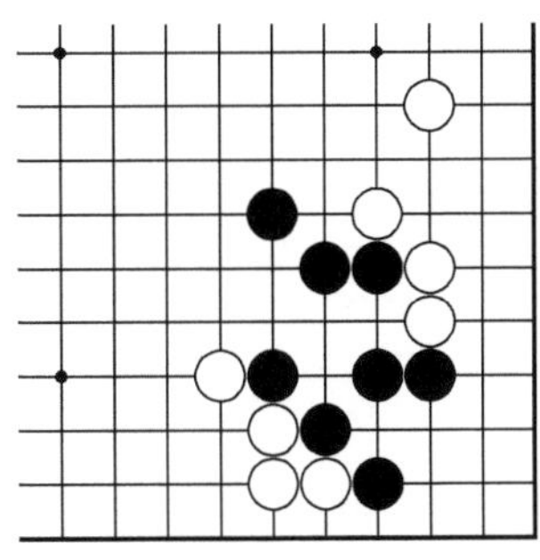

4. *Weiß am Zug*

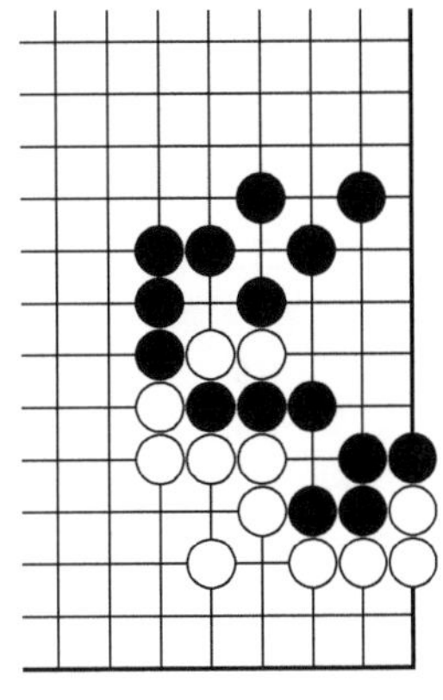

5. *Weiß am Zug*

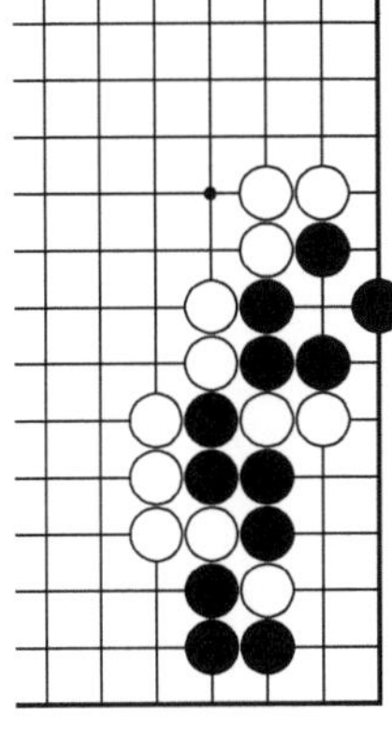

6. *Weiß am Zug*

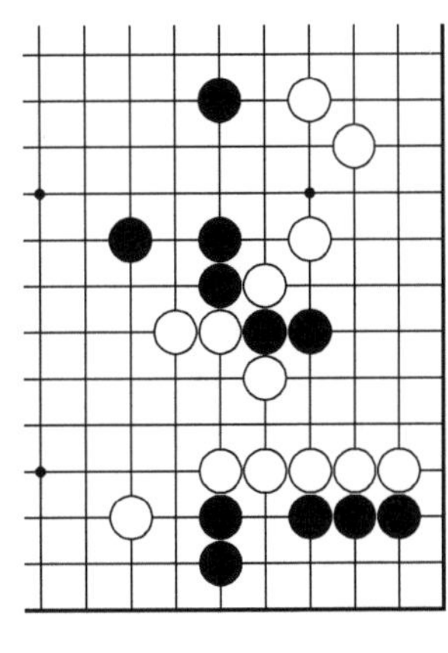

7. *Schwarz am Zug*

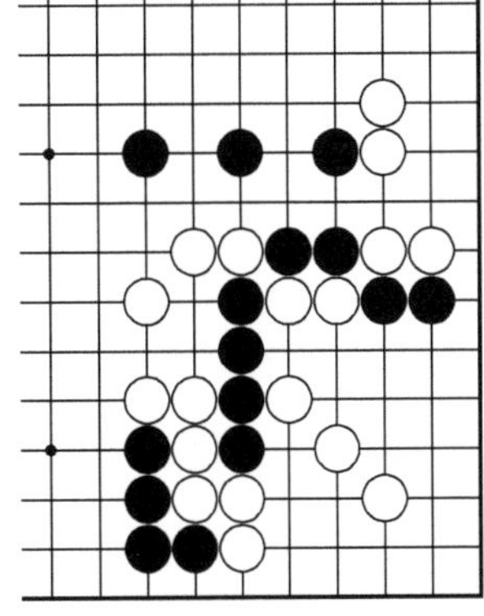

8. *Schwarz am Zug*

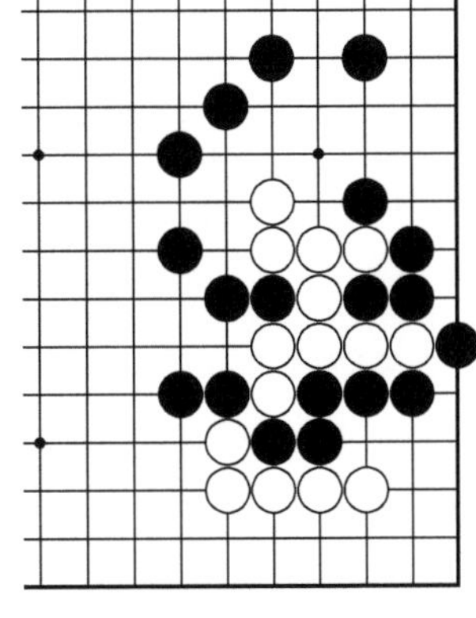

9. *Weiß am Zug*

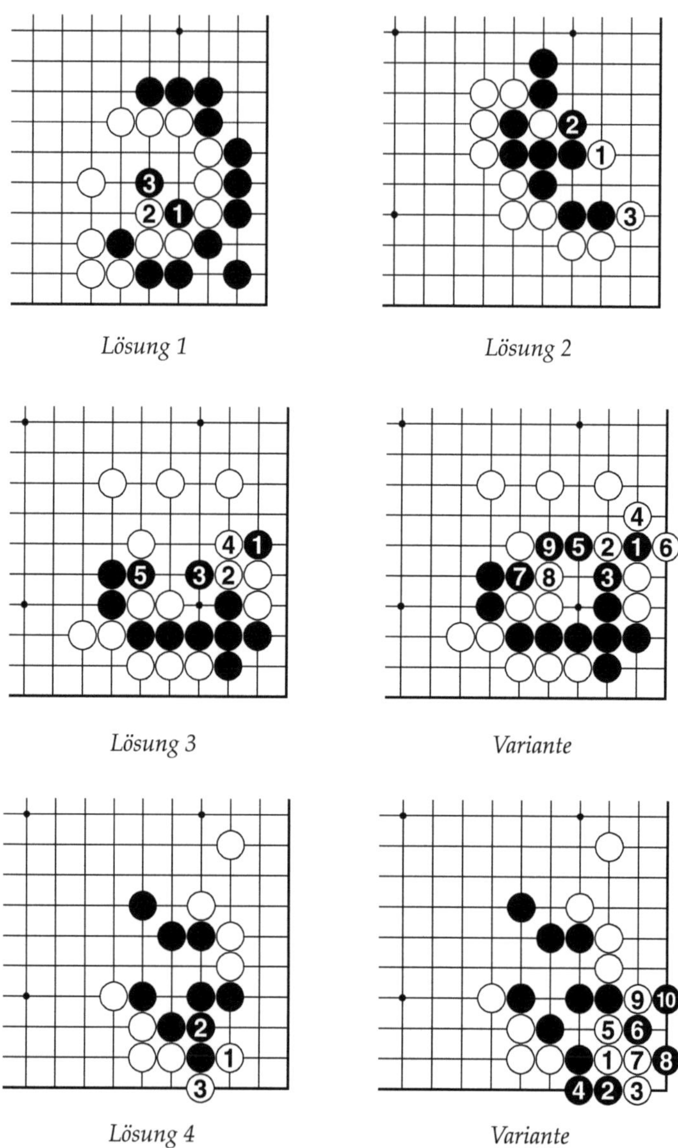

Lösung 1

Lösung 2

Lösung 3

Variante

Lösung 4

Variante

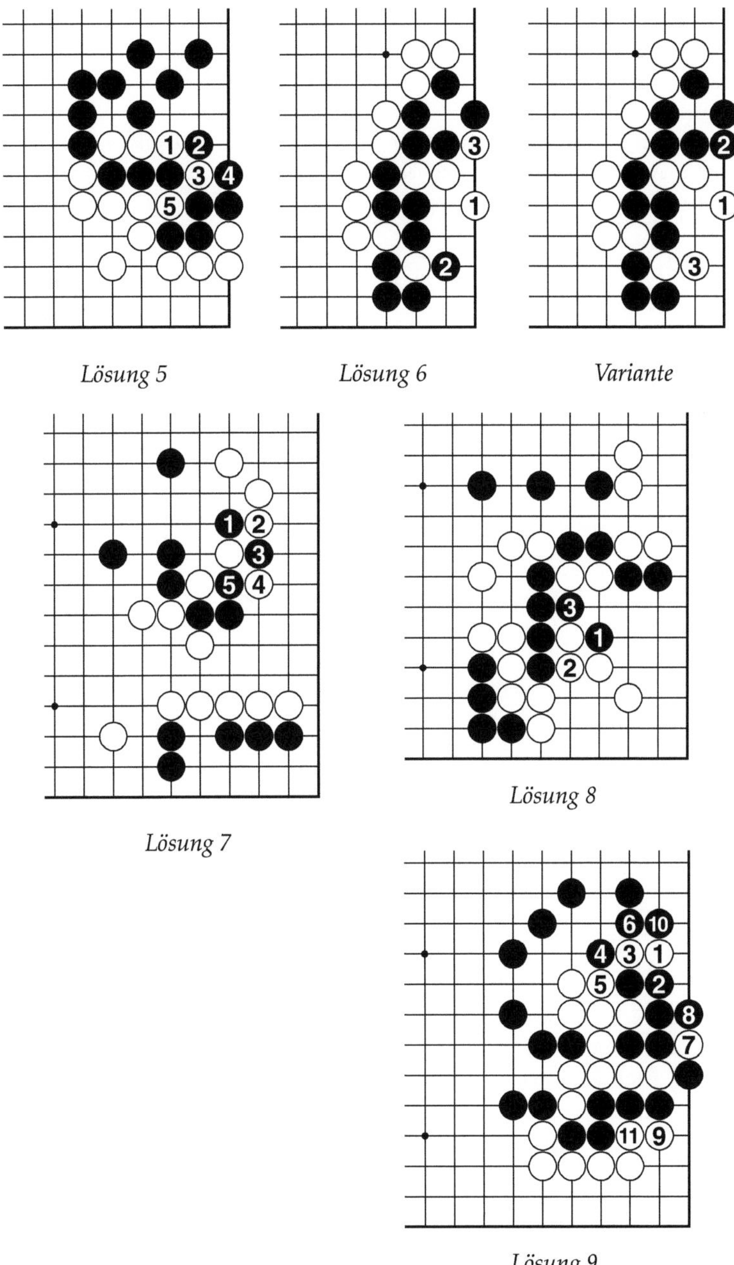

Lösung 5

Lösung 6

Variante

Lösung 7

Lösung 8

Lösung 9

9. Ausbrechen

Dieses Kapitel behandelt einige Techniken, um aus einer Umklammerung zu entfliehen. An erster Stelle stehen Kontaktzüge wie Schnitt- und Keil-Tesuji, danach folgt der Ein-Punkt-Sprung.

Keil- und Schnitt-Tesuji

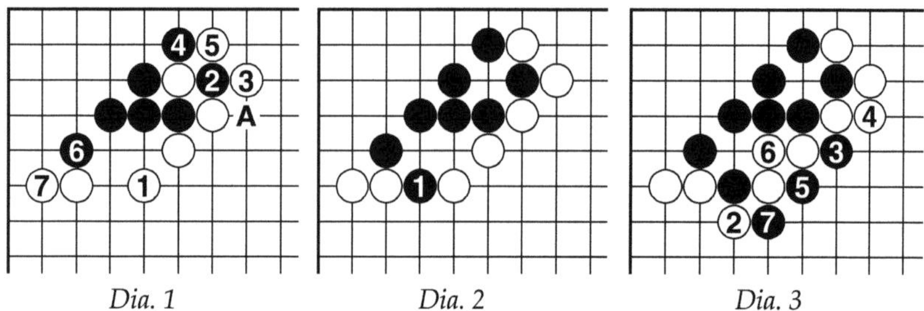

Dia. 1 *Dia. 2* *Dia. 3*

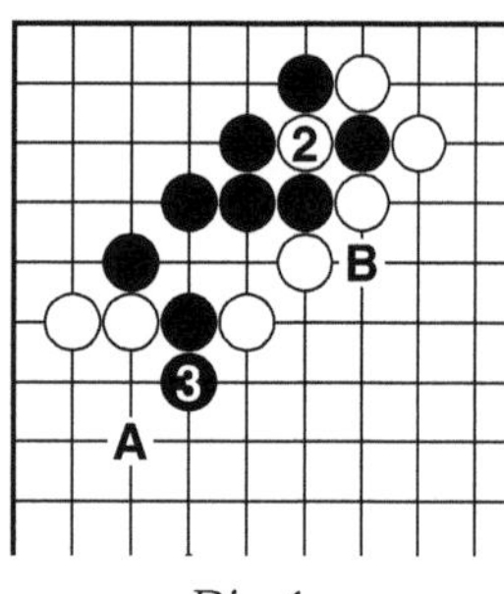

Dia. 4

Diagramm 1. Hier ist eine Variante eines Joseki nach Doppel-Kakari, in der Weiß jedoch einige Male überzieht. Zum Einschließen der Ecke ist Weiß 1 spielbar, doch wenn er die Schwarzen wirklich einhegen will, so muss er entweder 3 oder 7 anders spielen – etwa 3 auf A.

Jedenfalls hat Schwarz nach 7 eine Möglichkeit, die weiße Mauer zu durchbrechen und in die Mitte hinauszugelangen, wonach seine Gruppe in der Partie eine aktive Rolle übernehmen kann.

Diagramm 2. Schwarz beginnt, indem er auf 1 einen Keil in die Lücke der Mauer treibt.

Diagramm 3. Falls Weiß ihn mit 2 aufhalten will, fängt Schwarz ihn in einer Mausefalle.

Diagramm 4. Also muss Weiß die Schwarzen herauslassen. Möglicherweise schlägt er das Ko auf 2, doch nach Schwarz 3 drohen A und B, so dass Weiß verteidigen muss.

Diagramm 5. Schwarz darf die Atari 1 und 3 nicht vor dem Tesuji 5 spielen, denn sonst kann Weiß auf 6 antworten. Danach sind A und B Miai und Schwarz kann nicht mehr ausbrechen.

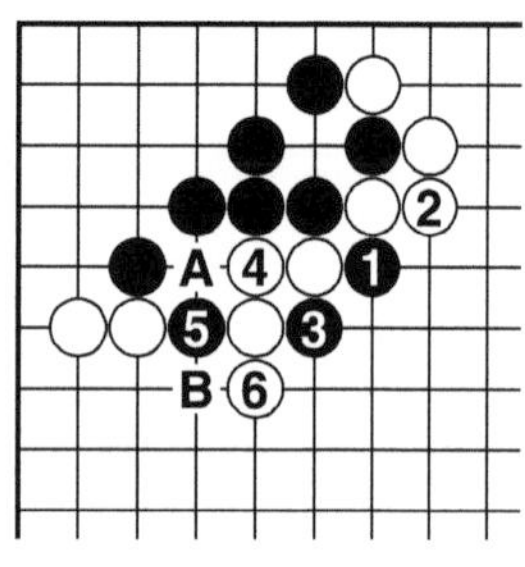

Dia. 5

Problem 1. Schwarz am Zug bricht aus.
Problem 2. Ein anderes Tesuji: Weiß am Zug bricht aus.

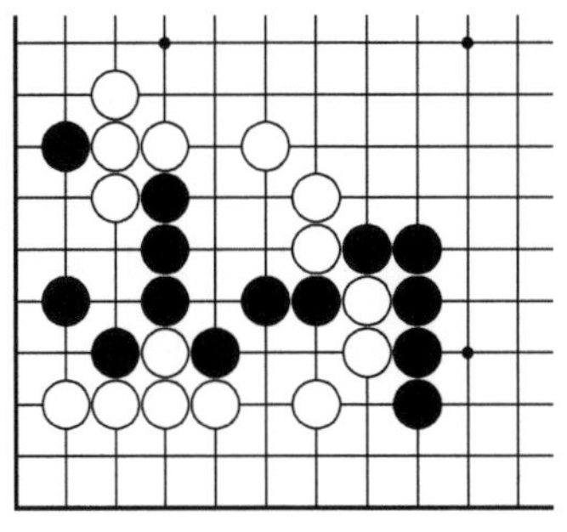

Problem 1

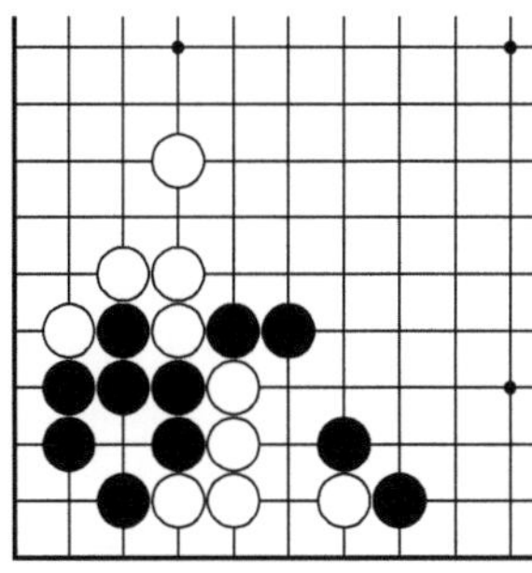

Problem 2

Das Ein-Punkt-Sprung-Tesuji

Diagramm 1. Der weiße Ein-Punkt-Sprung auf 1 ist ein wohlbekanntes Tesuji, um in die Mitte hinauszugelangen. Langsamere Züge schlagen fehl: Weiß A etwa wird mit Schwarz B beantwortet.

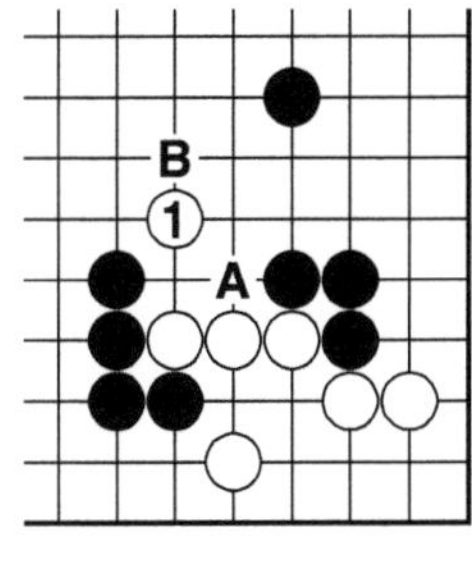

Dia. 1

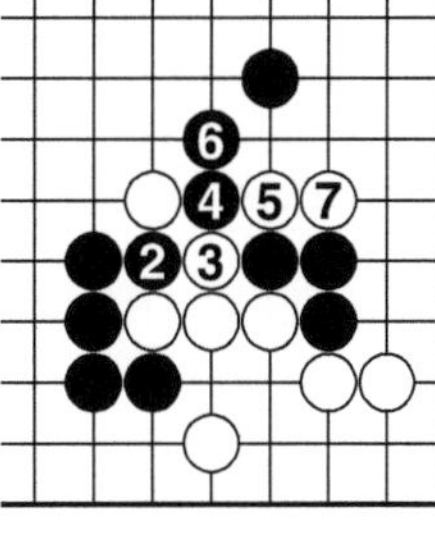

Dia. 2

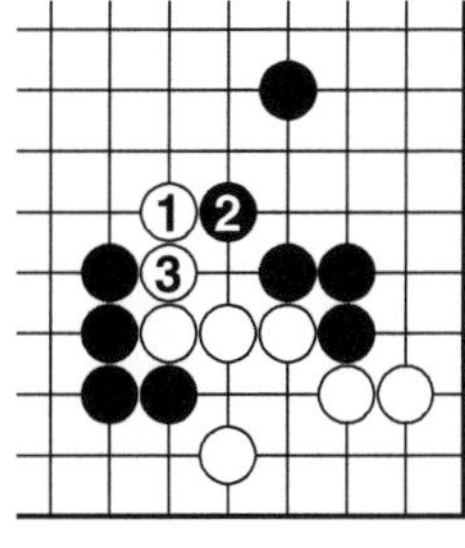

Dia. 3

Diagramm 2. Falls Schwarz mit 2 und 4 zu schneiden versucht, verliert er rechts drei Steine. Beachten Sie, dass Weiß in Diagramm 1 auf der linken Seite herausgesprungen war, also gegenüber der schwarzen Schwachstelle, die das Tesuji möglich machte.

Diagramm 3. Wenn überhaupt, dann soll Schwarz den weißen Sprung mit dem Ohrfeigen-Tesuji hier beantworten. Es hat den Vorteil, dass es einen passiven Antwortzug erzwingt, obwohl natürlich auch der schwarzen Gruppe links eine Freiheit verloren geht.

Problem 1. Schwarz am Zug bricht aus.

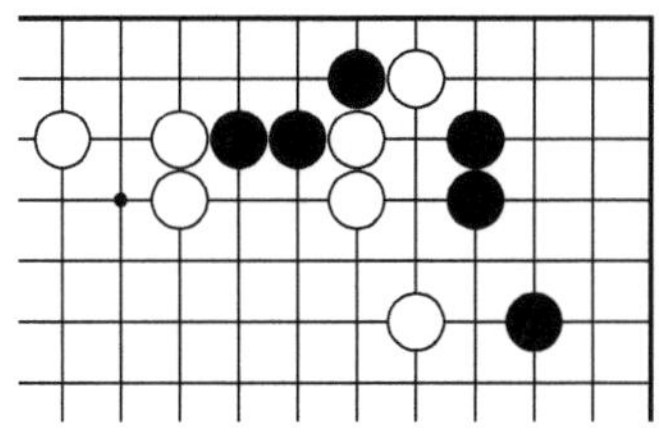

Problem 1

Problem 2. Weiß am Zug bricht aus.

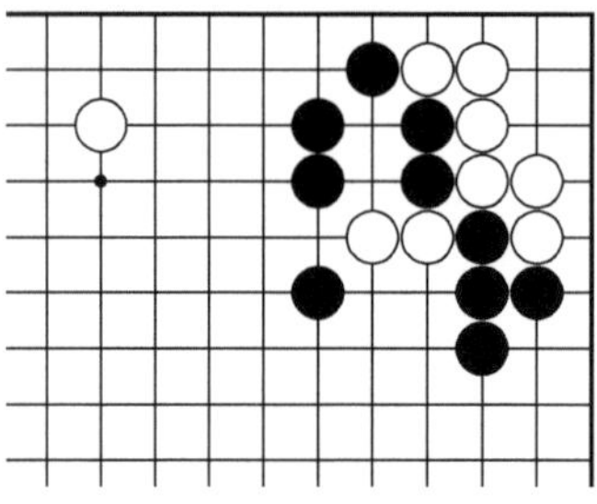

Problem 2

Lösungen zu den Problemen

Keil- und Schnitt-Tesuji

Lösung zu Problem 1. Der Keil auf 1 und das Atari auf 3 sind die Tesuji-Kombination. Spielt Weiß mit 4 auf 5, dann bekommt Schwarz eine Mausefalle.

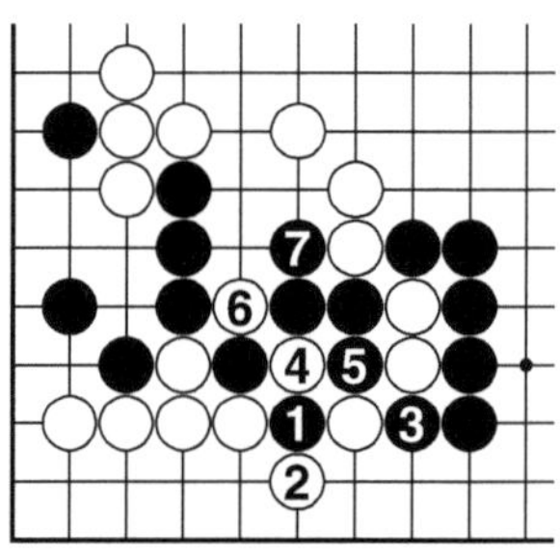

Lösung 1

Lösung zu Problem 2. Weiß muss mit 1 einen Kreuzschnitt spielen. Wenn er statt 1 auf 3 setzt, dann fängt Schwarz mit 5 mindestens vier Steine.

Diagramm 2a. Den größten Widerstand leistet Schwarz mit dem Atari auf 2. Zuweilen funktioniert das auch, doch hier hat Weiß mit der Zugfolge bis 11 einen narrensicheren Ausweg. Einen noch besseren ergibt Weiß 7 auf 8, falls er das Ko nach Schwarz 8 auf 7 übersteht.

Diagramm 2b. Hier ist eine Variante der vorherigen Zugfolge, doch Schwarz 4 verliert genauso.

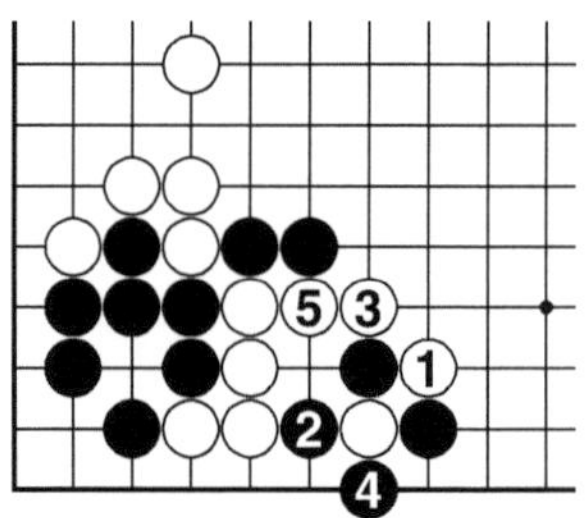

Lösung 2

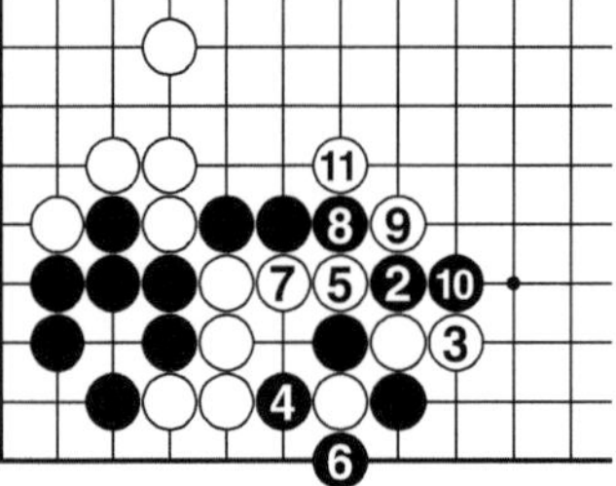

Dia. 2a

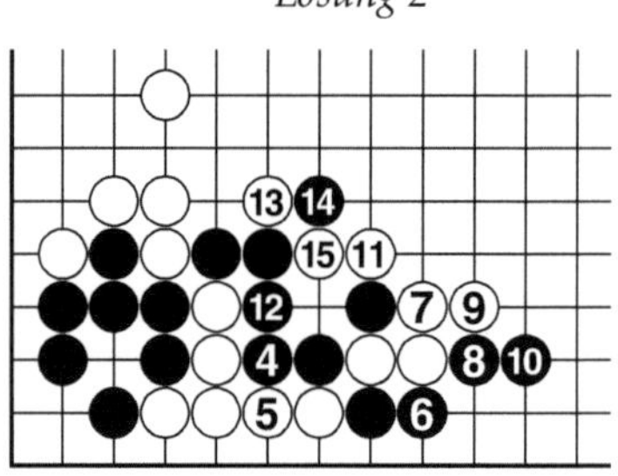

Dia. 2b

Das Ein-Punkt-Sprung-Tesuji

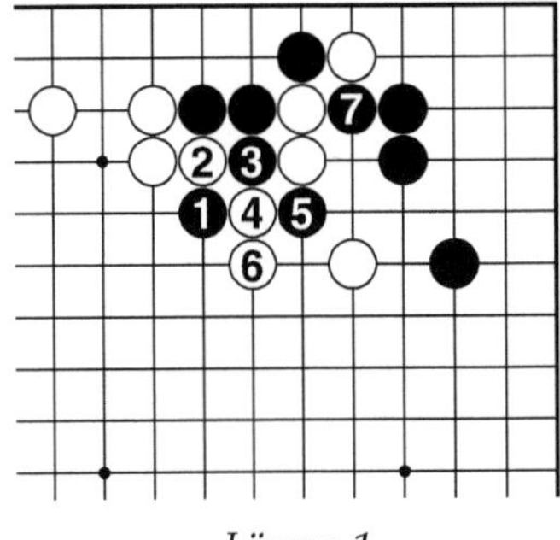

Lösung 1

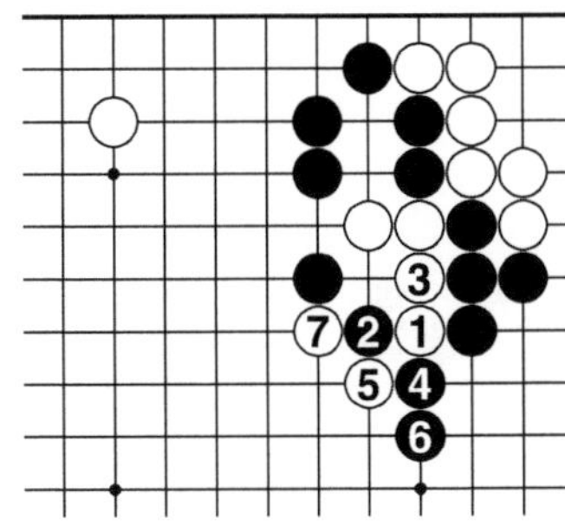

Lösung 2

Lösung zu Problem 1. Nachdem Weiß 2 und so fort nicht zum Erfolg führen, soll Weiß mit 2 auf 4 spielen. Schwarz 1 auf 4 würde übrigens nicht funktionieren.

Lösung zu Problem 2. Weiß 1 ist das Tesuji. Der schwarze Einklemmer auf 2 wird mit Weiß 3, 5 und 7 widerlegt. Wenn Schwarz jetzt verbindet, bricht Weiß auf der linken Seite aus und bedroht die schwarzen Steine am oberen Rand.

Diagramm 2a. Das Problem entsteht nach dieser 3-3-Invasion der Ecke. Aber nachdem Schwarz die zwei weißen Steine mit 16 nicht fangen kann, ist der ganze schwarze Ansatz, auf 2 dagegenzustellen, widerlegt.

Falls Schwarz in dieser Zugfolge mit 14 auf 15 spielt und versucht, die Ecke zu töten, dann folgen Weiß 14, Schwarz A, Weiß B, Schwarz C und Weiß D – und wegen des Steines △ kann Schwarz den Kampf nicht gewinnen. Daher kann Schwarz nichts Besseres tun, als den Austausch 14 für 15 zu spielen und Weiß in der Ecke leben zu lassen. Danach sollte er statt 16 am Rand leben.

Diagramm 2b. Dem entsprechend sollte Schwarz mit 2 auf der anderen Seite spielen und eine Variante verfolgen wie die hier gezeigte.

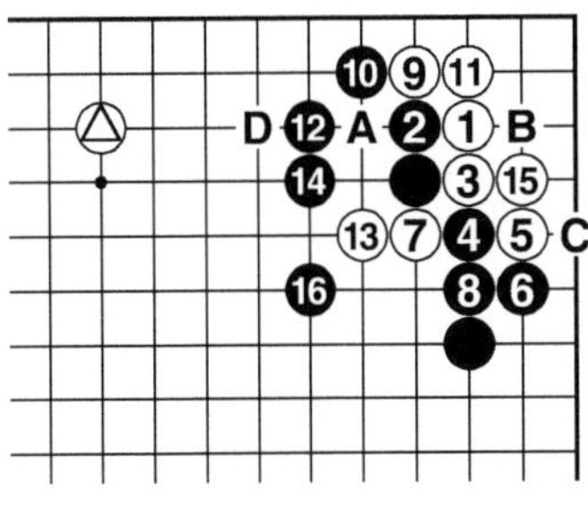

Dia. 2a

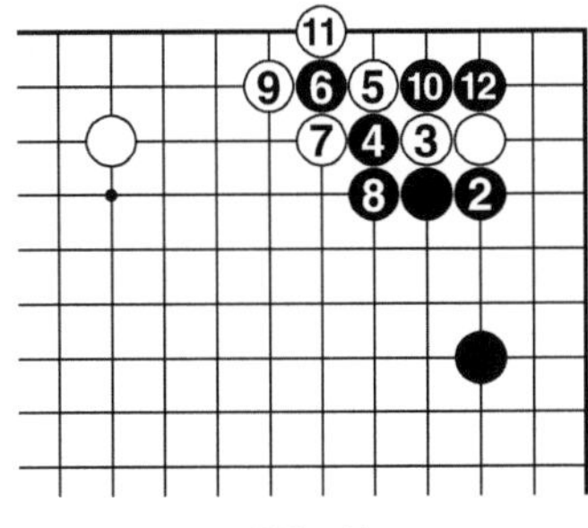

Dia. 2b

Weitere Probleme

In diesen Problemen kommen Keil-, Schnitt-, Ein-Punkt-Sprung- und andere Tesuji vor.

In den Problemen 2 und 7 kommt ein Ko in Betracht. Problem 5 steht unter dem Motto „Ausbrechen oder leben".

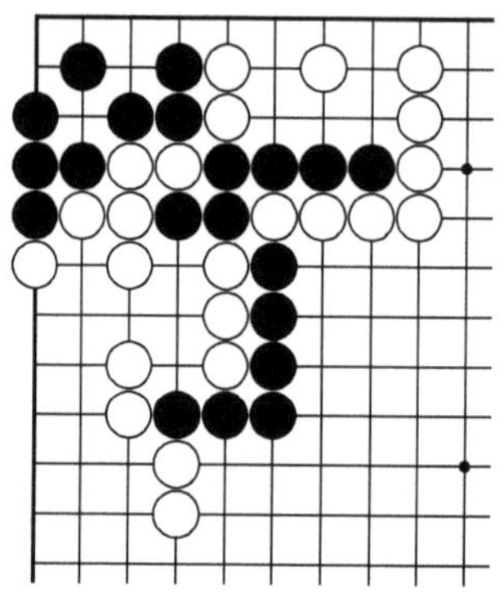

1. Schwarz am Zug

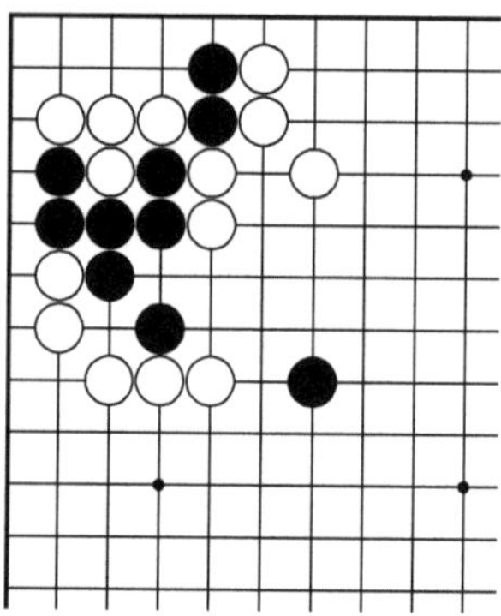

2. Schwarz am Zug

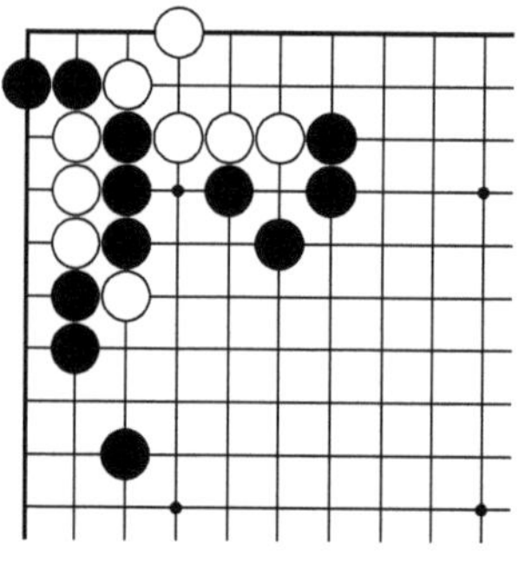

3. Weiß am Zug

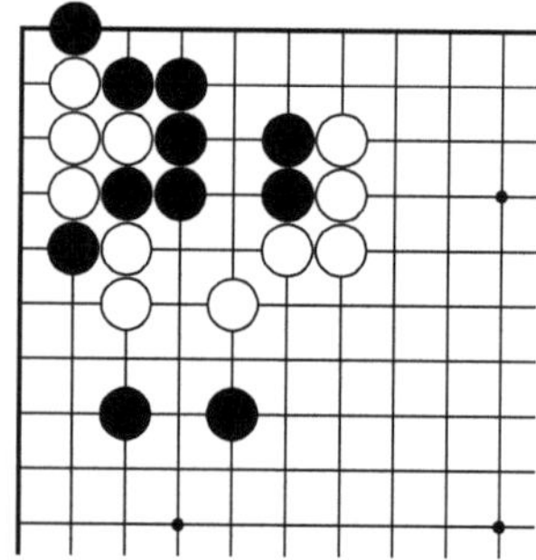

4. Schwarz am Zug

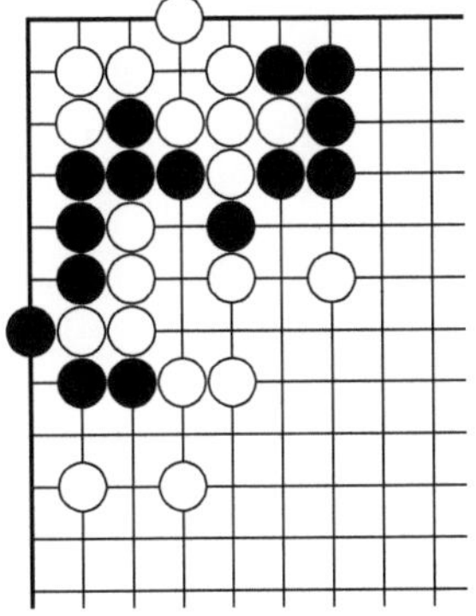

5. *Schwarz am Zug*

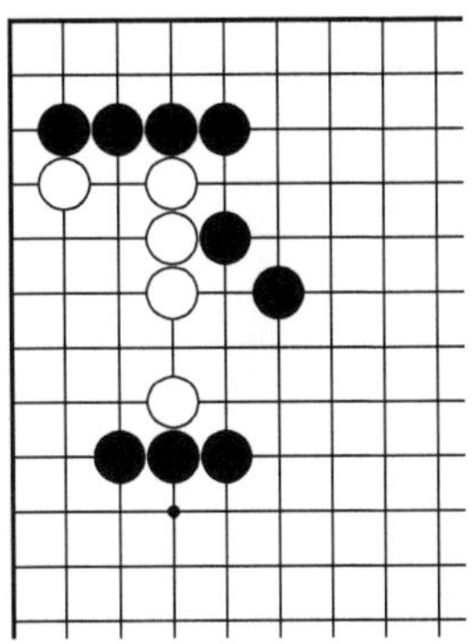

6. *Weiß am Zug*

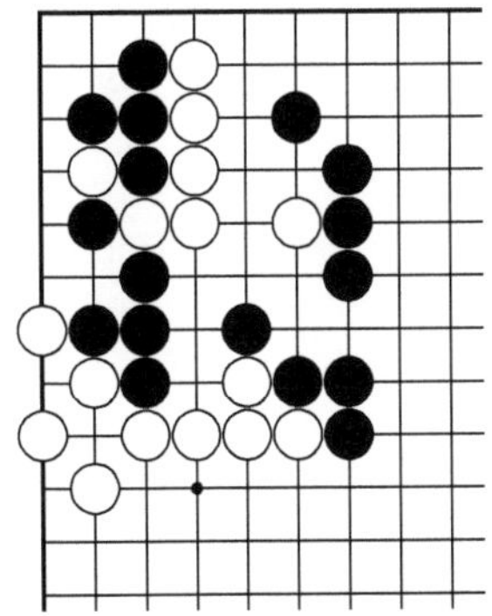

7. *Weiß am Zug*

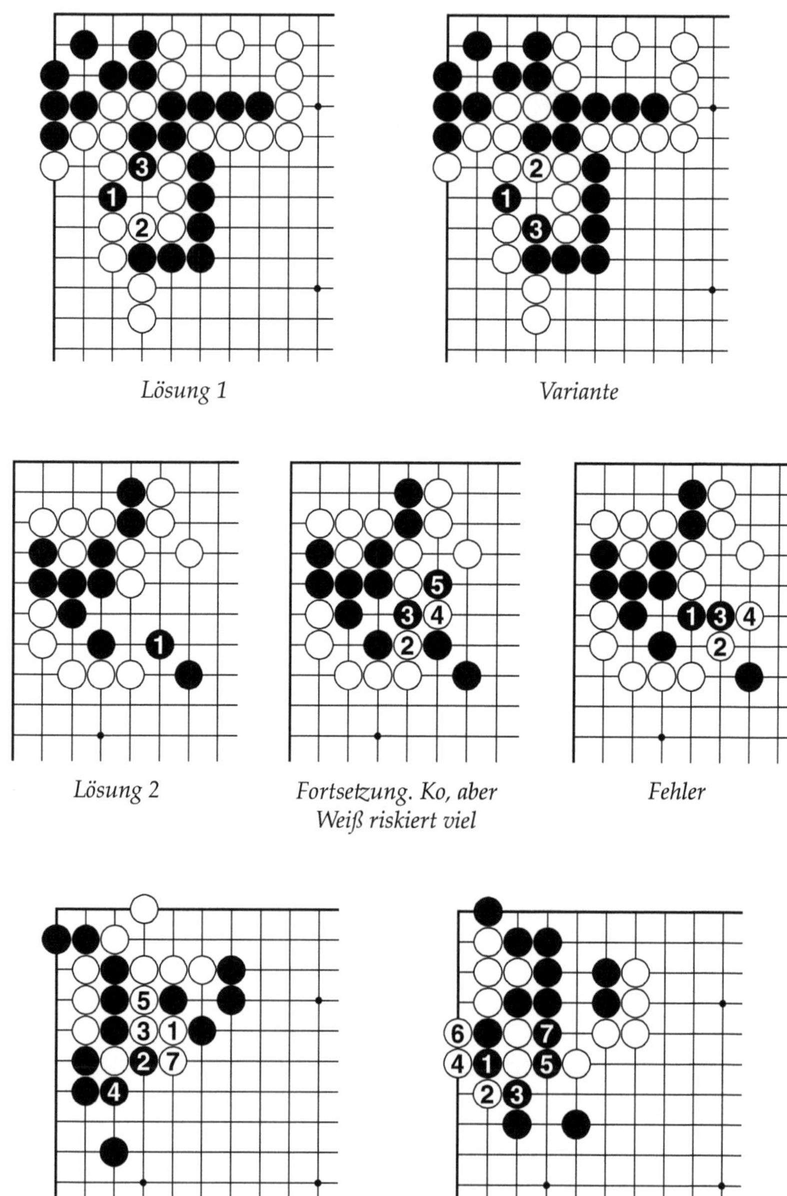

Lösung 1

Variante

Lösung 2

Fortsetzung. Ko, aber Weiß riskiert viel

Fehler

Lösung 3
Schwarz 6 deckt

Lösung 4

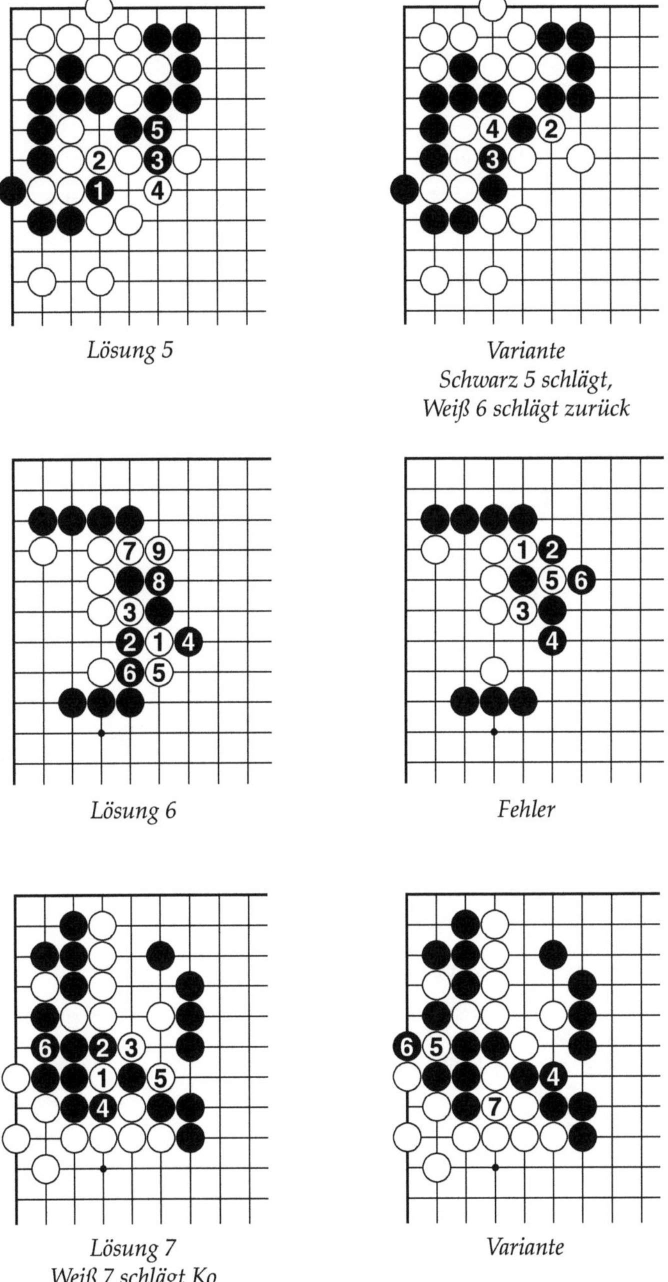

Lösung 5

Variante
Schwarz 5 schlägt,
Weiß 6 schlägt zurück

Lösung 6

Fehler

Lösung 7
Weiß 7 schlägt Ko

Variante

10. Opfern für mehr Tempo

Der Schnitt durch das Keima

Diagramm 1. Weiß droht Schnitte auf A und B an – Schwarz ist in Schwierigkeiten. Wenn er auf A verbindet und Weiß den Zug auf B und somit die Ecke überlässt, dann treibt seine eigene Gruppe ohne Augenform dahin, während die zwei weißen Gruppen verbunden sind.

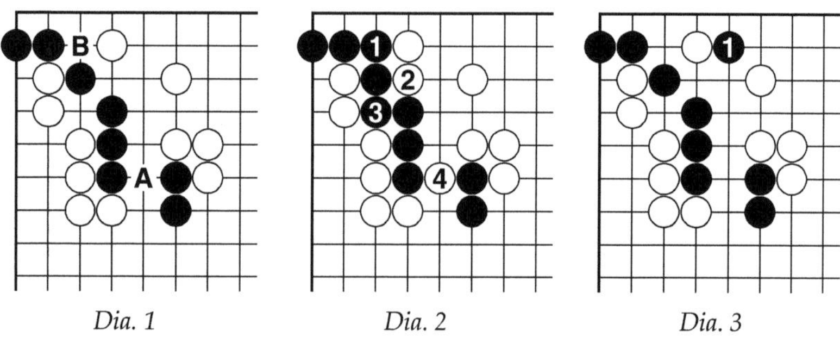

Dia. 1 *Dia. 2* *Dia. 3*

Diagramm 2. Doch wenn Schwarz auf 1 verbindet und sich dann auch noch zu 3 nötigen lässt, gibt er nur noch mehr Steine her. Er muss eine Möglichkeit finden, auf 1 in Vorhand zu verbinden.

Diagramm 3. Das Tesuji dafür ist Schwarz 1, der Schnitt durch das Keima. Dieser Zug ist ein Opfer, das nicht abgelehnt werden kann, da der von Schwarz 1 berührte weiße Stein bedroht ist.

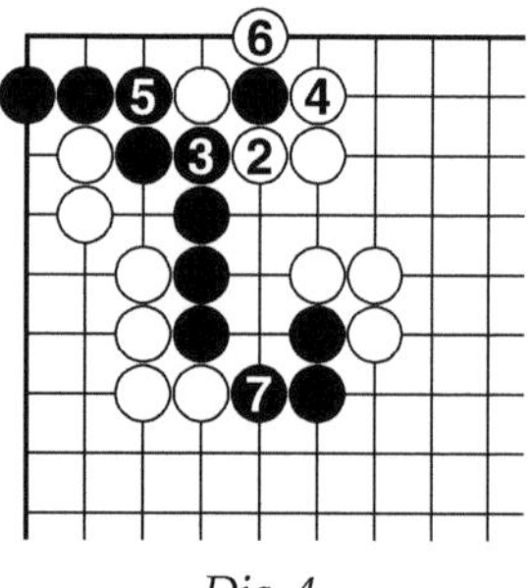

Dia. 4

Diagramm 4. Während Weiß mit 2, 4 und 6 den Opferstein schlägt, kann Schwarz mit 3 und 5 in Vorhand verbinden und schließlich auch auf 7. Jetzt sind alle seine Steine verbunden und er hat ein Auge.

Diagramm 5. Ein weiteres Beispiel: Hier möchte Schwarz am oberen Rand Gebiet erzielen, indem er die Weißen in der Ecke einschließt. In dieser Form kommen drei Züge für Schwarz in Frage, doch der erste (auf A) kann wegen der weißen Antwort B rasch verworfen werden.

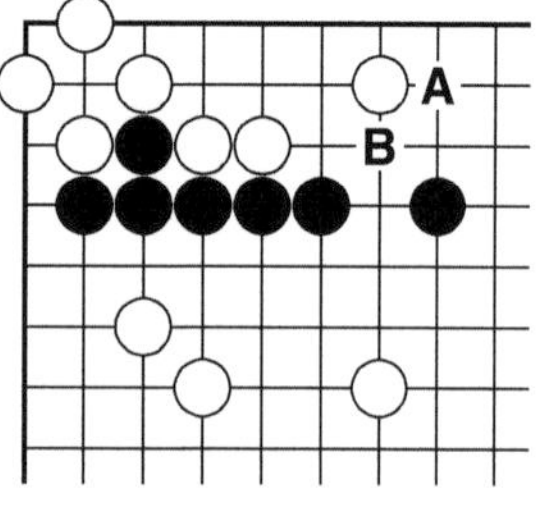

Dia. 5

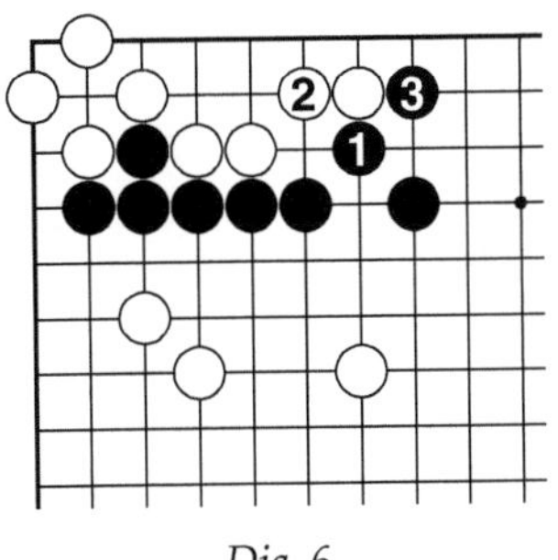

Dia. 6

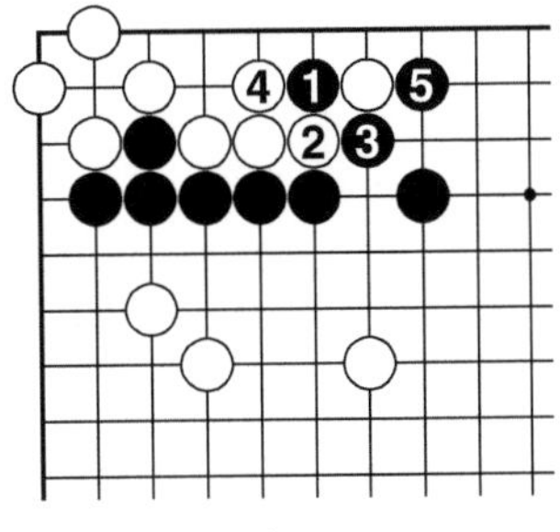

Dia. 7

Diagramm 6. Das legt nahe, Schwarz 1 als zweite Variante zu überlegen. Zwar wird Weiß eingeschlossen, aber so holt Schwarz noch nicht alles aus der Stellung heraus.

Diagramm 7. Der letzte verbleibende Zug ist der beste. Schwarz opfert mit 1 einen Stein – was Weiß 2 in Diagramm 6 verhindert – und setzt mit 3 und 5 fort. Wenn Weiß nach 5 den Opferstein schlägt, hat Schwarz Vorhand. Wenn er nicht schlägt, so steht Schwarz viel besser da als in Diagramm 6. Weiß könnte auch 2 auf 4 versuchen, aber Schwarz kann 3 und 5 genau so spielen wie vorher.

Problem 1. Schwarz am Zug lebt.

Problem 2. Weiß am Zug macht sicheres Gebiet am unteren Rand.

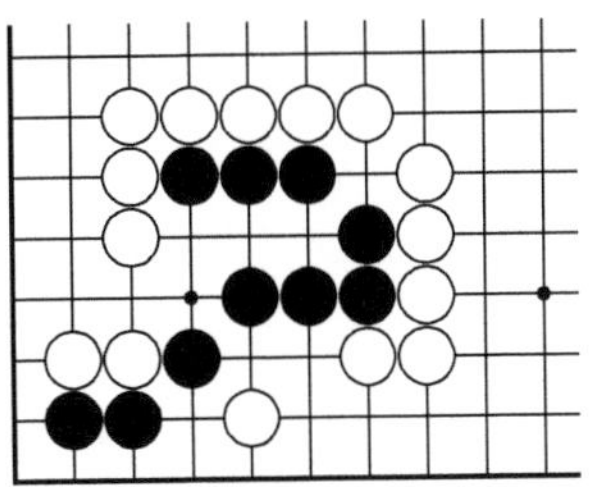

Problem 1

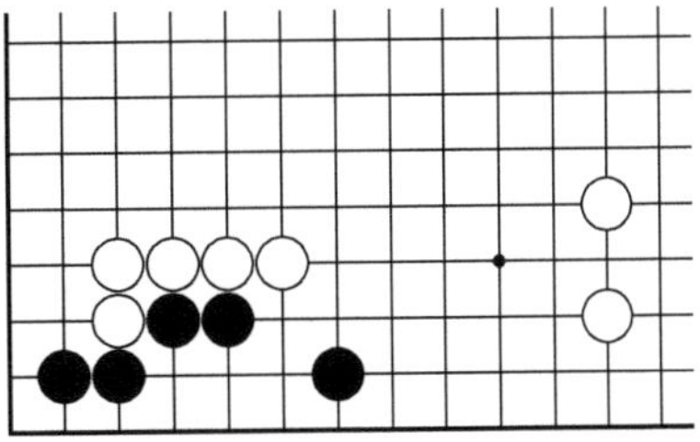

Problem 2

Schneiden, um Tempo zu gewinnen

Diagramm 1. Mit 1 hindert Schwarz zwar die beiden weißen Steine an der Flucht in die Brettmitte, allerdings kann Weiß mit 2 zur Ecke verbinden. Schwarz muss diese Verbindung vor seinem Zug auf 1 verhindern.

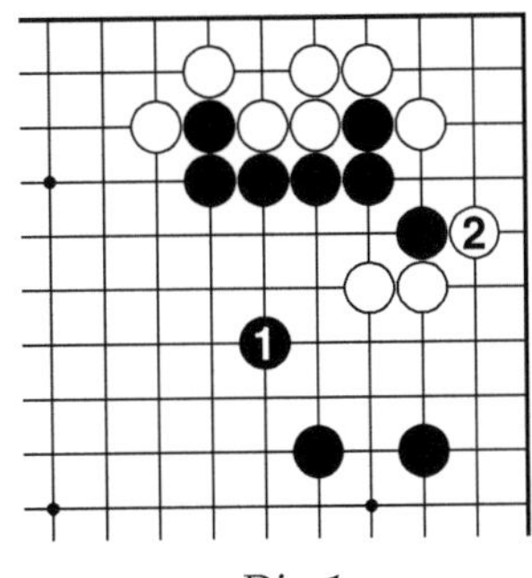

Dia. 1

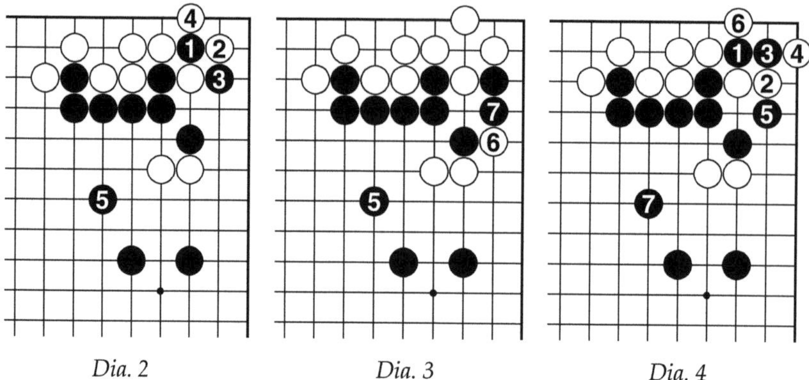

Dia. 2 *Dia. 3* *Dia. 4*

Diagramm 2. Das Tesuji ist das Opfer auf 1. Schwarz 3 schließt die Vorbereitungen ab und jetzt fängt Schwarz 5 die beiden weißen Steine.

Diagramm 3. Weiß 6 wird nun mit Schwarz 7 beantwortet und Weiß kann nicht mehr verbinden. Lokal korrekt ist es für Weiß, die beiden Steine außen aufzugeben und mit 6 auf 7 zu spielen.

Diagramm 4. Falls Weiß auf 2 antwortet und so versucht, seinen Fluchtweg offen zu halten, dann wird Schwarz das Opfer vergrößern und ihn nur noch fester einschließen.

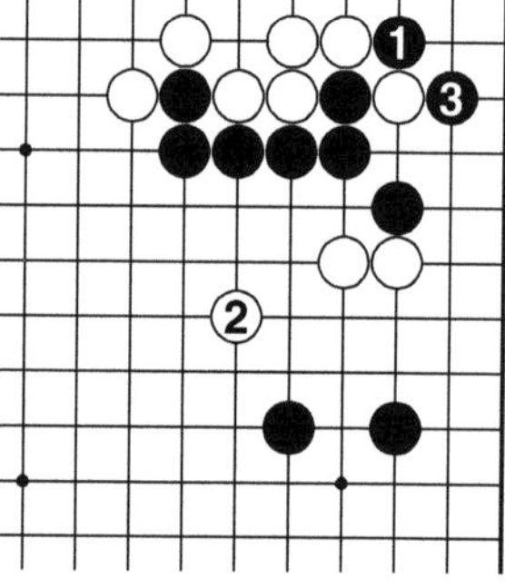

Dia. 5

Diagramm 5. Vielleicht entscheidet sich Weiß dazu, Schwarz 1 zu ignorieren und mit 2 herauszulaufen. Dann kann Schwarz sich mit 3 das Eckgebiet nehmen, sichere Augenform erlangen und die fliehenden schwachen Steine später immer noch jagen.

Diagramm 6. Dieser Versuch mit Schwarz 1 ist ein Fallstrick für Unachtsame. Er sieht wie ein Tesuji aus, führt aber nicht zum Erfolg, wenn Weiß auf die richtige Weise verbindet.

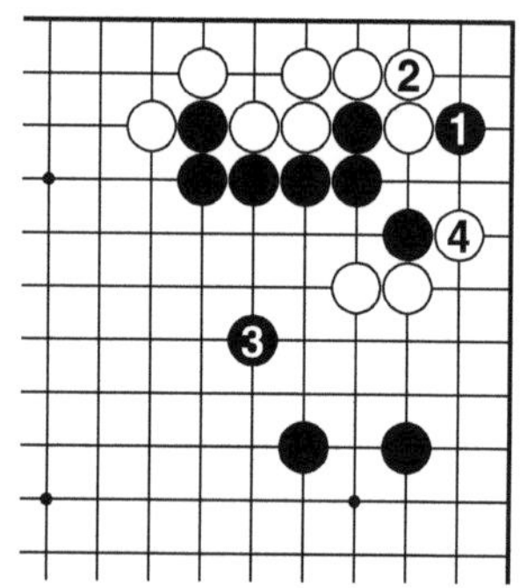

Dia. 6

Problem 1. Weiß am Zug trennt am linken Rand.

Problem 2. Schwarz am Zug hält die weißen Steine getrennt.

Problem 3. Schwarz am Zug. Die vier weißen Steine scheinen in der Lage zu sein, sich mit A oder B zu retten; was kann Schwarz dagegen tun?

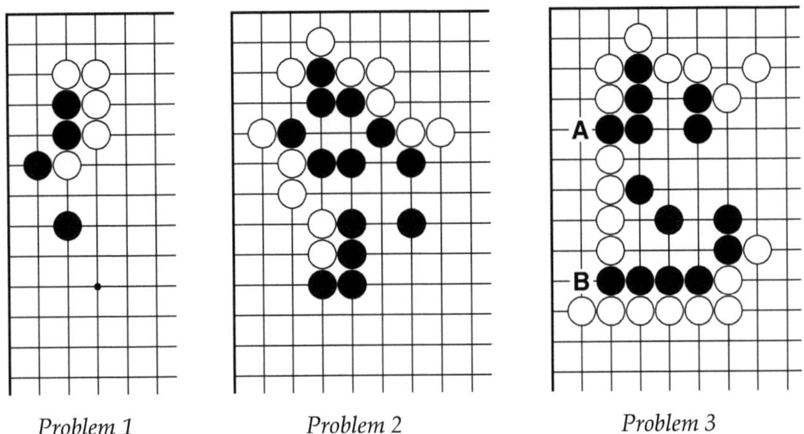

Problem 1 *Problem 2* *Problem 3*

Lösungen zu den Problemen

Der Schnitt durch das Keima

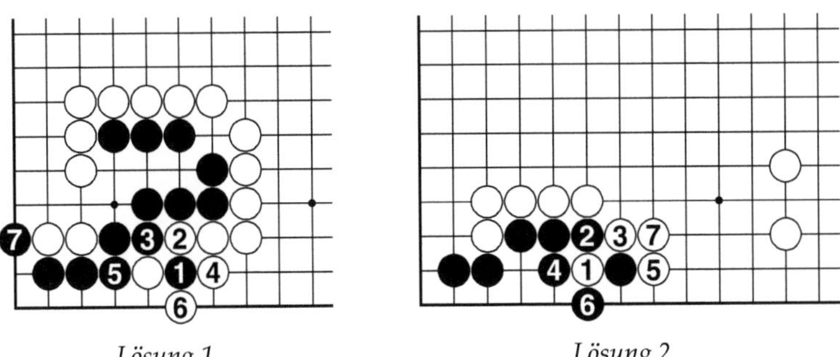

Lösung 1 *Lösung 2*

Lösung 1. Schwarz muss opfern, damit er in Vorhand verbinden kann.

Lösung 2. Wenn Weiß mit 1 auf 3 spielt, folgt Schwarz 1. Nach Weiß 5 müsste Weiß sich dann mit dem Schnitt auf 7 oder dem Einklemmer rechts von 5 auseinandersetzen.

Schneiden, um Tempo zu gewinnen

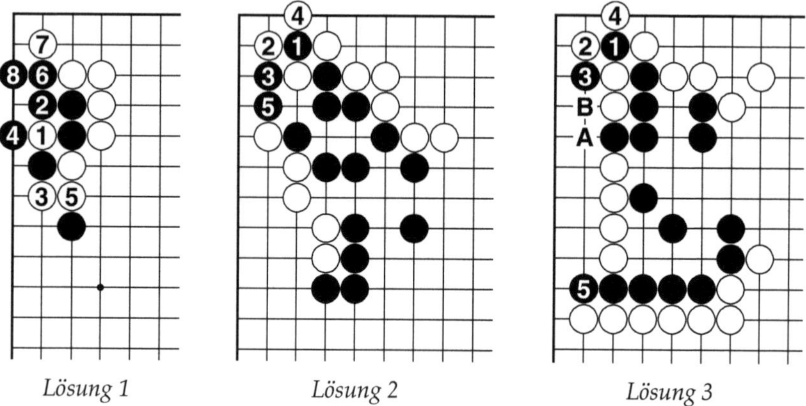

Lösung 1 *Lösung 2* *Lösung 3*

Lösung 1. Durch das Opfer auf 1 wird Weiß 3 Atari (wenn Weiß direkt auf 3 spielt, antwortet Schwarz auf 5), und Schwarz kann gerade so in Nachhand leben.

Lösung 2. Schwarz 1 und 3 sind der einzige Weg.

Lösung 3. Wenn Weiß im Anschluss an 5 noch A versucht, so kann Schwarz auf B antworten. Und Weiß mit 4 auf B spielt, dann gibt Schwarz auf A Atari und hat wieder Zeit für den Zug auf 5.

Weitere Probleme

In den folgenden Problemen sind Opfer aller Art gefragt.

1. Weiß am Zug entwickelt den linken Rand.
2. Schwarz am Zug verteidigt die Ecke.
3. Weiß am Zug schließt die Schwarzen ein.
4. Schwarz am Zug hält die Weißen getrennt.
5. Weiß am Zug verteidigt beide Schnittpunkte A und B.
6. Schwarz am Zug fängt den Schnittstein.
7. Schwarz am Zug zerschneidet die weiße Gruppe, ohne das Zentrum aus dem Blick zu verlieren.
8. Hier ist die richtige Reihenfolge entscheidend.

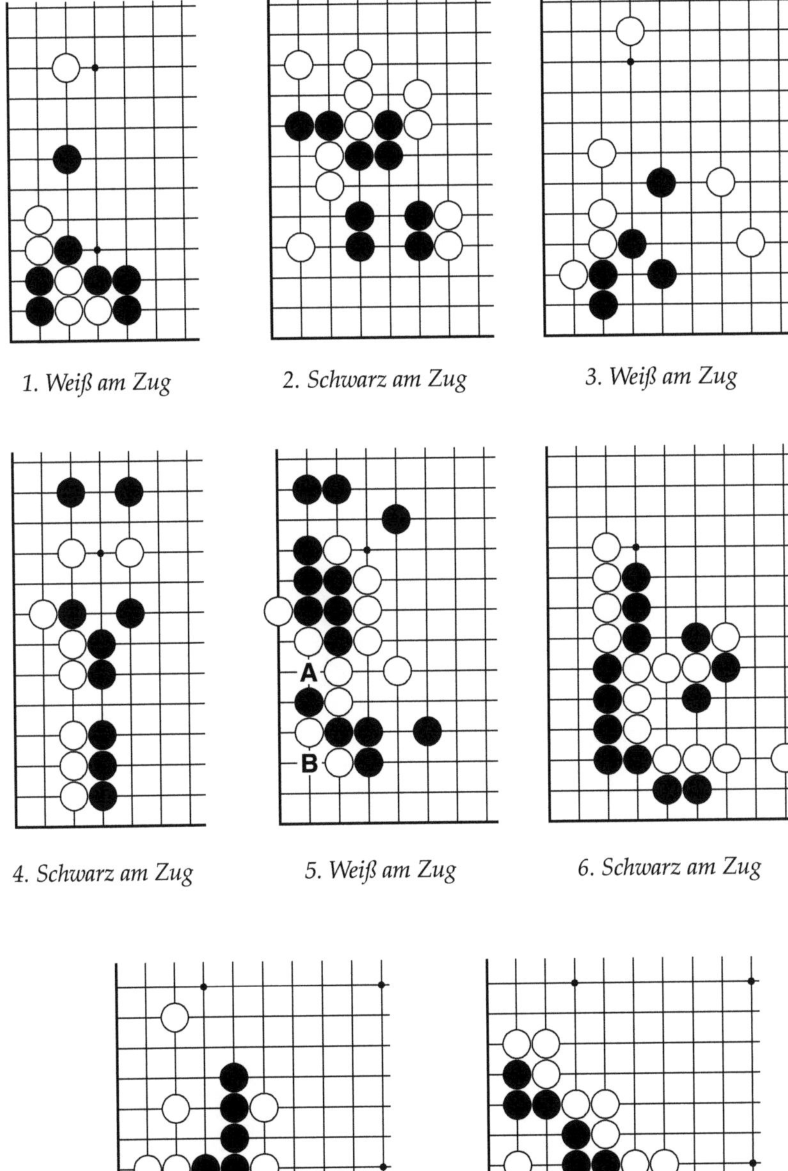

1. Weiß am Zug

2. Schwarz am Zug

3. Weiß am Zug

4. Schwarz am Zug

5. Weiß am Zug

6. Schwarz am Zug

7. Schwarz am Zug

8. Schwarz am Zug

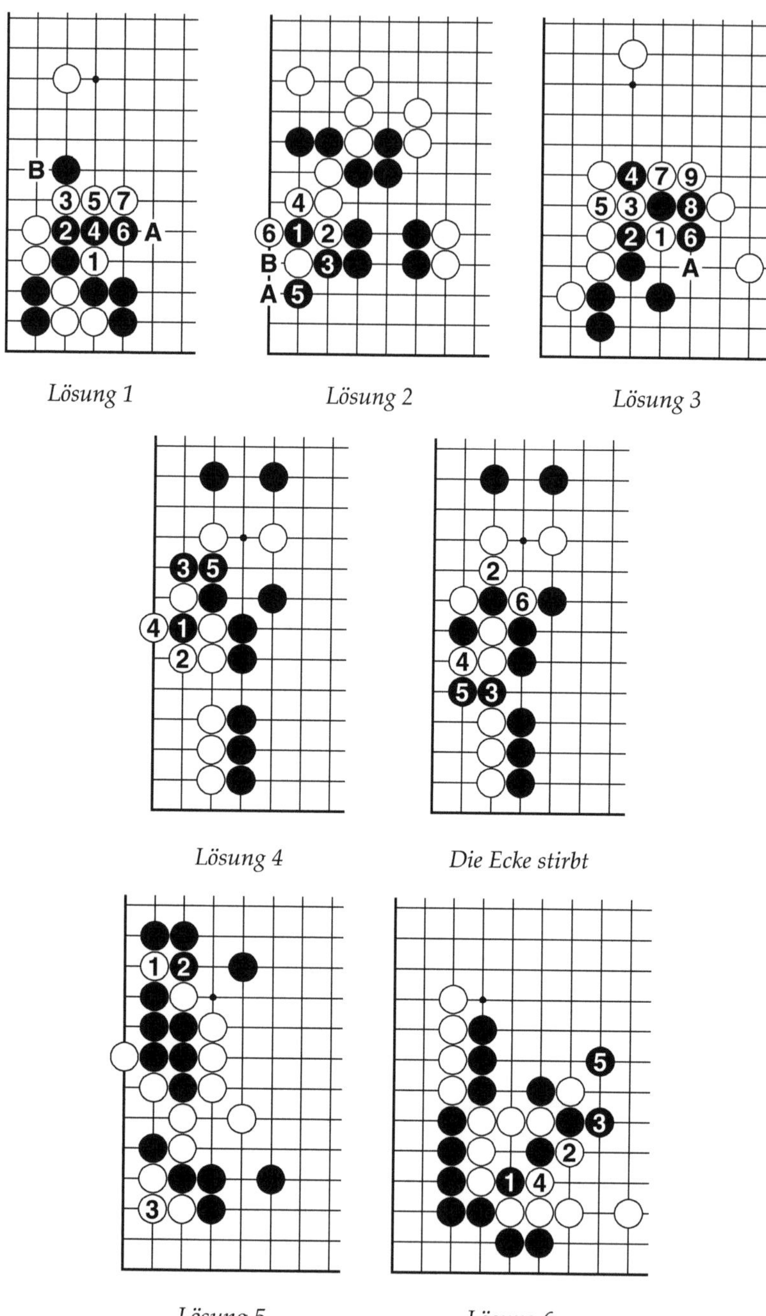

Lösung 1

Lösung 2

Lösung 3

Lösung 4

Die Ecke stirbt

Lösung 5

Lösung 6

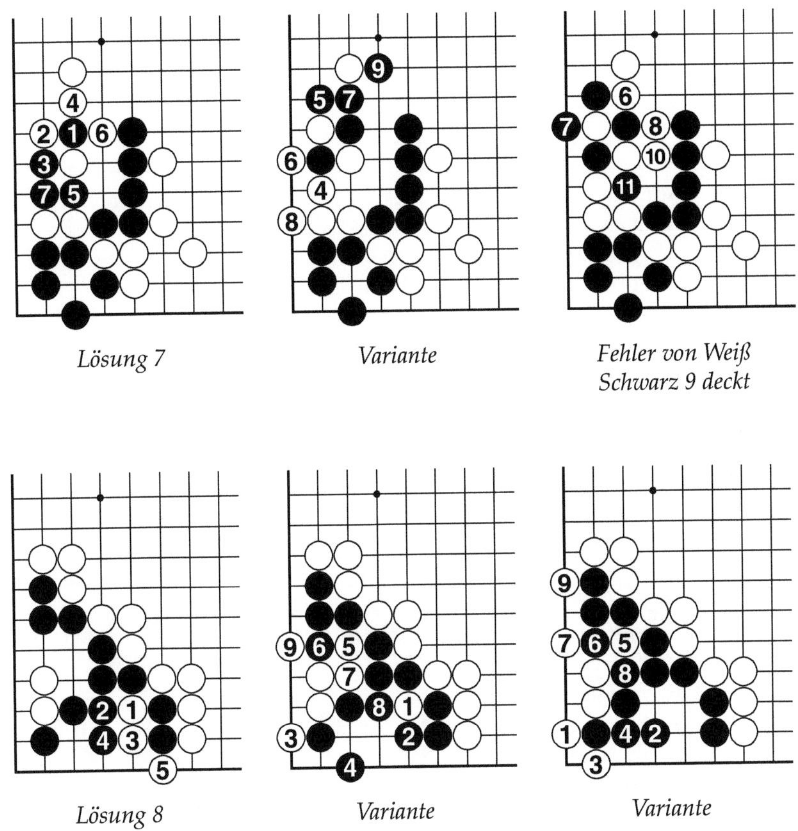

Lösung 7 *Variante* *Fehler von Weiß Schwarz 9 deckt*

Lösung 8 *Variante* *Variante*

Anmerkungen

Problem 1. Nach Weiß 7 lockt zwar das Atari auf A, doch je nach Situation könnte 7 auf B korrekt sein.

Problem 2. Nach 6 ist Schwarz A sehr groß, da Weiß nicht auf B antworten kann.

Problem 3. Beachten Sie die weiße Drohung, mit einem Zug auf A auszuwringen.

11. Angreifen

Ein Angriff auf eine gegnerische Gruppe bedeutet im Normalfall nicht, sie zu zerstören. Meistens geht es entweder darum, sie kraftvoll einzuschließen oder aber, ihr den Augenraum zu rauben und sie so in die Brettmitte hinaus zu jagen. Mit anderen Worten: Der Gegner soll mit der Verteidigung seiner Gruppe beschäftigt werden, während Sie Ihre eigene Position weiterentwickeln.

Das augenstehlende Tesuji

Diagramm 1. Diese Stellung kann in Vorgabepartien vorkommen. Schwarz verfügt nun über einen Zug, der seine zwei Steine am rechten Rand stärkt und gleichzeitig um ein Haar die weiße Gruppe tötet.

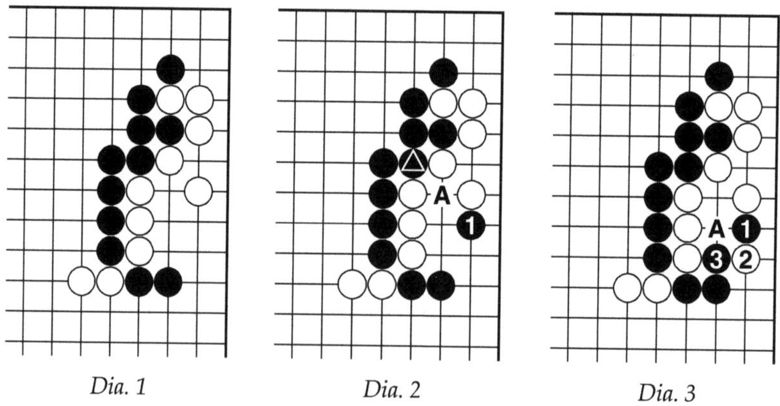

Dia. 1 *Dia. 2* *Dia. 3*

Diagramm 2. Dieser mächtige Zug ist Schwarz 1. Er wird das „augenstehlende Tesuji" genannt, weil er zusammen mit ▲ das mögliche Auge auf A unecht macht.

Diagramm 3. Wie soll Weiß auf Schwarz 1 antworten? Fangen lässt der Stein sich nicht: Nach Schwarz 3 kann Weiß wegen Freiheitsnot nicht auf A spielen. Noch schlimmer, Schwarz droht mit einer Mausefalle.

Diagramm 4. Wenn Weiß mit 2 in die Ecke kriecht, so lässt Schwarz mit 3 ein weiteres augenstehlendes Tesuji auf ihn los.

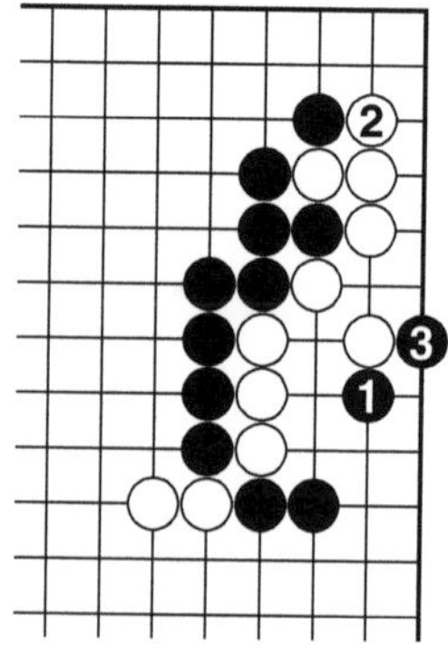

Dia. 4

Diagramm 5. Während Weiß auf 4 Leben macht, fängt Schwarz mit 5 die wertvollen Schnittsteine. Nach Schwarz 7 kann Weiß wegen Freiheitsnot nicht verbinden.

Diagramm 6. Die beste Antwort für Weiß ist, seine Gruppe mit 2 zu retten, doch er wird fest eingeschlossen. Nun wird auch schon Augenform für Schwarz erkennbar, weil er über den Vorhandzug auf A verfügt.

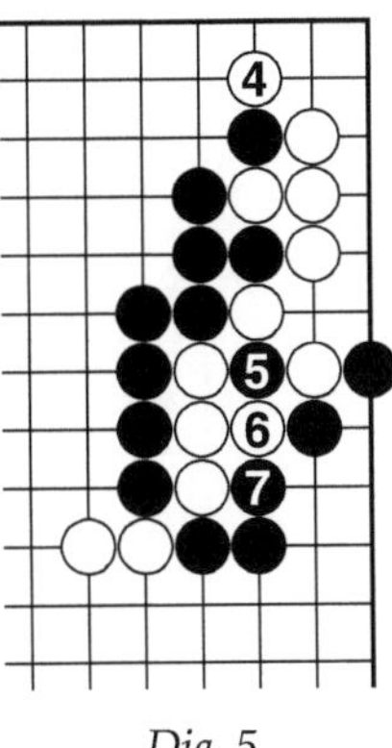

Dia. 5

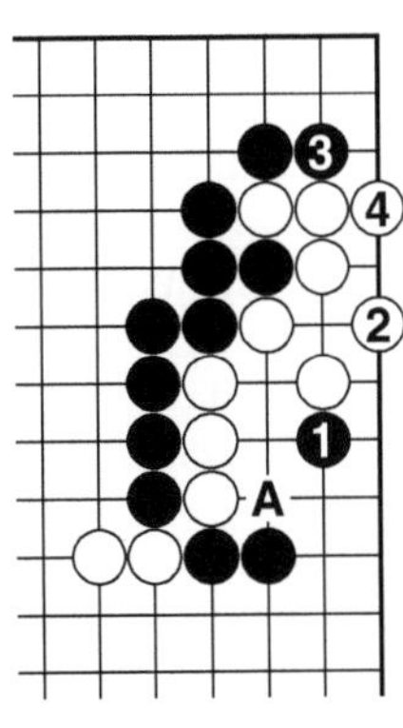

Dia. 6

Problem 1. Weiß am Zug.
Problem 2. Weiß am rechten Rand am Zug.
Problem 3. Schwarz am rechten Rand am Zug.

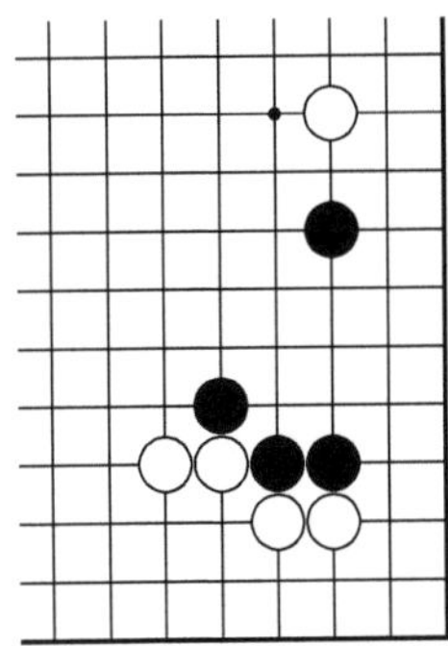

Problem 1

Problem 2

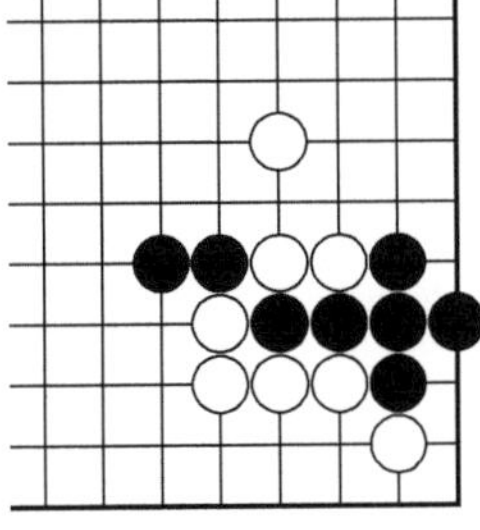

Problem 3

Das Fallschirm-Tesuji

Diagramm 1. Auch wenn Schwarz die weiße Gruppe wohl nicht fangen kann, so kann er sie doch mit Sicherheit hinaus jagen. Er verfügt über ein Tesuji, das den Weißen sämtlichen Augenraum am linken Rand wegnimmt.

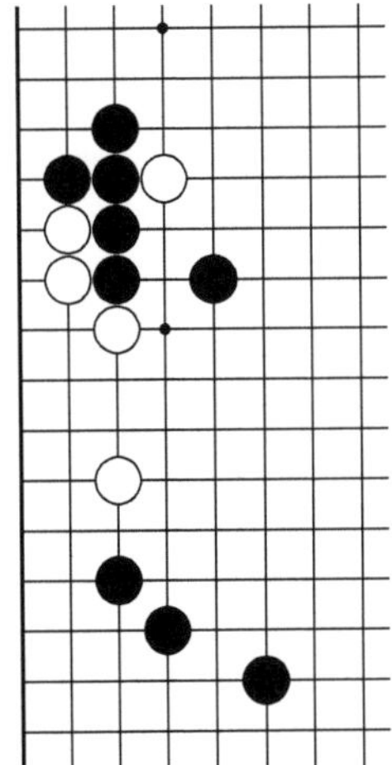

Dia. 1

Diagramm 2. Schwarz 1 trifft den richtigen Punkt. Falls Weiß auf 2 deckt, kann Schwarz mit 3 zu seiner Ecke verbinden. Weiß kann das nicht mit A verhindern, weil Schwarz dann auf B spielt. Weiß hat seinen Augenraum eingebüßt und muss fliehen.

Diagramm 3. Falls Weiß auf 2 hier spielt, sollte Schwarz nicht mit Schwarz 4 zwei Steine in Nachhand fangen, denn es folgt Weiß 3. Vielmehr soll er auf 3 zurückstrecken, was auf ein ähnliches Ergebnis hinausläuft wie zuvor.

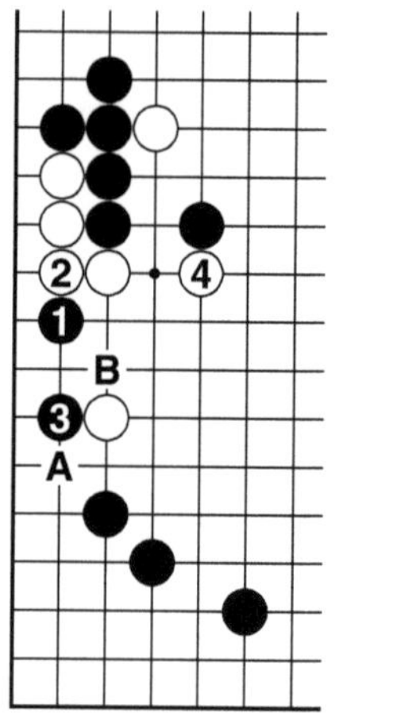

Dia. 2

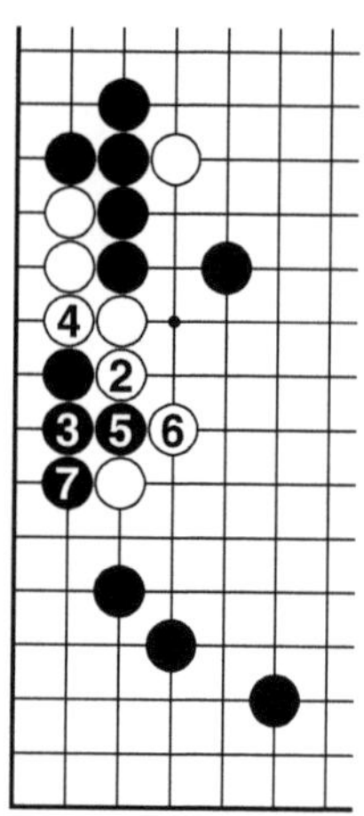

Dia. 3

Problem 1. Weiß am oberen Rand am Zug.
Problem 2. Schwarz in der Ecke am Zug.

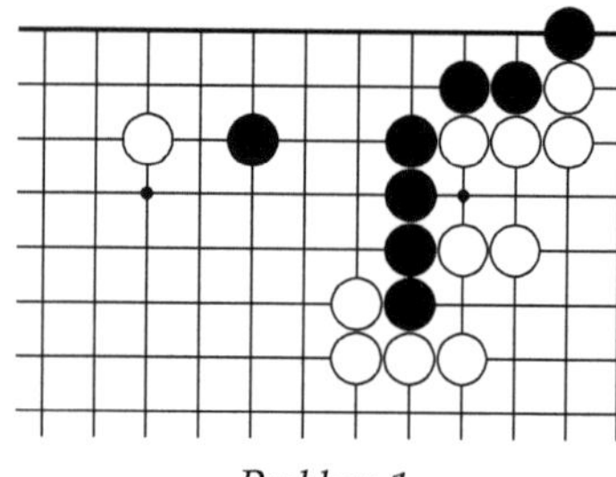
Problem 1

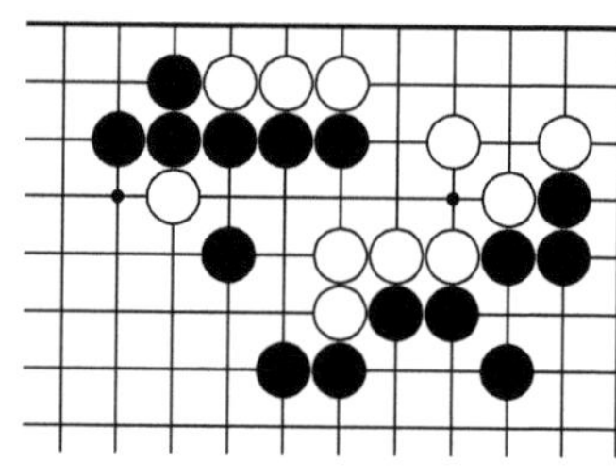
Problem 2

Zum Fangen Abstand halten

Diagramm 1. Das augenstehlende Tesuji auf 1 nötigt Weiß, auf 2 zu verbinden, und der schwarze Angriff ist in vollem Gange. Die Frage ist, wo der nächste schwarze Stein hingehört.

Diagramm 2. Spielt Schwarz das Hane auf 3, dann wird Weiß mit 4 loskrabbeln und es wird nicht so einfach, ihn

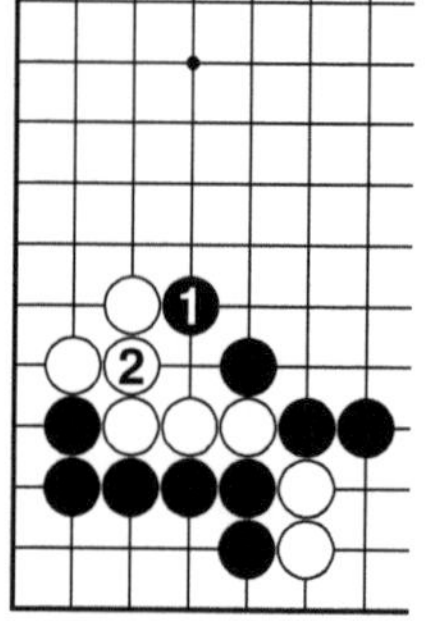

Dia. 1

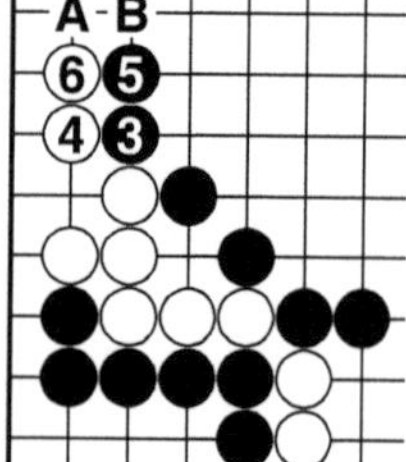

Dia. 2

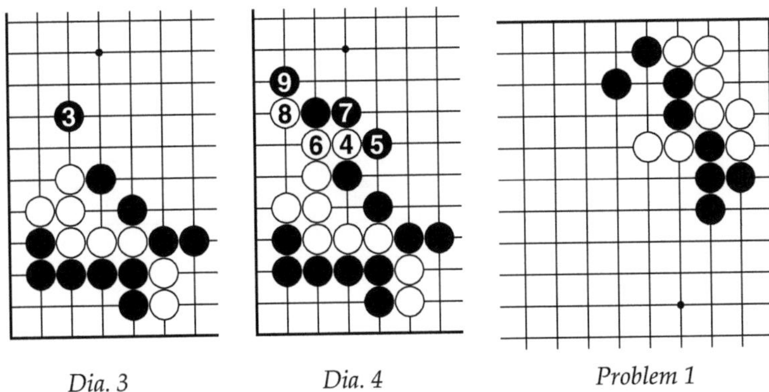

Dia. 3 Dia. 4 Problem 1

aufzuhalten. Versucht Schwarz es nach Weiß 6 mit A, dann könnte Weiß möglicherweise mit B schneiden – oder zumindest den Stein A mit C einklemmen und die Flucht fortsetzen.

Diagramm 3. Die Lösung besteht darin, einen Punkt weiter weg zu bleiben. Das ist eine Art Fallschirm-Tesuji.

Diagramm 4. Schwarz beantwortet 4 mit 5, 6 mit 7 und 8 mit 9, weiter kommt Weiß nicht. Seine Gruppe ist tot.

Problem 1 (oben rechts). Weiß am Zug fängt.

Das Doppel-Hane-Tesuji

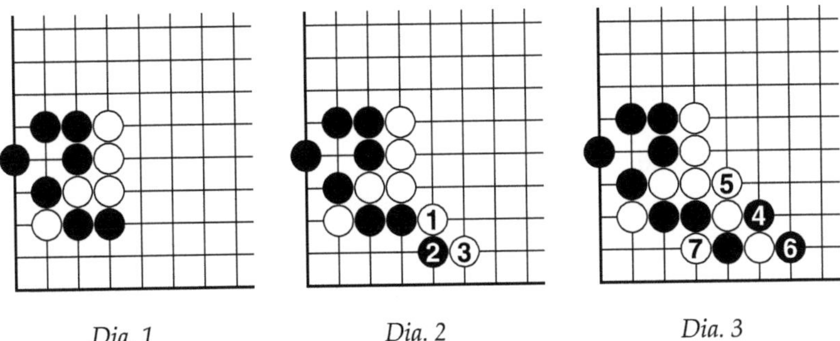

Dia. 1 Dia. 2 Dia. 3

Diagramm 1. In dieser Stellung kann Weiß zwar nicht die schwarze Augenform angreifen, aber er kann die Schwarzen fest am unteren Rand einschließen.

Diagramm 2. Das Tesuji beginnt mit dem Hane Weiß 1 und geht mit 3 weiter, einem zweiten Hane.

Diagramm 3. So kann Schwarz zwar 4 und 6 spielen und einen Stein fangen. Aber das kann Weiß sich leisten, weil 7 ein Doppel-Atari ist.

Diagramm 4.

Das Doppel-Hane-Tesuji bringt immer die Option eines solchen Austauschs mit sich, und zuweilen ist der für den Gegner auch die beste Wahl. Hier hingegen scheint Weiß doch mehr von dieser Variante zu haben.

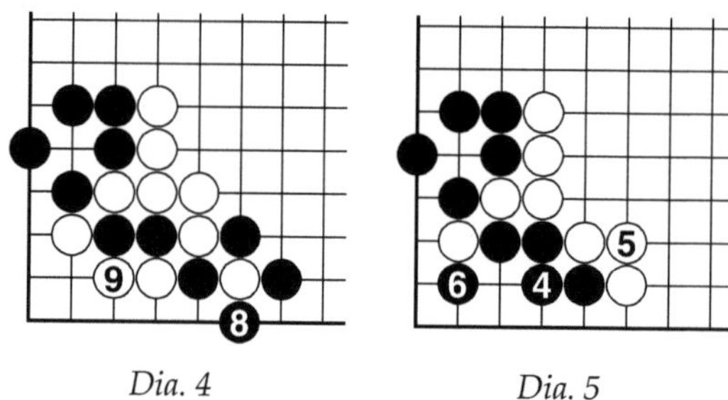

Dia. 4 *Dia. 5*

Diagramm 5. Somit sollte Schwarz lieber auf 4 verbinden und Weiß mit 5 das Gleiche zugestehen. Weiß behält die Vorhand, weil Schwarz mit 6 noch einmal verteidigen muss.

Problem 1. Schwarz am Zug greift an und stellt Weiß vor die Wahl, entweder die Ecke aufzugeben oder fest eingeschlossen zu werden.

Problem 2. Weiß am Zug schließt den linken Rand ab. Bei diesem „Doppel-Hane"-Tesuji ist der erste Zug gar kein Hane.

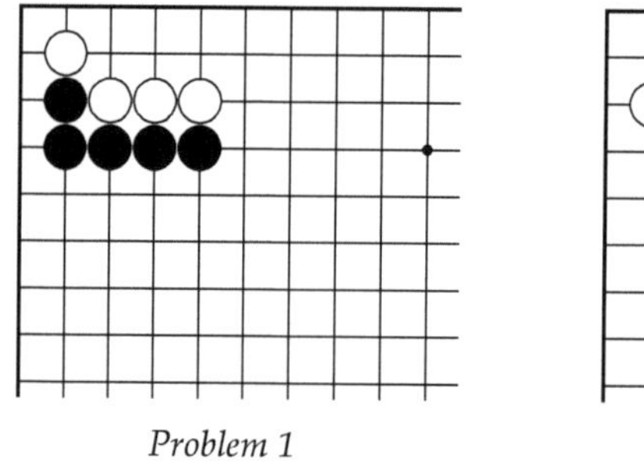

Problem 1

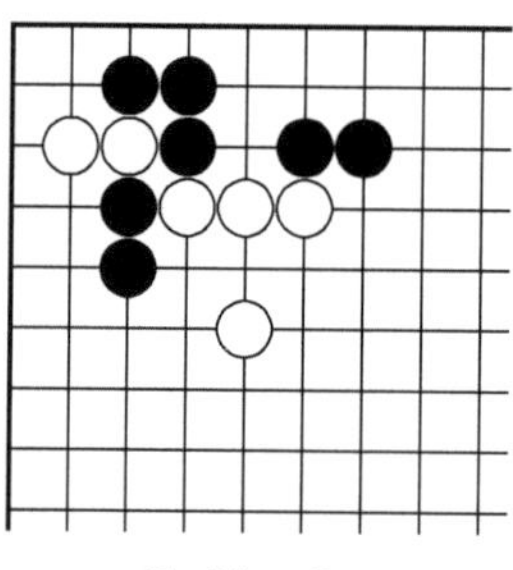

Problem 2

Das augenstehlende Einklemm-Tesuji

Diagramm 1. Können Sie in dieser Stellung den richtigen Angriffszug für Weiß finden? Ein Atari auf A würde Schwarz nur zu zwei Augen verhelfen.

Diagramm 2. Und so aus dem Atari herauszulaufen wäre ein noch schlimmerer Fehler, der dem Freund mehr schadet als dem Feind. Weiß muss geschickter vorgehen.

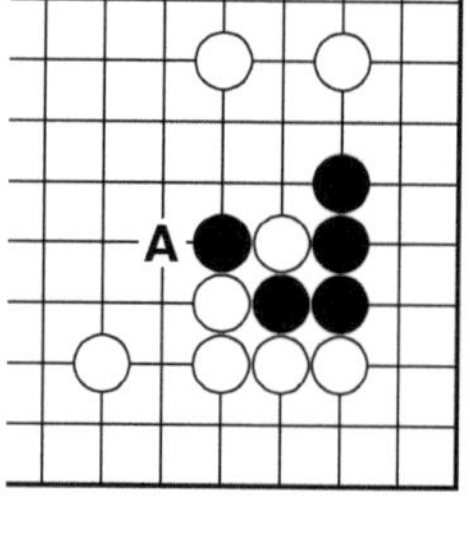

Dia. 1

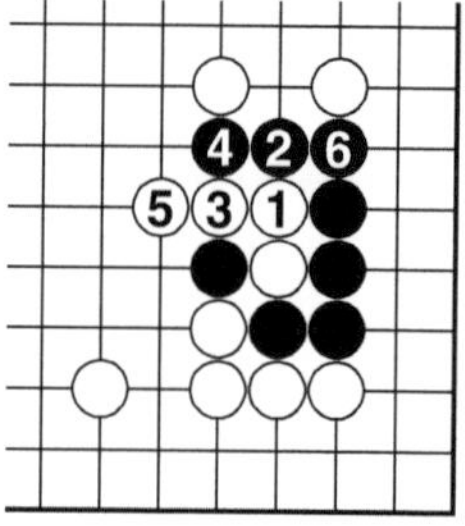

Dia. 2

Diagramm 3. Weiß 1 macht das schwarze Auge bei ◬ unecht – das ist das augenstehlende Einklemm-Tesuji. Wenn Sie es einmal vor sich sehen, wird seine Stärke offenbar.

Dia. 3

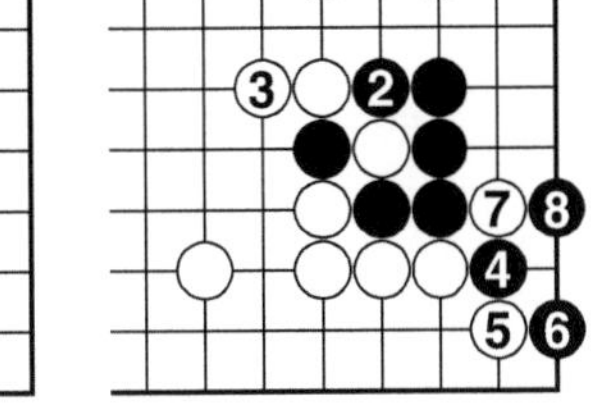

Dia. 4

Diagramm 4. Schwarz schlägt mit 2, doch Weiß 3 hält ihn von der Flucht ab; er ist jetzt sehr in Nöten, zwei Augen zu bekommen. Ein Ko mit 4, 6 und 8 ist noch die beste Wahl für ihn.

Problem 1. Schwarz am Zug. Die Ecke lässt sich zwar nicht töten, doch Schwarz kann sie auf beiden Seiten einschließen.

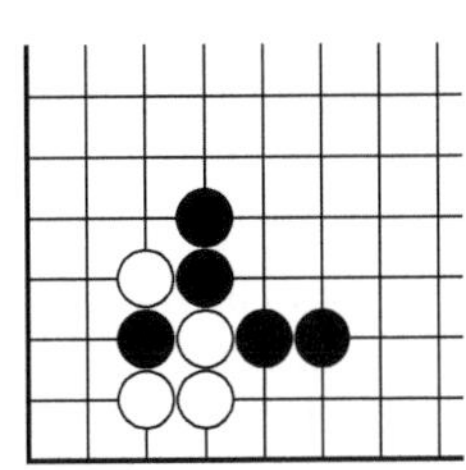

Problem 1

Lösungen zu den Problemen

Das augenstehlende Tesuji

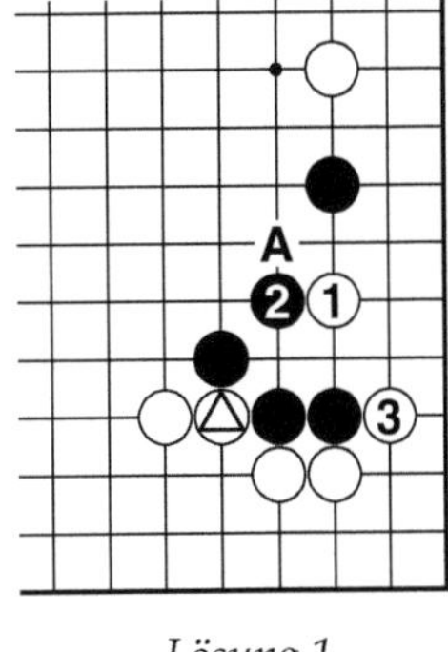

Lösung 1

Dia. 1a

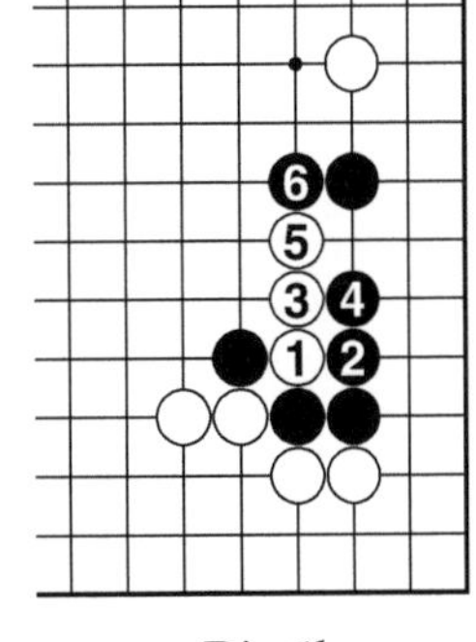

Dia. 1b

Lösung 1. Weiß 1 bildet zusammen mit Weiß ◬ das augenstehlende Tesuji. Falls Schwarz auf 2 antwortet, kann Weiß mit 3 unten herum verbinden. Schwarz hat seinen Augenraum eingebüßt und muss sich jetzt wegen der Drohung Weiß A sorgen.

Diagramm 1a. Spielt Schwarz auf 2, um die Verbindung zu verhindern, dann wird der weiße Angriff nur noch heftiger. Und wenn Schwarz mit 2 auf A spielt, kann Weiß auf B antworten.

Diagramm 1b. Mit Weiß 1 zu schneiden bringt nicht viel ein.

Lösung 2. Weiß 1 ist das augenstehlende Tesuji. Weiß entwickelt so seine eigene Gruppe, während den Schwarzen in der Ecke nur ein Auge bleibt.

Lösung 3. Schwarz 1 ist das augenstehlende Tesuji und Schwarz 3 eine starke Fortsetzung. Weiß ist in Schwierigkeiten.

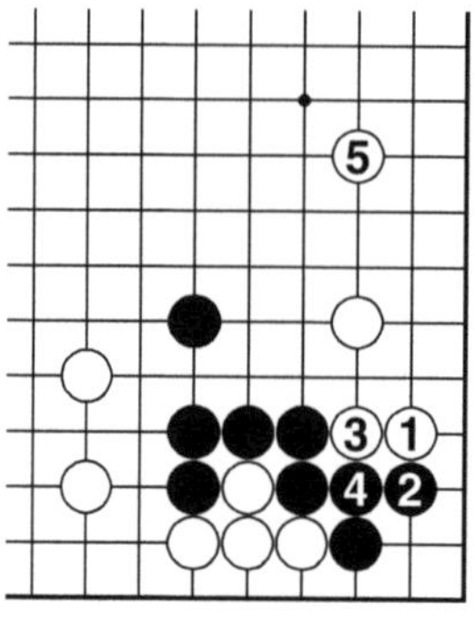

Lösung 2

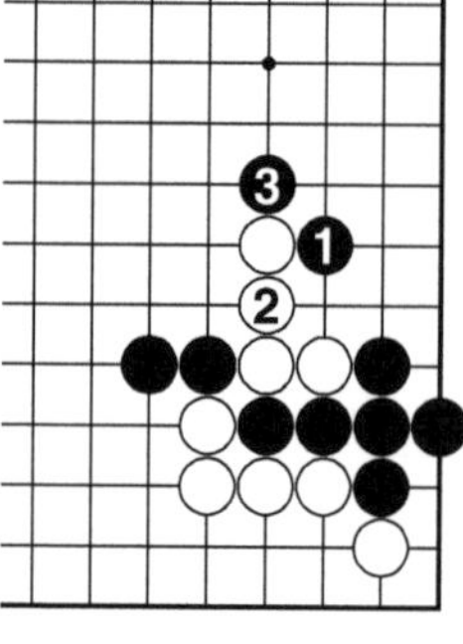

Lösung 3

Das Fallschirm-Tesuji

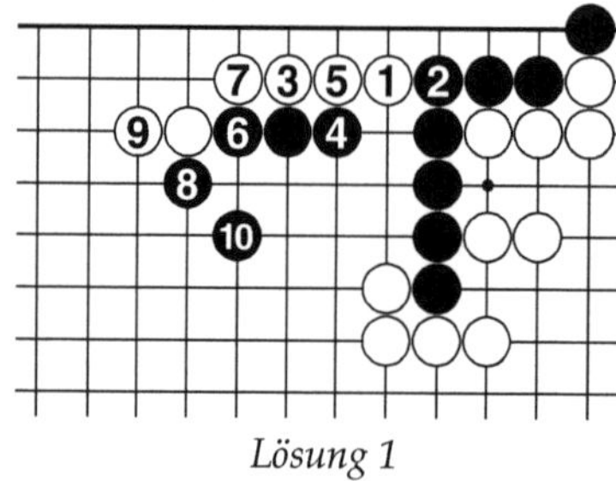

Lösung 1

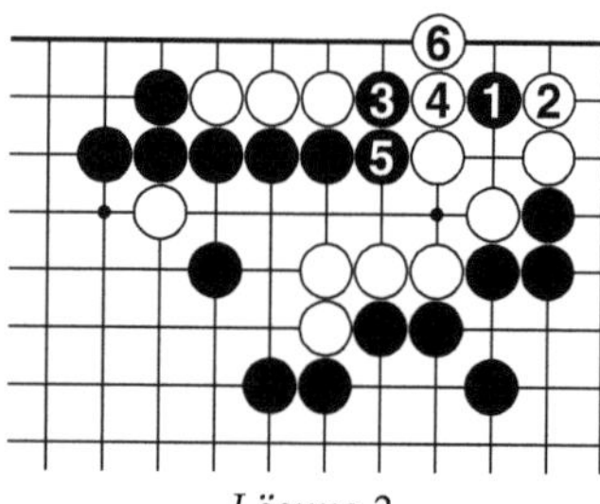

Lösung 2

Lösung 1. Mit 1 nimmt Weiß am oberen Rand eine Menge Gebiet und lässt die Schwarzen mit ungewisser Augenform zurück.

Lösung 2. Schwarz 1 und 3 bilden eine Tesuji-Kombination, die Weiß zwingt, seine drei Steine erst einmal im Stich zu lassen und klein zu leben.

Diagramm 2a. Wenn Weiß spielt wie hier, bekommt er ein noch schlechteres Ergebnis.

Diagramm 2b. Weiß hat zwar auch diese Variante zur Verfügung, riskiert aber Schwarz A, Weiß B, Schwarz C und damit ein Ko auf Leben und Tod.

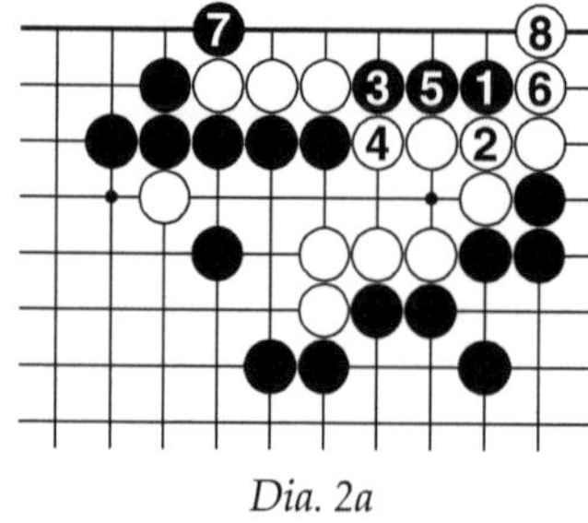

Dia. 2a

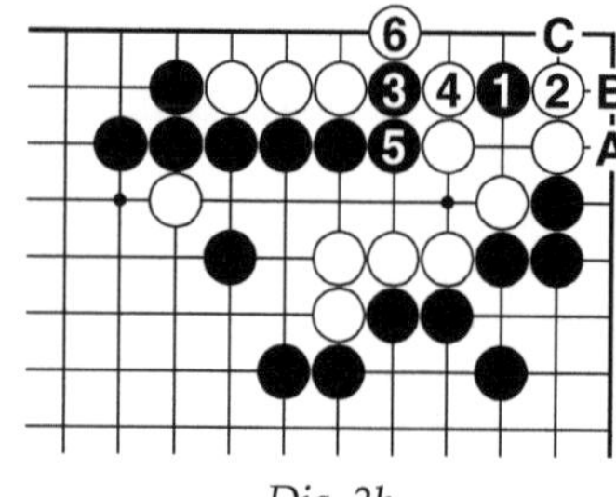

Dia. 2b

Zum Fangen Abstand halten

Lösung 1. Nach 9 kann Schwarz weder entkommen noch leben oder weiße Steine fangen.

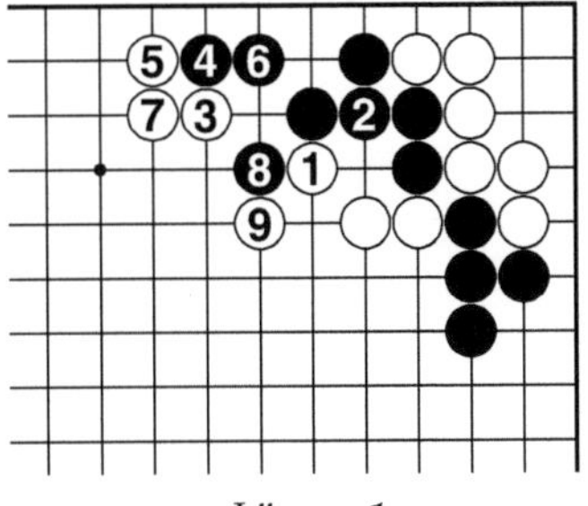

Lösung 1

Das Doppel-Hane-Tesuji

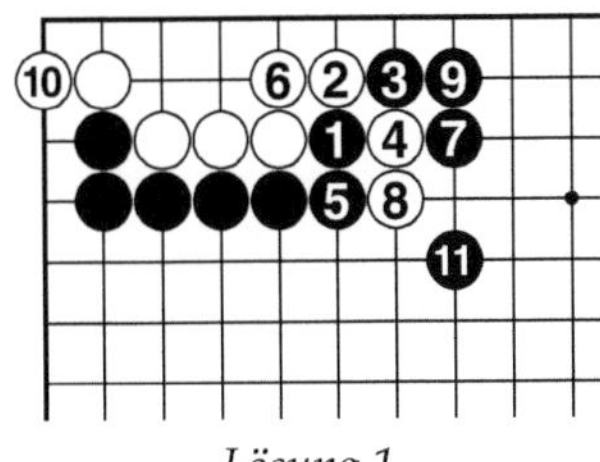

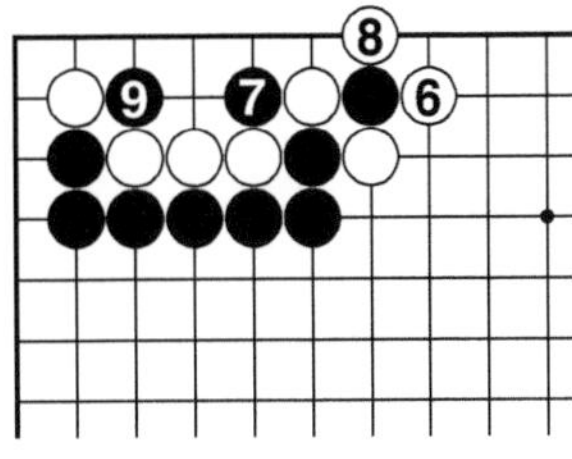

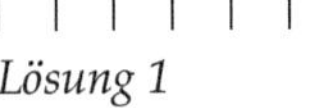

Lösung 1 *Dia. 1a*

Lösung 1. Schwarz 1 und 3 sind das Doppel-Hane. Schwarz kann auch dann auf 7 spielen, wenn die Treppe nicht läuft, denn nach 8 und 9 braucht Weiß den Zug auf 10, um in der Ecke zu leben.

Diagramm 1a. Mit der Austauschvariante bekommt Weiß zwar außen gute Form, doch der Verlust in der Ecke ist riesig.

Lösung 2. Schwarz 1 und 3 bilden das Doppel-Hane-Tesuji, auch wenn Weiß 1 kein Hane, sondern ein Zug auf die Nase ist. Weiß bekommt eine ausgezeichnete Stellung. Nach 7 sind die weißen Steine in der Ecke zwar tot, doch – als kleine Zwischenfrage – wie soll Schwarz eigentlich antworten, wenn Weiß auf A spielt?

Diagramm 2a. Die Austauschvariante mit 6 auf A ist keine gute Idee. Aber vielleicht möchte Schwarz trotzdem auf 4 spielen, damit er außen einen Stein hat, mit dem er arbeiten kann. Das gilt insbesondere dann, wenn die Treppe nicht läuft und Weiß mit 9 auf A spielen müsste.

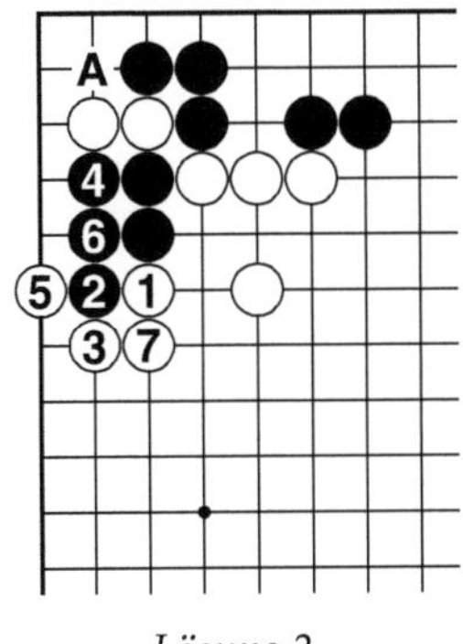

Lösung 2

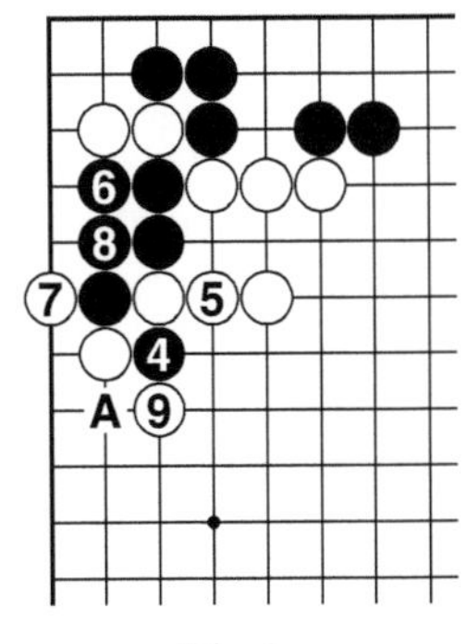

Dia. 2a

Diagramm 2b. Wenn also die Treppe nicht läuft und Weiß in der Umgebung schwach ist, dann muss er auf das Doppel-Hane verzichten und die hier gezeigte Spielweise wählen.

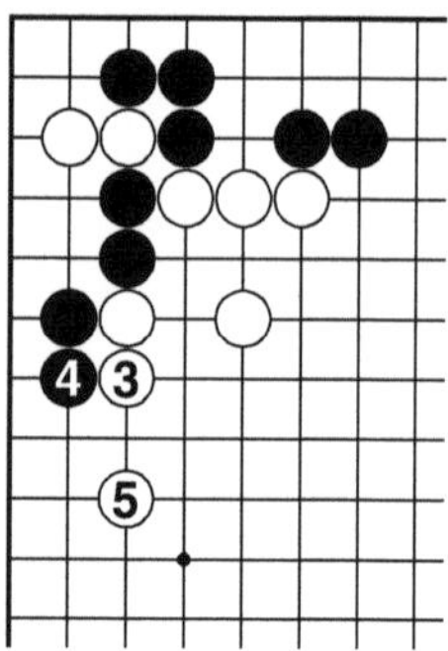

Dia. 2b

Das augenstehlende Einklemm-Tesuji

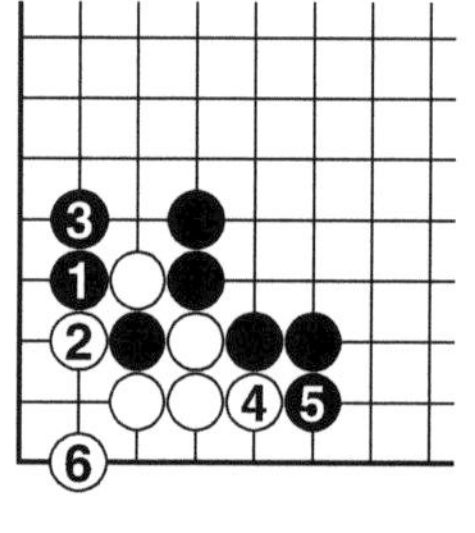

Lösung 1

Dia. 1a

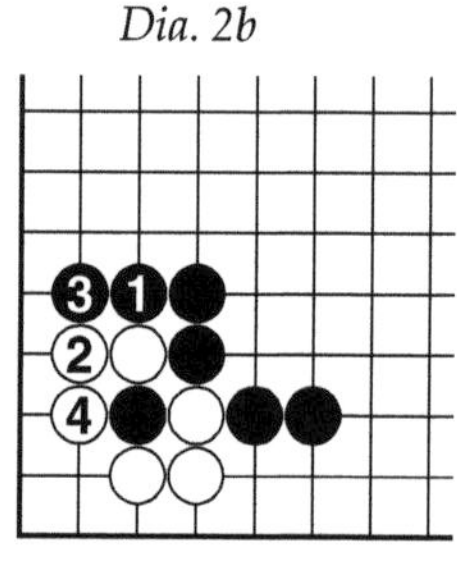

Dia. 1b

Lösung 1. Schwarz 1 ist das Tesuji.

Diagramm 1a. Wenn Weiß aus dem Atari herausläuft, verbindet Schwarz auf 3 und droht sowohl A als auch B.

Diagramm 1b. Nach Schwarz 1 hier bekommt Weiß in der Ecke mehr Gebiet als zuvor und wird am unteren Rand nicht eingeschlossen. Außerdem besteht die Gefahr, dass Weiß mit 2 auf 4 spielt, wonach Schwarz 2, Weiß 3 und ein Ko folgen.

Weitere Probleme

Das Ziel des jeweils durchzuführenden Angriffs lautet in

Problem 1: den rechten Rand abzuschließen,
Problem 2: zumindest einen Teil der gegnerischen Gruppe zu fangen,
Problem 3: dto.,
Problem 4: dto.,
Problem 5: am rechten Rand die Oberhand zu gewinnen,
Problem 6: in Vorhand Gebiet zu erzielen,
Problem 7: den Gegner hinaus zu jagen,
Problem 8: die Ecke zu töten,
Problem 9: den Gegner völlig einzuschließen (versuchen Sie ein großes Opfer).

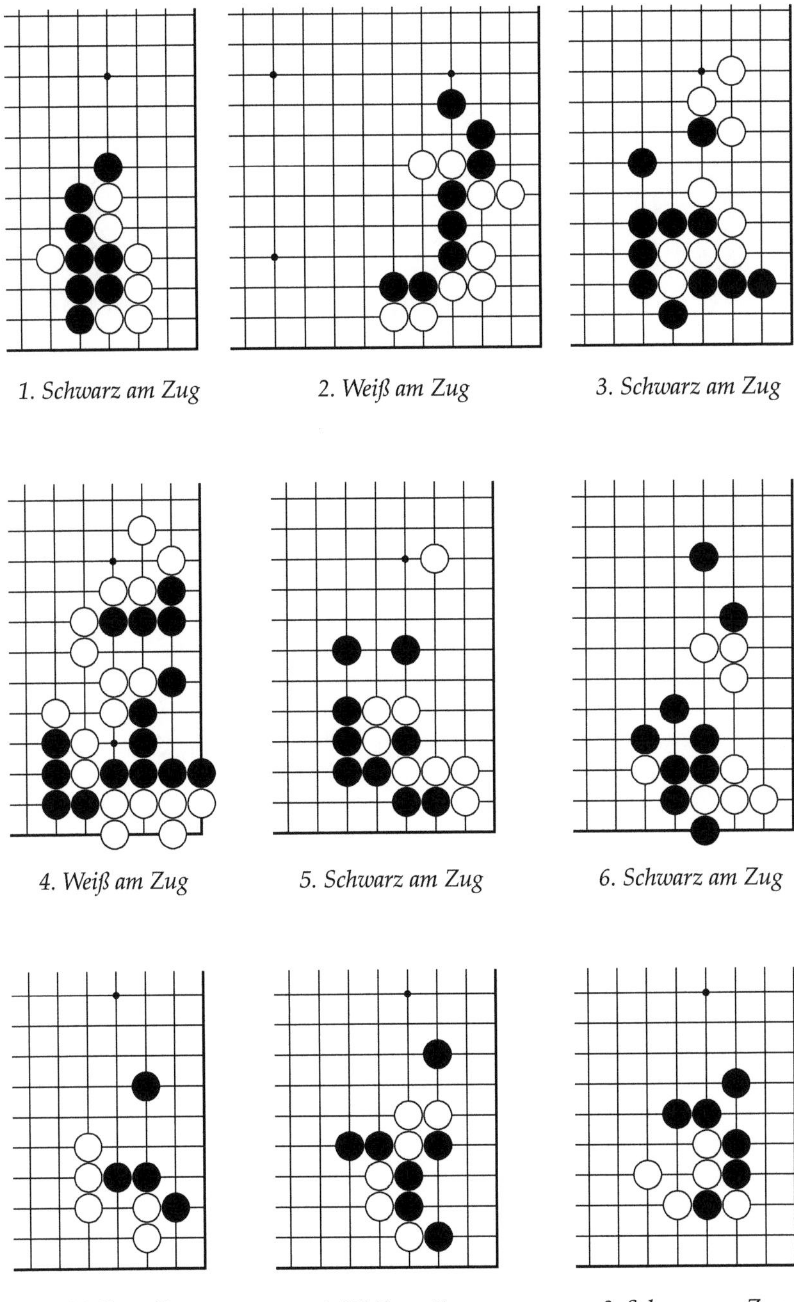

1. Schwarz am Zug

2. Weiß am Zug

3. Schwarz am Zug

4. Weiß am Zug

5. Schwarz am Zug

6. Schwarz am Zug

7. Weiß am Zug

8. Weiß am Zug

9. Schwarz am Zug

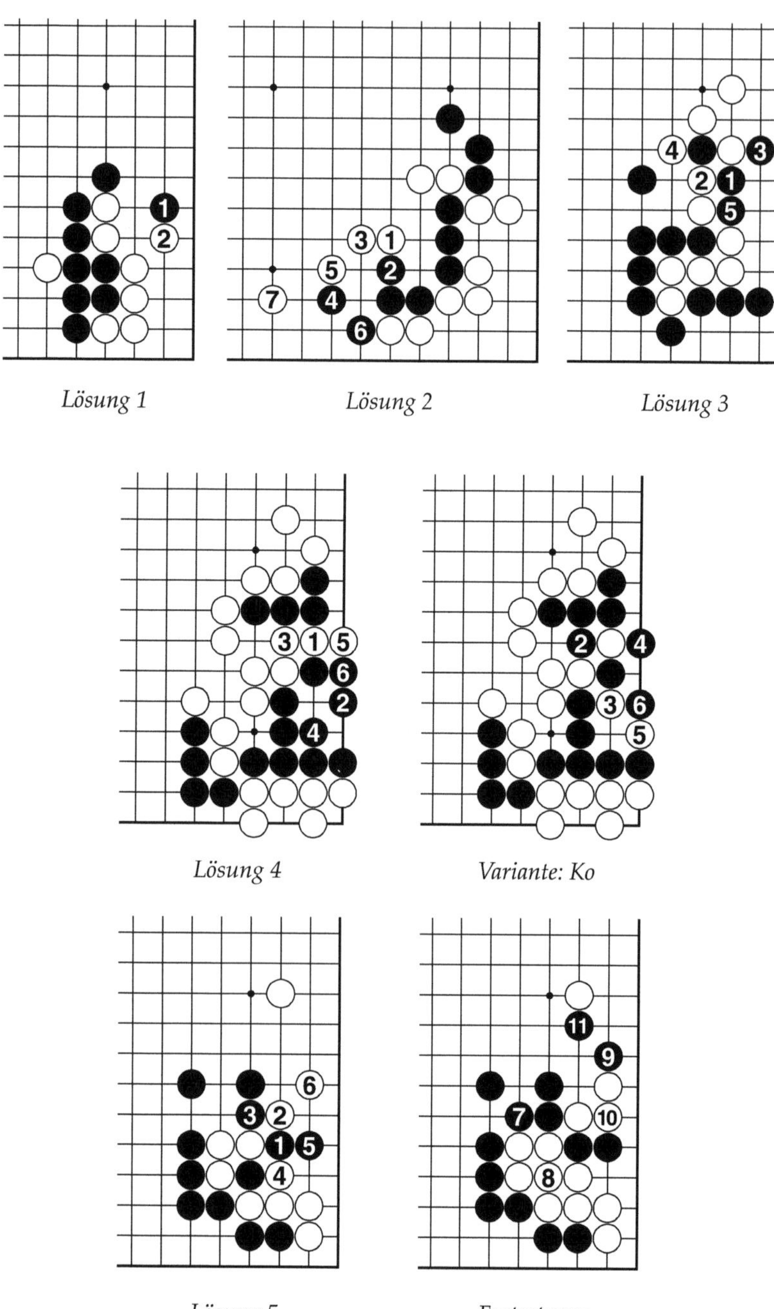

Lösung 1

Lösung 2

Lösung 3

Lösung 4

Variante: Ko

Lösung 5

Fortsetzung

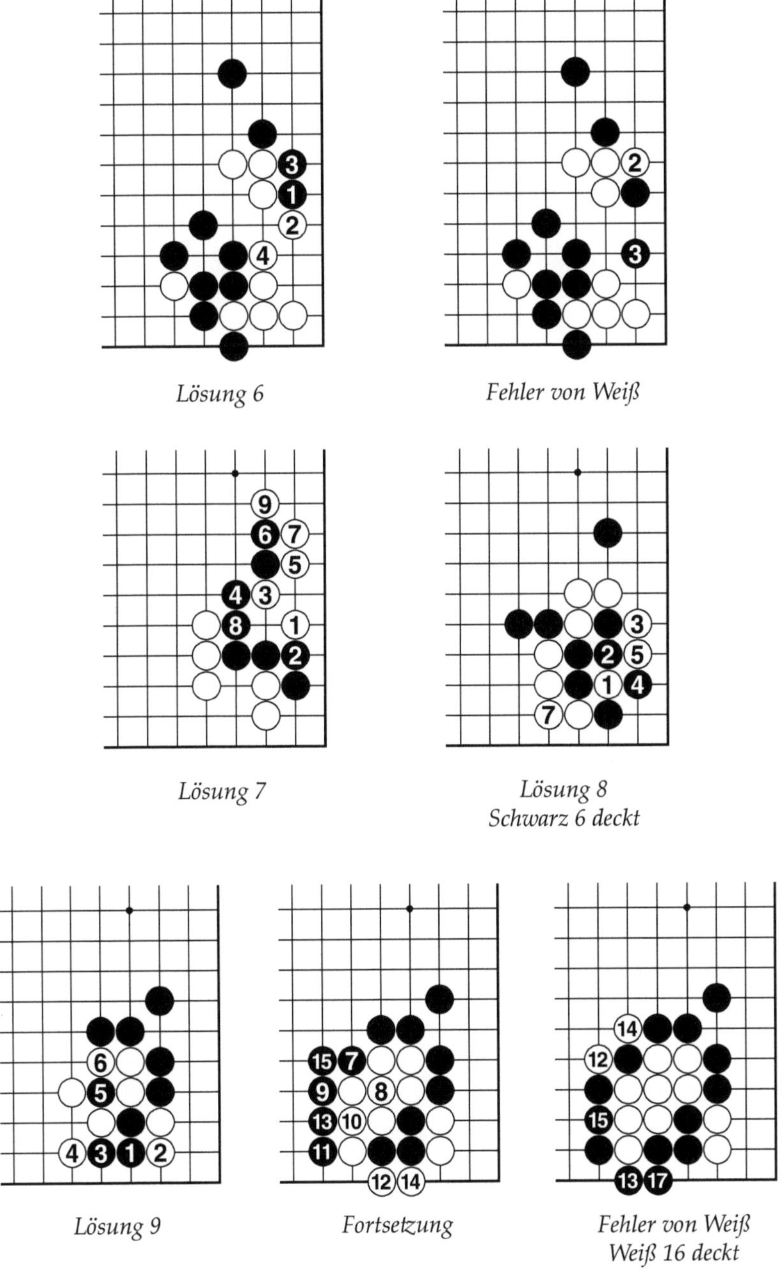

Lösung 6

Fehler von Weiß

Lösung 7

Lösung 8
Schwarz 6 deckt

Lösung 9

Fortsetzung

Fehler von Weiß
Weiß 16 deckt

12. Verbinden – aber wie?

Richtiges Verbinden ist ein wichtiger Aspekt guter Go-Technik. Dieses Kapitel behandelt die grundlegenden Züge für diesen Zweck, deshalb finden sich diesmal alle Probleme am Schluss.

Verbindungszüge sind Verteidigungszüge, doch dienen sie auch der Entwicklung der eigenen Stellung. Der Grundsatz beim Verbinden lautet: Wähle den Verbindungszug, der die beste Entwicklung verspricht, der aber fest genug ist, um eine angemessene Verteidigung zu gewährleisten.

Die feste Verbindung

Diagramm 1. Eine feste Verbindung wie Schwarz 1 birgt zwar das geringste Maß an Entwicklung, hat aber den Vorteil, dass der Gegner nicht an ihr herumspielen kann. In dieser Stellung bekommt Schwarz eine einwandfreie, starke Form ohne wesentliche Schwachpunkte: Schneidet Weiß auf A, so kann Schwarz ihn mit B fangen.

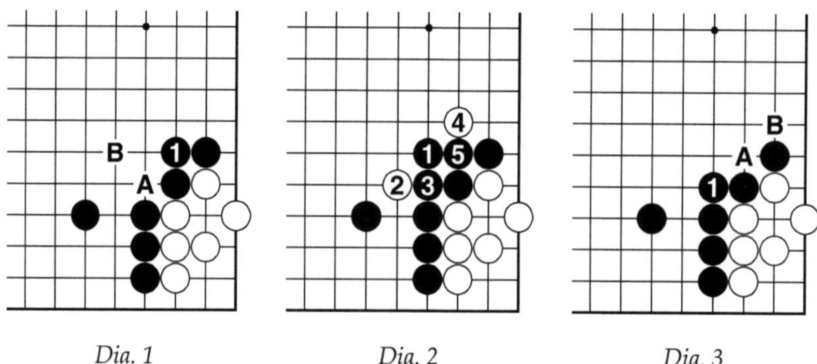

Dia. 1 *Dia. 2* *Dia. 3*

Diagramm 2. Eine doppelte Diagonalverbindung wie diese ist zwar in gewisser Weise effizienter, da sie zwei Schnittpunkte auf einmal verteidigt. Doch leider erlaubt sie Weiß mit 2 und 4 im Grunde zwei kostenlose Züge, während Schwarz dreimal verbinden muss. Die größere Effizienz einer Diagonalverbindung muss immer gegen der Wert der Vorhandzüge abgewogen werden, die sie dem Gegner ermöglicht.

Diagramm 3. Dies wäre eine feste Verbindung am falschen Ort, weil Weiß sich jetzt A oder B als Ziel vornehmen kann.

Die Diagonalverbindung

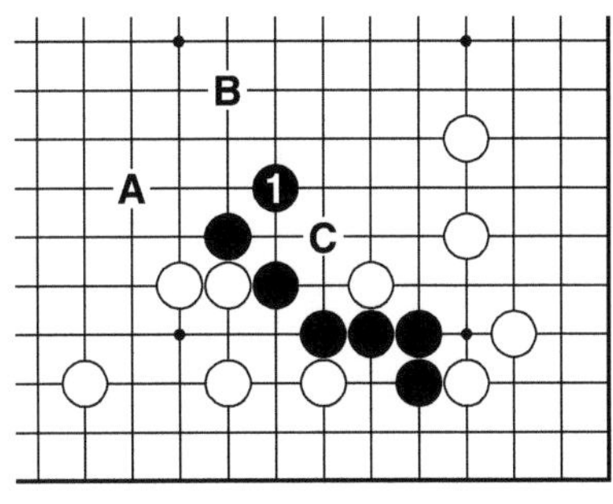

Dia. 1

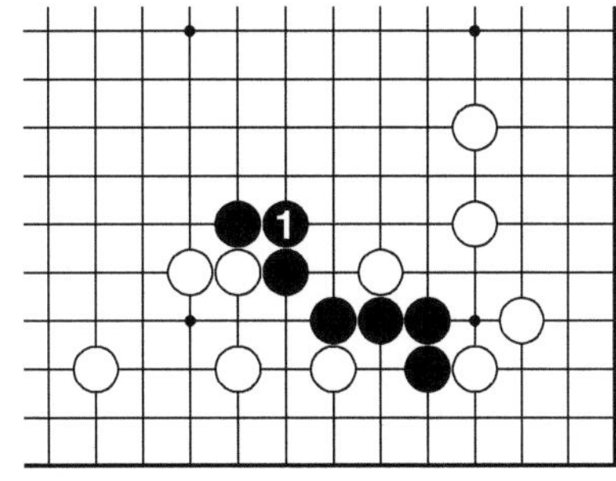

Dia. 2

Zwar lässt die Diagonalverbindung die klare Linie der festen Verbindung vermissen, doch erlaubt sie eine schnellere Entwicklung und ist oft die richtige Wahl. Hier etwa greift Schwarz 1 weiter in die Brettmitte aus als eine feste Verbindung und bereitet eine weitere Ausdehnung vor, etwa auf A oder B. Dies ist bedeutsamer als der Nachteil, dass Weiß den Zug auf C bekommt, der seiner Stellung nicht viel nützt.

Diagramm 2. Die feste Verbindung ist nicht schlecht, bringt Schwarz aber nicht genügend voran.

Diagramm 3. Hier ist eine weniger oft gespielte Variante eines beliebten Klemmzug-Joseki. Weil Schwarz 5 die vernichtende Drohung Schwarz A, Weiß B, Schwarz C aufstellt, muss Weiß in der Ecke auf irgend eine Weise verbinden. Welchen Zug würden Sie wählen?

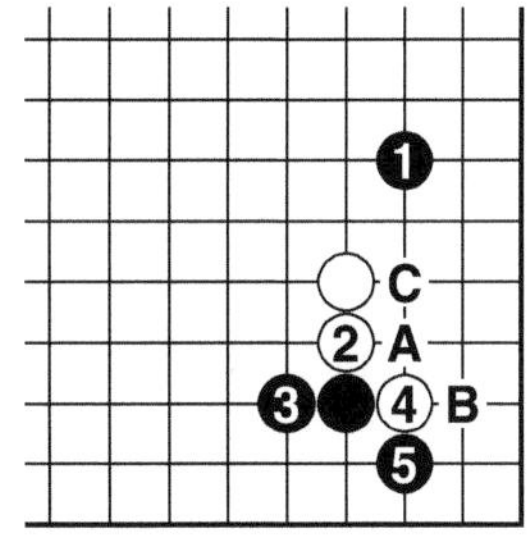

Dia. 3

Diagramm 4. Die Diagonalverbindung ist am besten. Ein Grund dafür ist, dass sie mit A einen guten Zug zur Augenbildung vorbereitet.

Diagramm 5. Wenn Schwarz mit 2 und 4 dem Joseki folgt, um den Augenraum in der Ecke in Besitz zu nehmen, springt Weiß auf 5 heraus und greift mit 7 an. Der einzelne schwarze Stein sieht sich nun einer massiven Mauer gegenüber. Falls Schwarz mit 6 am rechten Rand den weißen Angriff auf 7 verhindert, kann Weiß ihn mit A am unteren Rand einschließen.

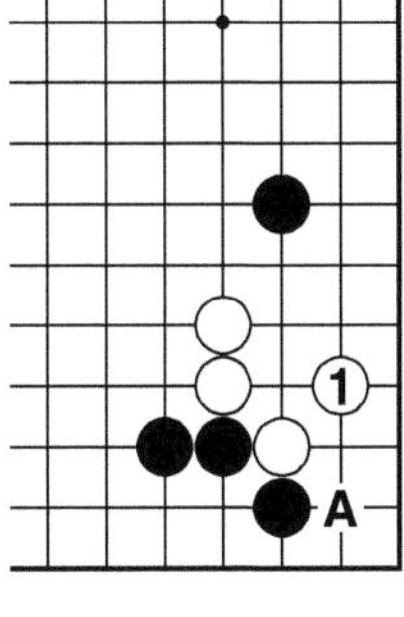

Dia. 4

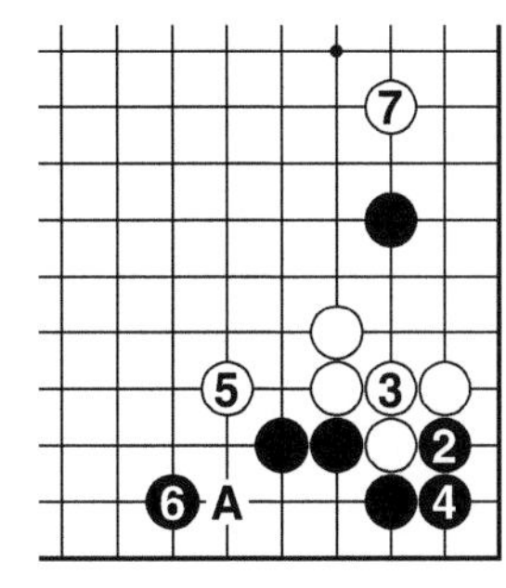

Dia. 5

Diagramm 6. Weiß 1 hier ist ein Fehler. Nehmen wir zum Vergleich an, dass 2, 3 und 4 so gespielt werden wie in Diagramm 5. Wenn Weiß jetzt mit 5 angreift, hat Schwarz mit 6 ein augenstehlendes Tesuji zur Hand. Dieser Zug war aber in Diagramm 4 durch Weiß 1 verhindert worden.

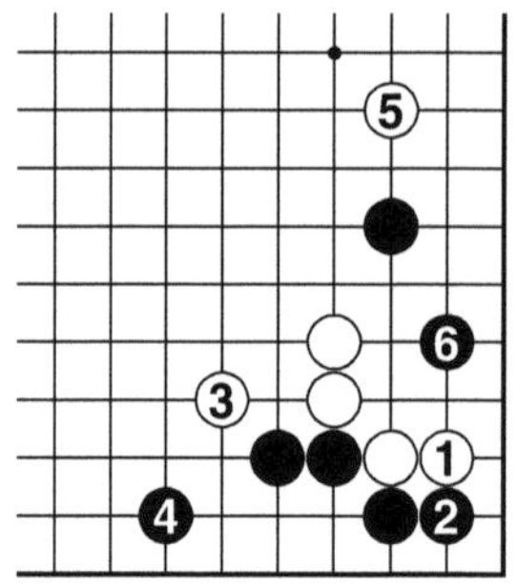

Dia. 6

Die Keima-Verbindung

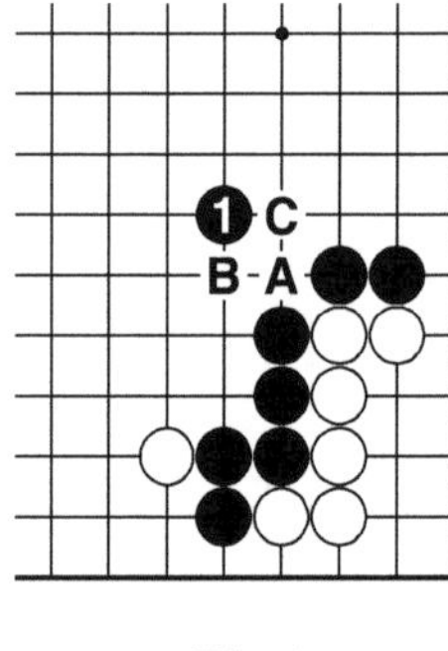

Dia. 1

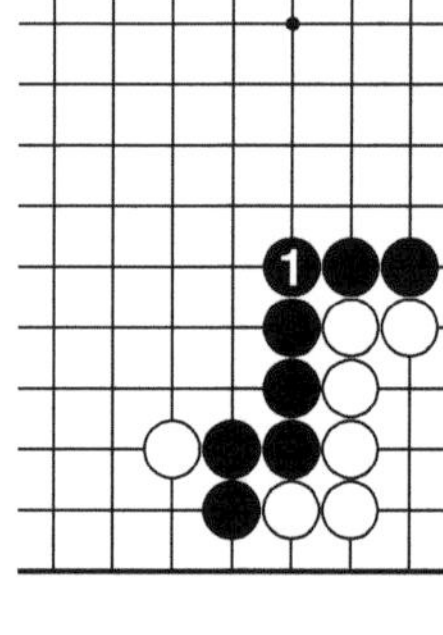

Dia. 2

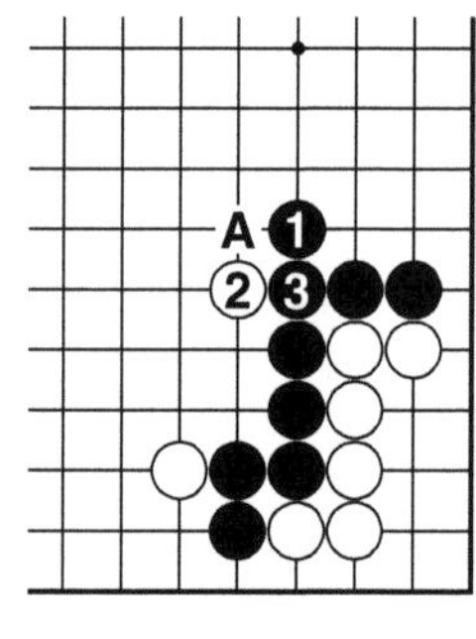

Dia. 3

Diagramm 1. Gelegentlich ergibt sich die Möglichkeit zu dieser Keima-Verbindung – sie ist Standard in der vorliegenden Joseki-Stellung. Falls Weiß auf A schneidet, fängt Schwarz mit B oder C in einer kurzen Treppe.

Diagramm 2. Die feste Verbindung kann zwar erwogen werden, doch im Hinblick auf Sicherung von Gebiet und das Bilden von Augenraum ist sie der Keima-Verbindung unterlegen.

Diagramm 3. Eine Diagonalverbindung würde sofort 2 und 3 nach sich ziehen. Natürlich hätte Schwarz jetzt den Stein 1 lieber auf A – wo er nach einer Keima-Verbindung ja auch liegen würde.

Somit bietet die Keima-Verbindung sogar noch mehr Entwicklungspotenzial als die Diagonalverbindung. Da sie aber ihrem Wesen nach lose ist, sollte sie nicht gedankenlos benutzt werden. Am besten ist sie für Stellungen geeignet wie die gezeigte, in der zwei solide Mauern rechtwinklig zusammentreffen. Wenn die Mauern stark sind, muss die Verbindung es nicht sein.

Das augenschützende Tesuji

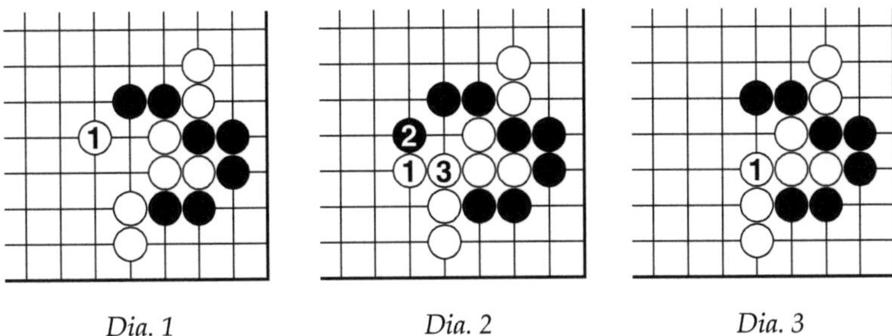

Dia. 1 *Dia. 2* *Dia. 3*

Diagramm 1. Diese Art der Verbindung kann als Umkehrung des augenstehlenden Tesuji angesehen werden – es ist wichtig, sie zu kennen. Für Weiß ist es undenkbar, in dieser Stellung eine andere Verbindung zu machen.

Diagramm 2. Die Diagonalverbindung zum Beispiel würde dem Schwarzen einen kostenlosen Zug auf 2 ermöglichen (das augenstehlende Tesuji), der ihm bei der Entwicklung seiner Zentrumssteine sehr hilfreich wäre.

Diagramm 3. Mit der festen Verbindung bekäme Weiß überhaupt keine Form und würde nur ein unnötiges leeres Dreieck machen.

Indirektes Verbinden

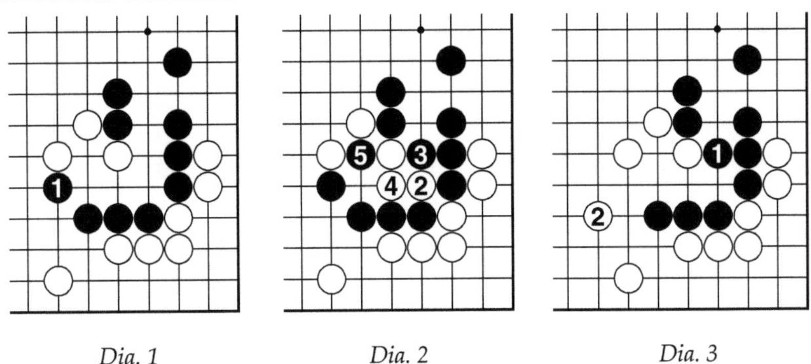

Dia. 1 *Dia. 2* *Dia. 3*

Diagramm 1. Zuweilen kann der Gegner vom Schneiden abgehalten erden, indem er mit Freiheitsnot bedroht wird. Schwarz 1 ist ein solches Tesuji; es verbindet Angriff und Verteidigung.

Diagramm 2. Versucht Weiß jetzt zu schneiden, dann läuft er in eine Mausefalle.

Diagramm 3. Die „ehrliche" Verbindung hat kein offensives Potenzial und ermöglicht Weiß einen Zug auf 2.

Probleme

Trainieren Sie nun Ihr Urteilsvermögen und wählen Sie in den folgenden Stellungen die richtige Art der Verbindung.

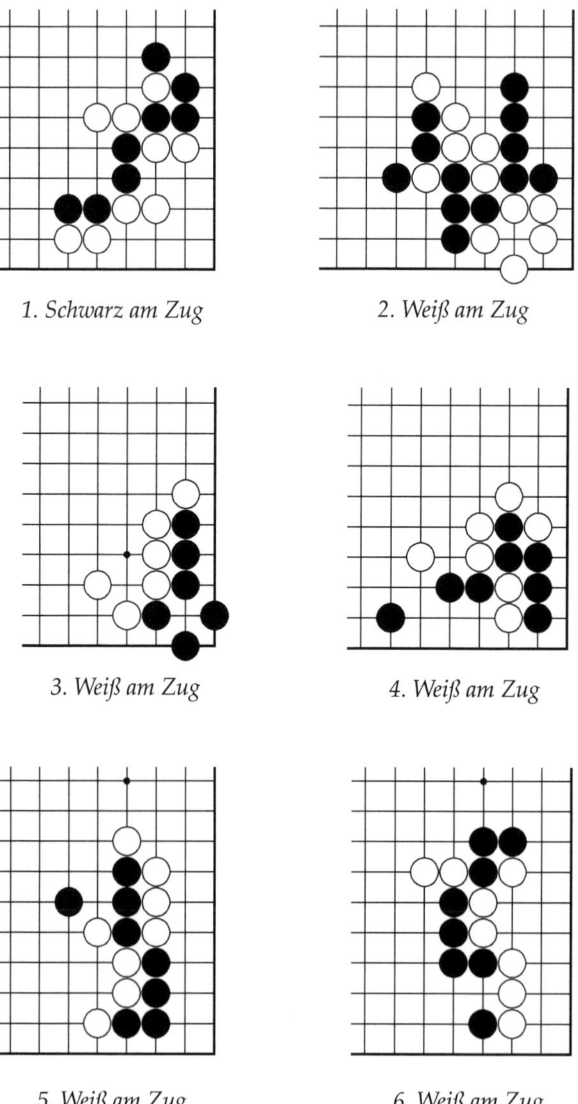

1. *Schwarz am Zug*

2. *Weiß am Zug*

3. *Weiß am Zug*

4. *Weiß am Zug*

5. *Weiß am Zug*

6. *Weiß am Zug*

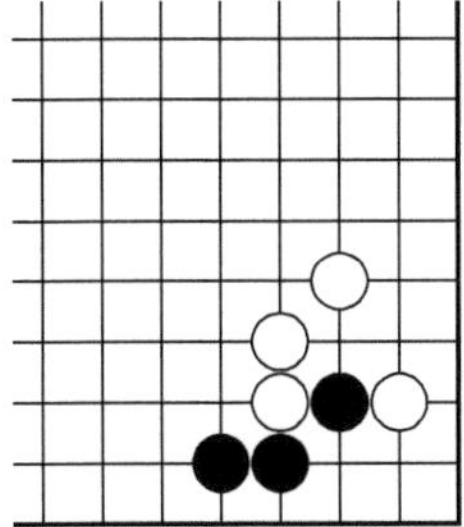

7. Schwarz am Zug

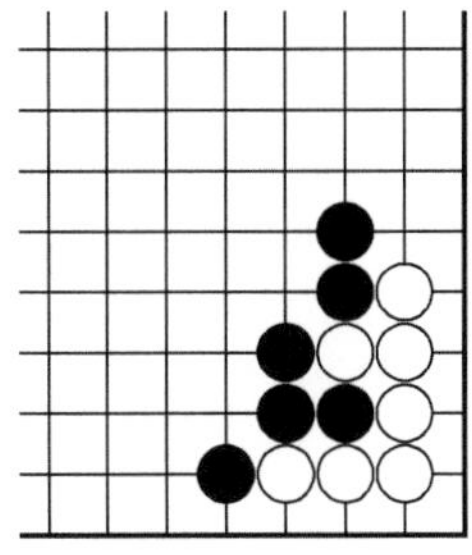

8. Schwarz am Zug

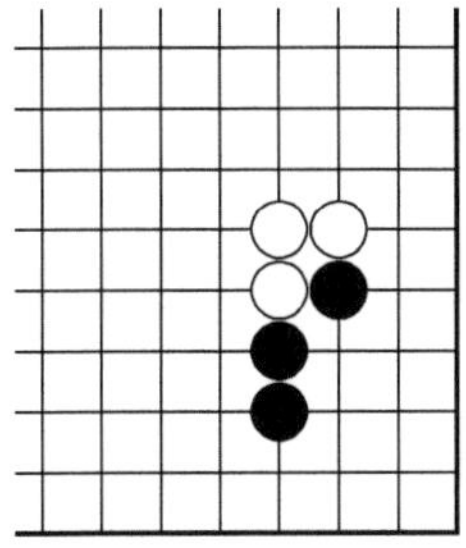

9. Schwarz am Zug

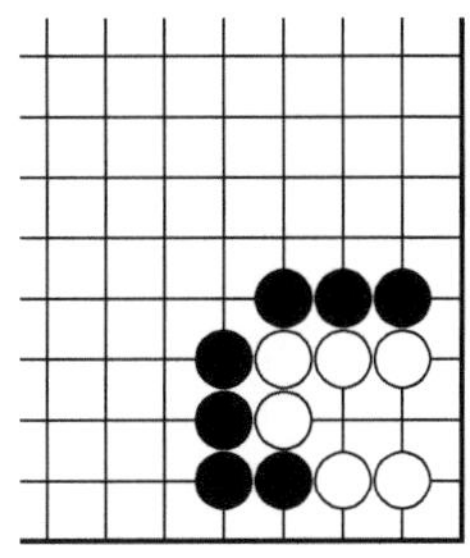

10. Schwarz am Zug

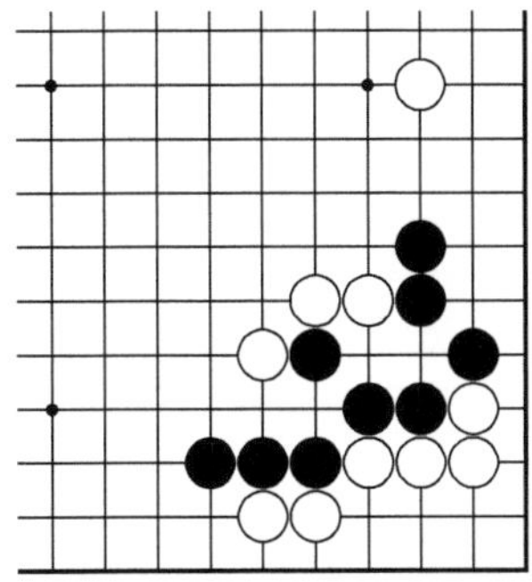

11. Schwarz am Zug

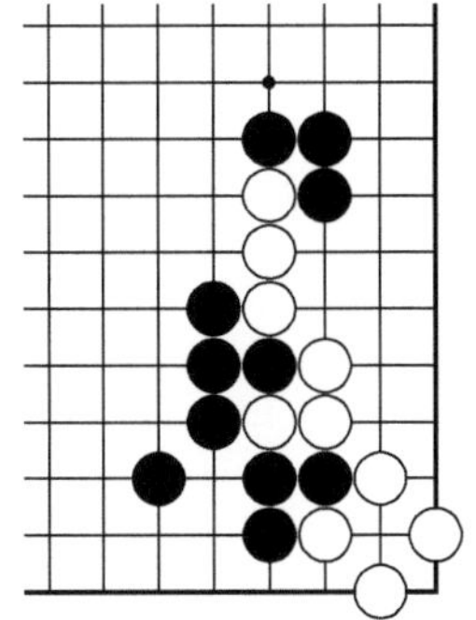

12. Weiß am Zug

Lösung zu Problem 1. Das augenschützende Tesuji ist hier unumgänglich.

Diagramm 1a. Versucht Schwarz, mit 1 indirekt zu verbinden, dann wird seine Form durch Weiß 2 bis 6 zerstört.

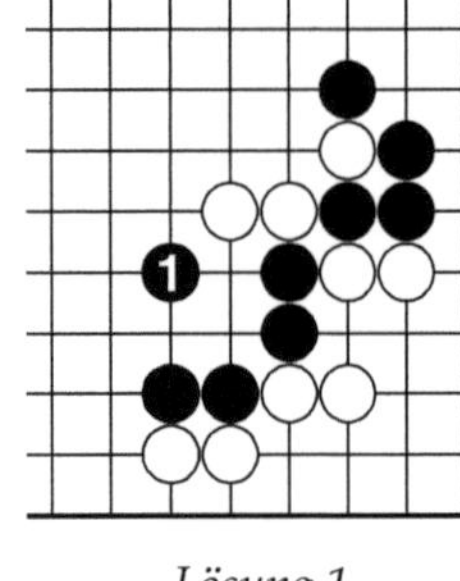

Lösung 1

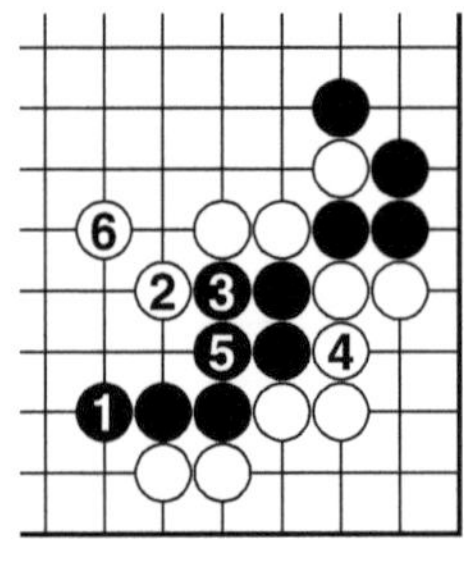

Dia. 1a

Lösung zu Problem 2. Die Diagonalverbindung ist eindeutig am besten. Schwarz würde mit der Vorhand auf A praktisch nichts gewinnen und sollte sie weglassen.

Lösung zu Problem 3. Die Diagonalverbindung ist am besten. Schwarz bekommt zwar durch den Zug auf 2 einen Vorteil, doch der Vorteil für Weiß, dass er sich am Rand einen Punkt weiter ausgedehnt hat, überwiegt.

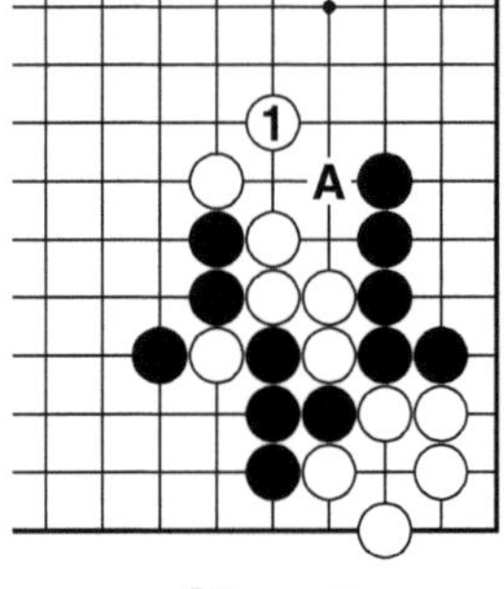

Lösung 2

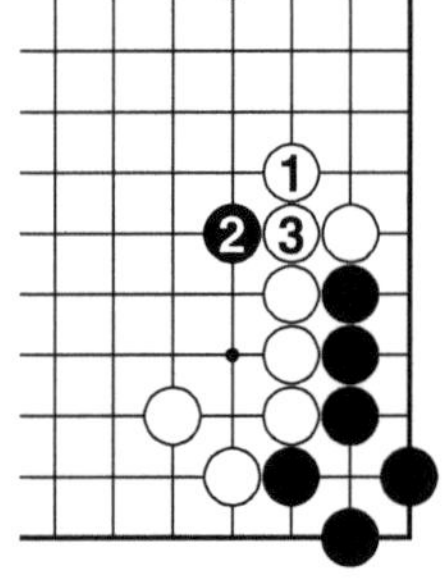

Lösung 3

Lösung zu Problem 4. Auch hier ist die Diagonalverbindung am besten.

Diagramm 4a. Aus zwei Gründen ist die feste Verbindung unterlegen: Sie dehnt sich am Rand nicht so weit aus, und wenn Schwarz mit 2 und 4 schneidet und schlägt, so muss Weiß immer noch mit einem weiteren Schnitt auf A oder dem Einklemmen auf B rechnen.

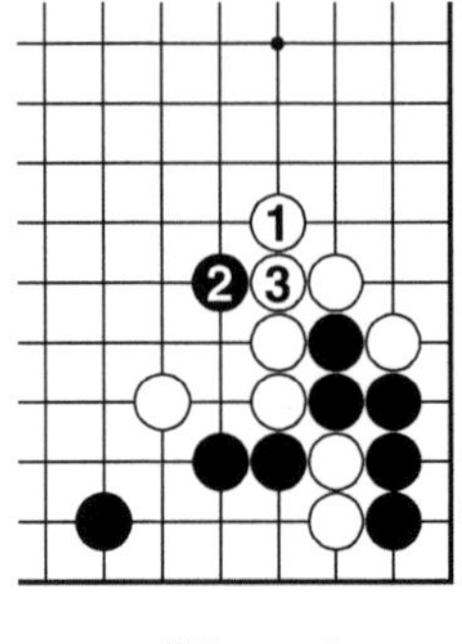

Lösung 4

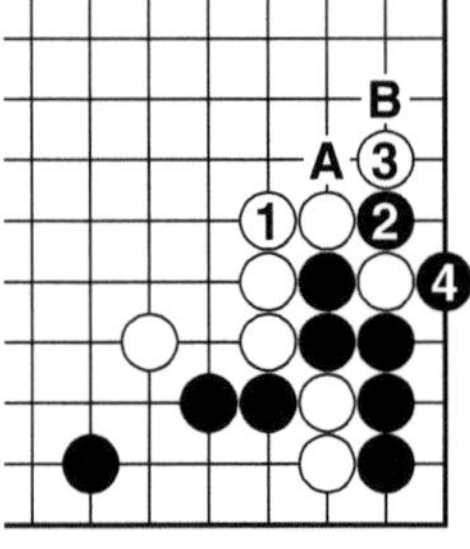

Dia. 4a

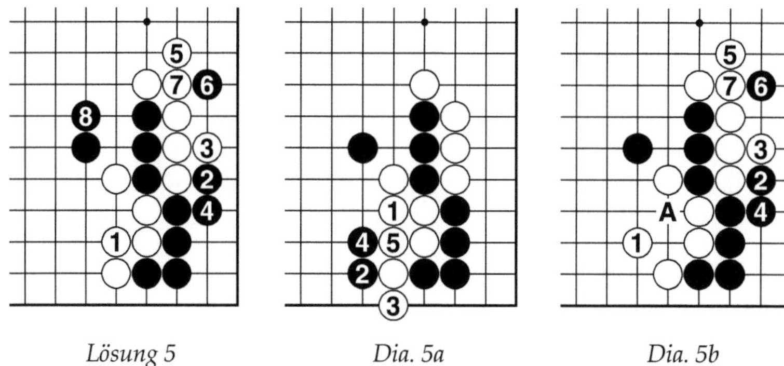

Lösung 5 *Dia. 5a* *Dia. 5b*

Lösung zu Problem 5. Die feste Verbindung auf 1 inklusive leerem Dreieck ist korrekt. Schwarz muss 2 und 4 spielen, um in der Ecke zu leben, und Weiß kann sich auf beiden Seiten gut entwickeln.

Diagramm 5a. Diese feste Verbindung ist falsch, denn jetzt bekommt Schwarz die schmerzhaften Vorhandzüge 2 und 4.

Diagramm 5b. Diese Diagonalverbindung ist der zweitbeste Zug wegen der Gefahr, dass Schwarz irgendwann mit A einen Stein abpflücken kann.

Lösung zu Problem 6. Weiß 1 ist mit Abstand der beste Zug. Nach 2 und 3 kann Weiß sich auf A freuen.

Diagramm 6a. Nach Weiß 1 hier bekommt Schwarz bessere Form als im Lösungsdiagramm. Und Weiß hat nichts, worauf er sich freuen kann.

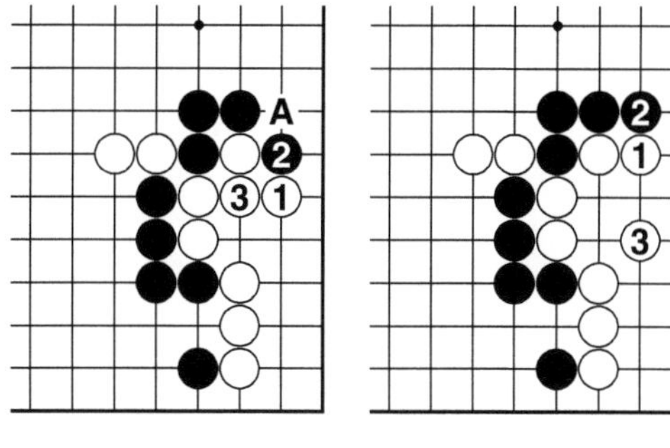

Lösung 6 *Dia. 6a*

Lösung zu Problem 7. Die geduldige feste Verbindung ist am besten. Später kann Schwarz möglicherweise auf A spielen. Falls Weiß dann auf B antwortet, so droht Schwarz C, Atari zu geben und Steine zu fangen. C ist ein bedeutsamer Punkt für Schwarz.

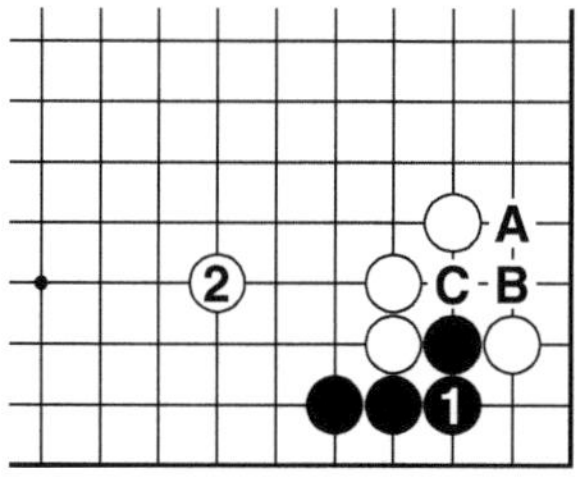

Lösung 7

Diagramm 7a. Schwarz 1 hier erlaubt Weiß einen Vorhandzug auf 2. Die weiße Stellung ist jetzt viel stärker und Schwarz kann später lediglich mit A in Nachhand fangen.

Diagramm 7b. Hier ist das gesamte Joseki. Auch den schwachen Punkt A hat Schwarz im Blick.

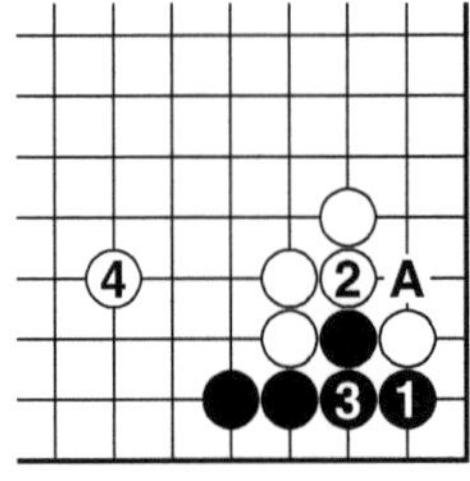

Dia. 7a

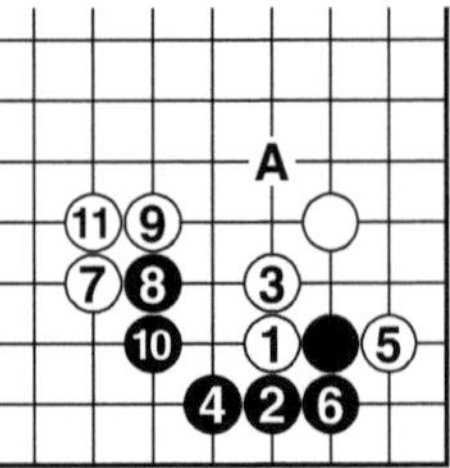

Dia. 7b

Lösung zu Problem 8. Natürlich ist Schwarz 1 korrekt. Wenn Weiß mit A schneidet, dann fängt ihn Schwarz mit B.

Diagramm 8a. Spielt Schwarz auf 1 hier, dann will er zu schlau sein. So bekommt Weiß eine gute Möglichkeit, sich am unteren Rand zu entwickeln.

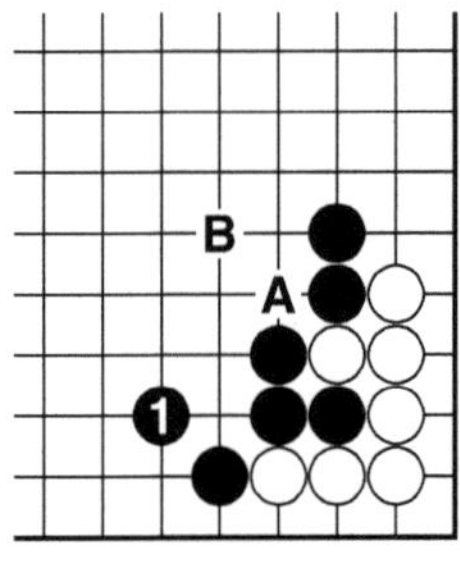

Lösung 8

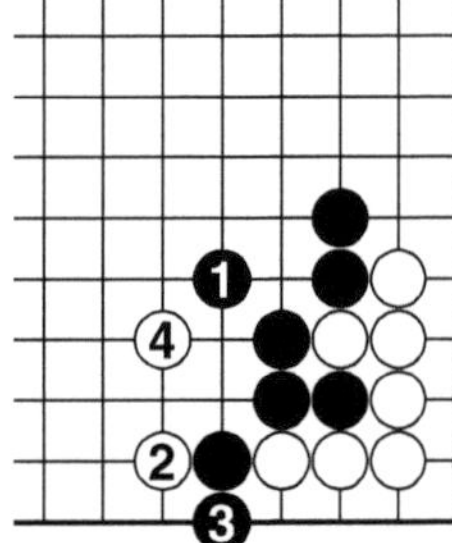

Dia. 8a

Lösung zu Problem 9. Schwarz 1 ist korrekt, da Weiß A keine Drohung darstellt.

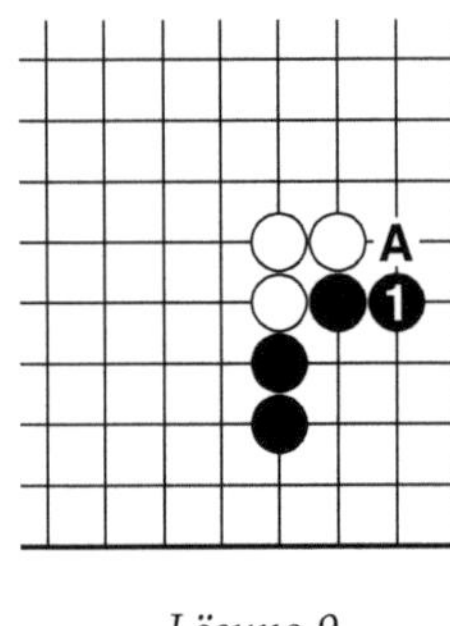

Lösung 9

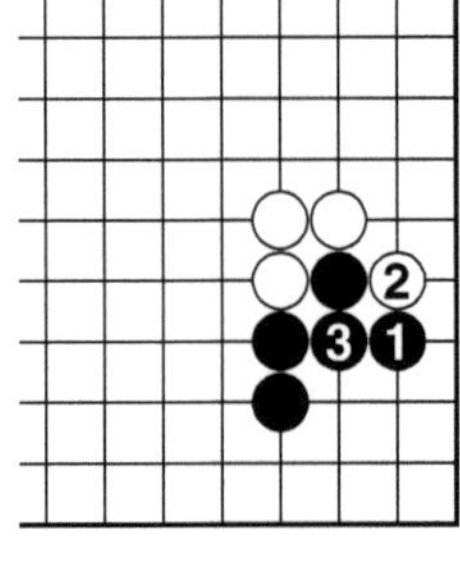

Dia. 9a

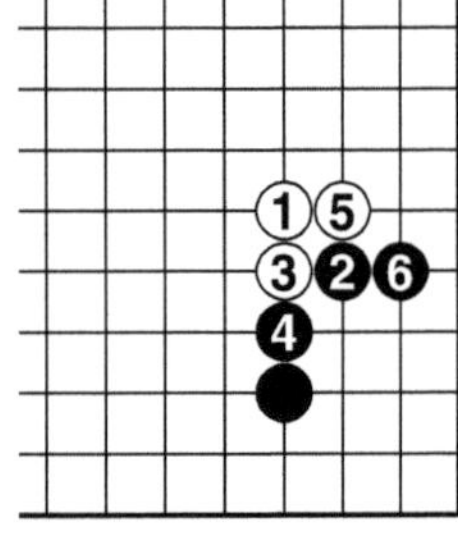

Dia. 9b

Diagramm 9a. Schwarz hat keinen Grund, eine Diagonalverbindung zu machen und Weiß so den rechten Rand abschließen zu lassen.

Diagramm 9b. Das Problem ergibt sich aus diesem Joseki.

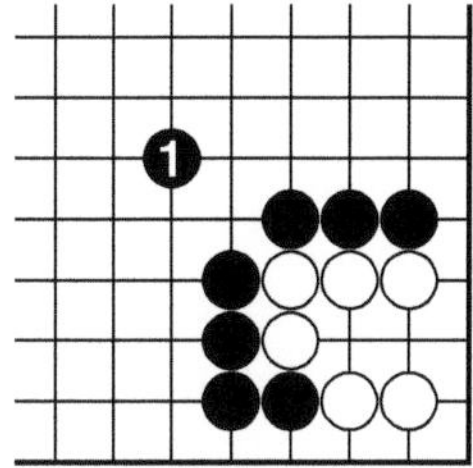

Lösung 10

Lösung zu Problem 10. Hier ist die Keima-Verbindung sicher und ermöglicht Schwarz die beste Entwicklung.

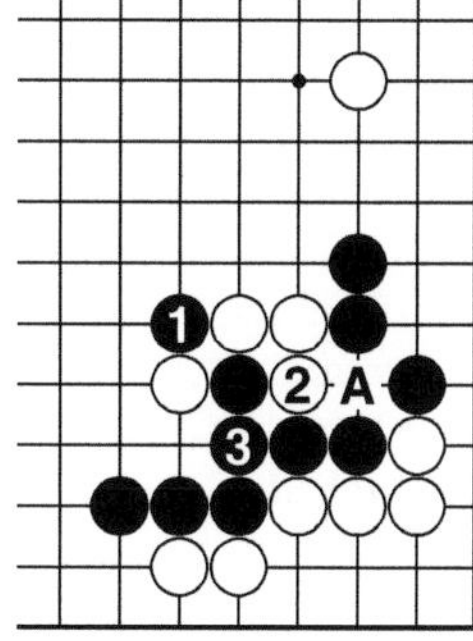

Lösung 11

Lösung zu Problem 11. Schwarz verteidigt mit 1 gegen den Schnitt auf A und sichert sich gleichzeitig einen Vorsprung beim Kampf in der Brettmitte.

Lösung zu Problem 12. Weiß 1 ist der beste Zug, sowohl für die Verteidigung des eigenen Gebiets als auch zum Erodieren des schwarzen. Falls Schwarz auf A antwortet, kann Weiß das unbeachtet lassen und ohne allzu großes Risiko woanders Vorhand nehmen.

Diagramm 12 a. Wenn Weiß so verbindet wie hier, dann kann er Schwarz 2 nicht mehr so leicht ignorieren. Schwarz kann den Austausch 2 gegen 3 ausnutzen, um Freiheitsnot zu erzeugen, und Weiß dann mit 4 fest einschließen.

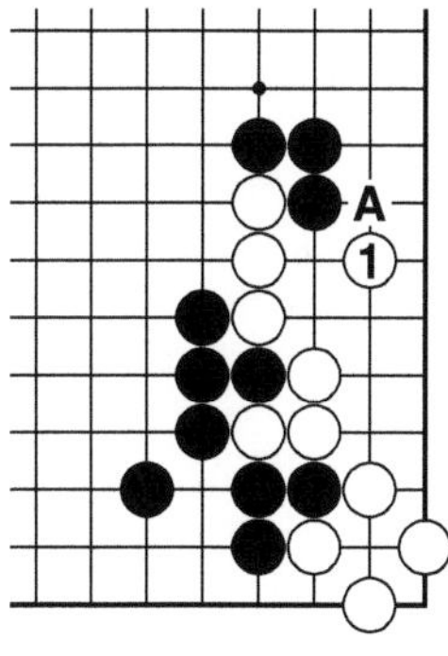

Lösung 12

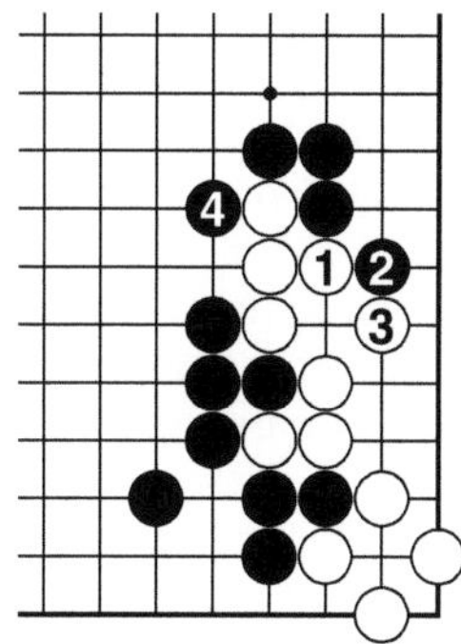

Dia. 12a

13. Gute Form machen

„Form machen" bedeutet: Man nehme eine schwache oder brüchige Stellung – vielleicht auch nur die Andeutung einer Stellung – und verwandle sie in eine starke. Zuweilen ist das möglich, indem Sie einfach einen Stein auf den richtigen Punkt setzen. Doch meistens ist eine Opfertaktik nötig, wie etwa ein Auswringmanöver.

Auswringtaktik

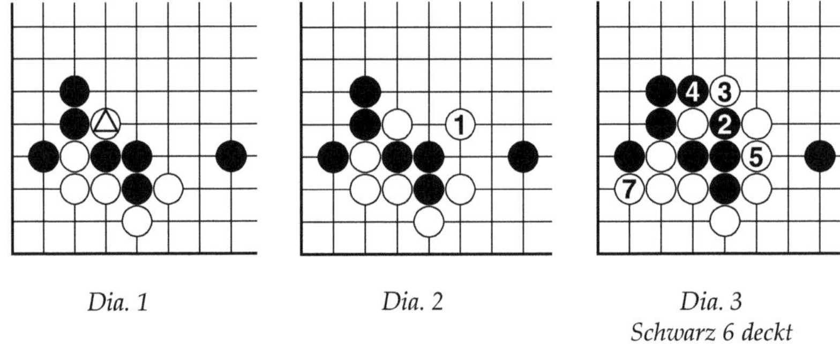

Dia. 1 *Dia. 2* *Dia. 3*
Schwarz 6 deckt

Diagramm 1. Weiß ist am Zug: Er muss die Ecke verteidigen, doch gleichzeitig kann er auch zum Angriff übergehen.

Diagramm 2. Weiß 1 ist ein Auswring-Tesuji, das dem Weißen gute und dem Schwarzen schlechte Form verschafft.

Diagramm 3. Schwarz ist gezwungen, mit 2, 4 und 6 toten Raum zu füllen, während Weiß sich ihm energisch entgegenstreckt. Er greift die Gruppe links an und isoliert gleichzeitig den Stein auf der rechten Seite. Kein schwarzer Stein wird dadurch endgültig gefangen, doch das spielt keine Rolle, so lange Weiß sich so erfreulich entwickelt.

Diagramm 4. Diesmal ist Schwarz an der Reihe, ein Auswring-Tesuji anzubringen. Der Stein ▲ muss dran glauben; was kann Schwarz durch das Opfer gewinnen? Nach Schwarz A und Weiß B hätte er genauso viele Schwächen wie vorher. Und einfach auf C zu verbinden wäre zwar besser, würde Weiß aber zu sehr schonen.

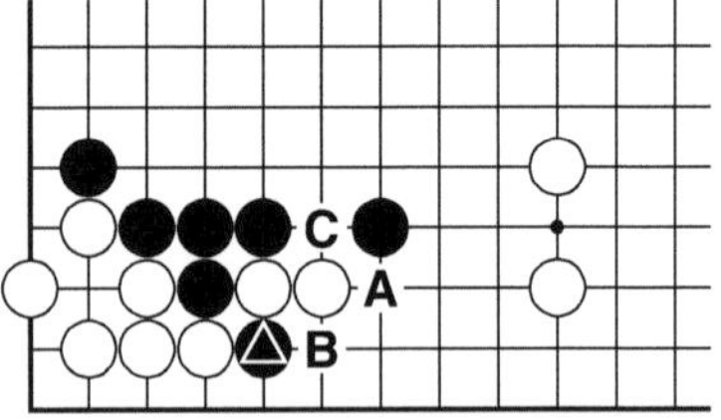

Dia. 4

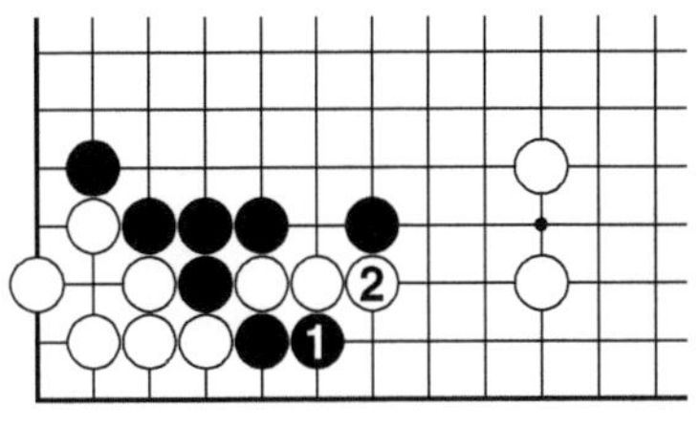

Dia. 5

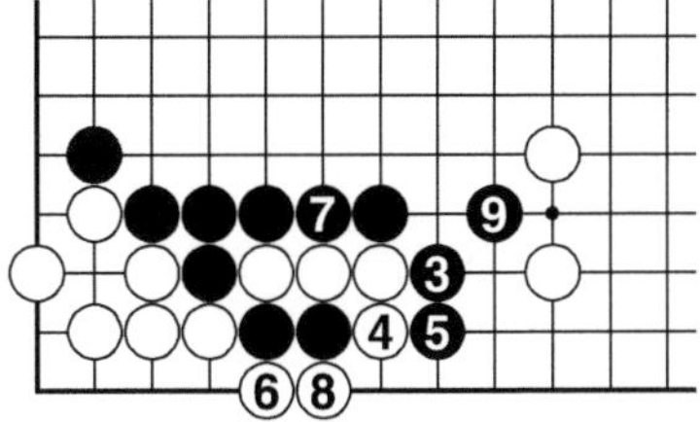

Dia. 6

Diagramm 5. Schwarz sollte mit dem Austausch 1 für 2 anfangen. Damit verschafft er der Gruppe, die er hergeben will, eine zusätzliche Freiheit.

Diagramm 6. Jetzt benötigt Weiß drei Steine zum Schlagen, so dass Schwarz außen drei Vorhandzüge bekommt. Nach der Verbindung mit 9 ist seine Form gefestigt und er starrt bedrohlich auf die beiden weißen Steine rechts.

Problem 1. Weiß am Zug verbessert seine Form.

Problem 2. Schwarz am Zug. Er würde gern auf A angreifen, doch zuerst muss er am unteren Rand aufräumen.

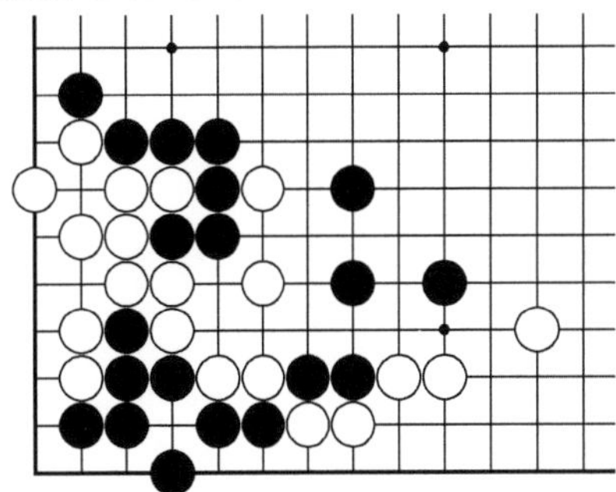

Problem 1

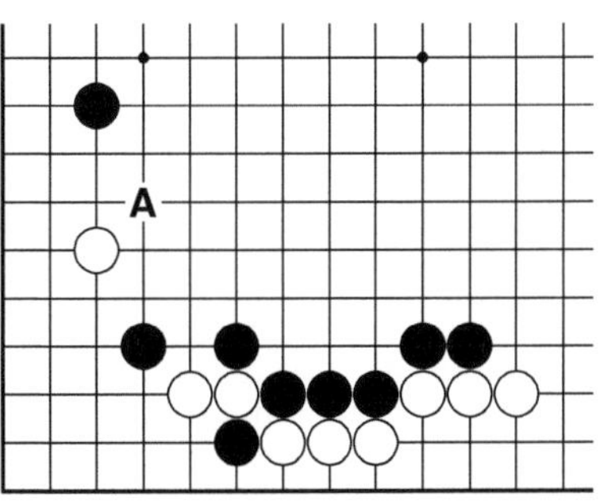

Problem 2

Das Gegen-Hane-Tesuji

Diagramm 1. Weiß ist mit 1 invadiert, und weil er nach Schwarz 2 in der unteren Richtung keine Möglichkeiten mehr hat, dehnt er sich mit 3 nach oben hin aus. Grundsätzlich sind solche Ausdehnungen unter Berührung gegnerischer Steine nicht gut, da sie den Gegner stärken. Aber Weiß kämpft in einer nachteiligen Position und kann sich um solche Kleinigkeiten nicht kümmern. Wichtig ist, dass er auf irgendeine Weise Form bekommt.

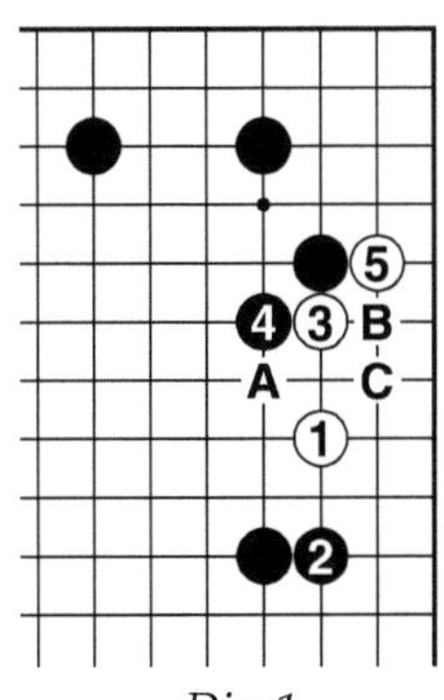

Dia. 1

Das schwarze Hane auf 4 ist eine Einladung zu einem Ko nach Weiß A, Schwarz B und Weiß C. Doch Weiß kann mit dem Gegen-Hane-Tesuji auf 5 dieser Gefahr ausweichen.

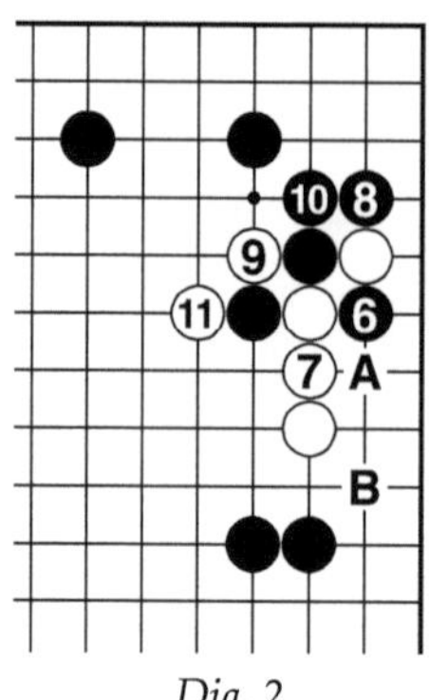

Dia. 2

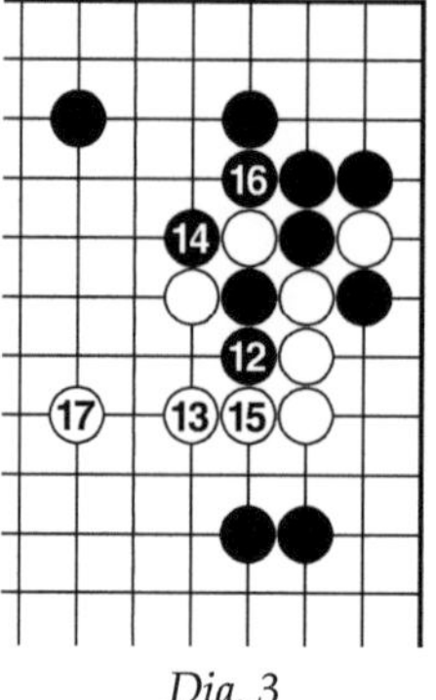
Dia. 3

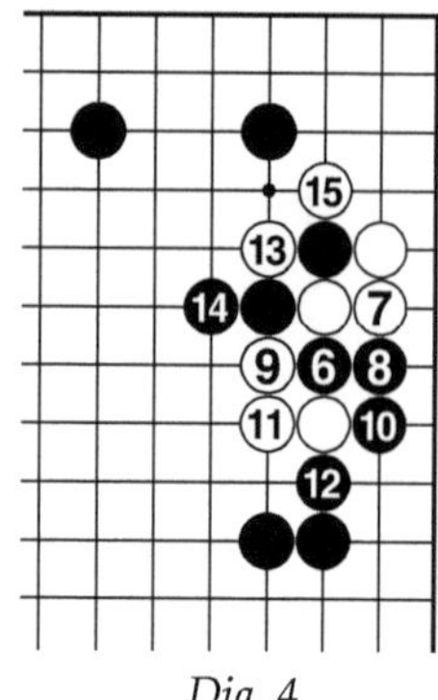
Dia. 4

Diagramm 2. Natürlich kann Schwarz mit 6 und 8 Atari geben und fangen, doch dann fängt Weiß mit 9 und 11 einen Stein in einer Treppe. Außerdem macht er am rechten Rand Fortschritte, denn er bekommt mit A und B ein Auge.

Diagramm 3. Falls die Treppe nicht läuft, kann Weiß mit 13 und 15 immer noch opfern und mit 17 weglaufen.

Diagramm 4. Schwarz 6 und 8 hier erlauben es Weiß, einfach in der Ecke zu leben.

Diagramm 5. Spielt Schwarz sein Hane nach unten, so hat Weiß mit 3 ein ähnliches Gegen-Hane-Tesuji.

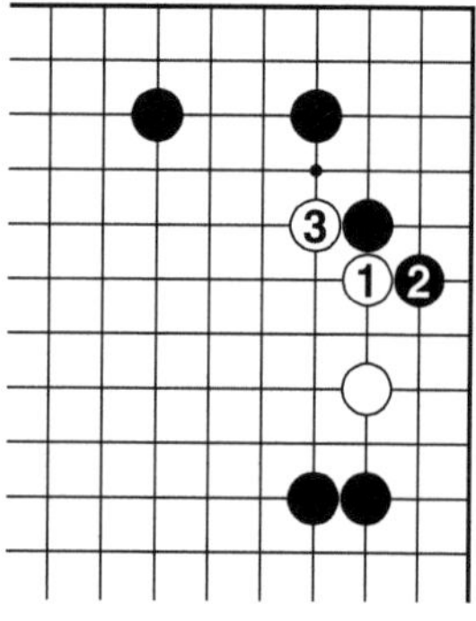
Dia. 5

Problem 1. Weiß macht Form am unteren Rand.

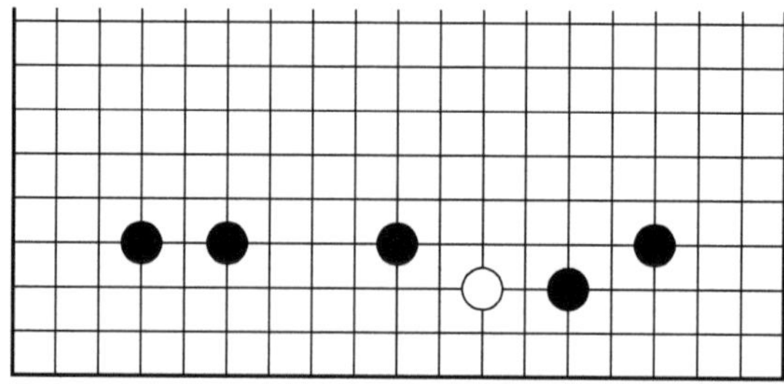
Problem 1

Das Kreuzschnitt-Tesuji

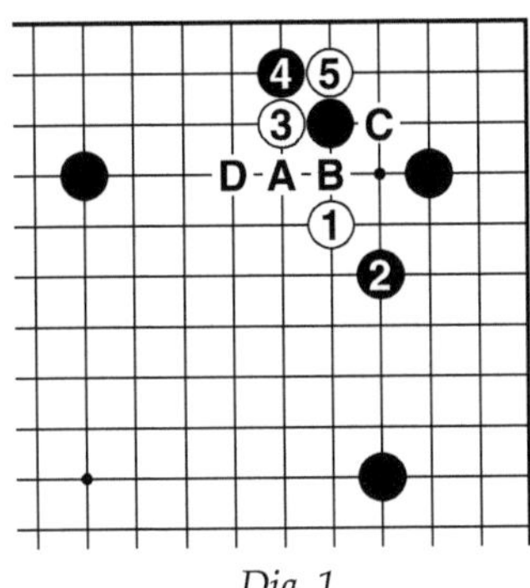

Dia. 1

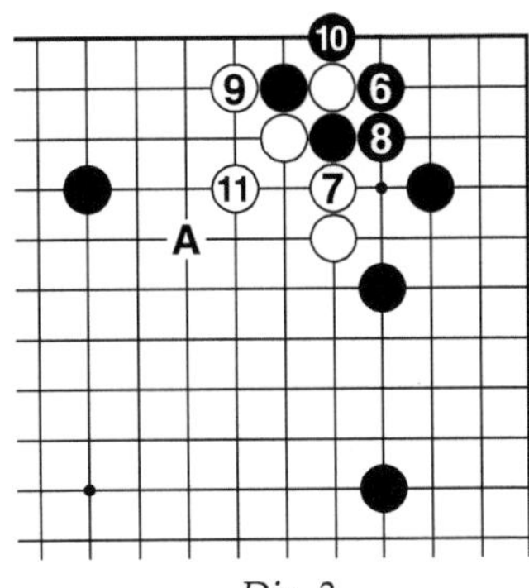

Dia. 2

Diagramm 1. Weiß 1 ist eine Standard-Reduktion der Doppelflügel-Formation um einen Keima-Eckeinschluss. Nach 2 muss Weiß Form bekommen. Weiß 3 und der Kreuzschnitt auf 5 sind eine sehr wirksame Tesuji-Kombination zu diesem Zweck.

Die nächsten zwei Diagramme zeigen zwei Standard-Fortsetzungen. Doch zunächst eine Warnung: Bevor Weiß auf 3 spielt, muss er sicher stellen, dass er nach einer schwarzen Antwort mit 4 auf A diesen Stein mit Weiß B, Schwarz C und Weiß D in einer Treppe fangen kann. Sonst gerät er in Schwierigkeiten.

Diagramm 2. Erste Variante: Schwarz verwendet drei Züge darauf, den Opferstein zu schlagen, so dass Weiß sich mit drei Zügen außen eine Stellung aufbauen kann. Statt 11 sind auch schnellere, aber dafür losere Fluchtzüge spielbar.

Diagramm 3. Zweite Variante: Schwarz schlägt sofort mit 8. Jetzt opfert Weiß einen weiteren Stein, um gute Form zu erhalten. Falls Schwarz mit 12 auf 13 setzt, um die weiße Form zu zerstören, …

Diagramm 4. ... dann opfert Weiß noch mehr Steine und reißt den rechten Rand auseinander.

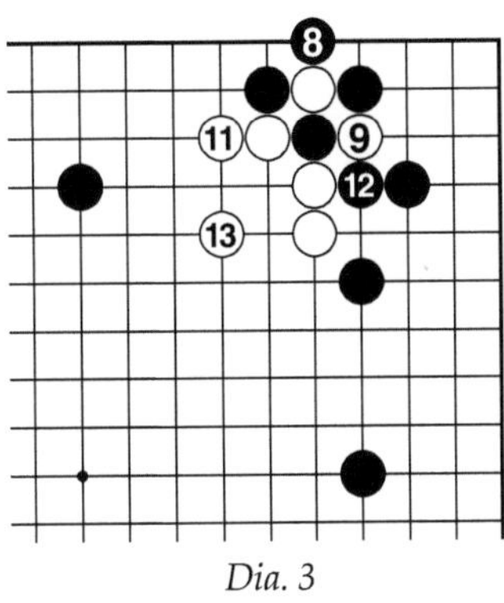

Dia. 3
Schwarz 10 deckt

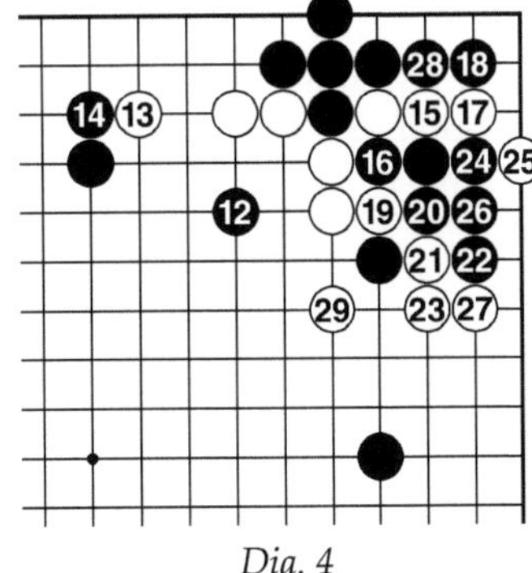

Dia. 4

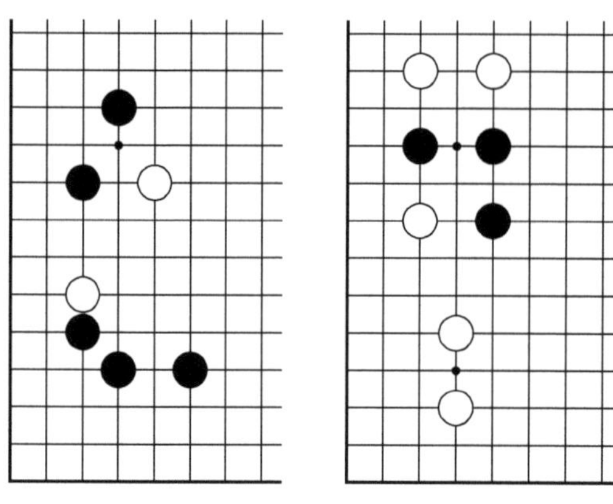

Problem 1 *Problem 2*

Problem 1. Weiß am Zug macht gute Form am linken Rand.

Problem 2. Schwarz am Zug stärkt seine Gruppe. Bei korrektem Ablauf werden zwei Steine geopfert.

Das Ausbruch-Tesuji

Diagramm 1. Diese Stellung konnte nur durch einen Fehler von Schwarz entstehen, denn Weiß wird ihn jetzt mit dem Ausbruch-Tesuji quälen. Es ist so schlagkräftig, dass man gegen einen erfahrenen Gegner selten die Gelegenheit dazu bekommt – er wird vorher etwas unternehmen.

Diagramm 2. Weiß treibt Schwarz mit 1 nach oben und versperrt dann mit 3 den Weg. Falls Schwarz jetzt auf A Atari gibt, kann Weiß auf B antworten.

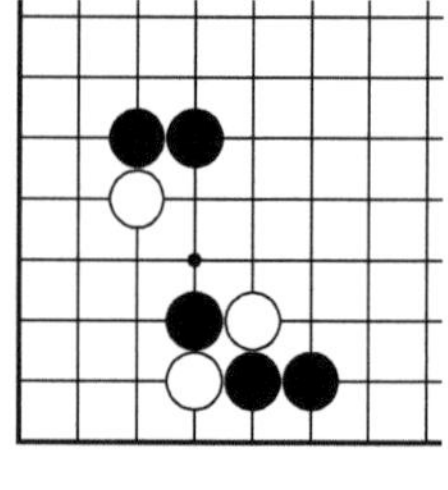

Dia. 1

Dia. 2

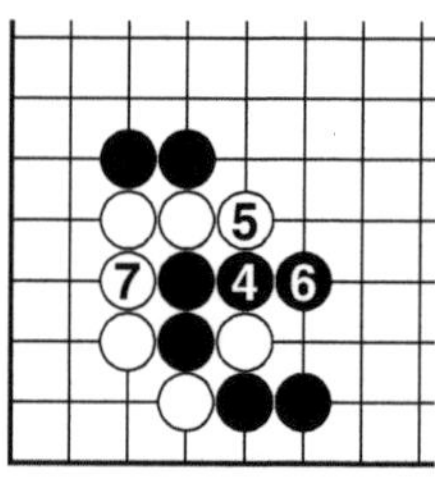

Dia. 3

Diagramm 3. Also lässt Schwarz sich nach rechts weiter treiben, für Weiß ist diese Zugfolge ein Riesenerfolg. Beginnend mit drei verstreuten Steinen hat er jetzt eine lebende Form in der Ecke, den Kopf in die Brettmitte herausgestreckt, die schwarze Gruppe links geschwächt und die untere eingezwängt.

Problem 1. Schwarz am Zug macht Form am unteren Rand.

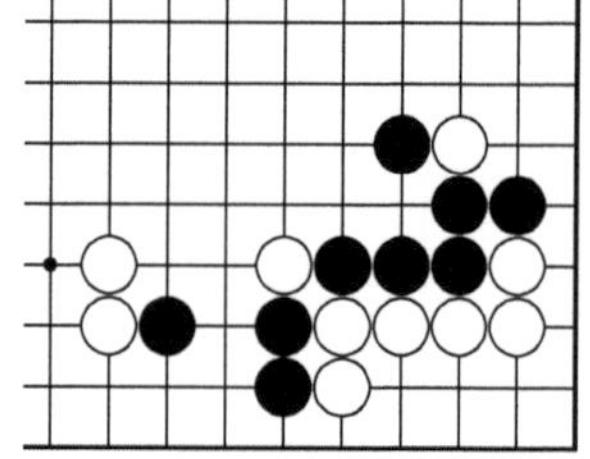

Problem 1

Problem 2. Weiß am Zug.

Beide Problemstellungen sind durch gegnerische Fehler verursacht.

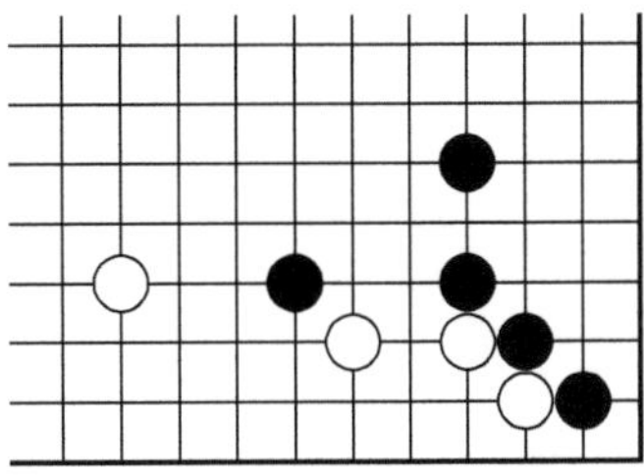

Problem 2

Das Anleger-Tesuji

Diagramm 1. Die Idee des Anleger-Tesuji ist, ein Ausbruch-Tesuji oder ein ähnliches Manöver anzudrohen. In dieser Stellung ergibt sich die Möglichkeit, nachdem Schwarz auf 2 zurückzieht. Weiß sucht einen Kampf und spielt mit 3 Hane, was Schwarz zum Schnitt auf 4 einlädt. Weiß 5 ist das Anleger-Tesuji.

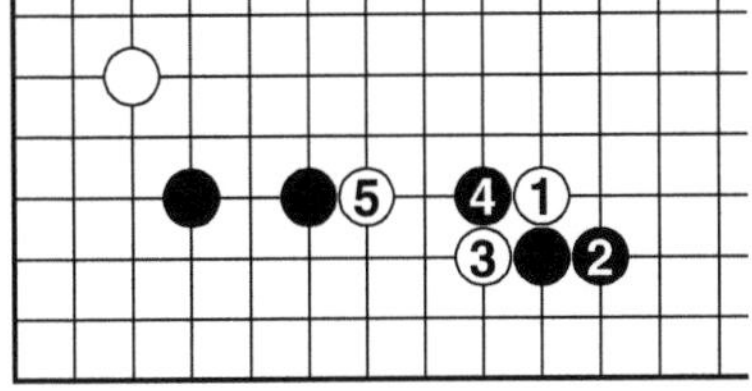

Dia. 1

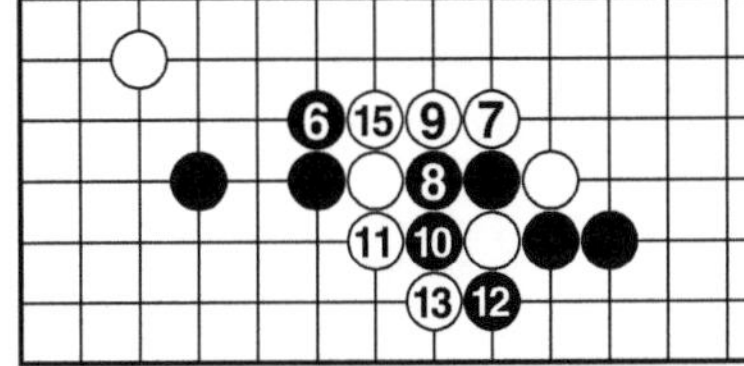

Dia. 2 (Schwarz 14 deckt)

Diagramm 2. Wenn Schwarz auf 6 verteidigt, dann treibt Weiß ihn mit 7 und so fort im Kreis herum und bekommt einen gutes Sprungbrett, um sich in die Brettmitte auszudehnen und die linke untere Ecke auszuhöhlen.

Diagramm 3. Im letzten Diagramm hat Schwarz erfolglos versucht, die Ecke zu verteidigen. Er sollte besser mit 6 hier das weiße Atari verhindern. Doch jetzt hat Weiß links einen Vorsprung und kann sich mit 7 bis 11 prächtig entwickeln. Später kann Schwarz am unteren Rand in Vorhand einen Stein fangen, doch das sollte er noch aufschieben, bis die Entscheidung für einen der beiden leichter fällt.

Diagramm 4. Es gibt auch noch andere Varianten wie diese hier. Doch was Schwarz auch unternimmt, Weiß wird sich immer ohne Probleme eine Position verschaffen können.

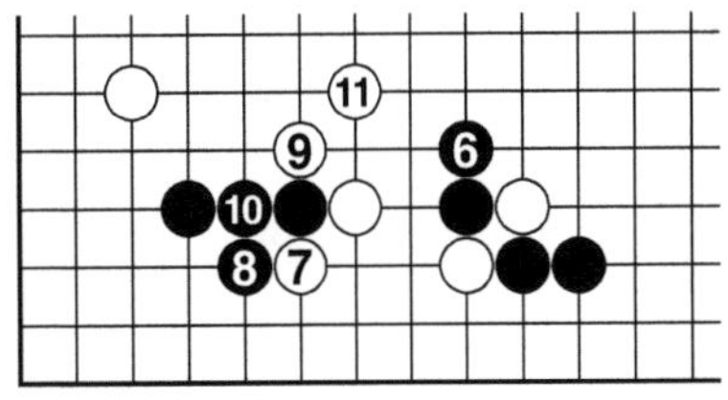

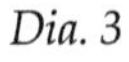

Dia. 3

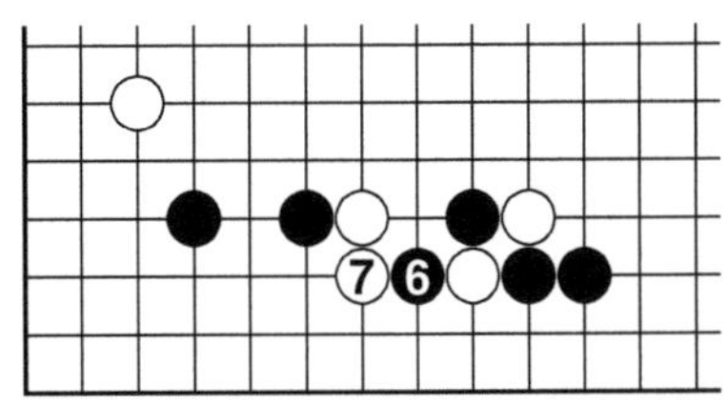

Dia. 4

Problem 1. Schwarz am Zug macht Form am oberen Rand.
Problem 2. Weiß am Zug macht rechts Form.

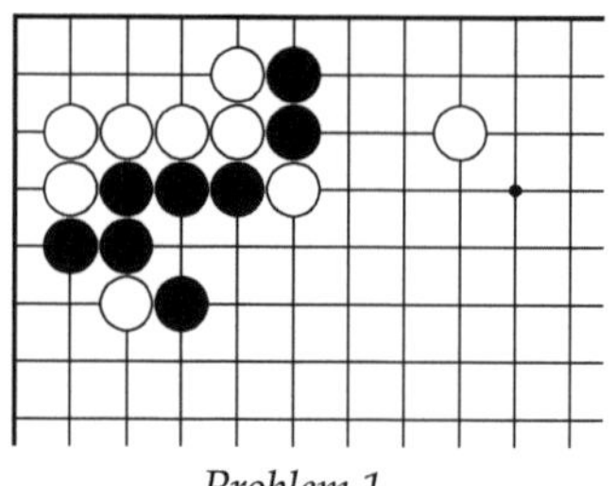

Problem 1

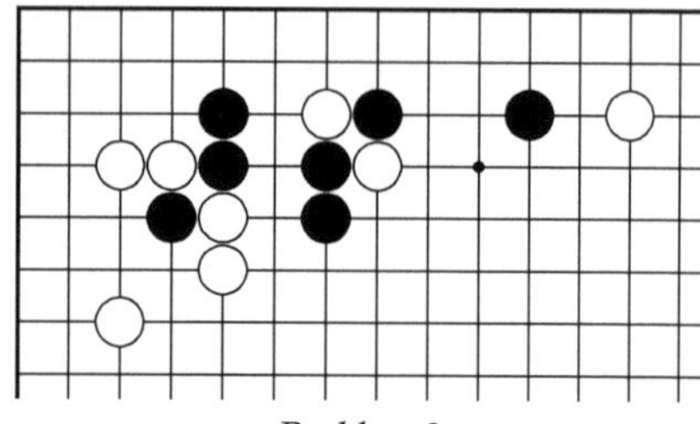

Problem 2

Die Nutzung toter Steine

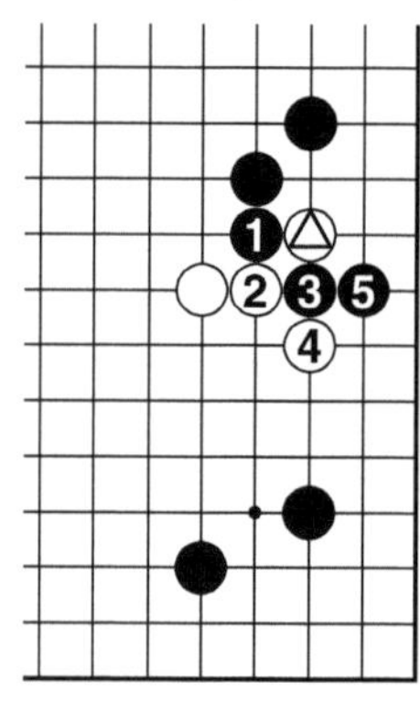

Dia. 1

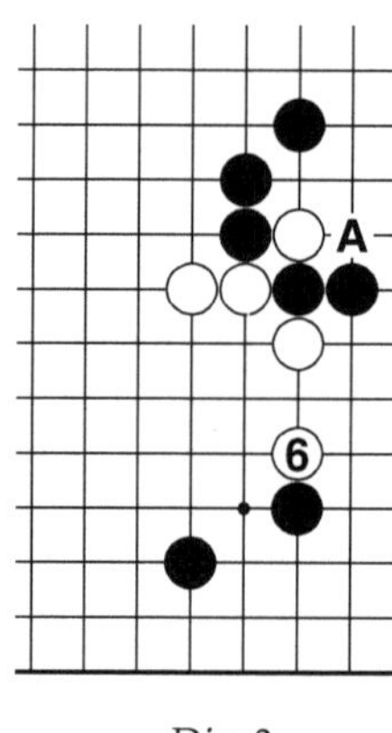

Dia. 2

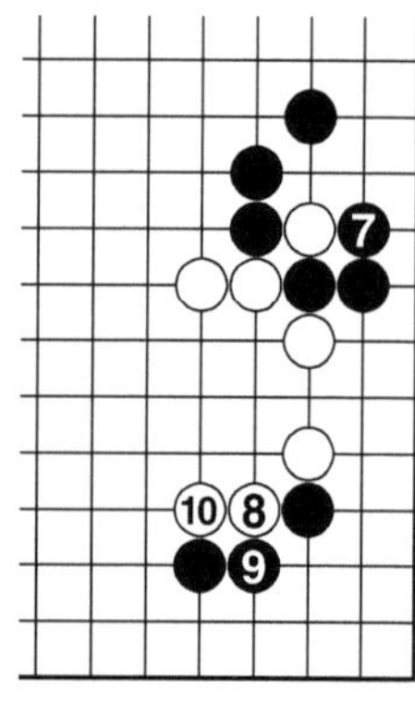

Dia. 3

Diagramm 1. Nachdem Schwarz mit 1 in das Keima hineinstößt und mit 3 schneidet, ist der Stein ◬ gefangen. Damit stellt sich die Frage, wie Weiß ihn nutzen kann, um außen seine Entwicklung zu beschleunigen. Das Atari auf 4 ist im Allgemeinen der korrekte Anfang.

Diagramm 2. Weiß 6 ist hier die richtige Fortsetzung, ein Anleger-Tesuji mit der Drohung A.

Diagramm 3. Falls Schwarz den weißen Stein mit 7 packt (was er tun sollte), kann Weiß mit 8 und 10 seine Position entwickeln.

Diagramm 4. Wenn Schwarz aber versucht, mit 7 und 9 Widerstand zu leisten, dann kommt er nur in Schwierigkeiten. Das weiße Gegen-Atari auf 10 ist ein Auswring-Tesuji.

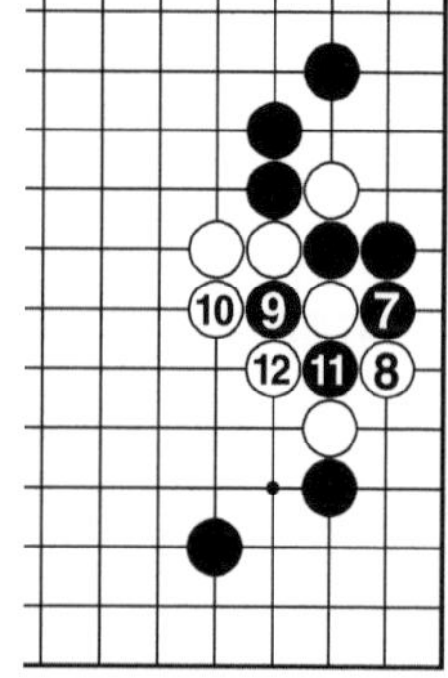

Dia. 4

Diagramm 5. In der Folge pflügt Weiß geradewegs durch den schwarzen Eckeinschluss hindurch. Schwarz bleibt nur wenig Eckgebiet, zumal Weiß noch A in Reserve hat.

Diagramm 6. Wenn wir zum Anfang zurückschauen, dann waren Schwarz 1 und 3 nicht sehr erfolgreich. Hier ist eine bessere Idee.

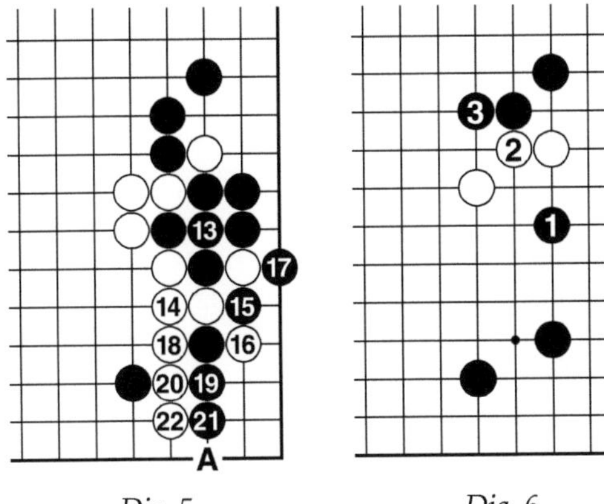

Dia. 5 *Dia. 6*

Problem 1. Schwarz am Zug kann alle seine Schwächen am unteren Rand und in der Ecke beseitigen.

Problem 2. Dies ist ein Joseki. Wie kann Schwarz den toten Stein auf 3 nutzen?

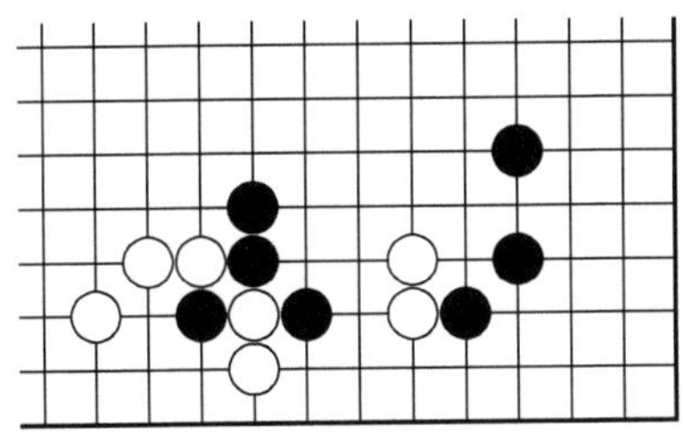

Problem 1

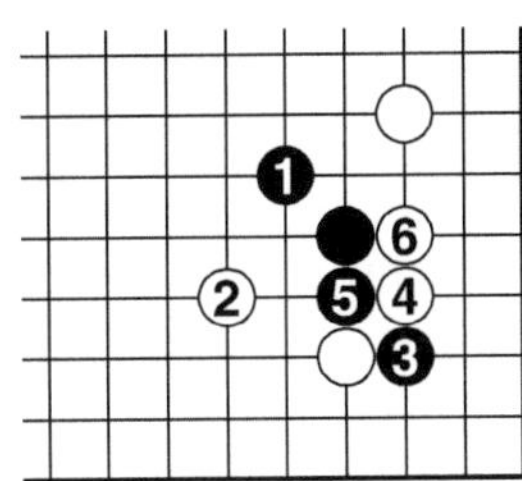

Problem 2

Anlegen – darunter und darüber

Diagramm 1. Die vier weißen Steine in diesem Diagramm sind instabil geworden – Schwarz kann gefahrlos A oder B spielen – und bevor ihnen etwas Schlimmes zustößt, sollte Weiß ihre Form stärken. Weiß 1, ein Anleger unter dem gegnerischen Stein, ist ein Opfertesuji zu diesem Zweck.

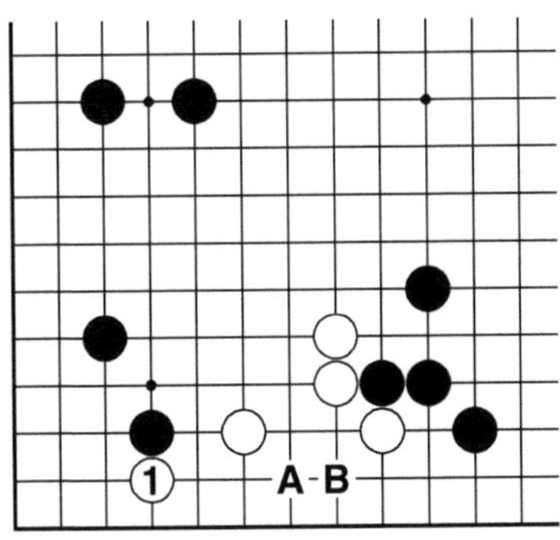

Dia. 1

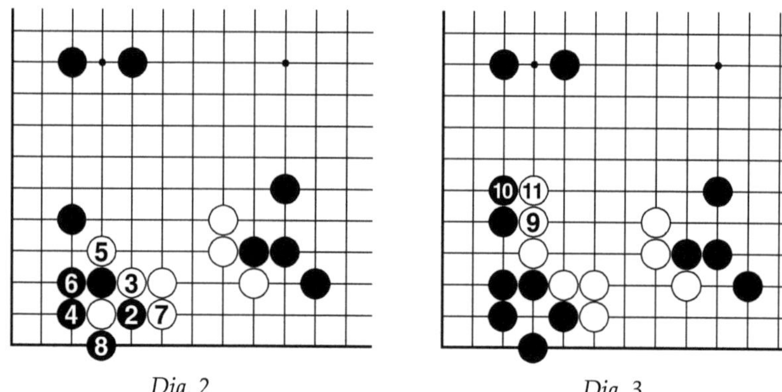

Dia. 2 *Dia. 3*

Diagramm 2. Während Schwarz mit dem Fangen des Opfersteins beschäftigt ist, stärkt Weiß in Vorhand seine Stellung. Weiß 7 verteidigt den unteren Rand, die Steine 3 und 5 sind auch recht wertvoll.

Zu dieser Zugfolge gibt es weitere Varianten: Schwarz könnte überlegen 8 wegzulassen, um Vorhand zu nehmen. Unter Umständen (hier jedoch nicht) kann er mit 4 auf 7 vorwärts krabbeln. Und in bestimmten Situationen muss er mit 2 auf 4 oder 6 nachgeben, so dass das weiße Tesuji gar kein Opfer darstellt.

Diagramm 3. Jedenfalls hat Weiß sich in Diagramm 2 nicht nur unten entwickelt, sondern auch 9 und 11 vorbereitet, womit er das schwarze Gebiet reduziert und in der Mitte Form bekommt.

Diagramm 4. Das Auflegen auf den gegnerischen Stein mit Weiß 1 ist ein ähnliches Tesuji, wenngleich es meistens den Zweck hat, den Weißen in die Brettmitte hinaus zu helfen. Die üblichen Varianten sind Schwarz 2 auf 4 und Schwarz 4 auf A.

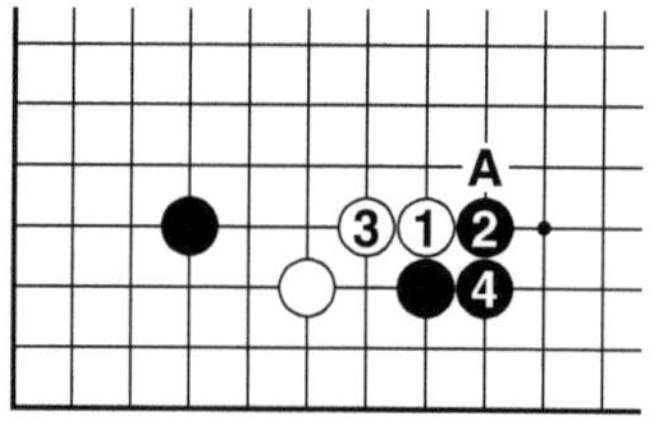

Dia. 4

Problem 1. Schwarz am Zug stärkt seine Gruppe. Können Sie die weiße Antwort voraussehen?

Problem 2. Weiß am Zug stärkt sich. Soll er unten oder oben anlegen?

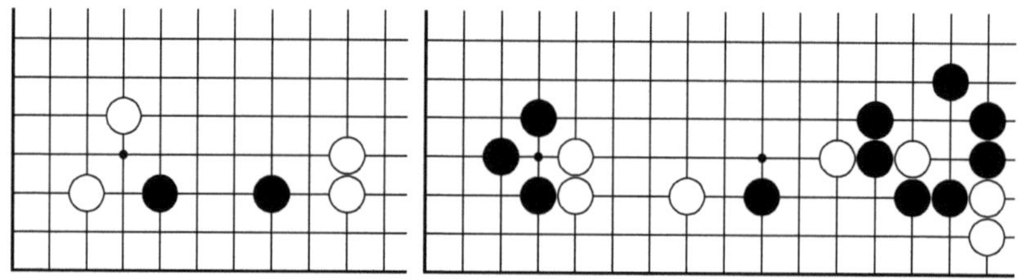

Problem 1 *Problem 2*

Lösungen zu den Problemen

Auswringtaktik

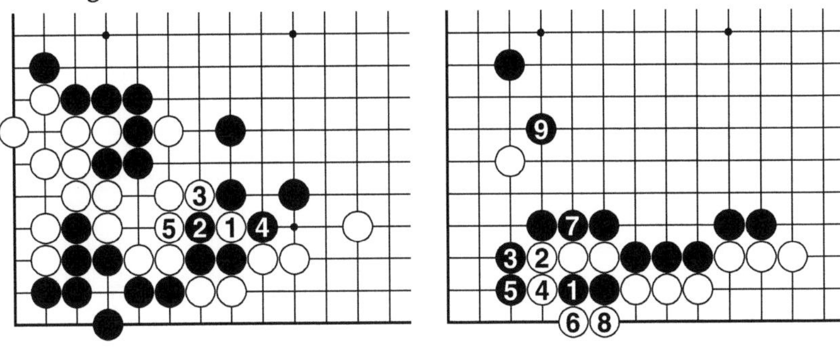

Lösung 1 *Lösung 2*

Lösung zu Problem 1. Weiß stärkt seine Form in Vorhand. Wenn er diese Züge versäumt, dann bekommt Schwarz auf 3 einen guten Punkt.

Lösung zu Problem 2. Schwarz muss zwei Steine opfern, damit das Auswringen Erfolg bringt.

Das Gegen-Hane-Tesuji

Lösung zu Problem 1. Weiß 1 erzwingt Schwarz 2. Weiß 3 ist das Gegen-Hane-Tesuji. Wie Schwarz auch immer antwortet, Weiß findet einen Weg, gute Form zu erlangen.

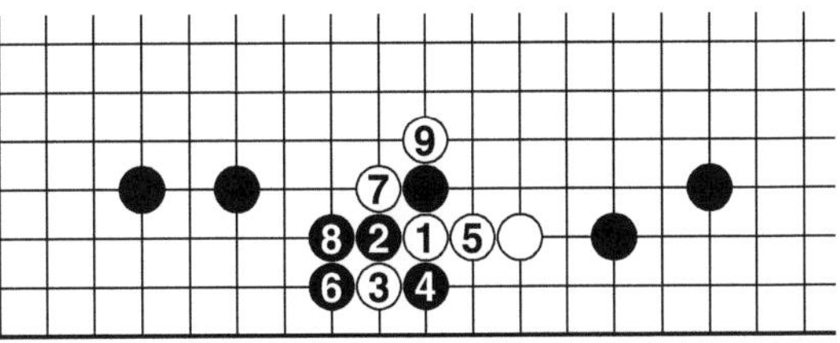

Lösung 1

Weiß hat zwar auch andere viel versprechende Möglichkeiten für Weiß 1, doch mit der Lösungszugfolge kann er am schnellsten Fuß fassen.

Das Kreuzschnitt-Tesuji

Lösung zu Problem 1. Weiß 1 ist korrekt und 3 ist das Kreuzschnitt-Tesuji. Weiß 9 und 11 sind schöne Züge, die gute Form machen, während Schwarz auf der Schwäche bei A sitzen bleibt.

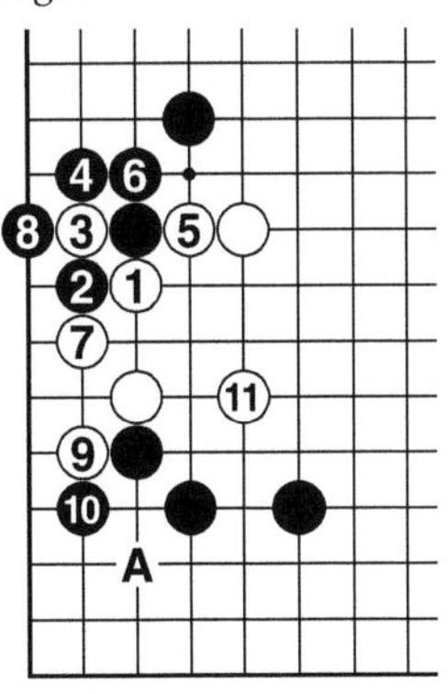

Lösung 1

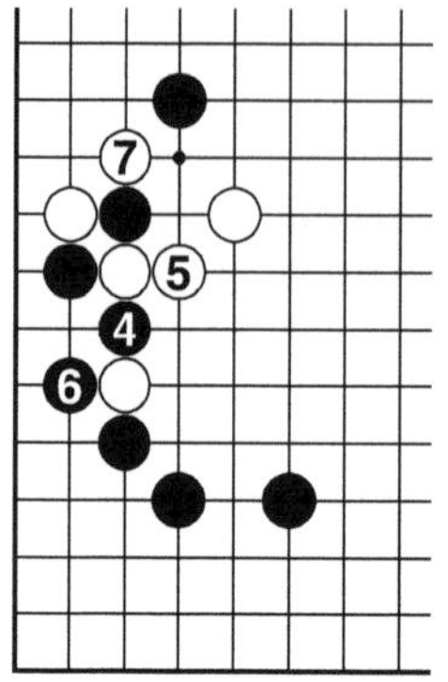
Dia. 1a

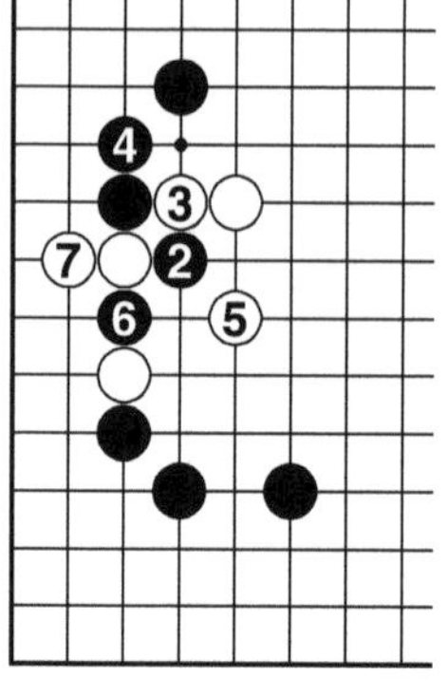
Dia. 1b

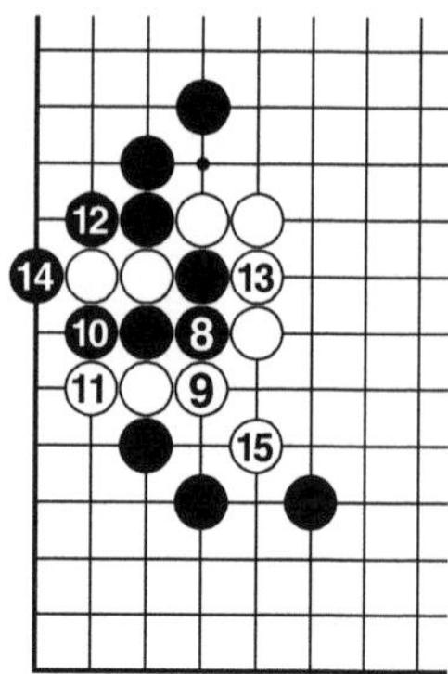
Dia. 1c

Diagramm 1a. Tatsächlich dürfte Schwarz diese Variante bevorzugen.

Diagramm 1b. Spielt Schwarz auf 2 hier, dann bekommt Weiß mit 5 und 7 eine schöne Opferkombination.

Diagramm 1c. Dies ist die Fortsetzung von Diagramm 1b.

Lösung zu Problem 2. Schwarz wird sich um Augen keine Sorgen machen müssen.

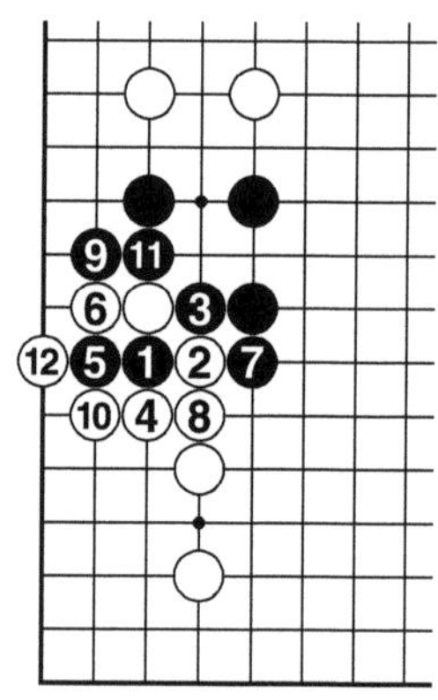
Lösung 2

Das Ausbruch-Tesuji

Lösung zu Problem 1. Nach dem Ausbruch-Tesuji ist Schwarz 7 der entscheidende Punkt.

Lösung zu Problem 2. Weiß 1 leitet das Ausbruch-Tesuji ein. Weiß 9 ist eine gute Möglichkeit, es abzuschließen, gehört aber nicht unbedingt zur Zugfolge.

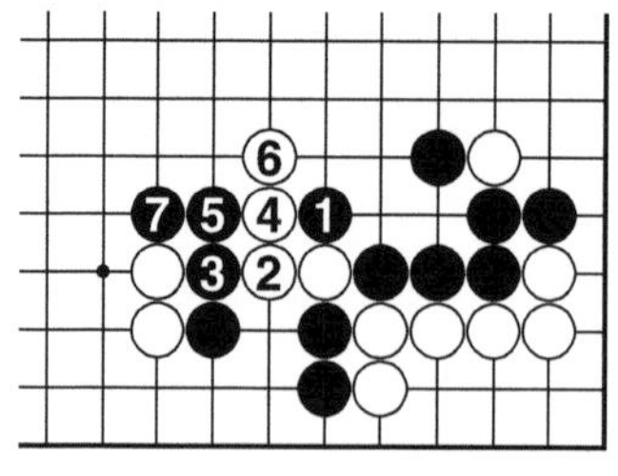
Lösung 1

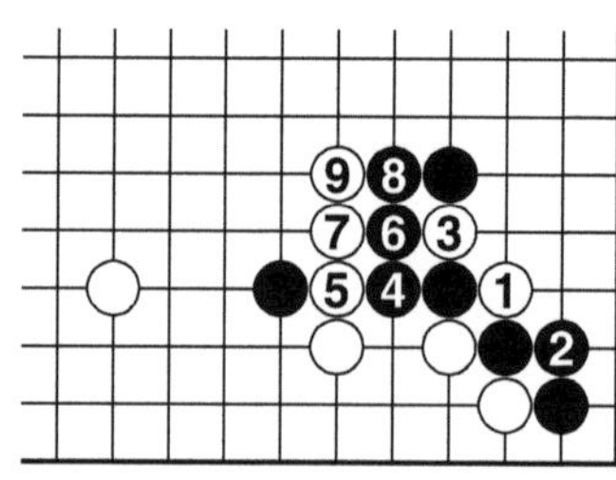
Lösung 2

Das Anleger-Tesuji

Lösung zu Problem 1. Schwarz 1 droht das Ausbruch-Tesuji an, so wie in Problem 1 im vorigen Abschnitt. Die beste Antwort für Weiß ist 2, die beste schwarze Fortsetzung ist 3.

Lösung zu Problem 2. Weiß 1 droht eine Treppe. Schwarz sollte auf 2 antworten und dem Weißen mit 3 einen Stein überlassen.

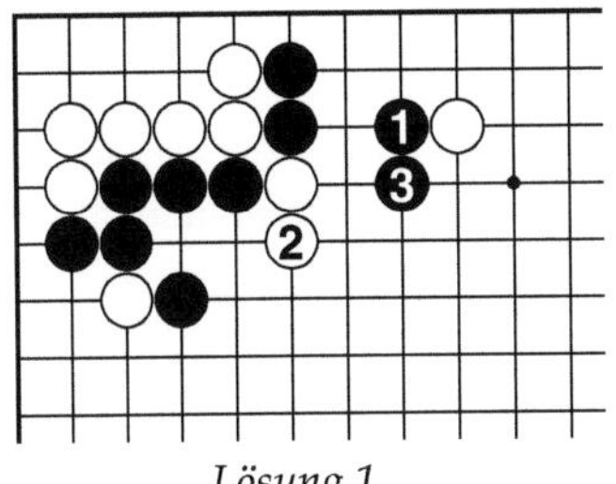

Lösung 1

Lösung 2

Die Nutzung toter Steine

Lösung zu Problem 1. Schwarz 1 droht Schwarz 2. Nach dieser Zugfolge kann Weiß seine zwei Steine oberhalb von 3 abschreiben.

Lösung zu Problem 2. Schwarz 3 droht A. Weiß fängt einen Stein in der Ecke und Schwarz einen außen.

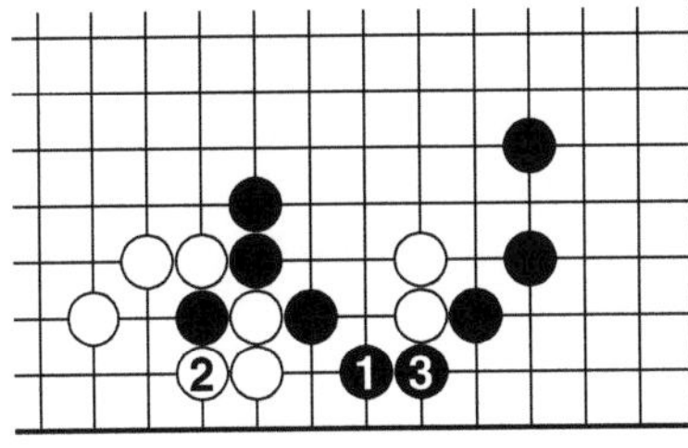

Lösung 1

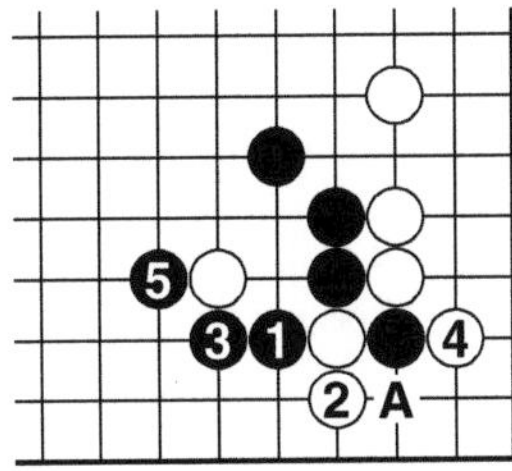

Lösung 2

Anlegen – darunter und darüber

Lösung zu Problem 1. Weiß muss mit 2 nachgeben und auch auf 4 verteidigen, sonst spielt Schwarz auf A. Schwarz hat sowohl Gebiet als auch Augenraum bekommen.

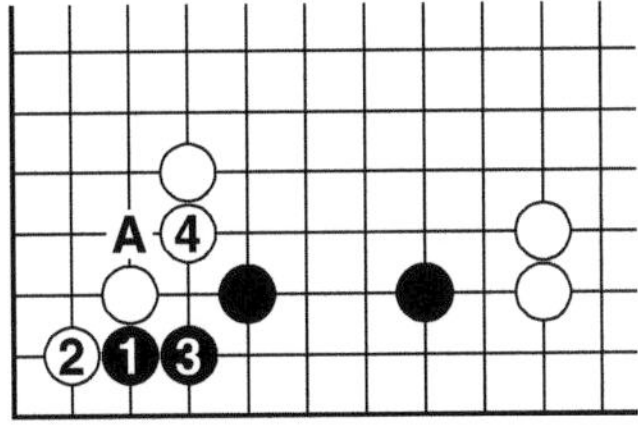

Lösung 1

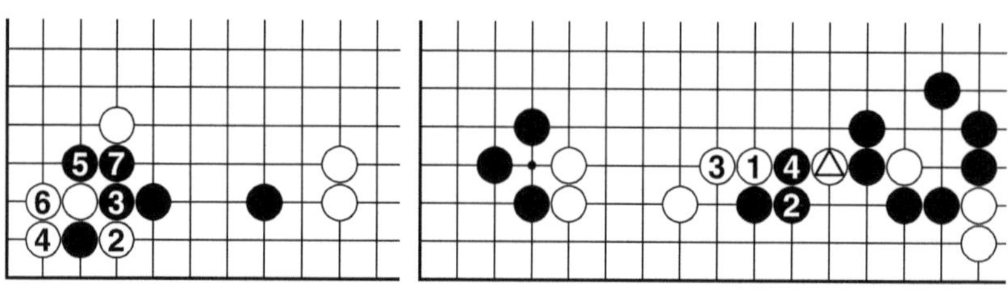

Dia. 1a *Lösung 2*

Diagramm 1a. So kann Weiß nicht spielen, es sei denn, die Umstände deuten darauf hin, dass er die schwarze Gruppe töten kann.

Lösung zu Problem 2. Weiß 1 harmoniert gut mit △ und Schwarz muss auf 2 spielen. Weiß stärkt sich nicht nur, sondern reduziert auch in Vorhand das schwarze Gebiet.

Weitere Probleme

Das Ziel lautet in allen Problemen, Form zu erlangen. Einige wie 4 und 5 sind sehr einfach. In Problem 6 soll Weiß in der Mitte Form machen, in Problem 7 am rechten Rand. Wenn Sie in Problem 9 eine Treppe sehen, dann gehen Sie davon aus, dass sie läuft.

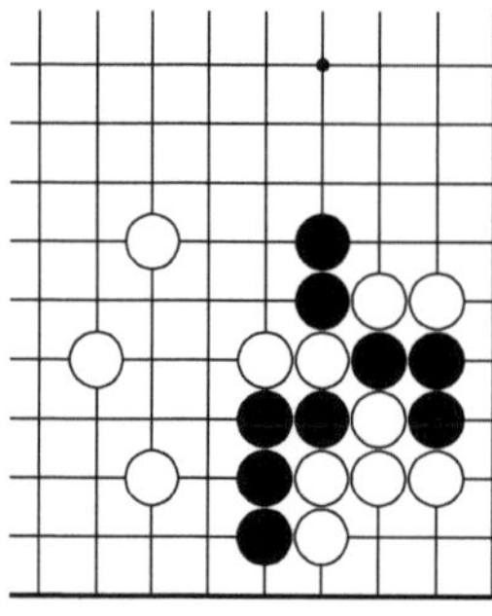

1. Schwarz am Zug

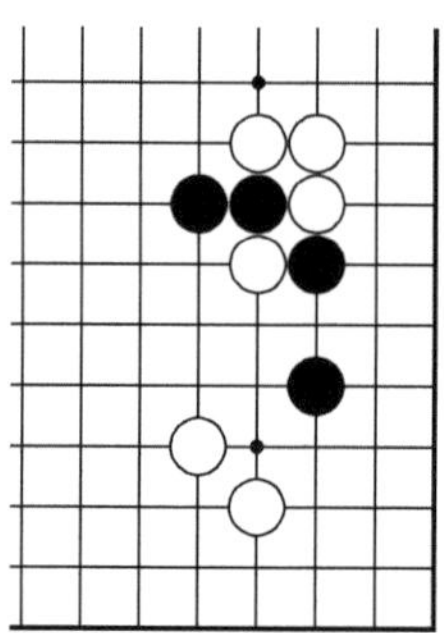

2. Schwarz am Zug

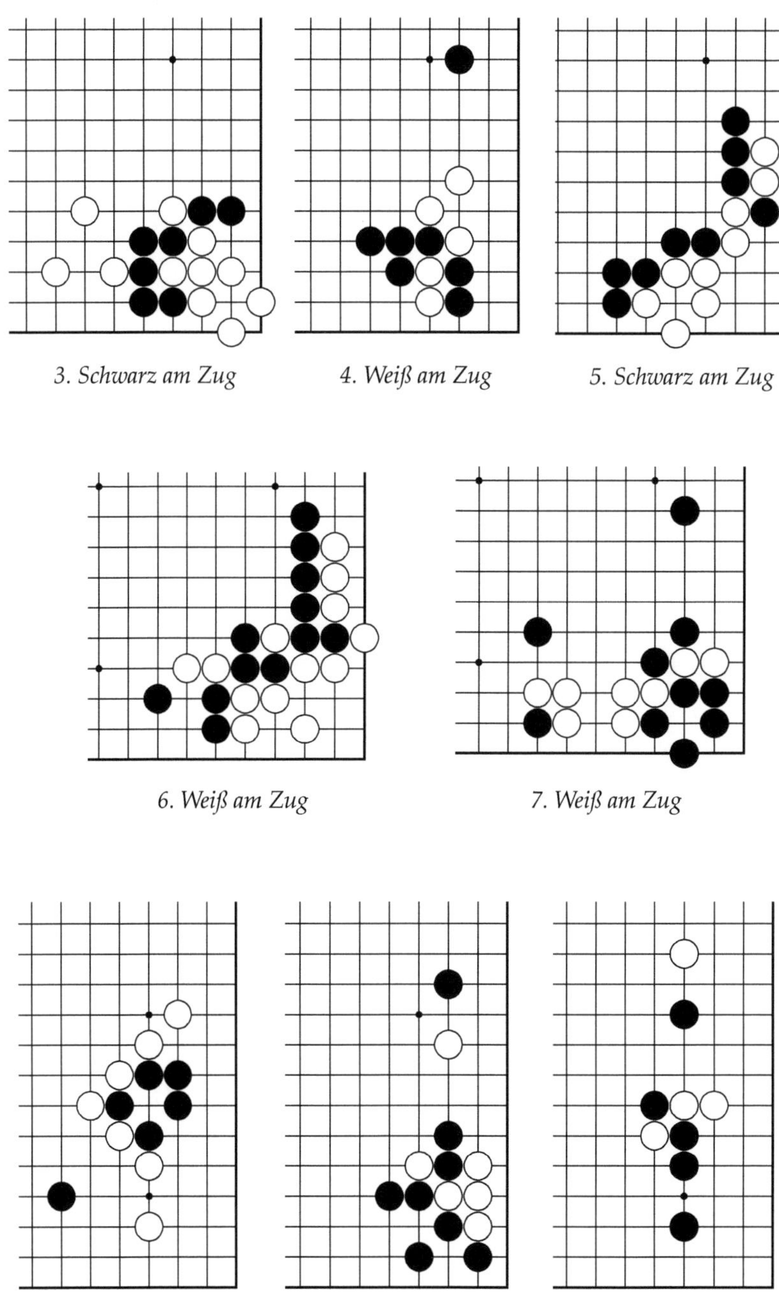

3. *Schwarz am Zug*

4. *Weiß am Zug*

5. *Schwarz am Zug*

6. *Weiß am Zug*

7. *Weiß am Zug*

8. *Schwarz am Zug*

9. *Weiß am Zug*

10. *Weiß am Zug*

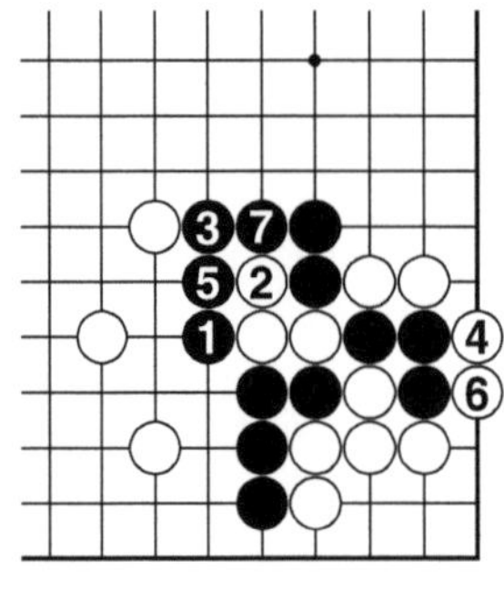

Lösung 1

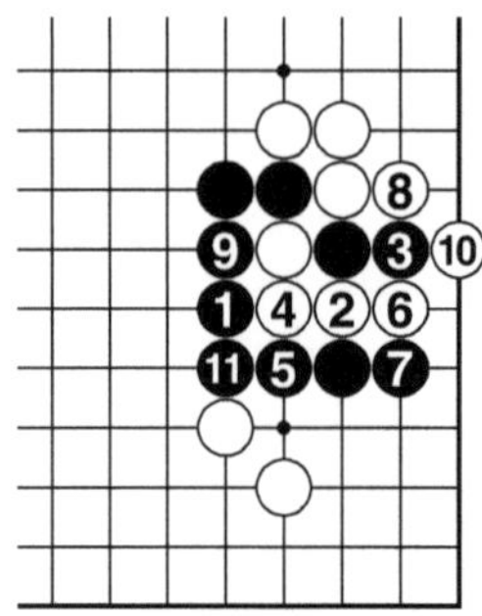

Lösung 2

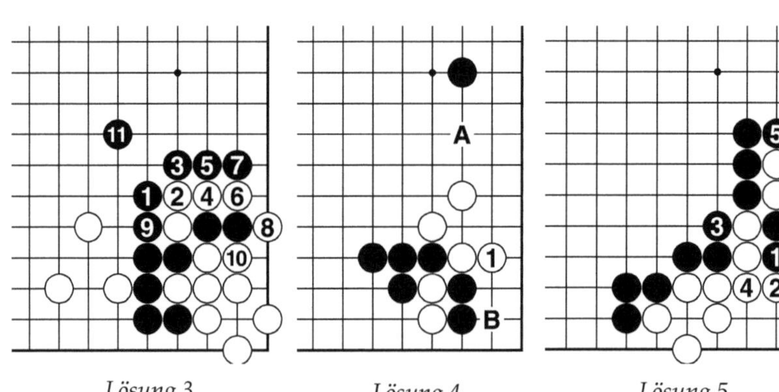

Lösung 3

Lösung 4
A und B sind Miai

Lösung 5

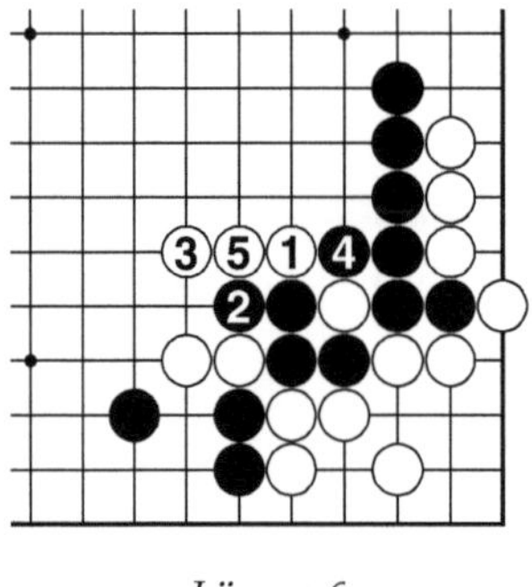

Lösung 6

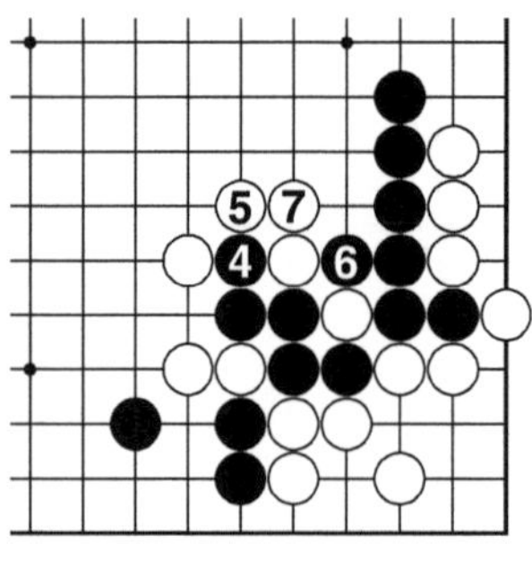

Variante

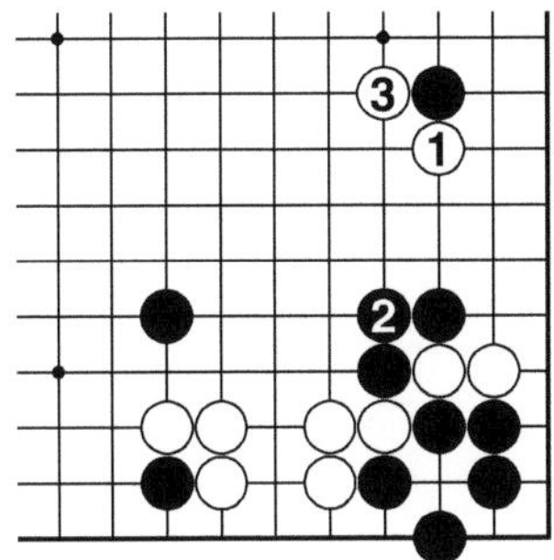

Lösung 7

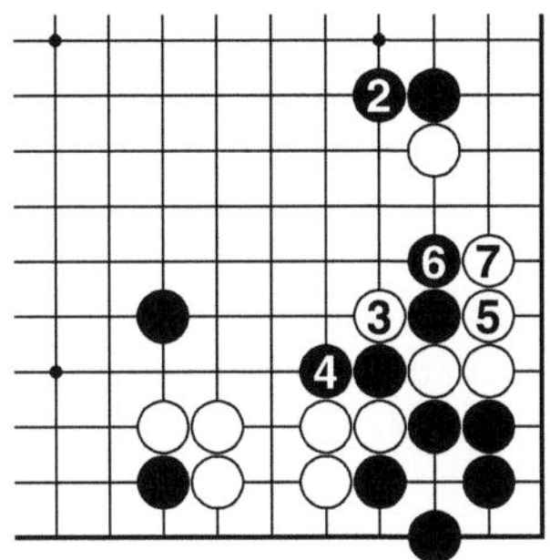

Fehler von Schwarz

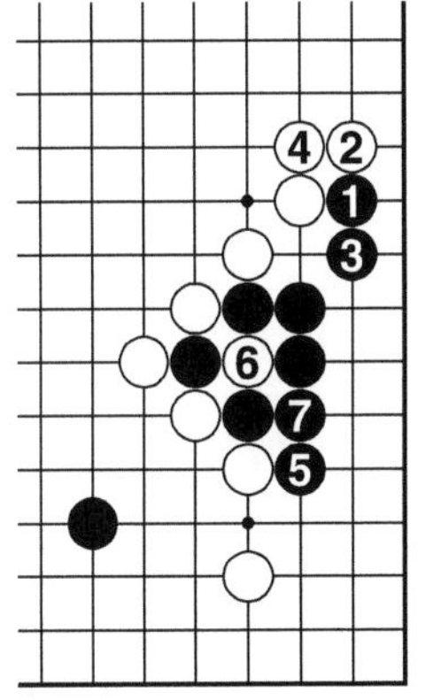

Lösung 8

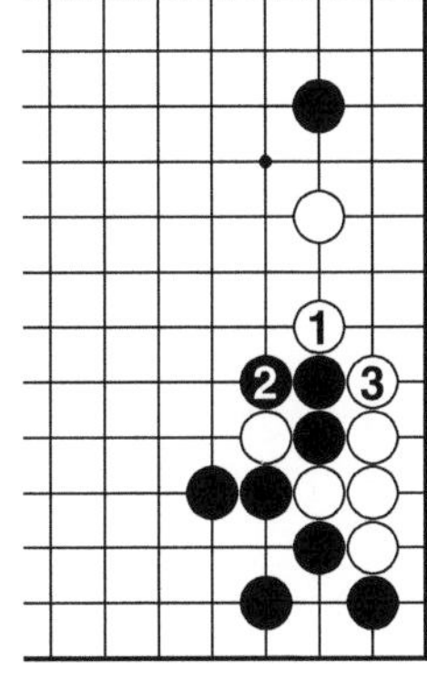

Lösung 9

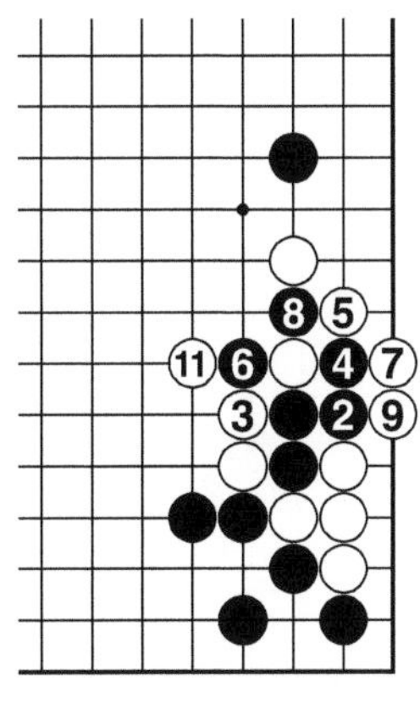

Schwarz 2 geht nicht
Schwarz 10 deckt

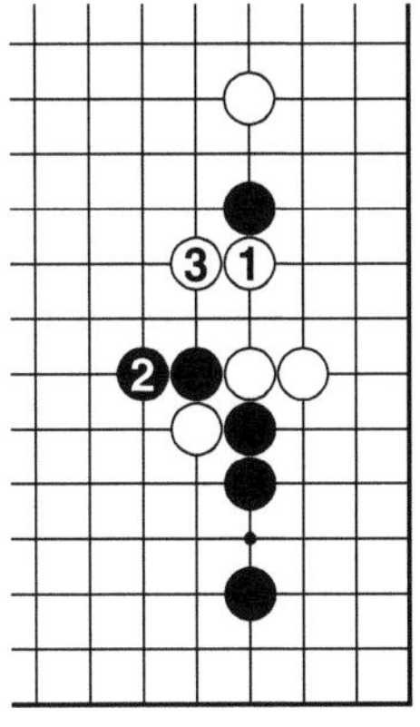

Lösung 10

14. Das Atari ignorieren

Die Lesegewohnheiten mancher Go-Spieler scheinen von der Idee des Atari dominiert zu sein; sie geben jedes mögliche Atari und ziehen ihre Steine auch immer heraus, wenn es ihnen selbst widerfährt. Sie werden immerzu vom Schicksal einzelner Steine fehlgeleitet und verpassen dadurch das Tesuji.

Wann man nicht Atari geben soll

Diagramm 1. Weiß ist am Zug; was soll er in dieser Form tun? Es gibt zwei Standardzüge für ihn, einen für den Angriff und einen zur Verteidigung; keiner von beiden ist ein Atari.

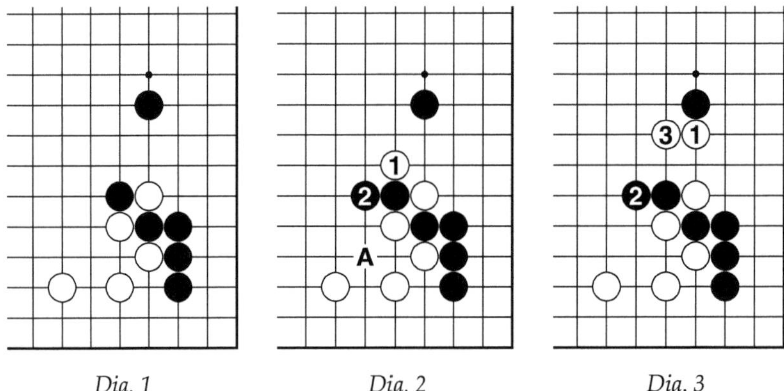

Dia. 1 *Dia. 2* *Dia. 3*

Diagramm 2. Falls Weiß in der Umgebung genügend Unterstützung hat, kann er angreifen. Doch der Austausch 1 gegen 2 ist erkennbar unbeholfen, er hilft lediglich Schwarz. Mittlerweile wird sogar Schwarz A interessant.

Diagramm 3. Die korrekte Spielweise ist dieses Anleger-Tesuji, das wiederum ein Ausbruch-Tesuji androht. Wenn Schwarz jetzt auf 2 spielt, dann hat Weiß mit 3 auch einen starken Zug.

Diagramm 4. Vielleicht geht es Weiß mehr um Verteidigung als um Angriff. Doch auch zu Verteidigungszwecken ist es ungeschickt, auf 1 Atari zu geben. Schwarz 2 ist der letzte Zug, den er provozieren sollte, zumal das den Stein △ komplett aus dem Spiel nimmt. Außerdem muss Weiß zurückkommen und in Nachhand auf 3 verbinden.

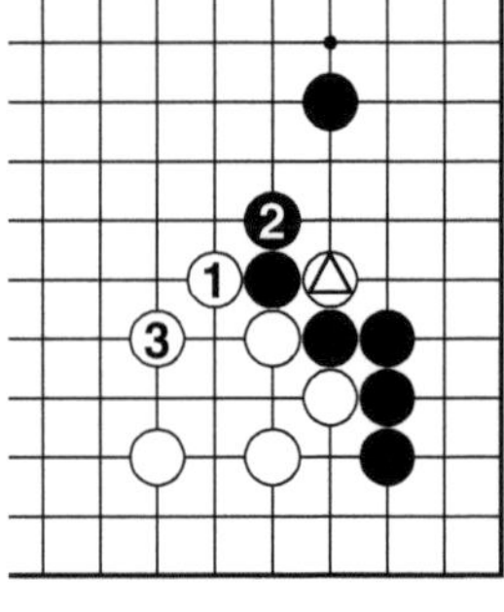

Dia. 4

Diagramm 5. Weiß 1 ist korrekt. Falls Schwarz jetzt auf 2 spielt, so bekommt Weiß Vorhand, um woanders die Initiative zu ergreifen. Und wenn er in dieser Region fortsetzen will, kann er mit 3 auf A spielen – vergleichen Sie das mit dem Diagramm zuvor. Falls Schwarz den weißen Zug auf 1 ignoriert, dann hat Weiß auf 2 eine Treppe.

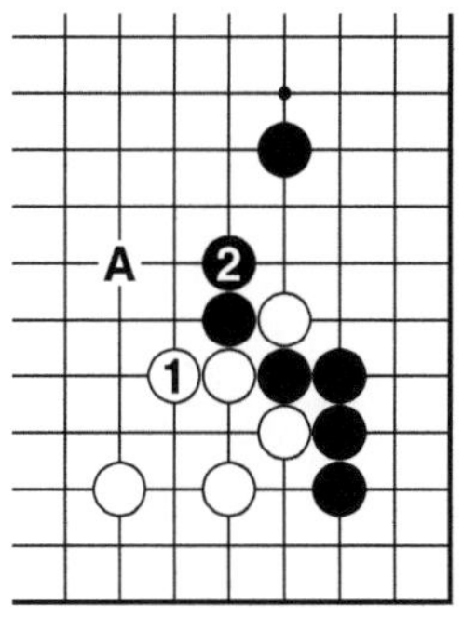

Dia. 5

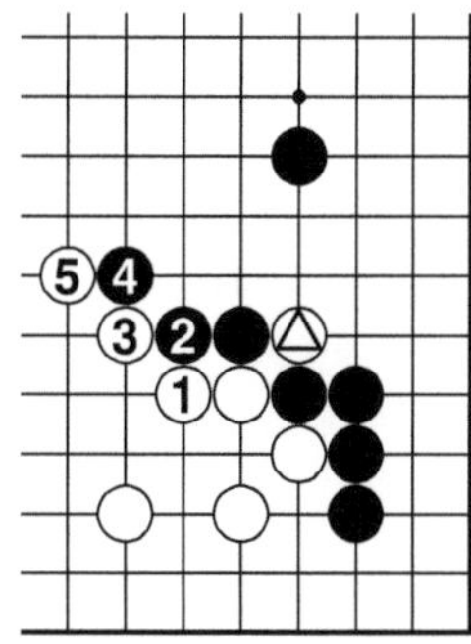

Dia. 6

Diagramm 6. Falls Schwarz mit 2 nach außen drängt, kann Weiß mit einem Doppel-Hane dagegenhalten, wobei der Stein △ aktiviert wird.

Problem 1. Wie soll Schwarz auf Weiß 1 antworten?
Problem 2. Wie soll Weiß antworten? Vorsicht vor falschen Freunden.
Problem 3. Ein Joseki: Wie soll Schwarz auf Weiß 5 antworten?

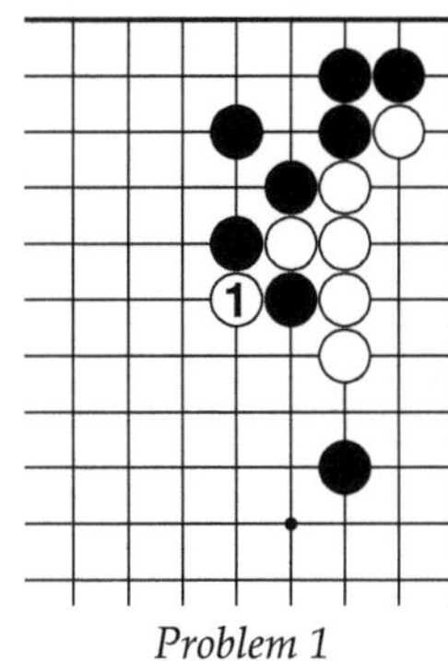

Problem 1

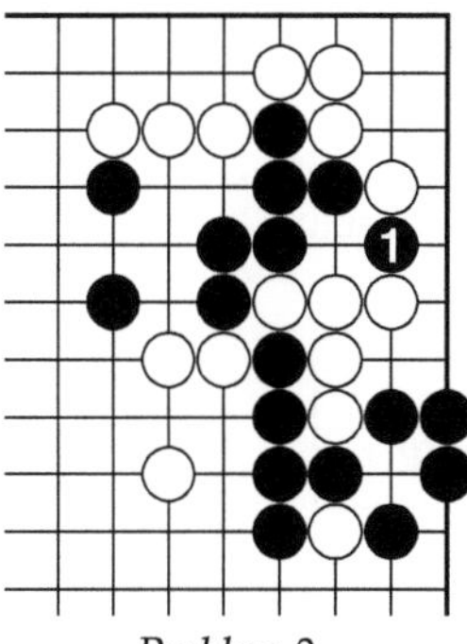

Problem 2

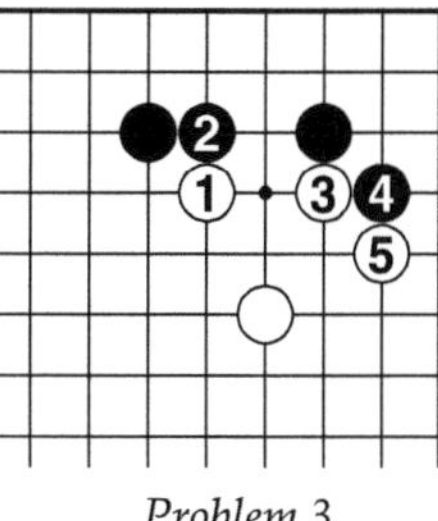

Problem 3

Das Gegen-Atari-Tesuji

Diagramm 1. Weiß 1 ist ein üblicher Zug, um am rechten Rand Unruhe zu stiften. Schwarz 2 ist eine gute Antwort, doch jetzt wird Schwarz mit dem Atari auf 3 konfrontiert. Soll er seinen Stein herausziehen?

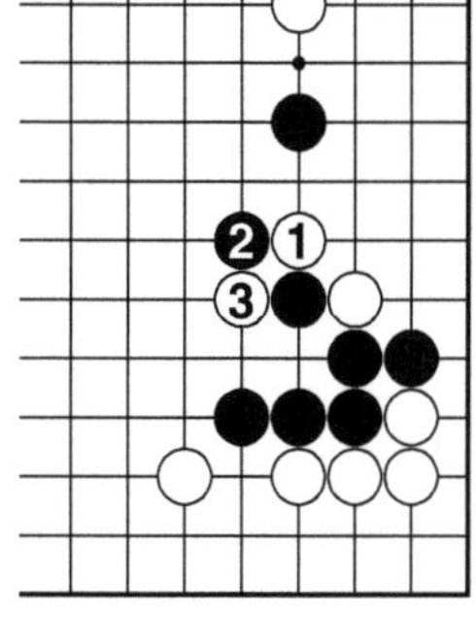

Dia. 1

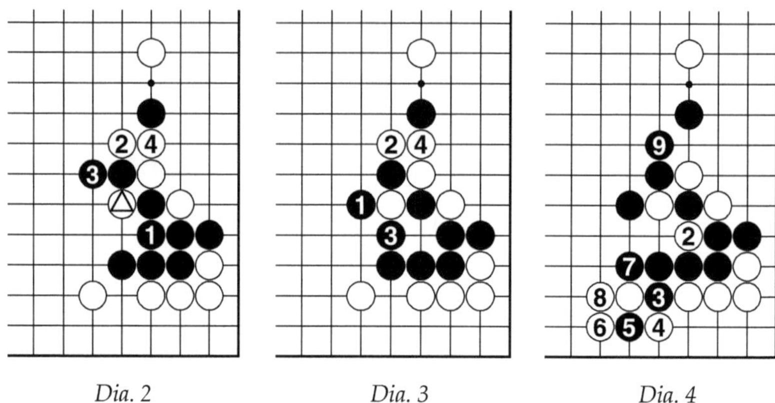

Dia. 2 *Dia. 3* *Dia. 4*

Diagramm 2. Nein, denn nach den nahe liegenden Zügen 2 und 4 hat Weiß gute Form und Schwarz schlechte. Außerdem wird der Stein ◬ dem Schwarzen weiterhin ein Dorn im Auge sein.

Diagramm 3. Das schwarze Tesuji ist das Gegen-Atari auf 1. Weiß wird vermutlich 2 und 4 genau so spielen wie zuvor, aber jetzt hat Schwarz hervorragende Form.

Diagramm 4. Falls Weiß mit 2 schlägt, kann Schwarz 3 bis 9 spielen und die gesamte gegnerische Gruppe einfangen.

Problem 1. Wie soll Schwarz antworten?

Problem 2. Schwarz 1 bis 7 sind eine normale Invasions-Zugfolge. Wo sollten die zwei nächsten weißen Züge sein?

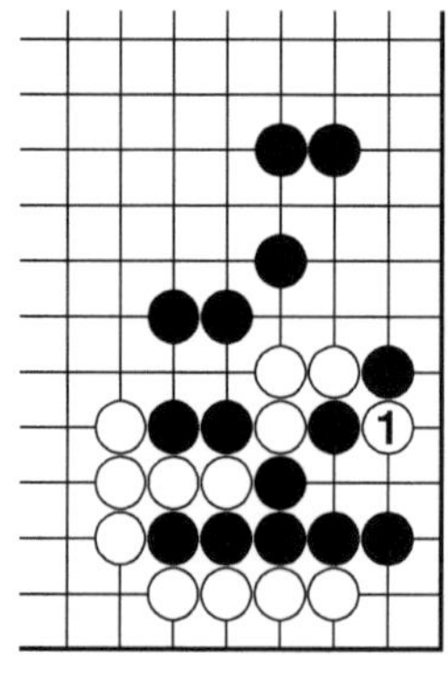

Problem 1

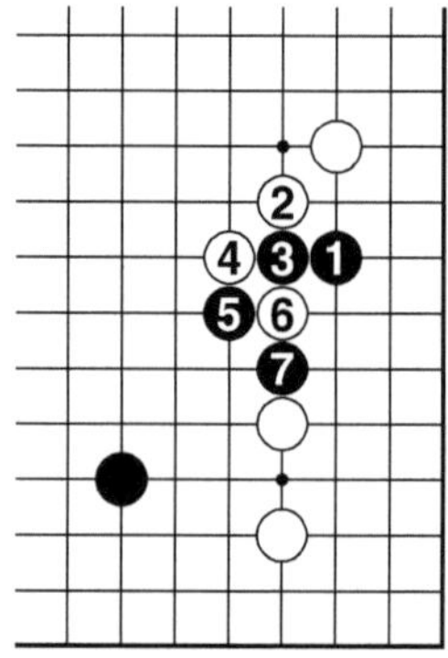

Problem 2

Lösungen zu den Problemen

Wann man nicht Atari gibt

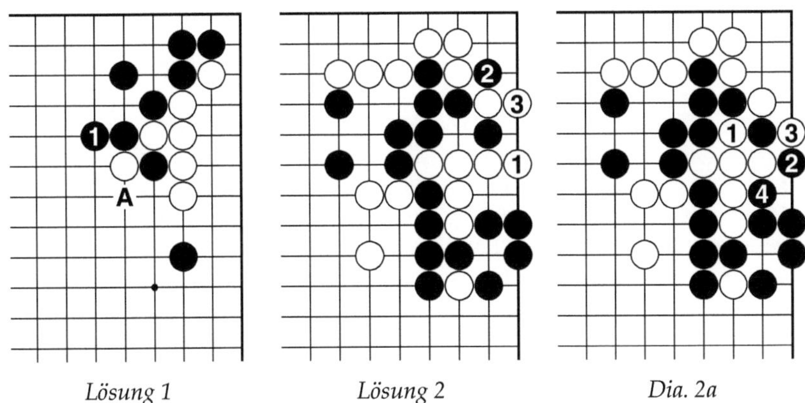

Lösung 1 *Lösung 2* *Dia. 2a*

Lösung zu Problem 1. Schwarz 1 ist korrekt. Als Nächstes droht Schwarz A.

Lösung zu Problem 2. Mit 1 ist Weiß auf der sicheren Seite.

Diagramm 2a. Mit Weiß 1 hier oder Weiß 1 auf 3 bekommt Schwarz ein Ko.

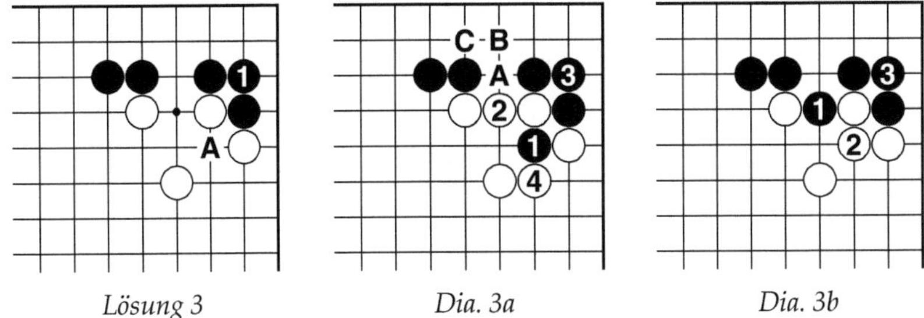

Lösung 3 *Dia. 3a* *Dia. 3b*

Lösung zu Problem 3. Schwarz muss auf 1 verbinden. Später kann er nach Wunsch auf A schneiden.

Diagramm 3a. Wenn er sofort auf 1 schneidet, hilft er Weiß nur dabei, Augen zu bekommen. Und nach 4 bleibt die Drohung Weiß A, Schwarz B, Weiß C ein Ärgernis für Schwarz.

Diagramm 3b. Dieses Atari hilft Weiß ebenfalls nur dabei, Form zu erlangen. Nachdem Schwarz ohnehin auf 3 verbinden muss, ergibt es keinen Sinn, Weiß mit dem Austausch 1 für 2 zu stärken.

Das Gegen-Atari-Tesuji

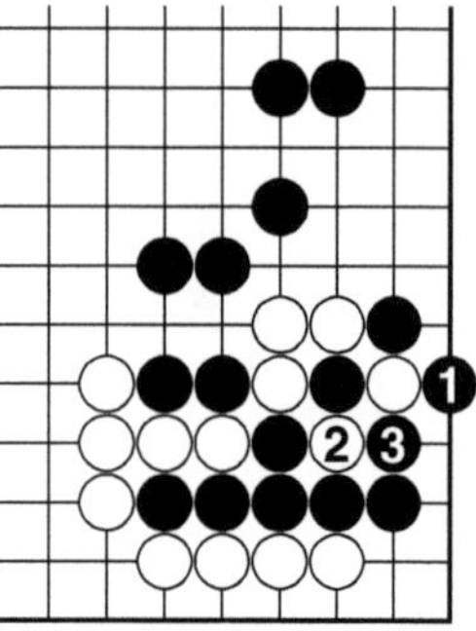
Lösung 1

Lösung zu Problem 1. Schwarz darf mit 1 nicht auf 3 spielen, sonst erreicht Weiß mit 2 auf 1 ein Ko.

Lösung zu Problem 2. Weiß 1 und 3 hegen Schwarz ein.

Diagramm 2a. In der Fortsetzung kann Schwarz mit 4 bis 16 leben – so viel steht ihm zu – doch Weiß bekommt dafür eine starke Außenmauer, was einen fairen Tausch bedeutet.

Diagramm 2b. Wenn Weiß aus dem Atari herausläuft, kann er zwar den Rand behaupten, aber seine Ecke hat eine bedauernswerte Form.

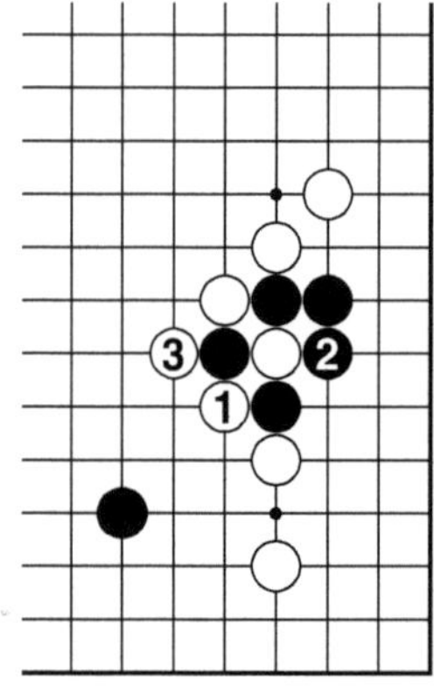
Lösung 2

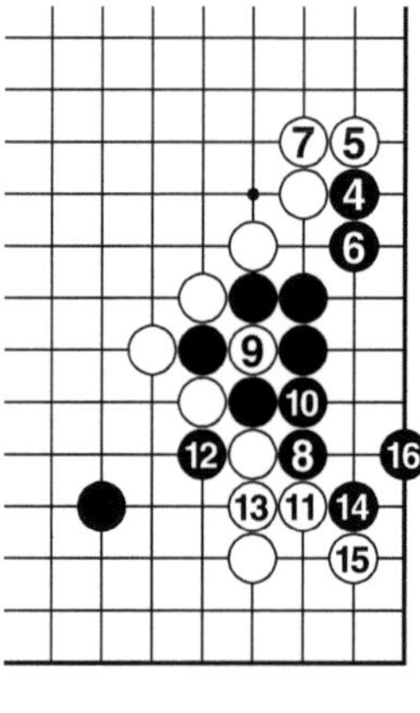
Dia. 2a

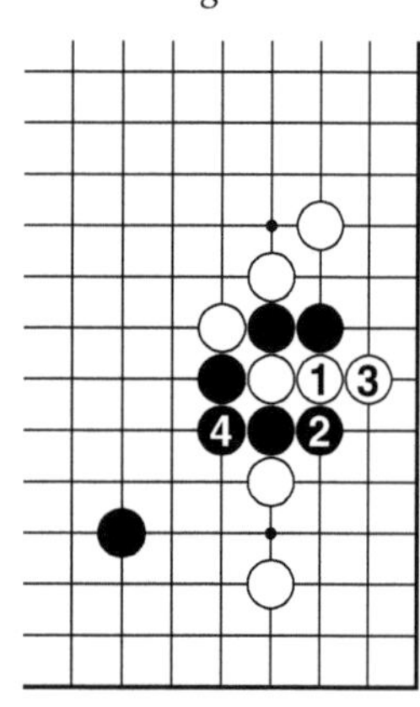
Dia. 2b

Weitere Probleme

Ob Angriff oder Verteidigung: Bei allen Problemen sollen Sie der Versuchung widerstehen, Atari zu geben oder aus einem Atari herauszuziehen.

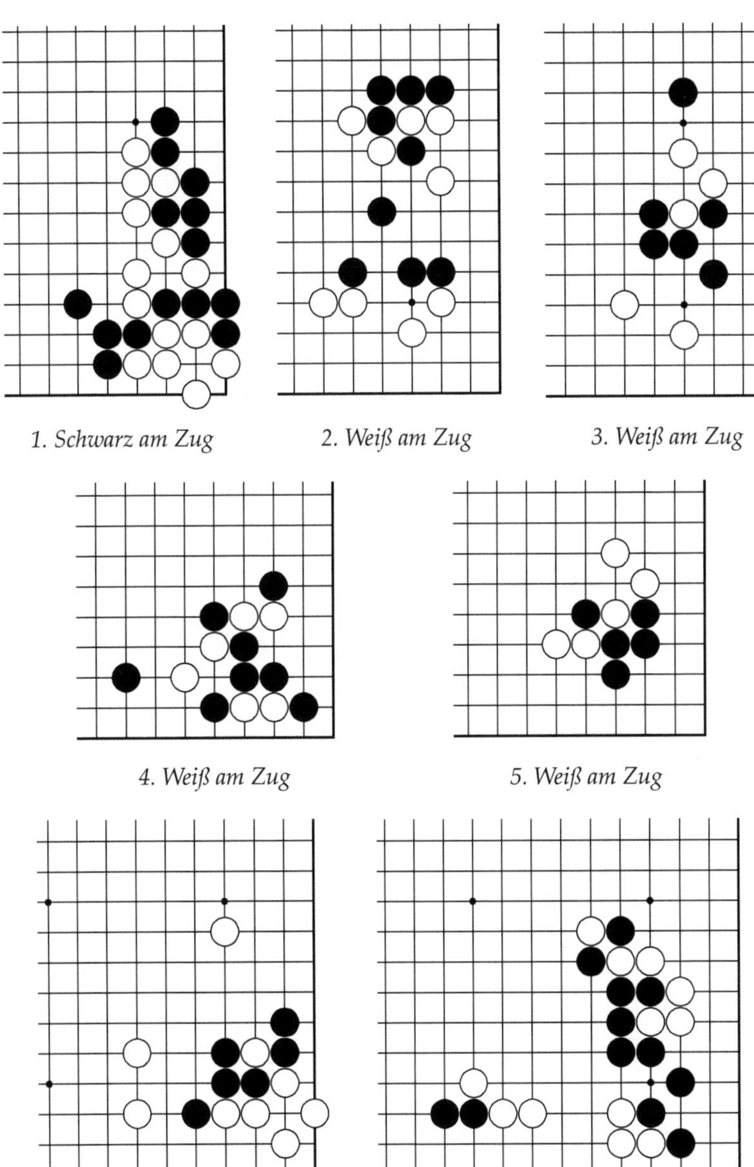

1. Schwarz am Zug

2. Weiß am Zug

3. Weiß am Zug

4. Weiß am Zug

5. Weiß am Zug

6. Weiß am Zug

7. Weiß am Zug

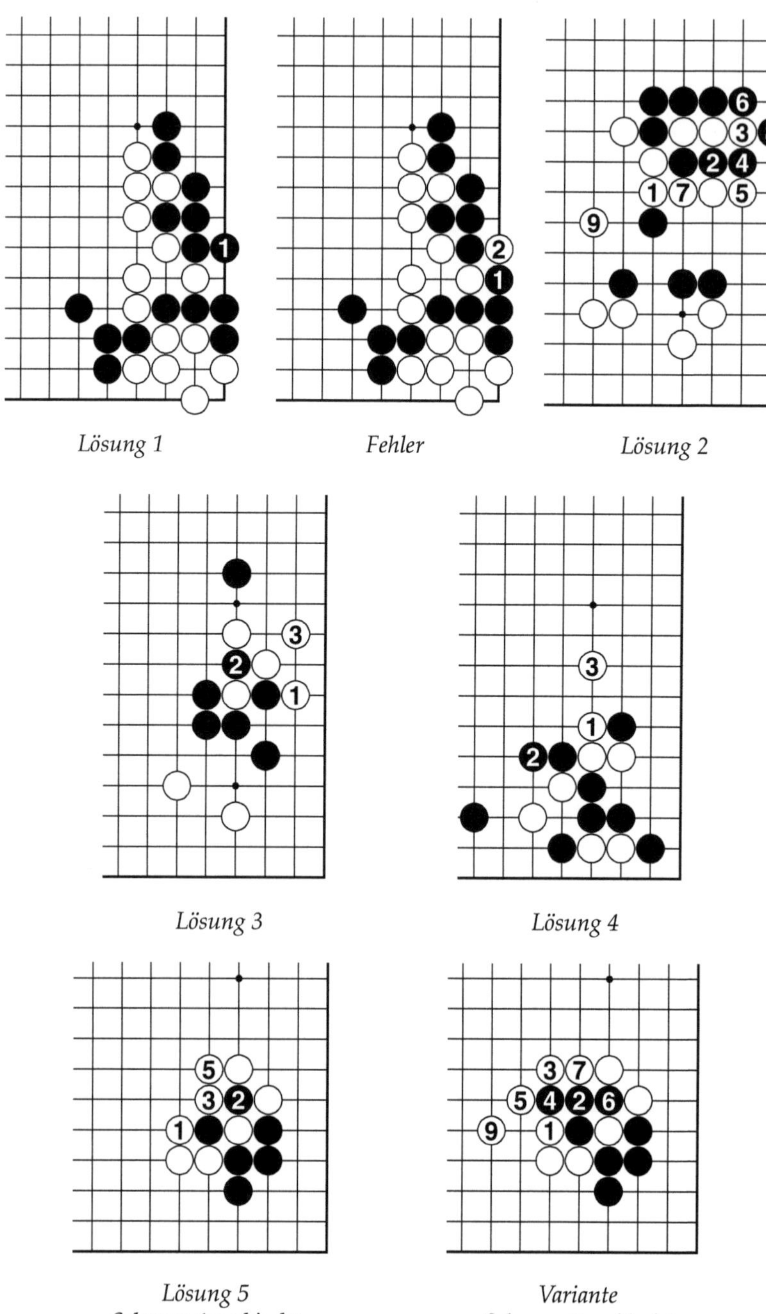

Lösung 1

Fehler

Lösung 2

Lösung 3

Lösung 4

Lösung 5
Schwarz 4 verbindet

Variante
Schwarz 8 verbindet

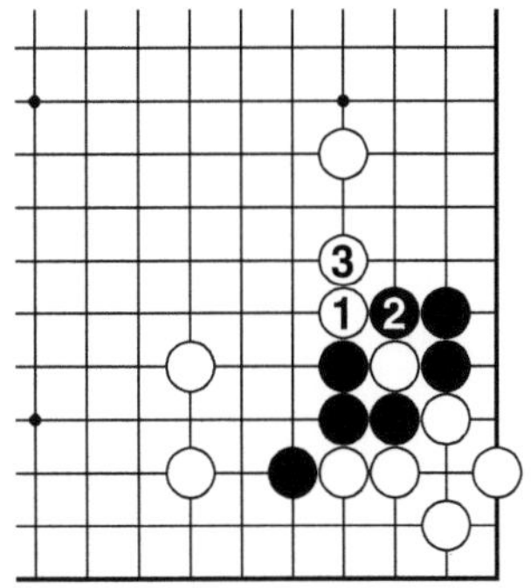

Lösung 6

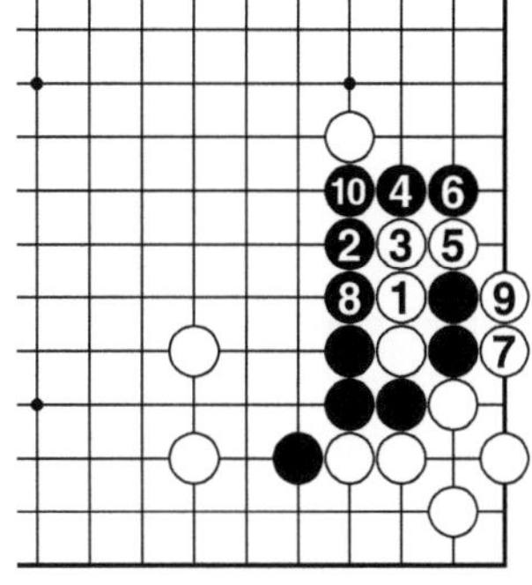

Fehler

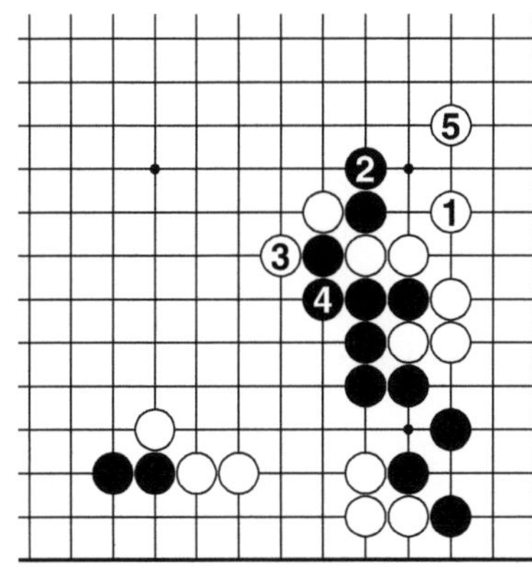

Lösung 7

15. Doppeldrohungen

Ein Doppeldrohungs-Tesuji hat Fortsetzungen in zwei verschiedene Richtungen.

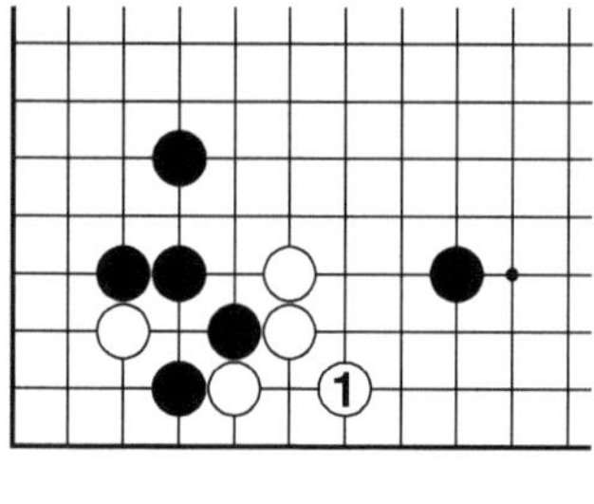
Dia. 1

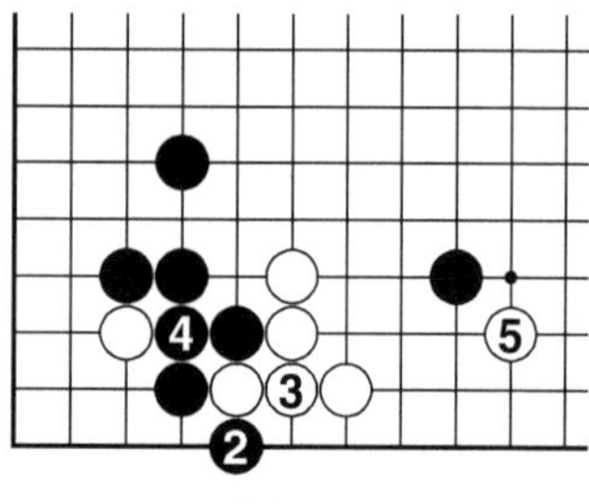
Dia. 2

Diagramm 1. Weiß 1 ist ein schönes Beispiel. Der Zug selbst sieht nicht so besonders aus, doch er ist die Vorbereitung eines großen Folgezugs, entweder in der Ecke oder nach rechts hin. Schwarz kann nicht beide gleichzeitig verteidigen.

Diagramm 2. Wenn Schwarz die Ecke verteidigt, dann kann Weiß nach 5 hinausspringen. Schwarz kann die Verbindung der beiden weißen Steine nicht unterbrechen.

Diagramm 3. Verhindert Schwarz hingegen die Ausdehnung nach rechts, so kann Weiß in der Ecke Gebiet und Augenform bekommen.

Diagramm 4. Die Stellung entsteht im Verlauf dieses Joseki. Oft ist es richtig, wenn Weiß statt der Fortsetzung mit 5 und 7 nach Schwarz 4 fernbleibt, um sich die gezeigte Möglichkeit offen zu halten.

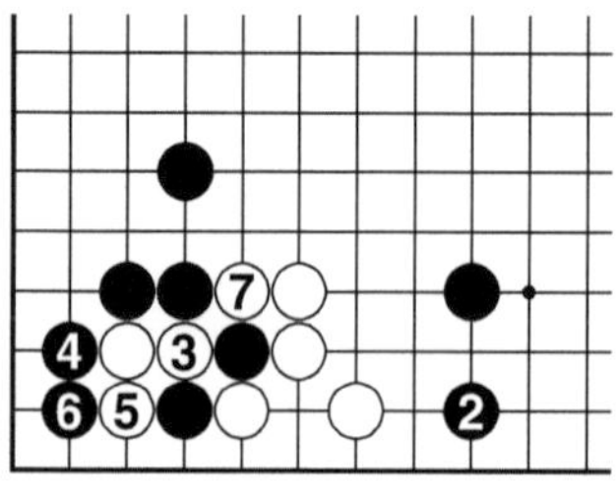
Dia. 3

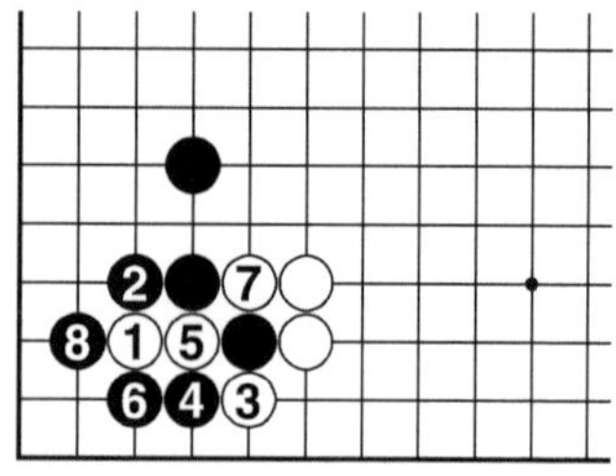
Dia. 4

Probleme

Die neun Probleme dieses Kapitels zeigen Hane, Bauch-, Diagonal- und andere Züge, doch sie alle sind Doppeldrohungen.

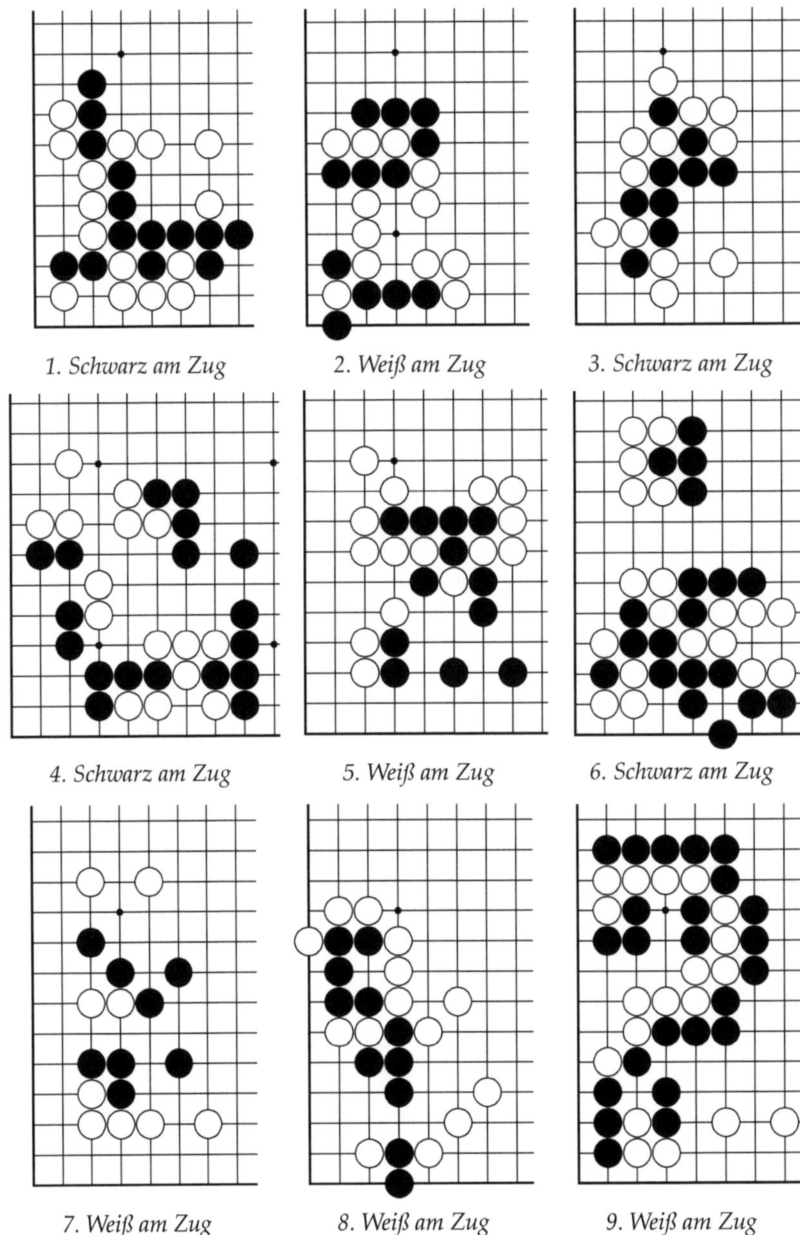

1. Schwarz am Zug *2. Weiß am Zug* *3. Schwarz am Zug*

4. Schwarz am Zug *5. Weiß am Zug* *6. Schwarz am Zug*

7. Weiß am Zug *8. Weiß am Zug* *9. Weiß am Zug*

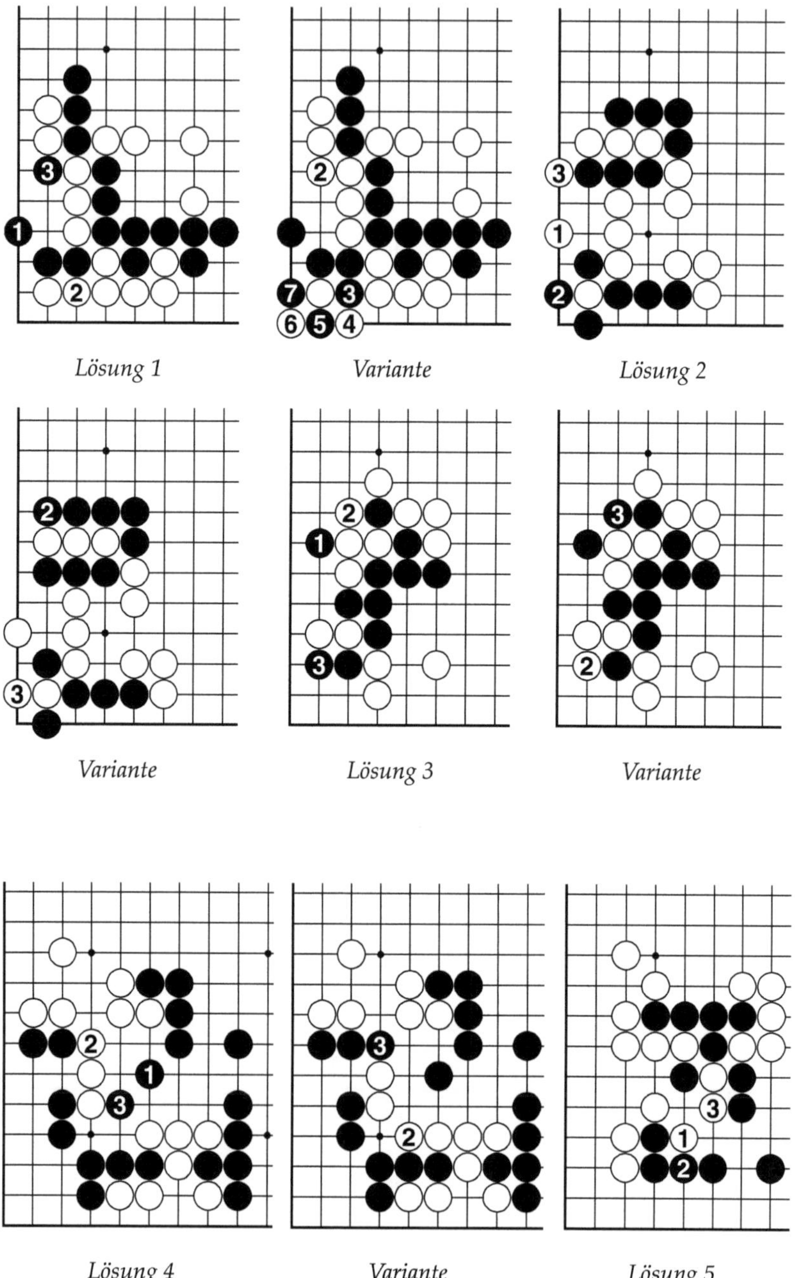

Lösung 1 | Variante | Lösung 2

Variante | Lösung 3 | Variante

Lösung 4 | Variante | Lösung 5

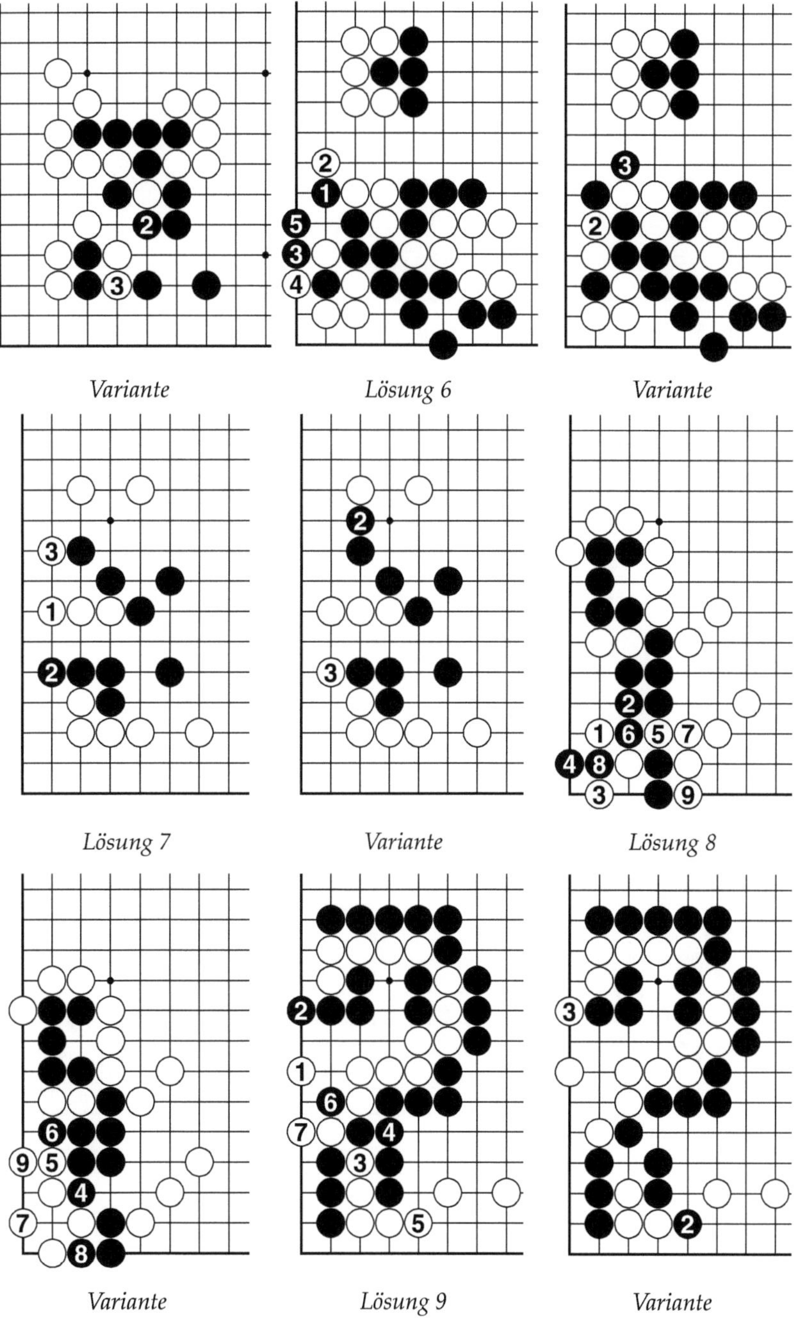

Variante *Lösung 6* *Variante*

Lösung 7 *Variante* *Lösung 8*

Variante *Lösung 9* *Variante*

15. Probleme

Problem 1. Weiß am Zug fängt mindestens einen schwarzen Stein.

Problem 2. Schwarz am Zug fängt die Schnittsteine.

Problem 3. Schwarz am rechten Rand am Zug.

Problem 4. Weiß am Zug tötet die Ecke.

Problem 5. Schwarz am Zug fängt die Schnittsteine.

Problem 6. Weiß am Zug fängt die Schnittsteine.

Problem 7. Weiß am Zug fängt die Schnittsteine.

Problem 8. Schwarz am Zug fängt die Schnittsteine.

Problem 9. Schwarz am Zug rettet seine sechs Steine.

Problem 10. Schwarz am Zug lebt.

Problem 11. Schwarz am Zug fängt die Schnittsteine.

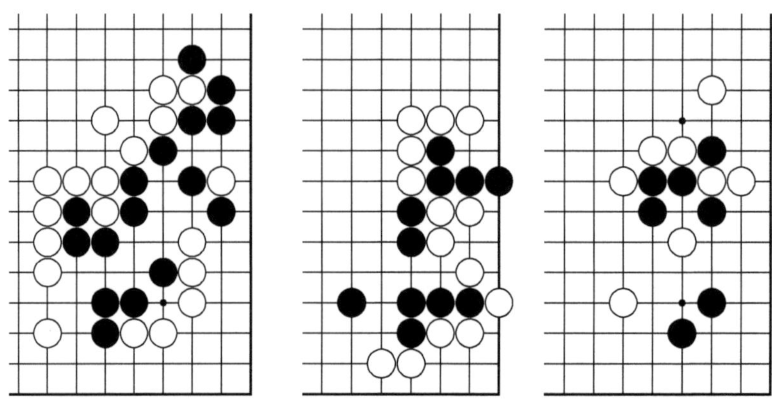

1. Weiß am Zug *2. Schwarz am Zug* *3. Schwarz am Zug*

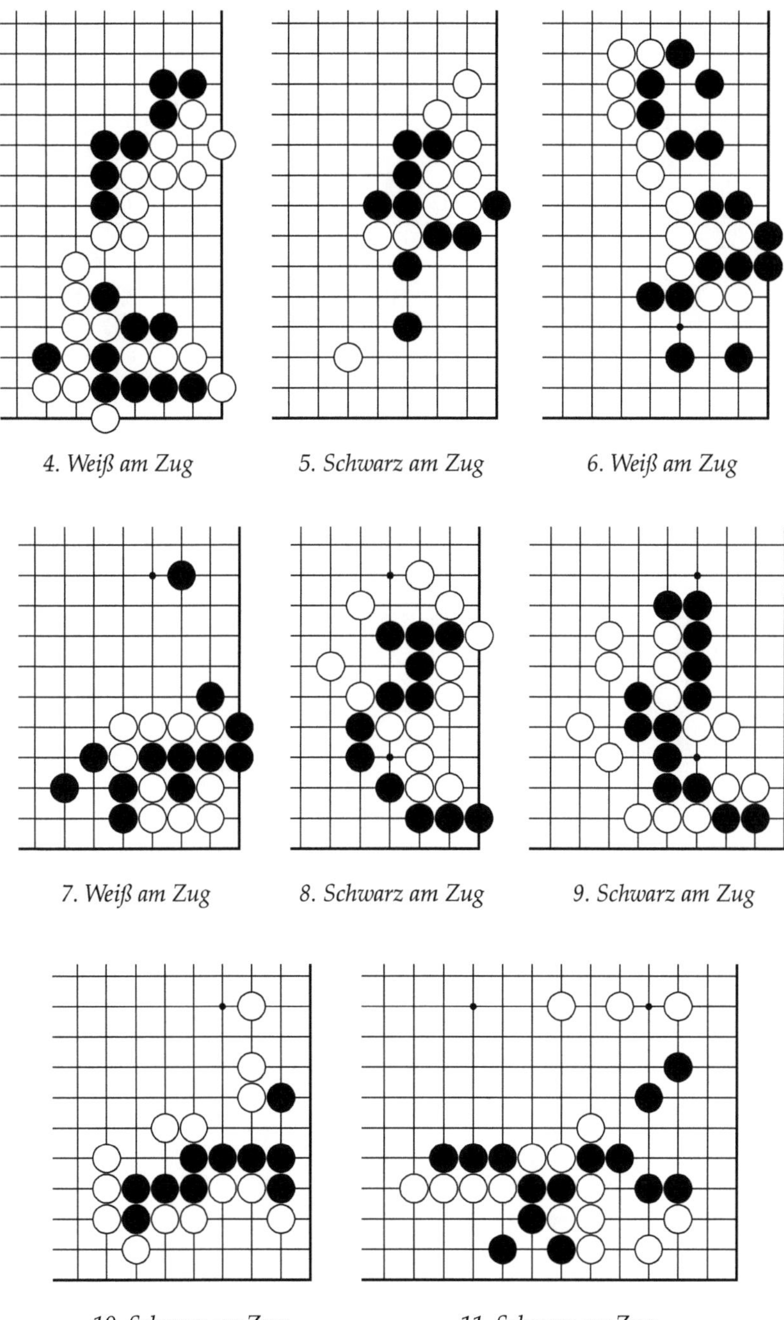

4. Weiß am Zug

5. Schwarz am Zug

6. Weiß am Zug

7. Weiß am Zug

8. Schwarz am Zug

9. Schwarz am Zug

10. Schwarz am Zug

11. Schwarz am Zug

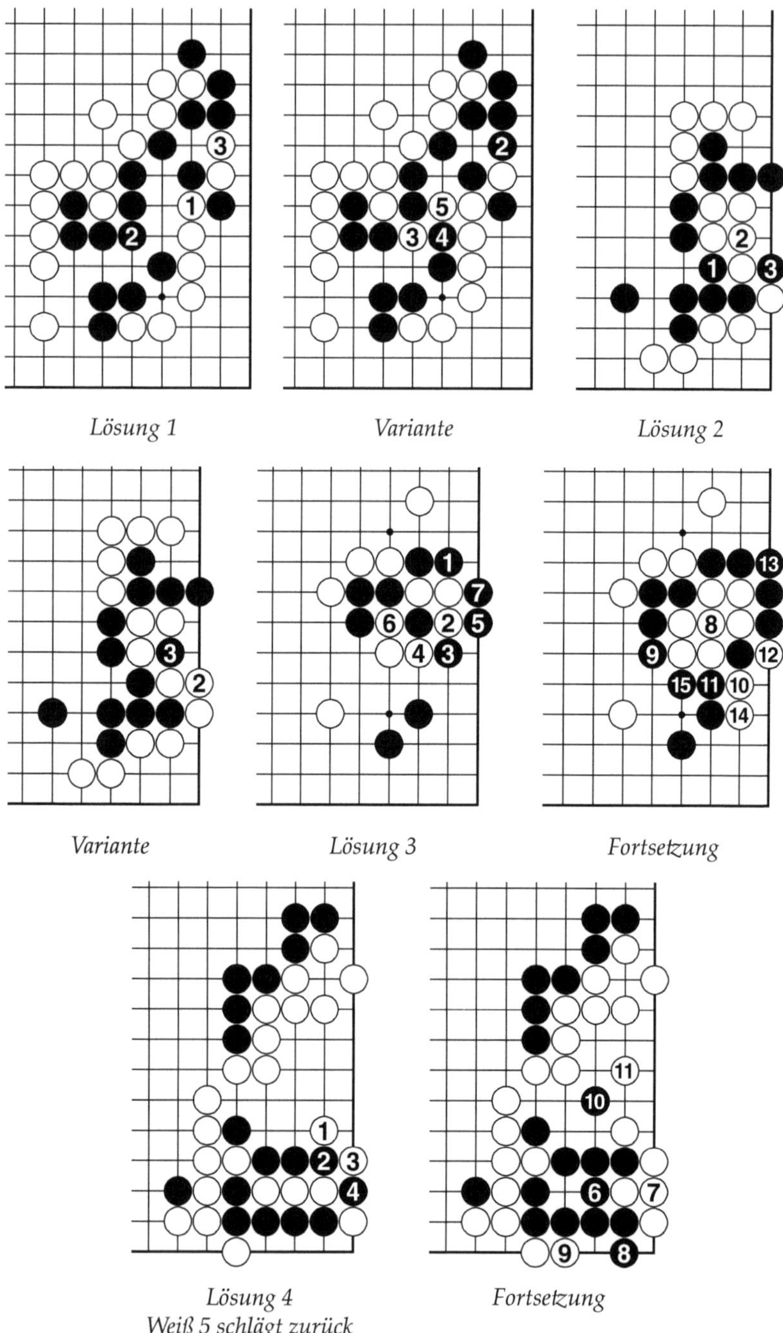

Lösung 1

Variante

Lösung 2

Variante

Lösung 3

Fortsetzung

Lösung 4
Weiß 5 schlägt zurück

Fortsetzung

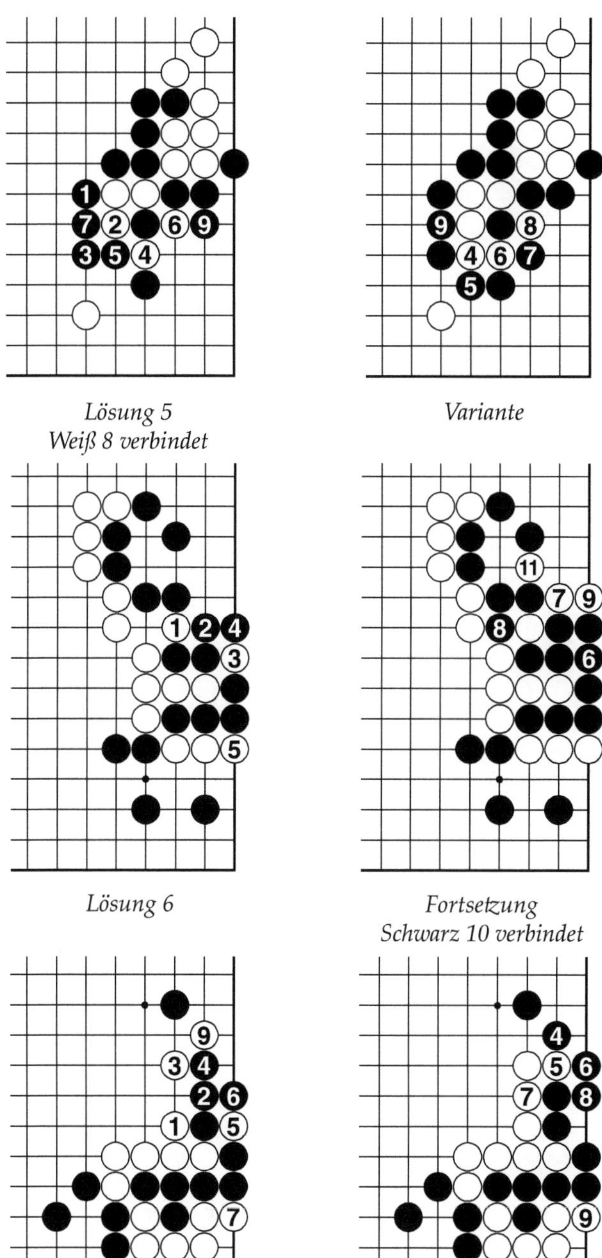

Lösung 5
Weiß 8 verbindet

Variante

Lösung 6

Fortsetzung
Schwarz 10 verbindet

Lösung 7
Schwarz 8 verbindet

Variante

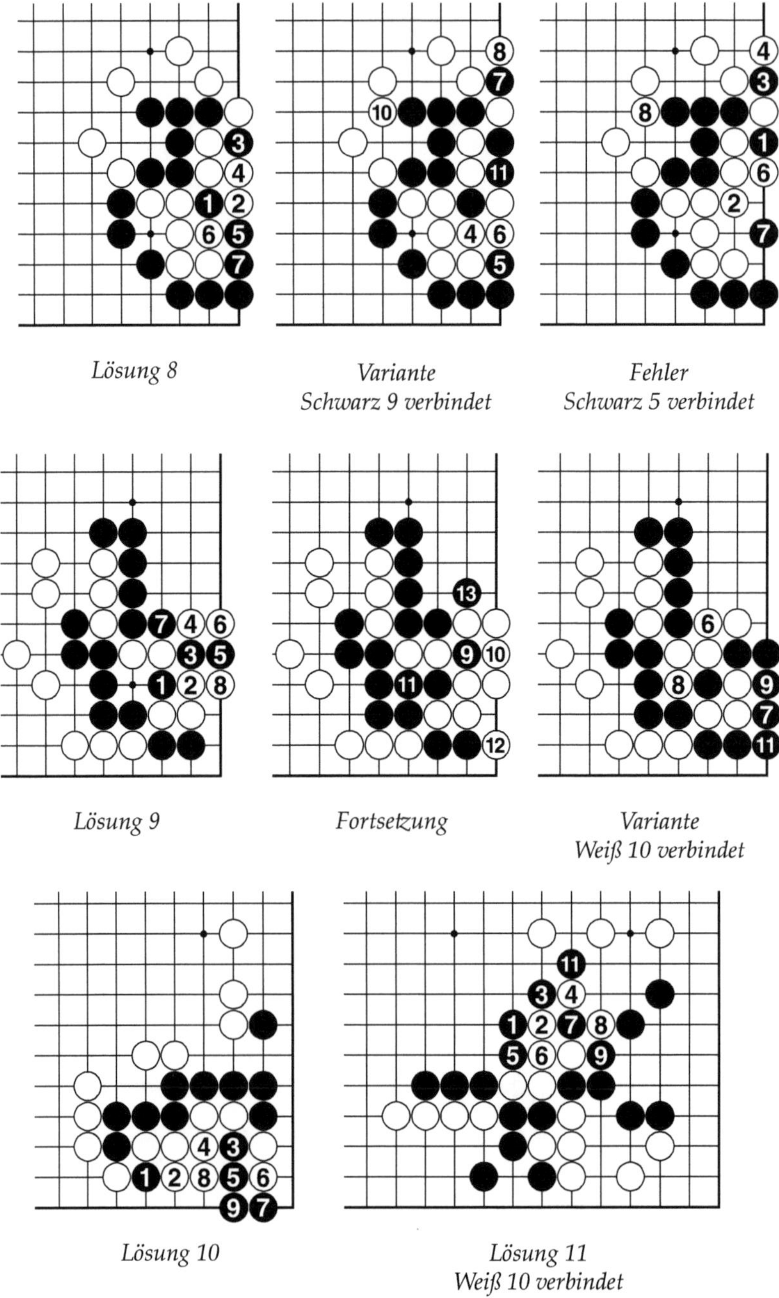

Lösung 8

Variante
Schwarz 9 verbindet

Fehler
Schwarz 5 verbindet

Lösung 9

Fortsetzung

Variante
Weiß 10 verbindet

Lösung 10

Lösung 11
Weiß 10 verbindet

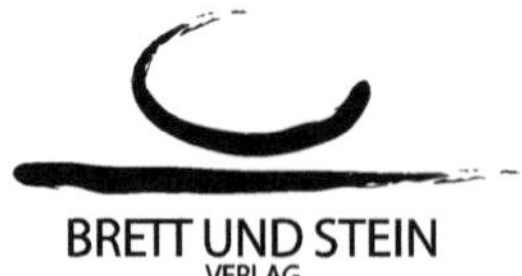

LEHRBÜCHER DES GO

THOMAS HILLEBRAND
ELEMENTARE TECHNIKEN

GUNNAR DICKFELD
LEBEN UND TOD

RICHARD HUNTER
FREIHEITEN UND WETTLÄUFE

RICHARD BOZULICH
STRATEGIE

JAMES DAVIES
TESUJI

ISHIDA AKIRA / JAMES DAVIES
ANGRIFF UND VERTEIDIGUNG